HELMUT DOMKE

Spaniens Norden

HELMUT DOMKE

Spaniens Norden

Der Weg nach Santiago

Prestel-Verlag München

Vierte Auflage 1981
ISBN 3-7913-0280-9
Passavia Druckerei GmbH Passau

Inhalt

9
VORWORT

11-42
STERN DES APOSTELS

Wirf dich fort 11 – Die Pilger 15 – Das Haus der Unbehausten 22 – Menschen und Wege 26 – Rolands Grab 34 Straße der neuen Hoffnung 40

43-98
DER ENDLOSE WEG

Die drei Gesichter von Pamplona 43 – Epitaph einer Dynastie 47 – Don Ignacio wird das Bein zerschmettert 52 Puente la Reina 61 – Der dritte Weg oder Die Erzählung des alten Pilgers 65 – Totenkirchlein Eunate 69 – Inschrift und Kruzifixus 71 – Estella, die Schwalben schwärmten 74 Der Schlaf von Irache 78 – Don Pepe 81 – Navarresische Landschaft 86 – Der Tod des Borgia 91

99-131
DAS LEBEN DER EREMITEN

Wasser vom Ebro 99 – Die Schlacht von Clavijo 103 – Navarrete 106 – Nájera 109 – Die Klöster von San Millan 112 – Der Heilige von der Straße 118 – Galgenlegende 122 – In den Bergen von Oca 125 – Das harte Brot der Wanderschaft 128

132-186

KASTILISCHE BALLADEN
oder
IN BURGOS

Der Morgen des kleinen Offiziers 132 – Die Tragödie der Casa del Cordon 136 – Laudatio auf Gil de Siloé 141 – Ein Morgen in Afrika 155 – Die sieben Infanten von Lara 158 König Haakonsons Tochter 160 – Kloster von Silos 164 Pulchra est et decora oder Die Kathedrale von Burgos 170 Im Schiff der Kathedrale 175 – Kreuzgang und Kapellen 177 Draußen in Las Huelgas 182

187-240

TOD IN DER MESETA

Schwarze Sonne 187 – Castrojeriz 189 – Häuser der Vögel 194 – Frómista, San Martin 196 – Villalcazar de Sirga 200 Eine Frau kniet in Santa Clara 209 – Valladolid 213 – Königin ohne Krone 218 – Juana und Pablo 222 – Carrions Griechische Stunde 225 – Sahagún oder Die Meinung des Afiladeros 229 – San Miguel de Escalada 237

241-307

LEÓN

Rose aus Asche 241 – Markt auf der Plaza Mayor 245 – Das große Paukenspiel 247 – In San Isidoro 250 – Oviedo, Camera Santa 253 – Abstecher auf den Naranco-Berg 258 – Die Stunde von Covadonga 260 – Genealogischer Versuch 269 – Der heilige Isidor 276 – Panteón de los Reyes 278 – Kathedrale von León 283 – Im Kreuzgang oder Einsicht und Meditation 287 – Das wandernde Licht 301 – Abschied in San Marcos 305

308-354

NACH GALICIA

Der tapfere Quiñones 308 – Astorga 310 – übers Gebirge 316 In der leonesischen Thebais 322 – Ponferrada 326 – Am Manzanal-Paß 333 – Carracedo 339 – Villafranca 343 – Kloster von Samos 348 – Die große Erwartung 351

355-429

VENIANT OMNES GENTES
oder
SANTIAGO DE COMPOSTELA

Ankunft und Einkehr 355 – Ursprünge 358 – Der Bischof mit dem Schwert 364 – Dach der Welt 367 – Die Kathedrale 369 – Im Haus des Apostels 372 – ›Sagt es niemand, nur den Weisen‹ 375 – Puerta de las Platerias 378 – Meister Mateo 382 Am Portico de la Gloria 384 – Kapellen 398 – Regenballade 404 – Wandlungen, Verwandlungen 409 – Azabaches 413 Die tanzenden Mönche 416 – Die Stunde des Apostels 420 Im Herradura-Park 425 – Adios in Sto. Domingo 428

430-489

AM ENDE DER ALTEN WELT

Preußischblaue Episode 430 – Camino real 432 – Salmantinisches Stundenbuch 435 – Fiesta Campera 443 – Herbstabend über Salamanca 445 – La Brava 448 – Zamora 451 Westgotenkirchlein San Pedro de la Nave 454 – Jenseits der Berge 456 – Lektion über das Dudelsackspielen 463 – An den › Rias bajas‹ 466 – In den Austerngärten von Carril 470 Die Tochter der Meere 474 – Hafen des Apostels Jakobus 479 Galicias Dichterin 483 – Noya 487 – Am Ende der Welt 489

499

REGISTER

VORWORT

Dieser Band will ein Landschaftsbuch sein. Er umgreift, unter Ausschluß Kataloniens, das nordspanische Gebiet zwischen dem Lauf des Duero im Süden und dem Kantabrischen Meer im Norden, dem Aragon im Osten und Portugal sowie dem Atlantik im Westen. Mit anderen Worten Navarra, das nördliche Altkastilien und damit León, Asturien und Galicia. Nur im Bereich von Salamanca wurde die einstige Widerstandslinie gegen den Islam, die Duero-Grenze, dieser »zitternde Bogen, den der Glauben spannte«, nach Süden überschritten. Die alte Universitätsstadt des Königreiches León durfte nicht fehlen. Erst der Umstand, daß die nordspanische Landschaft ihre Prägung durch die Pilgerfahrt nach Santiago de Compostela gleich einem nie mehr zu löschenden Siegel empfing, legte es nahe, Erscheinung, Geschichte und Kunst mit der mittelalterlichen Wallfahrt zu einem Ganzen zu verschmelzen, das als Stigma das Zeichen des Apostels Jakobus trägt. Es nennt sich um so legitimer ein Landschaftsbuch, als es auch mit der Seele erfahren, erwandert, betrachtet, kurz erlebt wurde, und der lebendige spanische Mensch in ihm nicht weniger Beachtung findet als sein Lebensraum oder der Stein der Kunstgeschichte.

Die Einsicht, daß echtes Reisen in einem übertragenen Sinn immer den Charakter einer Pilgerfahrt besitzt, ließ unsern Gedanken noch reizvoller erscheinen. Das Buch wurde ohnehin aus innerer Hochgestimmtheit und Freude heraus geschrieben. Der Verfasser empfand sein Thema als Gipfelpunkt einer Reihe von Arbeiten, die samt und sonders der Darstellung bewegender Geisteszusammenhänge Westeuropas galten, die gleich Flammen durch die Völker und Länder schlugen oder wie wärmende Herdfeuer waren. Noch klaffen in seinem Gebäude allzuviel Lücken, als daß er ebenso er-

leichtert wie glücklich ein ›exegi monumentum‹ ausrufen dürfte, und er gesteht freimütig, daß ihn die Größe seiner Aufgabe ein wenig verzagt macht. Er bittet den Leser daher um jene Nachsicht, die der Erzpriester von Hita im ›Libro de Buen Amor‹ für sich in Anspruch nahm:

> *Halte das Buch nicht für närrisch und müßig . . .*
> *die Blume des Fenchels ist außen schwärzer als ein Kochtopf,*
> *und innen ist sie weiß, weißer als Mehl;*
> *weißes Mehl liegt unter einer schwarzen Decke,*
> *und schwarz und weißen Zucker enthält das gemeine Rohr.*

Tegernsee, im April 1967 *Helmut Domke*

STERN DES APOSTELS

›Wirf dich fort‹

Das Leben der Vögel hat seine Jahreszeiten. Eines Tages, ehe noch der Herbst die Blätter färbt, erfaßt sie die Unruhe aufzubrechen.

Im Dasein des Menschen geht es ähnlich zu. Eines Tages bricht er auf. Irgendwohin. Zu einer Völkerwanderung, auf Pilgerfahrt, in den Krieg. Anlässe finden sich immer. Die Ursachen, die in einem höheren Sinn stets Vorwände bleiben, sind graduell sehr verschieden, und doch dürften sie mehr Gemeinsames besitzen, als wir ahnen. In dieser Hinsicht wissen wir über den Menschen erstaunlich wenig. Im Augenblick, wo er sich zu einer rational völlig unerfaßbaren Reise, der zum Monde, diesem Rückfall in die Romantik, anschickt, müssen wir feststellen, daß wir ihm ferner als je sind. Warum tut er das? Zu gewinnen ist wenig dabei. Seine Gründe überzeugen nur dort, wo sie niederträchtig, nämlich militärischer Natur sind.

In den Tagen, wo sich also eine Reise nach vorn, der Zeit voraus, andeutet, unternehmen wir es, von einer anderen Reise und Wanderung der Menschheit, einer in der Vergangenheit, zu erzählen. Einer, die nicht auf Sensation gegründet war und von Zahllosen unternommen wurde. Der Reise bis ans Ende der Welt, der Pilgerschaft nach Santiago de Compostela. Damals, als das Wort Abendland noch nicht erdacht, geschweige in die Hände der Politiker geraten war, und alles sehr groß aussah. Man tat etwas, tat es unbedingt, mit voller, äußerster Hingabe, tat es bis zum Tode und interessierte sich nicht dafür, welcher Name dem Ziel allen Tuns und Treibens einst beigelegt werden würde. Nur in diesem, wieder aufrichtig gewordenen Sinn wagen wir im Zusammenhang mit unserer Reise von einer abendländischen zu reden. In der Tat betrifft sie jene herrliche, untereinander immer zerfallene und sich oft genug bis aufs Messer bekämpfende Gemeinschaft der Völker, welche die höchsten jemals von der Menschheit gedachten Ideen vom Morgenlande empfing und gleich der steigenden Sonne in ihren Zenit führte.

Allein, die Pilgerschaft ist nicht mehr wahr und daher schwer zu verstehen. Die Aura der Sage umhüllt sie in ihrer Unbedingtheit. Wir haben somit von einer Mythe zu berichten, und wir erzählen von ihr, weil ihr einige der größten Leistungen der mittelalterlichen Welt zu danken sind. Die Wiedereroberung und Wiederbesiedlung der Iberischen Halbinsel und die geistige wie künstlerische Prägung der Gebiete im Bannkreis der Pilgerstraße, in unserem Fall Nordspaniens. Die Menschen leben von solchen Mythen. Je mehr sie sich dagegen verwahren, desto intensiver sind sie dabei neue zu schaffen. Die Seele bedarf ihrer wie der Körper der Atemluft. Warum man gewandert ist? Was es im fernen Galicia am Ende der mittelalterlichen Welt zu suchen gab? In erster Linie galt es, sein Leben daran zu setzen, dagewesen zu sein. Im Bannkreis des Glaubens. Am Grab des Apostels. In ihrem ungeheuren Aufwand an Mühen glich diese Reise einer radikalen Amputation von allem Gewohnten und Gewesenen. Dabei wurde das Ich, das vermeintlich kostbarste Besitztum der Europäer von heute, ausgeleert, bis man die Nagelprobe hätte machen können. Dann erst begann sich die Seele mit der Gottheit anzufüllen. Denn natürlich müssen wir die Divinität hinter Santiago sehen. Es ging, auf dem Wege der Deszendenz, um eine Teilhabe am Apostel Jakobus und durch ihn am Göttlichen. Dieser völlig irrationalen, sehr mittelalterlichen Vorstellung verdanken wir die Fülle der Kunstwerke aus romanischer und früher gotischer Zeit, die uns gestatten, die Kunst Nordspaniens und die Pilgerstraße einander gleichzusetzen.

Alle Bildwände, denen der Pilger auf seiner Wanderschaft an den Portalen der Kirchen begegnete, riefen ihm zu: Wirf dich weg. Sei namenlos. Die Kunsthistoriker verzeichnen gelegentlich ihre theologischen Programme. Das Wort ist nicht zuständig; es wurde nicht ›programmiert‹, es wurde ›exemplifiziert‹. Der Grund ist ersichtlich. Die Menschen jener Jahrhunderte, die sich auf Wallfahrt nach Santiago de Compostela begaben, mußten durch eine Art Fegefeuer. Jeder für sich. Sie mochten in Gemeinschaften ziehen, aber ihre zufällig zusammengewürfelte Reisegruppe bildete eher ein Hindernis. Denn ein Pilger, das ist ein Einsiedler, der auch das Letzte, den Winkel, die Höhle, die Heimstatt verloren hat und sich schutzlos und nackt wie ein Herbstblatt in den Wind der Wege wirft.

Den frühen Darstellungen von Santiago-Pilgern, soweit wir sie überhaupt kennen, sieht man das an. Wie muß das erst zu Beginn der Pilgerfahrt im 9. Jahrhundert gewesen sein! In späteren Zeiten hat man aus dem Pilgerhabit ein Kostüm gemacht: Stanislas Leszczynski, seit 1704 Rex Poloniae, der sich als Pilger malen ließ; die Actrice Mademoiselle Desmares, im Pilgerinnengewand von Watteau graviert. Das Wort Pelerine für Umhang sagt ja, wie so etwas zu Konfektion wurde. Das Bild vom Santiago-Pilger konnte nach langen Jahrhunderten der Abnutzung nicht unversehrt bleiben. Worte wie Vorstellungen dauern nicht ewig, wenige ausgenommen. Man muß um diese verborgene Erwähltheit oder Verderbnis in ihnen, ihre Gezeiten, ihre Frucht, Reife und Fäulnis wissen, wenn man schreibt. Es ist wie mit den Namen. Zu lange geübt, glänzen sie speckig; es muß, koste was wolle, ein neuer her. Das fürchterliche Rokoko, die noch fürchterlichere Rousseau-Zeit haben in Hinsicht auf die Pilger alles verdorben. Man denke sich – Dynastenhöfe, an denen bislang nach oben gelebt wurde, fanden die Luft auf den Höhen plötzlich zu eisig, so daß ihnen selbst die ausgefallensten Laster nicht mehr genügten. Sie gingen hin und ahmten die armseligsten ihrer Untertanen nach – die Schäfer, die Pilger. So ist es zugegangen, und man kann den aufgedonnerten, parfümierten Santiago-Pilger Leszczynski gar nicht anschauen, ohne daß man Zustände bekommt. Aber das gehört schon zum Thema des Verfalls der Santiago-Pilgerschaft. Alles Große hat seinen Niedergang. Er ist unvermeidlich. Dafür sorgen die Nachahmer, die Snobs, die Modenarren und die Konfektionäre.

Abermals, man kann die Pilgerfahrt nicht auferstehen lassen. Pilgern bedeutet etwas, das unserm Zeitgefühl entgegengesetzt bleibt: das Auf-sich-nehmen. Es schließt das Herausfordern der Gefahr und das unverbrüchliche Ziel in sich ein. Es steht im Zeichen des Todes, der überall am Wege lauerte, in Gestalt von Entkräftung, Seuche, verdorbener Nahrung, Räubern, schweifenden Mauren; er wollte gekonnt und bestanden sein. Heute gibt es nur den verschwiegenen Tod, den geleugneten, hingestümperten Tod. Nur wenige, die sterben können wie Johannes XXIII. Die Droge hat dem Tod seinen Sinn genommen. Sie haben sich früher besser auf dergleichen verstanden. Die zahllosen Martyriumsdarstellungen der mittelalterlichen Kunst, in denen wir vornehmlich die Lust an ausgefallenen Quälereien erkennen, besagen vor allem: da steht einer, nackt, allein, gebunden, ohnmächtig der absurden Vernichtung gegenüber. Was macht er daraus?

Es mutet erstaunlich an, daß unser Zeitalter aus einer so einzigartigen Erscheinung wie der Pilgerfahrt nach Santiago de Compostela meist nur historische oder kunsthistorische Reminiszenzen herauspickt: die Gründe, die Früchte. Gut. Aber das ist zu wenig. Die Wallfahrt bedeutete geleistete Weltüberwindung. Das Gelebte, Gesehene, Durchlittene, das Erlebte also wiegt mehr. Daher versuchten wir sie nachzuvollziehen und das vor Augen zu führen, was der Pilger erblickte, den Raum seiner Wanderschaft – wir, das waren meine Frau Anne und ich. Immer in dem Bewußtsein, daß ihm, der sich da auf den Weg machte, alles zu wenig geworden war. Das Gewohnte, seine Frau, sein Bett, sein Besitz, alles, so muß man sich denken, genügte ihm eines Tages nicht mehr. Und da ging er hin, nach langen, unruhvollen, durchgrübelten, endlich still gewordenen Nächten, legte sein Gelübde ab, kehrte nach Hause zurück und sagte zu seiner Frau: »Ich gehe nun!«

Wandern wir mit.

Die Pilger

Sie wanderten, trugen ihren Glauben, schleppten ihre Müdigkeit durch die Jahrhunderte hin. Zahllose, im ganzen genommen nach Millionen zu zählen. Ein Menschheitszug durch die Zeitalter, von dem etwas unsäglich Ergreifendes ausgeht. Wiewohl es dem Geist der Pilgerschaft widersprach, schlossen sie sich gern zu kleinen Gruppen zusammen; das war sicherer, und man kann sich vorstellen, daß sie sogar eine Art von soldatischen Regeln beachteten. Einer von ihnen ging stets in gebührendem Abstand voran, um Wegelagerer auf sich zu ziehen. Natürlich nur, wenn sie nicht zu Pferde wallfahrteten. Hoch zu Roß sah sich die Gefahr etwas anders an. Auch die täglichen Etappen änderten sich, die der Codex Calixtinus, dieses Pilgerbrevier, denn auch nach Reitermaßen berechnet hatte: dreizehn Tagereisen von der spanischen Grenze bis Compostela. Er war auf den Adel und höheren Klerus zugeschnitten.

Für den Fußpilger galt das nicht; er kam auf einen Monat fleißigen Wanderns, wenn er eine Andacht hier, eine Raststunde dort, an dritter Stelle den Umweg zu einem besonderen Heiligtum einrechnete. Es bleibt das Eigenartige an dieser gewaltigen Pilgerfahrt, daß sie sich aus einer Summe von Zwischenzielen zusammensetzte. Das ist zu verstehen wie ein Musikstück durch Taktstriche, ein Buch durch Kapitel gegliedert und überschaubar gemacht wird.

Da es uns sehr daran lag, die Empfindungen der Wallfahrer, ihre tägliche Mühe, ihre harte Wanderwirklichkeit zu ergründen, zogen auch wir zu Fuß den steiler werdenden Weg, und es bereitete unserer Phantasie keinerlei Schwierigkeit, uns vorzustellen, wie den Pilgern zumute gewesen sein muß, die einst Valcarlos entgegenstiegen, wie wir es heute taten ...

Zwei Stunden voll schweigsamer, angestauter Erregung schritten sie schon seit *Saint-Jean-Pied-de-Port*. An diesem Tag, diesem Morgen würden sie endlich die Pyrenäen überschreiten, die sie seit einer halben Woche als gewaltigen Wall gegen den Horizont stehen sahen, auf welchem Weg auch ein jeder gekommen sein mochte: auf der ›Via Tolosana‹, die über Arles und Saint-Gilles-du-Gard heranführte, oder der ›Via Podiensis‹, von Le Puy also, einer Strecke, welche die Deutschen gern benutzten, der ›Via Turonensis‹ von Paris und Tours, der Route der Iren und Briten, und schließlich dem Weg von Vézelay her.

Valcarlos lag greifbar vor ihnen, heute der spanische Grenzposten jenseits Arnéguy, die letzte Menschenbastion vor der grünen Hölle des *Tales von Roncesvalles*. Das kleine Nest zählte für sie noch nicht als navarresischer Boden, gehörte nicht zur ›Tierra Santa‹ jenes Landes, das sie mit ihrer Seele suchten. Sie mußten erst das Gebirge queren, das unmittelbar hinter dem Ort beginnt. Aber der Augenblick, in dem sie den Grenzort mit seiner Handvoll Baskenhäuser betraten, bescherte ihnen doch eine Erkenntnis: sie spürten schlagartig, daß alles Bisherige nur Vorspiel gewesen war und das große Abenteuer ihrer Pilgerschaft erst hier begann. Der Regen, den man ihnen in Saint-Jean-Pied-de-Port prophezeit hatte, störte sie nicht.

Wann goß es in diesen Vorbergen der Pyrenäen zur Frühlingszeit nicht? Das Wasser troff von allen Sträuchern, deren Zweige sie streiften, entlud sich von allen Bäumen, unter denen sie wegschritten, tränkte ihre fadenscheinig werdenden Kleider. Es rauschte in allen Gräben, vor allem im Grund der Schlucht, die mit ihnen zog, mit ihnen vordrang ins Steile, Düstere des grünen Gebirges. Es waren an sich nur dreieinhalb Wegstunden Strecke bis zur Höhe von Roncesvalles, aber man mußte dabei einen Höhenunterschied von gut achthundert Metern überwinden. So würde der Weg mindestens fünf Stunden dauern, die Rasten nicht eingerechnet.

Wenn wir uns auch keineswegs vorzustellen haben, daß die Pilger mit jenem gleichsam erhobenen Gang ihrer ersten Wandertage einherzogen – schon hatten Entbehrung und Mühe die Rune der Anstrengung um Mund und Auge gegraben, waren die Gesichter schmal geworden –, indessen, sie gingen doch mit dem stetigen, unbeirrbaren Schritt jener, für die das Wandern Dauer bedeutet. Die Enge der Schlucht benahm ihnen den Atem; ihre Gespräche, ohnehin nur noch wenige Worte, rissen ab. Selten ein Haus im Hang. Ein halbnacktes Kind kroch hervor, versteckte sich scheu. Grün stürzte es von allen Seiten herab. Das Rauschen des Baches schwoll an, je mehr die Bergwände zusammenrückten, vermengte sich mit dem Brausen des Regens; Nebelschleier rauchten aus allen Gründen. Dennoch gingen sie, unablässig wie seit Wochen, eine in irgendwelchen Herbergswinkeln zusammengewürfelte Gemeinschaft von Menschen, von ein paar Nordländern, Burgundern, Lyonaisen und einigen Deutschen aus Bayern. Schließlich war einer dabei, von dem niemand wußte, woher er kam. Auf Fragen legte er nur den Finger an seine Lippe, und sie respektierten das Schweigegelübde. Doch schien er alle Sprachen, jedes Idiom zu verstehen, ausgenommen, wenn sein Blick die verfängliche Starre bekam, die sich vielleicht erst in Santiago de Compostela lösen würde.

Der Saumpfad schnürte jetzt Windung um Windung den Berg hinan. In den Almen über ihnen klommen fern und hoch wie kreisende Raubvögel Schafe umher. Sie passierten einen Hang mit blühenden Asphodelen, den Totenblumen der Alten. Einerlei, sie nahmen dergleichen keineswegs als tragisches Omen. Sie gingen, kamen Schritt um Schritt voran, ins Ungeheure hinauf. Von Schieferschroffen rann Nässe. Der Pfad, den einst der große Carolus hinabgeritten war, bis ihn der Hilferuf des Hornes Olifant erreichte, klomm noch immer durch dichtes Buchengrün. Im Rückblick erkannten sie die winzigen Häuschen von Valcarlos verloren im Tal.

Der Weg führte an lauter Abgründen vorbei. Sie gingen, weil es für sie keine andere Wahl gab. Für niemanden gab es ein Zurück, der das Santiago-Gelübde abgelegt hatte, das um die Mitte des 9. Jahrhunderts in Brauch kam. Sie stiegen ins Land ihrer Hoffnung, die oft genug ihre letzte war.

Der seit der Auffindung des Santiago-Grabes um 812 entstandene Kult des Sankt Jakobus Major, des Sohnes des Zebedäus, der unter Herodes in Jerusalem hingerichtet worden war, hatte einen älteren, den des hl. Vincentius, abgelöst, der als Archidiakon des Bischofs Valerius von Zaragoza 304 zu Valencia den Märtyrertod erlitt. Seither blieb Spanien trotz wachsenden italischen Einflusses die kostbare Schatzkammer, das Wunderland großer Heiltümer. Valencia, Córdoba, Toledo, Zaragoza, Gerona, Barcelona, Compostela haben wahre Fundgruben an Reliquien bedeutet. Schon der Dichter Prudentius stellte Zaragoza über Rom und Karthago, was seine Scharen an Märtyrern betraf, wie Georg Schreiber berichtet. Eine Kirche in Zaragoza, die Iglesia Stas. Masas, der heiligen Massen, heute Sta. Engracias, erinnert daran.

Lange ehe das ›siglo de oro‹, das goldene Jahrhundert der spanischen Macht, anbrach, das einen großen Teil der Erde hispanisierte und mit spanischer Sprache, Frömmigkeit und

Kolonisation durchdrang, bereitete der Santiago-Kult den Boden. Aber auch in anderer Hinsicht bleibt das Phänomen wunderbar genug. Der schwer in mörderischen Maurenkämpfen ringende Nordteil des Landes empfing vom Jakobus-Kult entscheidende Stärkung. Santiago Matamoros stürmte den Truppen voran zum Sieg. Westeuropäische Ritter erschienen immer zahlreicher auf der Walstatt. Mönche aus Cluny oder Cîteaux organisierten den Weg.

Zahlreiche Schiffe kamen zu den gewaltigen ›Armeekorps‹ von ›Bedefahrern‹ oder Pilgern, die im großen Jahrhundert Compostelas, dem 13., aber auch noch im 15. bis 16. Jahrhundert, nach Galicia strebten. Sie nahmen, wie Georg Schreiber formuliert hat, dem ›Cabo Finisterre‹ die »erschreckende Einsamkeit seiner schweren Brandung«, wenn das Wort auch mit Vorbehalt aufzunehmen ist, wie der Bericht über die Fahrt der Maria Anna von Neuburg beweist. Der böhmische Ritter Leo von Rozmital, eine der besten Quellen der Jakobus-Wallfahrt, berichtet um 1465: »Von Sant Jacob ritt wir auss gen Finstern Stern, als es dann die bauren nennen, es heißt aber Finis terrae. Do sicht man nichts anders essethinüber dann himmel und wasser, und sagen, das das mer do so ungestüm sei, das niemand mug hinüber faren, man wiss auch nit, wass dogesset sey. Als man uns saget, so hetten etlich wollen erfaren was doch gensseit wär, und waren mit galeyen und näffen gefaren; es wär aber niemand herwider kumen.«

Im Grunde blieb die gesamte Santiago-Fahrt ein gefahrvolles Unternehmen, von dem allzu viele nicht wiederkamen. Kehrten die Pilger heil nach Hause zurück, brachten sie als Andenken nicht nur jene Muscheln mit, die man ›pecten Jacobi‹ nannte, sondern auf ihre Kleidung genäht auch Amulette oder kleine Jakobus-Figuren aus Blei oder Lignit als Talisman gegen die Schrecken am Weg. Wirklich scheint das am Platz gewesen; die Reise brachte zahllose Zwischenfälle,

Gräber und Galgen warteten am Weg. Pilgermörder und -räuber lauerten in den baskischen Bergen so gut wie in den Montes de Oca. Gesindel aller Nationen zog im Gefolge der Frommen mit, Schnapphähne, Galgenvögel, denen der Boden daheim zu heiß geworden war, auf Sühnereise geschickte Mörder, die rückfällig wurden, Diebe und Huren. Im übrigen trafen die Wallfahrer keineswegs immer gute Verhältnisse an. Die Klage über betrügerische Wirte reißt nicht ab. In den Jahren der großen Auseinandersetzung zwischen Bürgerschaft und Erzbischof von Santiago war der endlose Weg zudem vergeblich gewesen, weil man die Kirche samt dem Apostelgrab regelrecht verbarrikadiert fand.

Zu den gewaltigen Pilgermassen Westeuropas haben zahllose Deutsche gehört. Ihr Kontingent minderte sich erst in der Reformationszeit entscheidend, als die spanische Inquisition die ›Teutones‹ in Bausch und Bogen der Häresie verdächtigte, ein Vorurteil, von dem noch heute gelegentlich etwas zu spüren ist. Was die Pilger mitbrachten, war nicht nur für sie, sondern auch für Spanien bedeutsam. Es handelte sich bei ihnen um kraftvolle Menschen in der Blüte der Jahre, die mit aufgeschlossenen Sinnen durch ein fremdes, der Heimat unsäglich fernes Land zogen, das sein Heldenzeitalter erlebte. Wenn die übriggebliebenen Spuren des Pilgerweges auf spanischem Boden noch heute Bewunderung und Enthusiasmus für diese Gefilde der großen Epen, der Romanzen und sagenhaften Gestalten zu wecken vermögen, vom Cid bis zu den Infanten von Lara, vom Dichterkönig Alfonso el Sabio bis zu Juana de Castro – wie mußte der bunte Reigen legendärer Figuren schwertgewaltiger Helden und himmelstürmender Heiliger erst auf die damalige Welt wirken! Welches Erschauern, welche Neugier lösten zudem die Berichte von den Muselmanen aus, die jenseits der kämpfenden Front im Süden Spaniens in El-Andalus eben eine einzigartige Kultur aufgebaut hatten. So verbanden sich Angriffsgeist und

Verlockung, äußerer Auftrag und inneres Gelöbnis zu einem mit schwärmerischem Ernst erfüllten Gebot, das sich der Pilger selber gab.

Indessen dürfte nur gelegentlich Abenteurer- oder Reiselust das bewegende, inspirierende Motiv zu dieser Pilgerfahrt gewesen sein. Der wahre Anlaß kann einzig im Irrationalen gefunden werden. Gewaltige Ströme von Menschen machten sich auf den endlosen Weg ins ›Elend‹, ins Ausland. Zu ihrer Wallfahrt gehörte ein bestimmtes Gewand, an dem sie kenntlich waren. Es hat keineswegs immer als Ehrenkleid gegolten, sondern oft genug Naserümpfen herausgefordert. Es ist das nämliche Habit, in dem man den hl. Jakobus gewöhnlich dargestellt findet – als Pilger mit Stab oder ›Bordon‹ zu Schutz und Stütze, der an ihm zu tragenden Kürbisflasche, dem breitkrempigen Hut gegen Regen und Sonne, den Sandalen als Schuhzeug, den Muscheln oder ›Vieiras‹ als Symbol des Bestimmungsortes, der Umhängetasche für die Verpflegung, einer Büchse für die Pilgerpapiere, Löffel und Schale. Wie typisch diese Ausrüstung für den Wallfahrer empfunden wurde, beweist die Segnungsformel auf der Wende vom 11. zum 12. Jahrhundert, die ›benedictio perarum et baculorum‹, die gesprochen wurde, so oft sich jemand zum Antritt der Bedefahrt in der Kirche einfand. Er tat dies umringt von seinen Freunden, seiner Familie, den Mitgliedern seiner Bruderschaft, der er angehörte, oder der Pfarrgemeinde. Man hatte dem Ausziehenden nahegelegt, ein Testament zu machen, und nun ging er, getrieben von religiösen Empfindungen, von Reiselust, hochgestimmt oder voll Abschiedsschmerz. Bei Sühnefahrten lagen natürlich schwere Schatten auf seinem Weg.

Auch die Rückkehr war ein kirchlicher Weiheakt. ›Pro redeuntibus de itinere – für die Heimkehrer vom großen Weg‹, lautete die Segnungsformel, wobei die kirchliche Zeremonie gleich der Eheschließung vor der Kirchentür stattfand.

Die Santiago-Fahrt war nicht ohne äußeres Zutun zu ihrer Bedeutung angewachsen. Die asturisch-leonesisch-kastilischen wie die navarresischen Herrscher hatten tatkräftige Beihilfe geleistet und schließlich die Cluniazenser ins Land gerufen. Ihre Höchstzeit erlebte diese Förderung unter Abt Petrus Venerabilis von Cluny, als der Gipfel der cluniazensischen Macht schon überschritten war. Aber auch Zisterzienser, Templer und andere Orden nahmen sich der Wallfahrer an, wenngleich den Cluniazensern der Vorrang gebührt. Schon 1094 wurde der cluniazensische Mönch Dalmatius zum Bischof von Santiago ernannt. Papst Calixtus II., selbst cluniazensischer Abstammung, erhob Compostela am 27. Februar 1120 zum Erzbistum, wobei ausdrücklich vermerkt wurde, daß die tragische Gestalt des Abtes Ponce von Cluny dabei als Fürsprech mitgewirkt habe. Tatsächlich war ja weder die monastische Kraft noch die sakrale Ausstrahlung von Cluny mit dem Auftreten der Zisterzienser zu Ende, sondern wirkte noch Jahrhunderte fort. Die Mittlerschaft zwischen den Völkern, die Gastfreundschaft für den wandernden Pilger waren vornehmste Anliegen der Benediktiner. So hat der ›cluniacensis ordo‹ geradezu als ›Herbergsvater‹ für die Pilgerstraße gewirkt.

Auch für Deutschland bedeutete Cluny ein Bindeglied nach Santiago. Als Erzbischof Siegfried I. von Mainz am 9. September 1071 nach Compostela aufbrach, reiste er über die Erzabtei im Tal der Grosne, und es bedurfte des gebieterischen Einspruches des Erzabtes, um ihn zu veranlassen weiterzuziehen, so hatte ihn der feierliche Rhythmus der cluniazensischen Liturgie in Bann geschlagen. Das Vorbild machte Schule. In der Folge brach Erzbischof Konrad I. von Mainz im August 1164 nach Santiago auf. 1175 zog Bischof Anno von Minden nach Santiago und schloß mit der Kirche von Compostela eine Gebetsverbrüderung. Dies einige Namen unter zahllosen. Die Pilgerfahrt ließ Bruderschaften entstehen. Kathedralen, Klöster, Kirchen, Kapellen entstanden bis zum Jakobus-Friedhof des Klosters Oliva vor Danzig. Der Name des hl. Jakobus ging auf ganze Landschaftspartien über wie auf den Jakobsberg im Gebiet von Corvey. Jakobsbrunnen, an denen der Pilger trank; Jakobspforten, durch die er die Städte verließ, wie in Aachen, Köln, Heidelberg, Bamberg; Jakobssäulen, an denen er betete, gehörten genauso gut zum Erscheinungsbild des Weserberglandes wie Oberbayerns oder Frankens. Mit anderen Worten, neben Frankreich verschwisterte sich auch Deutschland auf eine enge, unserm Bewußtsein völlig entfallene Weise mit dem fernen Galicia. Kein Wunder, daß die spätere Türkengefahr eine Renaissance dieser Vorstellungen brachte und ›Santiago Matamoros‹ – der Maurentöter, Auferstehung feierte, als vor den Toren Mitteleuropas wie am Kahlenberg vor Wien die Osmanennot zum Himmel schrie. Zweifellos hat dieser erneute Ansturm des Islams eine ganze Fülle großartiger Kirchenbilder des Barock beschworen, die uns den siegreichen Santiago zeigen, wie er hoch zu Roß über erschlagene Sarazenen dahinstürmt; so auf der prachtvollen Komposition des Maulpertsch in Wien.

Es verwundert kaum, wenn sich die so lebhaft genährte Vorstellung Stätten erschuf, die sich eng mit dem Apostel verschwisterten. Laut Hüffer zählte man Jakobus-Kirchen in Deutschland über zweihundert, darunter in Ulm, München, Wasserburg, Regensburg, Bamberg, Rothenburg. Sie alle waren Sammelstellen, von denen die Pilger nach Spanien zogen. Um solche Gotteshäuser scharten sich die Jakobus-Bruderschaften, von denen wir leider nicht mehr viel wissen. Anders in Frankreich, wo sowohl die Bücher wie Belege der Confraternitäten vielfach erhalten blieben. Legate und Zuwendungen waren zwangsläufig mit dem Santiago-Unternehmen verbunden, denn es galt immer wieder arme Pilger auszurüsten, durchreisende Pilger zu beherbergen, zu beköstigen, im Krankheitsfall zu betreuen und im Todesfall zu beerdigen. Selbstverständlich gab es daher hinreichend Jakobus-Spitäler, wie es in Polling der Fall war, wo sich zwei Pilgerstraßen, die nach Rom und die nach Compostela, schnitten und Sankt Jakob gleichzeitig als Schutzherr der Romaei auftrat. Es gab in Duderstadt nahe dem Eichsfeld ein Haus mit elf Betten für Sankt Jakobs-Pilger, Limburg an der Lahn, Ulm, Frankfurt an der Oder kannten ähnliche Stiftungen.

Übrigens machten sich keineswegs nur Männer auf den endlosen Weg. Der als Urheber des Codex Calixtinus angesehene Aimeric Picaud aus Parthenay-le-vieux bei Poitiers reiste als Begleiter einer reichen Flämin namens Girberga, welche die Kosten trug und zweifellos damit die eigentliche Wallfahrerin gewesen sein dürfte. Die berühmte ›Legende vom Gehängten‹ berichtet uns in der Fassung Huidobro y Sernas von einem Pilgerpaar aus Santu – das ist Xanten im Kreise Wesel-Rees. So geschehen bereits im 11. Jahrhundert. Der soziologische Einblick, den diese Beteiligung der Frauen an der Wanderschaft zuläßt, die damit verbundene Emanzipation, ist hochinteressant, aber leider zu wenig erforscht. Freilich dürften die Stürme der Zeit nur allzu oft die Unterlagen vernichtet haben, wie ich am Niederrhein feststellen mußte – einem Gebiet, das in der Tradition und auch wegen seiner Jakobus-Erinnerungen als Pilgerland gelten darf.

Wenn es allein im schlesischen Raum siebenunddreißig Jakobus-Kirchen gab, wenn ferner mit der Eröffnung des Schifffahrtsweges nach Santiago in Rostock wie Lübeck und anderwärts Santiago-Gemeinden entstanden, so spiegelt das durchaus die Intensität einer Wechselbeziehung. Die Reise des Herzogs Balthasar von Mecklenburg 1498 nach Compostela spricht ebenso dafür wie die Tatsache einer Jakobi-Pfarre im westfälischen Münster, deren Pfarrbuch uns die Festtage des hl. Jakob aufführt. Es ist schon darauf hingewiesen worden, welche Rolle die Jakobusfahrt auch als Sühnemittel spielte, will sagen als Abbuße auferlegter Kirchen- wie Leibesstrafen. Es kann nicht wundern, wenn Jakobus so auch in die Volkslegende und geheimsten Winkel des deutschen Volksherzens eindrang. Legenden erzählten davon, wie die Holzschnittfolge von 1460, die heute in Freiburg bewahrten Überlinger Tafeln oder die Bildwerke in der Deutschordenskirche zu Winnenden bei Waiblingen, die allesamt das Hühnermirakel, eben die ›Legende vom Gehängten‹ von Sto. Domingo de la Calzada, behandelten. Eine entsprechende Darstellung findet sich auch auf einem Altar zu Agatharied in Oberbayern. Der Hochaltar der Jakobskirche in Rothenburg zeigt in den Bildern Friedrich Herlins das Jakobusleben, ähnliche Episoden hält die Jakobuskapelle zu Gielsdorf bei Bonn fest. In Oberwesel am Rhein findet sich gar eine Darstellung mit der alten romanischen Kathedrale von Compostela im Hintergrund. Noch in der Mitte des 19. Jahrhunderts kannte das deutsche Kirchenlied eine Übersetzung des spanischen ›Gaudeat Hispania‹:

Freu dich, span'sche Nation,
Deutschland, sing im Jubelton,
preist in Wechselheeren
Sankt Jakobus, dessen Grab
Compostell den Namen gab,
glänzt in hohen Ehren.

Kein Wunder, wenn bei solcher Volksnähe kirchlich-religiöse Vorstellungen wie die ›Coronatio Mariae‹ auf Jakobus hinüberglitten; im Historischen Museum von Speyer findet sich die Sandsteinskulptur eines Jakobus, der buchstäblich zwei Pilger krönt. In Niedermendig werden gar fünf Pilger mit der höchsten denkbaren Ehrung bedacht; so geht es fort in Linz, Oberbreisig und Mölln. Denn nicht nur der Rhein, der erklärlicherweise eine bevorzugte Pilgerstraße sein mußte, hat das Hinterland der Jakobus-Verehrung bedeutet, sondern sogar entlegene Winkel. Praktisch sind die Bildwerke, wenn man sich nur die Mühe einer genauen Aufnahme macht wie Hüffer und Georg Schreiber, zahllos. Das europäische Gesellschaftsbild hat durch diese Pilgerfahrten einen ganz bestimmten Zug bekommen.

Denn natürlich galt das alles nicht nur für Deutschland, sondern in sehr viel höherem Maß für Frankreich, aber auch für England und Italien, die Niederlande, Irland, Skandinavien, Polen und sogar, wie mir Nachricht zukam, das jugoslawische Gebiet. Daß es bei so lebhaftem Pilgerbetrieb einiger Vorkehrungen bedurfte, um Mißbräuchen zu steuern, versteht sich von selbst. Es gab Geleitbriefe, aber auch vom Pilger mitzuführende und an den Stellen, die er besuchte, zu signierende Zertifikate, die sogenannte Compostelana, die daheim als Ausweis diente, daß er die Pilgerfahrt absolviert und alle vorgeschriebenen Orte besucht hatte. So wuchs die Jakobus-Gestalt, die vielfältig als Meilenzeiger an den Straßen stand, an den Stadttoren oder als Brückenheiliger an Flußläufen Wache hielt, auch in rein rechtliche Verhältnisse hinein und durchwebte schließlich das ganze mittelalterliche Leben. Erst wenn man dies bedenkt, versteht man, welch eine gewaltige Liquidation in den Jahren der Säkularisierung und Aufklärung stattfand, als man dergleichen als lästigen Ballast und Aberglauben abtat und fortfegte.

Menschen und Wege

Übrigens benutzten die Pilger keineswegs alle den Übergang von Valcarlos oder überhaupt den Landweg. Seit dem 13. Jahrhundert nahmen die Seereisen zu. Allerdings blieben sie ebenso beschwerlich wie gefahrvoll. Viele Schiffe sind mit Mann und Maus verschollen. Wie mühselig sich eine Seepilgerfahrt noch im 17. Jahrhundert anließ, zeigt das Beispiel der Maria Anna von Neuburg, die Ende 1689 als Gemahlin

Carlos' II. auf dem englischen Admiralsschiff ›Duke‹ nach Spanien ging und gelobt hatte, dabei Santiago ihre Aufwartung zu machen.

Erst wartete man endlos vor Vlissingen und Dordrecht, weil alles vereist war. Am 30. Januar lichtete der ›Duke‹ die Anker nach Portsmouth. Als der Convoy von hier nach verschiedenen vergeblichen Versuchen endlich am 16. März 1690 in See ging, konnte man nur El Ferrol anlaufen, weil vor dem Zielhafen La Coruña das Wasser zu stürmisch war. Schließlich zog die junge Königin von El Ferrol auf dem Landweg nach Compostela.

Andererseits zeigt ein kleines, berühmtes Büchlein, das unter dem Titel ›Die Straß zu sant Jacob in warheyt gantz erfaren‹ im Jahre 1520 bei Jobst Gutknecht in Nürnberg erschien, daß die erwähnten großen Pilgerrouten zu Lande nur als Anhalt zu verstehen waren. Sein Verfasser gehört zu den meistzitierten Autoren der gesamten Santiago-Literatur. Es war der Servitenmönch Hermann Kuenig von Vach, aus Vacha an der Werra. Er schickte seine Wallfahrer über Einsiedeln, Luzern, Lausanne, ›Genefaß‹ – was Genf heißt –, nach Aix und Chambéry auf die Reise. Nunmehr ging es durch das Isère-Tal, dann entlang der Rhône nach Süden auf Nîmes, Montpellier und Aigues-Mortes zu. Die weiteren Stationen auf französischem Boden hießen ›Isola Jordanis‹ – gleich Isle Saint-Jourdain –, Gimont und Maubourguet. »Hier ist das Armer Jacken landt!«, merkt der Verfasser an. Über Toulouse kommt er nach Saint-Jean-Pied-de-Port und Pamplona. Der Weg in Spanien folgt der klassischen Route.

Es war ein richtiggehender Pilgerführer, dessen Autor sich nur wenige Nebenbemerkungen gestattete. Besonders fiel ihm in »St Dominik bey Nazaro« das Hühnermirakel, die berühmte ›Geschichte vom Gehängten‹ auf: »Der Hüner hinter dem altar solt du nit vergessen . . . Ich waiß fürwar das es nicht erlogen, dann ich selber hab gesehen das Loch, darauß eins dem andern nachflog, und den Herdt darauff sie sein gepraten.«

Solche Wegeführer erwiesen sich offenbar als nötig. Im Jahre 1430 hatte ein Jobst Keller, Bürger zu Augsburg, nach Santiago de Compostela wallfahren wollen, um ein in großer Lebensgefahr geleistetes Gelübde zu erfüllen, war aber nach einer Irrfahrt von vielen Monaten heimgekehrt, ohne sein Ziel gefunden zu haben. Erst bei neuerlicher Wallfahrt drei Jahre später ist es ihm nach langen Mühen geglückt. Doch haben wir darin wohl ein Kuriosum zu erblicken.

Ein sehr großer Teil der Pilger, der den üblichen Routen folgte, wählte einen Pyrenäenübergang, der härtere Anstrengungen als das Tal von Roncesvalles forderte. Sie gingen über Morlaas, Oloron-Sainte-Marie und erstiegen den *Puerto del Somport* oder ›summum portum‹. Hier gab es in der Höhe von fast sechzehnhundert Metern ein berühmtes Hospital, das von *Sta. Cristina*, von dessen Priorei und Herbergsgebäuden heute nur noch Mauerreste und Fundamente übrig sind. Es stand in einer Landschaft von wilder Schönheit, durch welche eine prachtvolle Straße, immer entlang am Fluß Aragon, führt. Vorbei an dem Örtchen *Canfranc* im Schatten des 2883 Meter hohen Peña Colarada. Nach fünfstündigem Talmarsch kam *Jaca* in Sicht, die Residenz des Mönchskönigs Ramiro I. von Aragon, der die erste romanische Kathedrale Spaniens hatte erbauen lassen. Dort wandte man sich nach Westen, dem Aragon-Lauf nach, und bog vielleicht nach etlichen Wegstunden von der Straße nach Süden ab, zum Kloster *S. Juan de la Peña* unter seiner mächtigen Felswand von Nagelfluh auf dem Monte Oroel. Das war eines der alten Widerstandszentren unter der maurischen Überfremdung; die Könige von Aragon wußten den Ort nicht besser zu ehren, als daß sie ihre Begräbnisstätte dahin verlegten. Aber es wurde noch durch einen andern Umstand bedeutsam. 1071 ging von S. Juan eine Bewegung aus, die das römische Ritual an

Stelle des mozarabischen setzte, das derzeit noch in ganz Spanien in Brauch war. Auch der berühmte Kreuzgang ist damals entstanden.

Einen Tagemarsch weiter nach Westen kam wieder eine bedeutende Abtei, das *Kloster von Leyre*, ebenfalls eine Zelle frühen Widerstandes und monastischen Lebens; hier hatten sich die Könige von Navarra ihr Pantheon angelegt. In den Bergen südlich davon lag eine Burg, die später bekannt werden sollte, die des hl. Francisco de Javier oder Franz Xaver, eines der ersten Gefolgsmänner des Ignatius von Loyola. Man konnte von dieser einsamen Feste weiterwandern nach *Sangüesa* und *Rocaforte*, wo einmal der hl. Franz von Assisi gegangen war, bis die Straße schließlich über *Eunate* in *Puente la Reina* mündete. Man ging selten in schlechter Gesellschaft. Hochgestellte Pilger aus aller Welt gab es in Menge, klerikale wie fürstliche.

Wenn auch keineswegs Karl der Große, wie es die Legende will, in Santiago de Compostela gewesen ist, wo er sogar die Kathedrale gegründet haben soll, immerhin machten sich Fürsten, Bischöfe und Könige genügend auf den Weg. Einer der ersten war Godescalc, Bischof von Le Puy, der 950 nach Santiago zog und dabei zu Albelda in Rioja die Klosterbibliothek bewunderte. Ihm folgte 959 Abt Cesareo von Montserrat, 961 Raimund II. »Markgraf von Gothia und Graf von Rourgue«. Schließlich Hugo von Vermandois, Prälat aus Reims, der den lateinischen Cantus ›De triumphis Christi‹ dichtete, samt seinem Gefährten Flodoardo. 983–84 stellte sich der armenische Mönch Simeon ein. Im 10. und 11. Jahrhundert gehörten zu den Reisenden Wilhelm V., Herzog von Aquitanien, Graf des Poitou; Doña Ximena und ihre Tochter Urraca, Witwe Alfonsos V.; Pierre II. Mercoeur, Bischof von Le Puy und Vézelay; Galtier Giffart, Herr von Longueville in der Normandie; Siegfried, Bischof von Mainz. 1084 kamen die Grafen Guines, Baudoin und Ingelran, der letztere Bischof von Lille. 1090 erschien der hl. Hugo, Erzabt von Cluny, ein paar Jahre danach der Erzbischof von Lyon. Dann Raimundo oder Ramon von Burgund samt seiner Gattin Urraca, der hl. Wilhelm von Vercelli, San Theobaldo von Mondovì und die hl. Paulina. Im 12. Jahrhundert die Prinzessin Matilda, Tochter König Heinrichs I. von England; Graf Balduin von Flandern und Rotuard, Abt von Fulda; San Gregorio, Bischof von Ostia; Wilhelm VII., Herzog von Aquitanien; Heinrich, Bischof von Winchester; König Ludwig VII. von Frankreich; Bischof Konrad von Mainz; Gräfin Sophia von Holland; Heinrich der Löwe, Herzog von Sachsen; Santa Bona von Pisa; San Domingo und Roger de Toeni. Namen, in denen ganz Europa aufklingt. Aber es kam noch besser. Im 13. Jahrhundert erschienen Jean de Brienne, König von Jerusalem, Prinzessin Ingrid von Schweden, Franz von Assisi, Sancho II., König von Portugal. Im 14. Jahrhundert die hl. Brigitta von Schweden, Santa Isabel von Portugal. Im 15. Jahrhundert Carlo, Fürst von Tarent, und der Herzog von Lancaster. Dies als winzige Auswahl unter vielen anderen und als illustre Blütenlese einer Pilgerzahl, die mittlerweile ins Ungemessene ging.

Ob sie nun das Tal von Roncesvalles, den Paß von Somport oder den Seeweg benutzten – es gab eine weitere, gänzlich andere Route. Sozusagen für Kenner und Liebhaber einer gewissen Exklusivität. Eine, die nicht durchs Gebirge führte, sondern aus den Landes kam und am Rand der Biskaya nach *Saint-Jean-de-Luz* führte, wo später einmal die Heirat zwischen Ludwig XIV. und Maria Teresa, der Tochter König Philipps IV. von Spanien, ausgerichtet werden sollte. Leo von Rozmital, Bruder der böhmischen Königin Johanna, und Anton de Lalaing, Herr von Montigny, sind ihr gefolgt. Von Saint-Jean wanderten die Wallfahrer nach *Béhobie*; dort führte eine Holzbrücke über die Bidassoa. Dabei sah man jenes Eiland, die Fasaneninsel, das immer wieder Geschichte gemacht hat.

Hier wurde 1659 der Pyrenäenfriede besiegelt, hier lange zuvor König Franz I. von Frankreich, seit der Schlacht von Pavia 1525 Gefangener Kaiser Karls V., gegen seinen ältesten Sohn ausgetauscht.

Es folgte *Irún* mit seinem kleinen Santiago-Kirchlein. Der Weg bog nach Norden, nach *Fuenterabbia*, das ein machtvolles Kastell Kaiser Karls V. bekrönt, von dem man auf die Bidassoa und die kleinen Fischerboote auf den breiten Schwemmsandbänken hinabsieht. Droben hat einmal Velasquez gestanden, ehe die festlichen Tage von der Fasaneninsel und Saint-Jean-de-Luz begannen, ein sechzigjähriger Meister und Ritter des Santiago-Ordens, der die Feierlichkeiten ausrichten mußte, weil er nebenbei auch etwas wie ein Kammerdiener und schließlich Majordomus oder Haushofmeister Philipps IV. war.

In dieser grenznahen Landschaft hat sich die Erinnerung an die Pilgerzeit übrigens noch in einem kleinen halb spanischen, halb baskischen Bettellied erhalten, dessen Verdeutschung leider nichts mehr vom pfiffigen Reiz seiner Sprachkadenzen erkennen läßt.

Pelegrino, pelegrino,
una limosnita
por amor de Dios.
Zingar, arraultze,
bat ez bada bertze, bertze . . .
Pelegriñuac datoz Santiagotican,
Atea irequibeza, icusiagatican;
Chomin, jozac trompeta.
Pello, non duc conqueta?
Berdiñ baldic baciagoc
Ecarri beteta . . .

Pilgersmann, Pilgersmann!
Ein kleines Almosen
um der Liebe Gottes willen.
Speck, Eier,
wenn's nicht eines ist, dann mehr, mehr . . .

Pilger kommen von Santiago;
auf die Tür, daß man sie sehn kann!
Dominguin, nimm die Trompete.
Pedro her, wo ist dein Napf?
Will man dir dasselbe geben,
pack ihn voll ...

Immer am Meer entlang wanderten die Pilger auf *San Sebastian* zu. Dahinter kamen die herrlichen Strände von *Zarauz*. *Deva* mit seiner ersten Pilgerherberge tauchte auf. Die Straße bog auf *Guernica* zu und verlief weiter nach *Bilbao*. Sahen wir nicht dort Anfang der fünfziger Jahre unseres Jahrhunderts noch einen Pilger mit bloßen Füßen durch die Gossen der Straßen wandern, ein mächtiges Holzkreuz auf dem Rücken, der von Rom nach Compostela wallfahrtete? Der nächste Ort, den die Pilgerstraße anschnitt, war *Portugalete*. Bis *Castro-Urdiales* ging es am Meer entlang. Die berühmte Bucht von Laredo kam, in der später die Schiffe der heimkehrenden, zerschlagenen Armada lagen, ohne daß ihre Besatzungen an Land gehen durften. Abseits blieb *Santoña* liegen, das entzückende Fischerdorf. Den Umweg auf *Santander* machte man gern, worauf sich *Camargo* zeigte und wieder dahinter ein erstes Heiligtum dieses nördlichen Weges am Meer entlang, *Santillana del Mar*. Dort vergaßen die Wallfahrer ihre Mühsal für Augenblicke so gründlich, als seien die Smaragdinseln des Märchens aus der See getaucht.

Wie schmerzlich, von jenem herrlichen, kleinen Ort in den grünen Hügeln der Costa del Mar Cantabrico, von dessen Höhen man morgens die Picos de Europa wie eine aufglimmende Wand über dem Dunst der Küsten gewahrt – wie schmerzlich von diesem grünen Paradies der Adelspaläste nur in so kurzen Zügen berichten zu können: von den Palacios der Velarde und Bustamante bis zum Haus der Tagle und dem Landsitz der Großherzogin Margarita am Kirchplatz,

Überführung des hl. Jakobus,
die Einschiffung in Jaffa

Anonymer katalanischer Meister.
Madrid, Prado-Museum

vom Turm der Borja bis zu den kleinen Adelshäusern an der Calle del Canton und dem Revolgo-Park! Von den gewölbten Toreinfahrten und herrlichen Eingangshallen dieser Häuser mit ihren machtvollen Wappen, in denen die Embleme der Velarde am meisten, die der Bustamante immerhin noch vierzehnmal auftauchen. Von den sanften Kühen, die ihre fruchtbaren Leiber über die Straßen zur Tränke wiegen, und vom neugeborenen Eselchen, das ein wenig ratlos im Grase liegt. Vom allabendlichen glockentönigen Läuten der Unken und von den Tänzen am Patronsfest vor der Kollegiatskirche Sta. Joanna oder auch Julianna mit den kostbaren Kapitellen des Kreuzgangs, durch die sowohl der islamische Atem von Sto. Domingo de Silos, wie der ritterliche Geist von Villalcazar de Sirga weht. Wie könnten wir schließlich das köstliche Reliefbild der Märtyrerin Julianna vergessen, die an dünnem Bande das bezwungene Untier des Bösen hinter sich herführt, wie den archaischen Christus im Kreuzgang!

Santillana – Kopfsteinpflaster gaßauf, gaßab. Die Straßen heben und senken sich. Wenige Trakte, und an ihnen gereiht Palast um Palast. Wundervoll edel gegliederte Fassaden. Große Vorräume, unglaublich schöne Gemächer. Leider, es ist schon wahr, sie haben einen Rummelplatz für Fremde daraus gemacht. Vor der einige Kilometer seitab im Land liegenden *Cueva von Altamira*, dieser seit 1875 mehr und mehr entdeckten Höhle voll einzigartiger Malereien aus endlosen Zeitaltern des Aurignacien, Solutréen, Magdalénien, stehen im August die Wohnwagenkolonnen Schlange. Wie lange werden wir diese Bilder noch besitzen? Geht es ihnen eines Tages so wie den Kunstwerken von Lascaux, welche die Feuchte der Atemluft plötzlich mit zerstörenden Algen überzog? Gleichviel, noch sehen wir sie, wenn es auch scheint, daß sie bereits etwas verblaßt sind: rot, ocker, schwarz, geschabt, geritzt lösen sich plötzlich Bison und Stier, Wildeber, Roß und Hindin aus dem Dämmer der Höhlendecke, scheinen vom

Lichtstrahl des Führers, der sie streift, aufgeschreckt, davonzustürmen ...

Adios Santillana del Mar, adios Cueva de Altamira, die der wackere Don Marcelino de Sautuola trotz aller Anfeindungen so unverdrossen verteidigte und erforschte, bis aus der verspotteten Entdeckung eines ›Montañez‹, eines Provinzlers, eine Sensation geworden war, welche die Welt in Atem hielt! Adios also. Kehren wir zurück zu den Pilgern auf dem schweren Weg in der grünen Hölle des Tales von Roncesvalles!

Rolands Grab

Die Pilger aus dem Tal von *Valcarlos* waren noch immer unterwegs. Nach viereinhalb Stunden schweren Marsches erreichten sie die Höhe des *Puerto de Ibañeta*, auf der noch heute eine Mariensäule mit der Aufschrift steht: »Hier grüßt man die Muttergottes von Roncesvalles durch ein Salve Regina.« Sie sanken ins Knie. Als sie ihre Augen wieder erhoben, sahen sie erst, daß die Höhen der grünen Kuppen über ihnen mit Neuschnee bedeckt waren; der Blick voraus fiel ins Weite. Spanien. Kalter Wind ließ sie erschauern, daher legten sie sich, in ihre Mäntel gewickelt, einen Augenblick im Windschatten der Erlöserkapelle nieder, die damals noch stand.

Sie rasteten nicht lang; es drängte sie weiterzukommen. Zwanzig Minuten später schimmerten Schieferdächer durchs Laub. Sie waren am *Augustinerkloster von Roncesvalles* mit der *Rolands-Kapelle* angelangt. Wohnflügel umragten einen Binnenhof. Sie zogen sofort ins kleine Gotteshaus hinüber, das nach der Tradition von Kaiser Karl über den Gebeinen Rolands errichtet wurde. Die kleine, edle Grabkapelle besaß feierliche Triforiendurchbrüche und breite, schöne Rippengewölbe nebst schlanken Chorfenstern. Sie ließen ein dämmerndes Licht ein. Auf dem Altar steht noch heute die gleiche, silbern gefaßte, wunderschöne Gottesmutter wie einst unter einem nach vorn geöffneten Baldachin. Von den Almen draußen scholl Glockenklang des weidenden Viehs, das den Augustinerbrüdern gehörte.

Sie verrichteten ihr Gebet auch in der *Santiago-Kapelle* nebenan und schritten sodann an einer schweren, alten Totenkapelle vorüber, die halbversunken im Boden ruht. König Sanchez der Starke, sagt man, habe die Anlage für die frommen Brüder aufführen lassen, in der er später selbst samt seiner Gemahlin beigesetzt wurde.

Das alte Hospital, sowohl Herberge wie Krankenhaus, vor dem einige früher angekommene Reisegenossen in der Sonne hockten, um sich zu wärmen, lag etwas seitab. Es ist heute verschwunden. König Garcia Ramirez von Navarra hatte es reich dotiert. Ein Preisgedicht, zwischen 1199 und 1215 entstanden, rühmt es voll schwärmerischer Pathetik.

Porta patet omnibus, infirmis et sanis
non solum Catholicis verum et paganis
Judeis, hereticis, otiosis, vanis,
Et ut dicam breviter bonis et profanis.

Allen öffnet sich das Tor, Kranken wie Gesunden,
Katholiken nicht allein, auch wer nicht heimgefunden.
Juden und Häretikern, selbst den Vagabunden,
Darum, Adel und Gemein bleibt dies Haus verbunden.

Dies freilich war in gewisser Hinsicht ein bestreitbarer Anspruch. Wie übrigens mancherlei, was man hier oben erblickte, der Deutung bedurfte.

Man muß verstehen, daß die Pilger in ein Land kamen, dessen Auftrag, der später so großartig und klar aus den Wirren der Geschichte hervortrat, noch nicht recht sichtbar war. Wohl begriff jeder, der über die Grenzen kam, daß es dringlicher Hilfe bedurfte, um die Mauren, die das Land seit 711 überfluteten, zurückzudrängen. Spanien setzte seine gesamte Kraft bis zum Auftreten der ›Reyes Catolicos‹ – der Katholischen Könige – im 15. Jahrhundert an dieses Ziel. Aber was vermochte man noch Spanien zu nennen? Welcher staatlichen Lebensordnung sollte man sich bedienen, um dem Fortleben eine Rechtsform zu geben? Lange Jahrhunderte verstrichen, bis dieses Land, dessen Kraft sich im harten Kampf um die nackte Existenz erschöpfte, zu eigenen, neuen Lösungen der Lebensform fand. Bis dahin griff man, wann und wo immer man ihrer bedurfte, auf die ›gotische Ordnung‹ zurück, eine Staatsräson, die uralt war, aber das verbürgte, was die Erobererkönige von Asturien, León, Kastilien am meisten begehrten, die Legitimität ihres Handelns.

Was man Spanien nennen konnte, bestand ja aus verschiedenen, nebeneinander lebenden Bevölkerungsschichten. Aus einer Urbevölkerung kelto-iberischen Stammes, wie sie in einigen Gegenden, so Galicia trotz der Scipionenkriege und römischen Überfremdung, ziemlich rein erhalten blieb. Mit dem Ende Westroms waren die Westgoten ins Land gedrungen, hatten gleichfalls einfallende Stämme wie Vandalen und Alanen vernichtet, andere wie die Sueben auf das asturische und galicische Bergland beschränken können. Der Bevölkerungssplitter gab es damit bereits genug.

Von eben diesen Westgoten, die Arianer waren und eine meist unterschätzte Kultur entwickelten, ging die ›gotische Ordnung‹ aus. Sie blieb bis tief ins 17. Jahrhundert ein staatspolitischer Wunschtraum. Dieses erstaunliche Legitimitätsdenken, wenn es erlaubt ist, einen erst später entwickelten Begriff auf eine so früh entstandene Staatsauffassung anzuwenden – diese Mentalität verbürgte in einer Zeit, in welcher der Arabersturm alle dynastischen Verhältnisse gründlich zerschlagen hatte, einzig Fortbestand; sie band den Krieger an seinen Feldherrn, den Vasallen an seinen Lehensgeber, den Städter an seine Obrigkeit, den Adel an den Fürsten. Und wiewohl seit der unglücklichen Schlacht von 711 von den Goten kaum mehr als eine Erinnerung übrig war, ungeachtet der Katastrophe, in der sie untergingen, lebten die Widerstandszentren in den ›Picos de Europa‹ – in den Pyrenäen –, die sich alsbald gegen die Araber bildeten und zu Geburtsstätten neuer Dynastien wurden, im gotischen Geiste fort. Man muß darum wissen. Was Amerigo Castro »la morada de la vida« – die Behausung des Lebens – nennt, hat die Ungesichertheit des spanischen Lebens vielfältig nur durch diese Ordnung abschirmen können. Es wird davon noch gebührend die Rede sein.

Indessen gibt es einige interessante Ausnahmen von dieser Regel, die den starken Einbruch westeuropäisch-christlichen Gedankengutes in die spanische Ideenwelt zeigen. Am besten verkörpert sie der Einfall Karls des Großen nach Katalonien und seine Verherrlichung im Rolandslied. Für viele der Pilger, die nach Santiago zogen, hat die Begegnung mit Roncesvalles – der Name ist von dem baskischen Rosçabal abgeleitet und bezeichnet die Gegend zwischen dem Ibañeta- und Lepeder-Paß – eine Begegnung mit dem heroischen Geist ihrer Ahnen bedeutet, die als erste Kämpfer gegen den Islam ausgezogen und auf dem Felde der Ehre geblieben waren. Aber nicht nur für sie, sondern ebenso für den Spanier, wiewohl er sich später im ›Cid‹ eine gemäßere Idealgestalt schuf. Man wollte an der Aura, dem Gnadenstrom teilnehmen, der von den Gräbern der Kämpfer Christi ausging, die in Roncesvalles begraben lagen, und betrachtete mit Erschauern die hehren Erinnerungen, die das ›Rolandslied‹ beschwor: den Boden, darin die Recken ruhten, oder den braunen Stein, an dem der todwunde Roland sein Schwert Durendal zerschlagen hatte, damit es nicht in die Hand der beutelüsternen Mauren fiel. Bereits umstrichen sie den Walplatz, auf dem Turpin, Erzbischof von Reims und die Recken Gerin, Gerer, Berengar, Otto, Anseïs und Sansun, Ivor, Ivon, Gerhard von Roussillon und Oliver tot ausgestreckt lagen. Schließlich war Roland, dem Gedicht nach, am Fuß einer Pinie zusammengebrochen, unter sich das berühmte Horn Olifant und den Schwertknauf jener Waffe begrabend, die für König Karl – er ist erst lange Jahrzehnte nach jenen Begebenheiten zum Kaiser gekrönt worden – ganze Provinzen erobert hatte: Anjou, Bretagne, Maine, Poitou, Normandie, Aquitanien, Provence, Burgund, Lombardei, die Romagna. Doch die Aufzählung findet keine Ende! Sterbend bot er Gott, gleichsam in einer letzten Geste ritterlichen Geistes, den rechten, den Fehde- und Kampfhandschuh dar, und Gabriel erschien, um ihn dem Recken von der Hand zu ziehen.

Wieviel Taten König Karl auch fürderhin vollbringen mochte, wie heftig er die Muslim auch vor Zaragoza zu Paaren trieb, um schließlich siegreich in Aachen einzuziehen, Roncesvalles blieb die Stelle, an der sich der Glaube mit Helden und Heldenverehrung verschmolz. Nie wieder hat das Christentum einen ähnlich heroischen Augenblick im Sinne des Rittertums erlebt. Schon seit dem 11. Jahrhundert bot die Legende vom Tode Rolands Stoff für literarische Werke, bis sie im 12. Jahrhundert durch einen Dichter, der sich Turold nannte, zum ›Rolandslied‹ verschmolzen wurde. Es ist nicht nur ein christliches Epos, es ist ein eminent französisches. Die Erde scheint zum höheren Ruhm der französischen Ritterschaft erschaffen. Dies ganz gewiß im Sinne einer inneren Verpflichtung, eben der Auffassung der ›Gesta Dei per Francos‹. In der Absicht, die Bewunderung der Zuhörer zu erregen und das Volk zu ergreifen, erscheint nichts plebejisch, sondern ist alles heldisch gestimmt und gehört einer esoterischen Sphäre an, in der eine aristokratische Weltordnung herrscht. »Rollant est proz e Oliver est sage – Roland ist kühn und Oliver klug oder mäßig«–, heißt es an einer Stelle. Höher als diese Recken aber steht der Erzbischof Turpin von Reims, der später tot mit weißen, gefalteten Händen am Boden liegen wird, eine hehre Idealgestalt, die nie das grausame Kriegshandwerk geübt zu haben scheint. Von ihm heißt es sehr bezeichnend »E l'arcevesque, ki fut sages e proz« – er, der Erzbischof, der Kirchenführer, ist Roland und Oliver zusammen, tapfer und weise zugleich. Der Krieg gegen die Mauren bekommt in diesem Epos bereits die Kennzeichnung als heiliger Streit, und dies erklärt die Wirkung des Gedichtes und die Anziehungskraft von Roncesvalles.

»Se vos murez, esterez seins martirs – und wenn ihr fallt, so werdet ihr heilige Märtyrer sein«, heißt es. Alles ist wunderbar: der Klang von Rolands Horn erschallt über dreißig Meilen, die Helden verspritzen ihr Gehirn und erwachen doch wieder vom Tode, wahrhaft phantastische Zahlen von Streitern, die in die Hunderttausende gehen, ringen miteinander. Aus den geschichtlichen Vorgängen ist ein hehres Glaubensschauspiel geworden, das den Weg über den Paß von Roncesvalles und den Besuch der Gräber in der Rolands-Kapelle so anziehend macht, wie den wenig anderer Stätten auf der gesamten Pilgerfahrt.

Im scharfen Licht der historischen Kritik sehen die Ereignisse keineswegs so großartig aus. 778 unternimmt König Karl seinen Heereszug gegen das islamische Spanien. Eine der Abteilungen seiner Armee kann im Osten über die Pyrenäen dringen, Katalonien erreichen und Gerona erobern. Eine andere Abteilung zieht auf Pamplona zu. Beide Armeen vereinigen sich, um Zaragoza zu erstürmen, was mißlingt. Inzwischen erreicht Karl die Nachricht, daß es im Sachsenlande erneut gärt. Er muß eilig zurück. Seine Nachhut, behindert durch Trosse und schwere Waffen, gerät im Gebiet des Ibañeta-Passes in einen Hinterhalt, der von aufrührerischen Gascognern und Basken gelegt ist. Die Franken werden samt und sonders umgebracht, die Trosse geplündert. Bei dieser Gelegenheit verlieren drei der wichtigsten Paladine oder Unterführer Karls das Leben. Der Haushofmeister Eggihard, Pfalzgraf Anselm und Roland, Markgraf der Bretagne. So geschehen am 15. August 778.

Natürlich erscheinen solche Decouvrierungen und die Fixierung der historischen Geschehnisse ernüchternd. Aber sind sie es wirklich? Waren jene, die dem Vernehmen nach im Boden der Kapelle von Roncesvalles ruhen, nicht tatsächlich in einem Unternehmen und Kampf zum Ruhme Gottes gefallen? Wenn die Geschichte sie statt der allzu hochgemuten Recken im stilisierten Gedicht des Turold als lebendige Menschen ausweist, sind sie darum geringer gewesen?

Straße der neuen Hoffnung

Erst am Spätnachmittag wanderten die Pilger weiter nach *Burguete* hinaus. Vorüber am berühmten Pilgerzeichen, dem ersten Santiago-Kreuz am Wege. Der Buchenwald nahm sie auf, Kühlung wehte heran, tat ihnen wohl. Es war lastend warm geworden. Ein schwerer Tag lag hinter ihnen. Zum Glück zog sich der Weg nur ein Stündchen hin. In Burguete, das seit unvordenklichen Zeiten als besonders gute und günstige Herberge galt, gingen sie mit den Hühnern ins Bett.

Am nächsten Tag mußten sie frühzeitig auf. Der Weg lief durchs Hochland von Espinal. Die Bauern trieben Kuh und Kalb auf die Weide, die Vögel sangen. Die Bewegung löste ihre schweren Glieder, auch wenn der Pfad steinig wurde und plötzlich wieder in die Hügel hinaufführte. Das war so eine Art der Wege im Hochland; sie ließen sich endlos Zeit, bis sie ins Tal fielen. Wenn vom alten Burguete heute noch etliche Hidalgo-Häuser zu sehen sind, vom alten *Espinal*, das sie durchschritten, steht nichts mehr. Der Weg stieg erheblich an bis zum Paß von Mesquirez. Diesmal folgte der Abstieg unmittelbar. Das war ein bequemeres Wandern als am Vortag. Sie kamen nach *Viscarret*. Mächtige Baskenhäuser mit hochgewölbten Einfahrten umlagerten den Platz vor der Kirche, weiträumig, steinern und schön. Vorm Seiteneingang des Kirchleins hing ein Schutzdach; es mußte also viel regnen.

Abermals hob sich der Weg, fiel wieder hinab – der Paß von Erro. Vor ihnen öffnete sich die Landschaft gewaltig. Dort lag ein schwerer Riegel aus Nadelholz, drüben kahle Hänge, im Hintergrund grüne Berge, ganz fern blaue Gebirge. Über diesem Geschiebe von Höhenrücken ein Himmel, der von Minute zu Minute wechselte. Aus dem Tal drang Kühle an. Zu Mittag lagerten sie zwischen Buchsbaum und jungen Fichten im Gras. In *Zubiri* kreuzten sie die Arga-Brücke, die schon die Römer erbaut hatten, zweibogig, hochgeschwungen, der tragende Mittelpfeiler zu einer kleinen Bastion mit einem Erkerchen ausgebaut. Darunter rauschte der Fluß.

Erst in *Larrasoaña*, einem winzigen Dorf, gewahrten sie wieder eine der alten Pilgerherbergen. Sie ist immer noch da. Genau gegenüber der Kirche. Im rechten Teil weißgekalkt und bewohnt, im linken durch die Stützpfeiler der Wand als halb klerikales Bauwerk erkenntlich. Stützpfeiler und Mauern bestehen aus Bruchstein, sonst hat der Bau nichts als sein Schweigen der Armut. Ein Stall, eine Scheune, nichts weiter. An der südlichen Stirnseite gewahrt man noch eine vermauerte Tür, möglicherweise den alten Zugang. Die Anlage ist trotz ihrer Niedrigkeit zweigeschossig. Jede Spur von Zurüstungen fehlt heute natürlich. Aber sind da überhaupt welche gewesen? Eine Küche? Sie kochten gewiß im Freien, und Wasser dürften sie im nahen Arga-Fluß geholt haben, wenn sie dort nicht gleich badeten und die Hemden wuschen.

Die Backöfen findet man hierzulande vom ersten Stock der Häuser über Holzpfeiler hinausgebaut, Halbkugeln aus Lehm sozusagen. Man sieht auch runde Essen aus Steinen und Ton getöpfert, in die man als Windschutz schräg gegeneinander gestellte Ziegellöcher gebaut hat, oben bekrönt ein Tempeldach das Ganze. Die Dörfer sind rundheraus schön, machtvoll, mit Altanen gegen Südosten, die geschützte Seite.

Das Schönste im Talgrund aber bleibt der Nachtigallengesang. Er schallt den lieben, langen Tag, die ganze Nacht. Wo wir zum Arga hinabkamen, schluchzte einer der Vögel. In *Iroz* war das besonders schön. Dort hatte sich der grüne Wasserspiegel leicht angestaut. Die Brücke mit ihrem hohen Hauptbogen und den zwei Seitenbögen zur Linken rief sich aus Wassertiefen ein Echo von makelloser Schönheit zu, und ein halbes Dutzend von Nachtigallen konzertierte rings in den Büschen. In *Arleta* verläßt der Camino frances die Straße und wandert entlang des Monte Miravalles. Das Tal öffnet sich, die Landschaft wird fruchtbar. Bereits erscheint *Huarte* mit S. Juan Evangelista; über dem Sakramentshäuschen des Mittelaltars befindet sich in einer Nische eine spätgotische Marmormadonna von großer Anmut. Der Ort zeigte sich von unerbittlichen Zigeunerinnen belagert. Man konnte ihnen nicht entgehen. Schon befanden sich die Pilger und wir gleich ihnen im Bannkreis der ersten großen Metropole am Weg, die einst einen ganzen Kranz von Herbergen um sich gelegt hatte. Eine in *Arre*, wo die Brücke über den Ulzama-Fluß ging, eine am Flußufer des Arga nahe der Einsiedelei zur Heiligen Dreifaltigkeit. Eine dritte in *Villava*, schon 1184 durch Sanchez den Weisen angelegt. In *Burlada* gab es endlich das Pilgerhospital zur hl. Magdalena. Worauf sich *Pamplona* selber auf seiner Erdschwelle über dem Lande darbot. O Kunst der spanischen Städtebauer, wie sind die Silhouetten der Kirchen und Kathedralen ins Bild gezaubert!

Die Pilger hatten nunmehr zweiundsiebzig Kilometer von Saint-Jean-Pied-de-Port zurückgelegt und dabei den gewaltigen Wall der Pyrenäen überstiegen. Jetzt erst empfanden sie, daß Spanien offen vor ihnen lag. Der Pilgerweg und das Land waren eines geworden.

DER ENDLOSE WEG

Die drei Gesichter von Pamplona

Pamplona, da lag es. Eine Bastion, die bezwungen sein wollte. Man spürte es. Sein Leben schien warm und pulsend und blieb doch ungreifbar. Es war kalt geworden. Die schweren Wolken, die übers Gebirge segelten, brachten beißende Luft mit. Der kühle Strom fegte durch alle Gassen, stöberte Papierfetzen auf, jagte durch die halbe Stadt hinter ihnen her. Dennoch, der Frühling war nicht mehr zu vertreiben. Wir flanierten abends über die Wälle, wo die Pärchen spazierten, die Mädchen voll Schmachten und Süße. Sie küßten sich hingebungsvoll in den Mauererkern der alten Festungsanlagen. Wenn ihre Galane in Feuer gerieten, hörte man freilich unweigerlich: »Vamos, adios – gehen wir, auf Wiedersehen.« Wir saßen im Café an der Plaza neben dem Hotel ›Perla‹, in dem Hemingway immer wohnte, und sahen die Veteranen aus bitteren Bürgerkriegstagen in einer Kameradenrunde ihre Schokolade schlürfen. Sie schwiegen. Darunter ein berühmtes Gesicht, ein Mann, wenn auch jetzt schlagflüssig, starr von Krankheit, dessen Name Legende war. Wenn seine Stunde kam, legte er breit und schwer seine Hand auf den Tisch. »Vamos«, sagte er, und »adios«. Das Leben zeigte sich kühl, spröd, gläsern, und dies war das erste Gesicht von Pamplona.

Vamos, adios, das schien unser Los. Wir hatten uns das so schön gedacht. Mitten in der Stadt, ganz nahe der Plaza zu wohnen, aber in einem Seitensträßchen, der Travesía Espoz y Mina, damit man vom Lärm verschont blieb. Allein, das war eine Rechnung ohne die Wirte oder die Kneipen an der Calle de la Estafeta, die gleich an der Ecke vorbeistreicht. Unablässig wogte der Lärm während der halben Nacht straßauf, straßab. Stundenlang raspelten die Stimmen unter unserm Fenster, erst dann: »Vamos, adios!« – Man hätte am Paseo de Sarasate mit seinem Geflimmer von jungem Grünlaub oder an der Plaza del Castillo wohnen sollen, unbehelligt vom unablässig wiederholten Geschrei des blinden Losverkäufers, der sich direkt unter unserm Zimmer an der Ecke postiert hatte. Gewiß wäre es am allerschönsten gewesen, draußen an den Stadtwällen zu hausen und gegen das Gebirge zu sehen. Aber ein schmaler Geldbeutel besitzt sein eigenes Schwergewicht.

Im Sommer, als wir wiederkehrten, um an der Fiesta von San Fermin teilzunehmen, und abermals in der kleinen Travesía Espoz y Mina wohnten: »Vamos, adios.« Freilich nur bis die Fiesta begann und man die Stiere durch die *Calle de la Estafeta* jagte. Wir konnten vom Fenster aus zusehen; immer neue junge Leute schwangen sich über die Schutzplanke, um vor den Toros herzulaufen und mit ihnen ihr Spiel zu treiben. Sie bilden dabei ganze Mannschaften, die einander abwechseln. Kommt einer zu Fall, stellt er sich tot, und die schwarzen oder buntgefleckten Recken der Arena lassen ihn ungeschoren. Nur einen Amerikaner nahmen sie auf die Hörner, der ihnen mit der Kamera in der Hand entgegenging, um sich breitbeinig vor ihnen aufzupflanzen und eine Aufnahme zu machen.

Seit dem Beginn der Corridas war es also mit dem »vamos, adios« vorbei. Ach, diese Epoche schien uns bald als paradiesische Zeit. Von nun an ging es in den Kneipen bis morgens durch. Vollends als el Cordobés zur Corrida kam, der Zigeuner aus dem Süden, den die Leute hier oben haßten. El Cordobés, der einen grandiosen Kampf lieferte, den frischen Stier kniend empfing und um sich herumtanzen ließ wie eine Marionette. Kein Laut des Beifalls! Als er dann anvisierte und stach, wollte der Stier nicht fallen. Auf den Rängen begann man zu johlen und mit hart gewordenen Rundbroten zu werfen. Ein frenetisches Geschmetter von Musikkapellen, ein tobendes Tanzen machte die Ohren taub. Jetzt stürmte es von den Rängen in die Arena, man formierte tanzend Demonstrationszüge mit großen Transparenten wie ›Nieder el Cordobés!‹. So durchzogen sie die halbe Stadt. Seit dieser Stunde kam Pamplona nicht mehr zur Ruhe, bis das Fest zu Ende und die Geldkatzen der Kneipenwirte an der Calle de la Estafeta dick angeschwollen waren. Der Überschwang zeigte sich orgiastisch, über alle Grenzen hinaus, und dies war Pamplonas zweites Gesicht.

Freilich sahen wir auch die schmalen Gelehrtenköpfe mit den forschenden Augen im *Archiv von Navarra* an der Calle de S. Ignacio Stunde um Stunde über ihren Pandekten sitzen. Geduldig, beharrlich fuhr die schreibende Hand über das Papier, während es draußen endlich Frühling wurde, die Magnolien im herrlichen Garten vor dem Archivgebäude blühten, die Fontänen sprühten, sich die Menge vorüberschob; sie sahen es nicht. Oder es gab die stillen Gesichter im schönen *Navarra-Museum* über dem Arga, die sich in die Reste der Moschee von Tudela, römische Bildsäulen, Statuen aus S. Pedro zu Olite, Wandmalereien aus Kirchen der Umgebung, römische Bögen, vor allem aber die herrlichen alten Kapitelle versenkten, Säulenköpfe mit der Geschichte des Job und der Passion Christi – o, welch ein Glück, so zum ersten Mal dem Genius Spaniens Auge in Auge gegenüberzustehen! Denn nichts in der Welt hat zu diesen gedrängten, expressiven Szenen aus dem Kreuzgang der untergegangenen romanischen Kathedrale Pate gestanden, an der Meister Esteban zwischen 1101 und 1127, jedenfalls nach seinem Fortgang von Compostela, mitgearbeitet hat; es kam aus der Tiefe der spanischen Seele. Die Betrachter mochten es so wie wir empfinden. Da zeigte sich nichts mehr von Spröde und Kühle, von ›vamos‹ oder ›adios‹, sondern kontemplatives Verharren, Betrachten, und dies war Pamplonas drittes Gesicht. So wenig Gelegenheit die Stadt zur Versenkung bietet. Ihre schachttiefen, durchwehten und schmalen Straßen sind laut, heftig durchpulst. Das hübsche Rathaus aus dem 17. Jahrhundert an der Plaza Consistorial wirkt mehr verspielt, als daß es Kunst vorzutäuschen vermöchte. Die Anlagen am Arga, die Recoletas Paseo de la Taconera, aber auch die großen Straßenzüge der Calle Ciudela, des Paseo de Sarasate, der Calle de Juan de Labrit an der Plaza de Toros sind allenfalls zum Flanieren, die Plaza del Castillo, dieser Mittelpunkt der Stadt, zum Sitzen und Ausruhen da. Aber Versenkung?

Einzig in der *Kathedrale* fanden wir noch, was wir suchten. Jener Kathedrale, die 1397 durch Carlos III., el Noble, aufgeführt wurde. Wie streng sie sich aus dem Gassengewirr erhebt, im Innern erfüllt sie plötzlich, was ihre Silhouette aus der Ferne verspricht. Es ist ein hohes, etwas nüchternes Langhaus von gotischem Zuschnitt, das keinerlei Triforien besitzt, sondern nur Obergadenfenster. Allein, dieses Schiff der hoch emporwallenden Dienste und fast nackten Rippengewölbe strahlt eine Majestät sui generis aus. Das macht der ganz sparsam verwandte Zierat und das ungehemmte Fortströmen der Bauenergien. Hinter einer reicheren Vierung ein winklig zulaufender Chor mit Netzgewölben. In ihm der Hochaltar. Davor steht ein Gitter, das ein üppiges Geranke von Eisenfialen und Blütenkronen trägt. Es tut das nämliche wie eine Blume an einer hochgewachsenen Schönheit, es gibt der Kirche ungeachtet des Eisens einen anmutigen Akzent. Doch auch dies war nicht das Eigentliche.

Selbst der *Kreuzgang* mit seinen Grabmälern, das ehemalige Refektorium, die ›Preciosa‹ – ein altes Dormitorium –, der Kirchenschatz mit seinen islamischen Reminiszenzen taten es nicht. Vielmehr eine Platte im Boden hinter einem umgitterten Bezirk im Hauptschiff. Sie besagt, daß hier eine Reihe der Regenten des alten Navarra das Jüngste Gericht erwarten, außer ihnen Lancelot von Navarra, Patriarch von Alexandrien, sowie Anna von Cleve, Fürstin von Viana, die am 6. April 1448 verstarb. Einem der Fürstenpaare hatte man eine richtige Tumba aus Alabaster gesetzt, Carlos III., el Noble, der 1425 starb, und seiner Frau Eleonore. Im höfisch-burgundischen Geschmack liegen sie auf ihren Grabmälern Parade. Das Werk entstand 1416, also zu Lebzeiten des Königs, von der Hand Juan de Lomes. Im Grunde ist alles ganz einfach gehalten. Die Noblesse wird vornehmlich durch den Stein und einen weichen, ruhigen Fall der Gewänder mit dem sparsamen Zierat erreicht. Um den Sockel des Doppelgrabmals zieht sich eine Folge von Nischenfiguren. Nicht nur im Stil der Pleurants von Champmol, sondern gleichfalls mit völlig verhüllten Köpfen. Dachte man sich die Sarkophage inmitten der von heiliger Nüchternheit durchtönten Kirche frei und ohne Gitter dastehend, traf man das Angemessene.

Denn dieses Mausoleum oder Pantheon verleiht Pamplona seinen Nimbus. Hier einzig spürt man, daß es Hauptstadt eines Landes war, eines Pyrenäenreiches, dessen französischer oder niedernavarresischer Teil nördlich des Gebirges unter Heinrich IV. von Bourbon-d'Albret an Frankreich fiel. Der südliche Hauptteil aber blieb spanisch. Er ist einer jener Landstriche, deren angestammte Fürsten durch ihren Kampf gegen die Mauren Spanien erst erschaffen haben.

Epitaph einer Dynastie

Nur undeutlich treten die frühen Herrscher Navarras aus dem schweigsamen Dämmer der Geschichte. Um 810 bis 820 gruppieren sich einige Baskenstämme um einen Anführer namens Iñigo Iñiguez oder Enneco, welcher derselbe Enneco Arista zu sein scheint, den die ›Genealogia de Meyá‹, eine grundlegende Quelle aus dem 10. Jahrhundert, erwähnt. Anscheinend war er der Sohn eines baskischen Führers gleichen Namens, der um 780 bis 785 starb und dessen Witwe in zweiter Ehe einen arabisierten Basken namens El Banu Qasi Musa ben Fortún heiratete, weswegen die Geschichte auch Eingang in die ›Muqtabis‹ des Ibn Havyan oder Hayyan fand.

Eine wirkliche Herrschaft dürfte freilich erst García I. Jimenez ausgeübt haben, der von 852 bis 860 für seinen gelähmten Vater das Regiment führte. Indessen wissen wir von ihm wenig. Ebenso von seinem Nachfolger García II. Iñiguez, der von 882 regierte, oder von Fortún Garcés, der um 905 von der politischen Bühne abtrat. Deutlicher läßt sich schon die Gestalt Sancho Garcés I. identifizieren, der bis 925 das Zepter führte. Er ist der erste der klassischen Heroen Navarras im Kampf gegen den Islam, vermochte die Mauren aus seinem Land zu vertreiben, die Grenzen Navarras bis an den Ebro vorzuschieben und die Rioja seinem Staat einzuverleiben. Seither nannten sich die Herren des kleinen Pyrenäenreiches Könige. 923 eroberte er im Verein mit Ordoño II. von Asturien Nájera, das nunmehr als Station des Pilgerweges diente.

Ein Jahrhundert bevor Sancho el Mayor eine endgültige Regelung schuf, fand damit eine erste Fixierung des ›Camino francés‹ in Navarra statt. Durch Heirat mit einer Tochter des Grafen Galindo II. von Aragon vermochte sein Nachfolger García II. Sanchez Navarra zu sichern, der volle vierundvierzig Jahre den Thron innehatte. Ihm folgte Sancho II. Garcés, genannt Abarca, von dem noch die Rede sein wird. Es ist die Zeit, in der die Klöster S. Juan de la Peña und Leyre durch reiche Dotationen groß werden. Nur fünf Jahre trägt nach ihm García III. die Krone, genannt el Temblon oder der Zitternde, wohl einer Nervenkrankheit wegen.

Ab 1000 betritt wieder eine der großen Gestalten das Theatrum Hispaniae, Sancho III., el Mayor, der seinem Territorium einen großen Teil von Kastilien, León, Alava, Aragon, Sobrarbe, Ribagorze und Asturien einverleibte, ein unbedenklicher, aber auch genialer Regent. Sancho el Mayor ist einer der Pioniere der Pilgerstraße gewesen, die er von Nájera über Grañon nach Atapuerca und Burgos weiterführte, wobei er die Route über Belorado und durch die Montes de Oca legte. Auch hat er in Nájera die ersten christlichen Münzen der Reconquista geprägt. Während der Herrschaft seines Sohnes García IV., genannt von Nájera, löste sich freilich Aragon unter seinem Bruder Ramiro I. erneut von Navarra, während ein anderer Bruder, Fernando I. von Kastilien, den Ebro als natürliche Grenze zwischen Navarra und Kastilien erklärte. Dergleichen Fragen blieben gewiß mit machtpolitischen Erwägungen verknüpft, indessen ist der eigentliche Grund der fortwährenden Trennungen in einem in Spanien derzeit üblichen Erbsystem der Realteilung zu finden. Damals hat Nájera als Residenz Navarras gedient.

Garcías Erbe Sancho IV. mit dem Beinamen de Peñalén hatte das düstere Schicksal, nach zwanzigjähriger Regierung einem makabren Mordanschlag seiner Brüder Ramon und Ermesanda sowie einiger Granden des Hofes zum Opfer zu fallen. Für Navarra zogen schwere Zeiten herauf. Die Macht übernahm Sancho V. Ramirez, König von Aragon. Auch Pedro I. und Alfonso el Batallador, der bis 1134 regierte, waren aragonesische Herrscher. Erst mit García Ramirez el Restaurador, diesem Enkel des Cid – seine Mutter Cristina Rodriguez war eine Tochter des schwertgewaltigen Recken –, vermochte erneut ein gebürtiger Navarrese an die Regierung zu kommen. Er hat sich nominell bereits August 1131 von Aragon getrennt; in Wirklichkeit freilich erst mit dem Tod Alfonsos el Batallador. Unter García Ramirez bekamen die Templer von Puenta la Reina das Recht, Brot und Wein an bedürftige Pilger ›per amorem Dei‹, also um Gotteslohn, abzugeben.

García v. Ramirez starb 1150. Sein Thronfolger Sancho vi., der Weise, bedurfte aller Klugheit, um mittels diplomatischer Geschicklichkeit den Bestand von Navarra gegen Kastilien und Aragon zu sichern. Die Rioja ging dennoch verloren. Um so intensiver wandte er sich dem inneren Aufbau seines Landes zu und gründete 1181 die Stadt Vitoria. Sein Nachfolger Sancho vii., der Mächtige, vermochte die Verhältnisse grundlegend zu wandeln. Es hieß von ihm, er sei der beste Ritter, der je in den Sattel stieg. In seine Epoche fällt der entscheidende Sieg über die Mauren bei Navas de Tolosa, an dem er bedeutenden Anteil hatte. An der Seite von Richard Löwenherz kämpfte er gegen Frankreich. Seine Frau, Doña Clemencia, stammte aus Deutschland; sie war eine Tochter Kaiser Friedrich Barbarossas. Sanchos große Neigung gehörte Roncesvalles, wo er samt seiner Frau auch beigesetzt wurde, als er nach vierzigjähriger Regierung starb, ohne einen Erben zu hinterlassen. Die Erbenlosigkeit war das Schicksal Navarras! Sancho dem Mächtigen folgte der Sohn seiner Schwester Doña Blanca, die einen Herzog der Champagne geheiratet hatte, Theobaldo i. von Champagne.

Seine Regierungszeit ist eine einzige Auseinandersetzung mit dem einheimischen Adel. Das mutet nur zu natürlich an. Navarra befand sich seit dieser Zeit im Besitz auswärtiger Herrscherhäuser. Dem Grafen von Champagne folgten von 1274 bis 1328 die Kapetinger mit Philipp iv., Ludwig i., dem Zänker, und Karl dem Kahlen von Frankreich, sodann die Häuser Evreux, Aragon, Foix und d'Albret oder de Labrit. Praktisch war seine Geschichte damit zu Ende. Als Ferdinand der Katholische von Aragon 1512 die letzte sogenannte navarresische Herrscherin Catalina i. entthronte und das Land annektierte, vollzog er nur einen Prozeß, der in dynastischer Hinsicht längst vorweggenommen war.

Es sind nur einige wenige Gräber des navarresischen Königshauses in der Kathedrale von Pamplona zu finden. Die anderen liegen verstreut in Leyre, Roncesvalles, Nájera oder anderwärts. Aber diese wenigen in Pamplona genügen, um die Stadt zum Herzen und Mittelpunkt Navarras zu machen, was sie von Anfang an war und blieb.

Es gibt weitere Kirchen in Pamplona. Die älteste ist *S. Sernin* oder Saturnino mit ihren romanischen Anklängen, eine der jüngsten die der Redemptoristen. Ganz nahebei liegt eine andere, die man rund hundert Jahre nach einem wichtigen Zwischenfall erbaute. Bei einer der vor Pamplona nicht seltenen militärischen Unternehmungen wurde nahe der Stelle ein unbedeutender junger Hauptmann aus dem baskischen Adel verwundet. Es war eine Blessur, die sozusagen weltweite Folgen hatte. Was aus ihr resultierte, ist mehr als die Verwandlung eines Zeitalters geworden.

Die kriegerischen Erinnerungen Pamplonas sind übrigens allenthalben sichtbar. Im Südwesten der Stadt liegt eine Zitadelle, die ›Ciudela‹, die Philipp II. zu errichten befahl, und im Nordosten der Stadt ist das Schönste, was vom alten Pamplona erhalten blieb, ebenfalls eine Zitadelle. Die Bastion am Portal de Zumalacarregui, in deren Kasematten die Damhirsche umherspringen, die man hier hält, und auf der die Liebespaare flanieren. Hoch über dem Arga staffeln sich Mauern, Laufgänge und Stellungen, wie Vauban dergleichen anzulegen pflegte, übereinander. Alte Kanonen stehen herum, und Brustwehren gibt es genug. Eigentlich sollte es für einen Verteidiger nicht allzu schwer gewesen sein, einen anrückenden Gegner zurückzuwerfen. Pamplona nämlich liegt nicht nur am Arga-Ufer erhöht über dem Lande, sondern auch nach den anderen Seiten, wenn auch die modernen Hochhausviertel den Eindruck verwischen. Gleichwohl hielt es jenem Gegner nicht stand, den der Heldenmut des erwähnten jungen Offiziers aufzuhalten versuchte. Doch das ist eine eigene Geschichte.

Don Ignacio wird das Bein zerschmettert

Der baskische Adel der »muy noble e leal provincia de Guipuzcoa«, der sehr edlen und loyalen Provinz Guipuzcoa, die sich entlang der Biscaya bis Santander vorschiebt, hatte immer vielen Kindern das Leben geschenkt. Legitimen wie illegitimen, die überdies kaum schlechter gehalten wurden als die rechtmäßigen. Selbst wenn die Priester, sei es in Tolosa oder in Azpeitia im Konkubinat lebten, machte man nicht viel Geschrei davon. Die Frau, die ihr Lager teilte, durfte sogar das Habit der Verheirateten tragen. Man ging menschenfreundlich und in aller Natürlichkeit miteinander um. Seit dem großen Strafgericht vom 21. April 1457 zu Sto. Domingo de la Calzada, das König Enrique IV. über den baskischen Adel verhängte, insbesondere das Haus Loyola, hatte man auch einen respektvollen Frieden mit der Krone geschlossen. Die Burg Loyola ist damals, anhaltender Privatfehden halber, zerstört und im nahen Azpeitia ein königlicher Corregidor eingesetzt worden, der mit Argusaugen über das Gebaren der Nobilität wachte.

Sie wandelte sich verblüffend schnell und hispanisierte sich. Einer solchen Adelsfamilie, genauer genommen der Verbindung des Beltrán Ibañez de Oñaz de Loyola mit Doña Marina Sáenz de Licona y de Balda, geschlossen am 13. Juni 1467 zu Azcoitia, entstammte als jüngster Sproß Iñigo de Loyola, der als Ignatius von Loyola bekannt werden sollte. Nebenbei gesagt, der Vater war kein echter Loyola mehr; der Stamm ist schon im 13. Jahrhundert erloschen. Auch das Haus Oñaz, das in dem volltönenden Namen mitklingt, war vergangen, sein Gut an die Lazcaños gekommen, der einzige Name, der der Familie mit Recht zukam und der einzige, den sie nicht führte.

Wann Iñigo geboren wurde, liegt nicht ganz fest. Seine Amme soll das Datum mit 1491 angegeben haben, was wahrscheinlich klingt. Das Geburtshaus selbst ist seit dem 17. Jahrhundert in das gewaltige Kloster des Jesuitenordens zu Loyola eingebaut worden. Man kann es von der Küste über Azpeitia erreichen, noch schöner aber in Paßfahrten von Tolosa dahin gelangen, immer der Straße nach, die sich in phantastischen Kehren über Regil hinabschraubt. Auf einmal ein weites Tal mit ein paar kasernenförmig wirkenden Bauten: *Loyola.* Das mit dem Kloster verschmolzene Geburtshaus rührt in seinem Unterteil noch von der alten Burg der Loyola her, derselben, die man 1457 schleifen mußte. Rechts in der Ecke ein kleines gotisches Portal mit dem Wappen der Familie: zwei aufrecht einander gegenüberstehende Wölfe, die ihre Pfoten an einen herniederhängenden Kessel legen.

Man kann in diesem Bau, dem nach 1457 zwei flache Etagen aufgesetzt wurden, noch das Zimmer Iñigos sehen. Im obersten Stockwerk. Es steht allerlei Hausrat darin, auch der seidene Betthimmel nebst den silbernen Fransen, unter denen Iñigo geschlafen hat. Wer die Klosteranlagen fortdenken kann, hat die Umwelt des Kindes entdeckt. Iñigo genoß den ländlichen Frieden freilich nur kurz. Er mußte schon früh als Page in das Haus des Don Juan Velasquez Cuéllar in Arévalo übersiedeln; es war Brauch, die Kinder bei befreundeten Familien aufwachsen zu lassen, wo sie gleichzeitig Schliff bekamen.

Der kleine Loyola hat nicht grade zu den Musterknaben gehört. Dem Schmökern in Ritterromanen war er so innig ergeben wie Don Quichote. Der berühmte ›Amadis‹ scheint seine Lieblingslektüre gewesen zu sein. Natürlich löste das allerlei Reaktionen aus, von denen die Dichtwut wohl die harmloseste war. Von einem tieferen inneren Leben wissen wir nichts. Um es deutlich zu sagen, Iñigo hat bald das nämliche lockere Dasein geführt wie seine Kameraden. Daß er zudem in eine kleine Dieberei von lächerlicher Belanglosigkeit verwickelt war, könnte belustigen, hätte er zu seiner Sache gestanden.

Immerhin besitzen wir auf diese Weise die ersten schriftlichen Nachrichten über ihn in Gestalt der Prozeßakten. Darin wird er vom Corregidor »sehr enormer Vergehen« beschuldigt, die er samt seinem Bruder, dem Kaplan Pedro Lopez, in der vergangenen Fastnacht in Azpeitia begangen habe. Vielleicht brachte er darauf eine Zeit im bischöflichen Gefängnis zu Pamplona zu. Hatte er sich doch eines beliebten Tricks bedient, um der weltlichen Gerichtsbarkeit zu entgehen und vor das geistliche Gericht des Offizials von Pamplona zu kommen, dessen Strafe erfahrungsgemäß nur milde ausfiel. Er behauptete also, die erste Tonsur empfangen zu haben. Der Corregidor, dem der Name Loyola als solcher suspekt sein mochte, ließ indessen nicht ab, sondern merkte an, Iñigo habe seit Jahr und Tag weltliche Kleidung, Ritterwaffen und lange Haare getragen. Vom eigentlichen Ausgang dieses Prozesses wie von den genauen Vorwürfen wissen wir nichts.

Immerhin waren das Belanglosigkeiten gegen andere Ereignisse, die sein junges Leben erschütterten. Sein alter Gönner Don Juan Velasquez fiel nicht nur in Ungnade, er tat in seiner Halsstarrigkeit den tiefsten Sturz, den ein Spanier tun konnte. Er verweigerte einer Anordnung des jungen Habsburgerkönigs Karl, den man in Spanien den ersten, im übrigen Europa den fünften nennt, den Gehorsam. Er lehnte es also ab, die Burg von Arévalo, deren Kommandant er war, herauszugeben, als König Karl sie der zweiten Frau Ferdinands von Aragon, Germana von Foix, als Wittumssitz anwies, eine Maßnahme, die politische Hintergründe besaß. Es kam zu einer blutigen Belagerung mit nachfolgender Kapitulation. Don Juan Velasquez starb bald; seine Frau, Doña Maria, verließ die Stätte ihres früher so glücklichen Lebens, um nach Lissabon zu gehen. Bei dieser Gelegenheit zahlte sie Iñigo fünfhundert Dukaten aus, was sicher macht, daß er als Verteidiger an der Belagerung von Arévalo teilgenommen und hier die ersten kriegerischen Stürme erlebt hatte.

Schon nahte sich für ihn die Zeit der Bekehrung, die sich freilich auf ebenso weitläufigen wie schmerzvollen Umwegen zutrug. Bereits 1520 plante Franz I. von Frankreich, den Aufstand der Communeros in Kastilien zu einem Schlag gegen den jungen Habsburgerkönig auszunutzen, der immer der große Rivale seines Lebens bleiben sollte. Zu diesem Zweck hatte ein französisches Heer in Navarra einzufallen. März 1521 sammelten sich die dafür bestimmten Truppen um Bordeaux und Toulouse. Am 10. Mai setzten sie sich in Marsch. Die Revolution in Spanien war freilich längst niedergeschlagen, aber Navarra lag offen vor den Franzosen. Der Vizekönig verfügte über so wenig Truppen, daß er keiner Armee von zwölftausend Mann Infanterie, einigen tausend Mann Kavallerie und neunundzwanzig Geschützen Widerstand leisten konnte. Saint-Jean-Pied-de-Port, Peñon fielen denn auch sofort. Rückte der Feind vor Pamplona, sah es schlimm um Navarra aus. Man hatte die Werke der Zitadelle instandgesetzt, einige Artillerie war vorhanden, aber es mangelte an Mannschaft wie Proviant. Vor allem mußte sich der Vizekönig eines Aufstandes der unzufriedenen Pamplonesen gewärtigen. In dieser Situation tat er etwas sehr Törichtes, er ließ seinen gefährdeten Posten im Stich und eilte samt seinem Militärbefehlshaber, wenn man davon überhaupt reden kann, nach Segovia, um die Entsendung eines Hilfsheeres zu erwirken. Zurück blieb der Kommandant der Zitadelle, Don Francisco de Herrera, mit einem kleinen Offiziersstab. Tatsächlich brach der Aufstand unverzüglich los; man plünderte, zerstörte das vizekönigliche Schloß. Unterdessen rückten die Franzosen in Pamplona ein und forderten die Zitadelle zur Übergabe auf. Herrera weigerte sich. Als er am nächsten Tag das Gros der Franzosen heranziehen sah, erschien ihm seine Position allerdings keineswegs haltbar. Er gedachte nachzugeben. Schon saß man mit den Franzosen zu Unterhandlungen beisammen, als einer seiner drei Offiziere Einspruch erhob. Er hieß Iñigo de Loyola. Er vermochte seinen Kommandanten zu einem Widerstand zu ermutigen, der gewiß heroisch, indessen unsinnig war. Man kehrte in die Zitadelle zurück und richtete – welche erneute Torheit! – die vorhandene Artillerie auf die abgefallene Stadt. Die Franzosen antworteten mit einer heftigen Kanonade. Nach sechs Stunden Artillerievorbereitung traten sie zum Sturm an. Es war die Stunde Iñigos, der sich eben dort aufhielt, wo heute in der nach ihm benannten Straße ein Denkstein steht. Eine Bombardenkugel schlug zwischen seinen gespreizten Beinen ein, zerschmetterte die Knochen des rechten und riß die Wade des linken auf.

Es war der Augenblick, als Herrera sich noch in letzter Sekunde zur Kapitulation entschloß. Zum Glück stellte sich die französische Kavallerie ihren eigenen Sturmtruppen entgegen, die über das unnötige Blutvergießen erbittert waren und auf die kapitulierenden Spanier schossen. Der französische Kommandant Esparros sorgte auch sonst edelmütig für die Unterlegenen. Er ließ vor allem Don Iñigo de Loyola versorgen, der in seinem Blut lag.

Gewiß als Gefangener, aber doch mit aller Schonung durch die Franzosen, ist er in einer Sänfte nach Loyola gebracht worden, wo der schmerzensvolle Weg seiner Einkehr und Bekehrung begann, der mit der Gründung des Jesuitenordens abschloß. Er traf in üblem Zustand in Loyola ein. Das rechte Bein mußte noch einmal gebrochen, sodann gerichtet werden, wenn der Kranke gesunden sollte. Bei der furchtbaren Prozedur hat er keinerlei Schmerzlaut geäußert. Dann setzte das Wundfieber ein. Ende Juni schien sein Zustand so schlecht, daß die Ärzte zu den Sterbesakramenten rieten. Grade in diesem Augenblick begann sich die Verwundung zu bessern. Als der Verband geöffnet wurde, zeigte sich freilich, daß einiges nicht nach Wunsch verlief. Beim Einrichten hatten die Ärzte ein Knochenstück übersehen, das jetzt als Höcker unter dem Knie vorragte. Das rechte Bein blieb erheblich verkürzt.

2 *Die Eroberung von Pamplona.*
Karlsschrein, Aachener Münster, 1200–1215.

1 *Altes Pilgerkreuz, Roncesvalles*
←

3 Puente la Reina, Pilgerbrücke über den Arga, 11. und 13. Jh.
→

Die Chirurgen sahen nur eine Möglichkeit, die, den Höcker abzusägen. Klaglos ertrug Iñigo auch diese Marter. Darauf spannten sie das Bein in eine Streckmaschine, um eine Längung zu erwirken. Erneute Wochen der Schmerzen kamen. Als er der Plagen ledig war, zeigte sich das Bein nicht nur zu kurz wie ehedem, sondern auch so atrophiert und geschwächt, daß er noch immer das Bett hüten mußte.

Auf diesem Krankenlager sind zum erstenmal religiöse Schriften in seine Hand gekommen. Die ›Blüte der Heiligen‹, das ›Leben Christi‹ des Kartäusers Ludolf von Sachsen in kastilischer Übertragung – er griff immer häufiger danach, um der tödlichen Langeweile zu entgehen, wenn es Ritterromane auf der Burg schon nicht gab. Er las die Legenden von Franziskus und Dominikus, und wie einst der ›Amadis‹ seine erregte Phantasie zum Nachleben verlockt hatte, forderte ihn die neue Lektüre jetzt zu einem heiligmäßigen Leben auf. Es sah aus, als habe die Krankheit in ihm eine Flut von verborgenen Energien geweckt. Als er wieder im Sattel zu sitzen vermochte, machte er sich auf die Wallfahrt zum Montserrat. Ein neues Kapitel seines Lebens begann, das eine der großen geistigen Bewegungen des Abendlandes einleitete.

In der Calle de S. Ignacio zu Pamplona, dort, wo heute der Denkstein steht, hat diese Entwicklung begonnen, deren Ergebnis die Gegenreformation war.

Puente la Reina

Wer von Pamplona dem Pilgerweg nach weiterwandert, muß über den Puerto del Perdon, die Paßhöhe eines Gebirges, das die Ebene von Pamplona gegen Westen verriegelt. Zur Linken von Cizur Menor trennt sich der Weg von der heutigen Landstraße und verläuft nach *Astrain*, wo sich noch zu Anfang dieses Jahrhunderts eine Pilgerherberge befand. Im Rückschauen von hier hat man einen Blick, der ganz Navarra erschließt. Gleich Burgen auf Höhen gesiedelte Dörfer um ihre Kirchen, Felder wechseln mit Wäldern, der Lauf des Arga blinkt auf und fern, fern grüßt noch einmal Pamplona herüber.

Je nach den Zeitaltern hat die Route von nun an gewechselt; sie ging über Obanos oder Guendulain, um sich möglicherweise schon vor Puente la Reina mit dem Weg zu vereinen, der von Somport und Jaca kommt. Wie dem auch war, in Puente, ursprünglich einmal Puente de Arga, dann Ponte Regina geheißen, liefen alle Spuren zusammen und überschritten den Arga auf jener Brücke, von der noch zu reden sein wird. Bargota, eine heute nicht mehr existierende Siedlung der Tempelherren, galt als nächstes Ziel. Doch dürften die Pilger es vorgezogen haben, in Puente la Reina selber Station zu machen. Hier gesellte sich zu den beiden Wegen ein dritter, der von Zaragoza und Tudela.

Kommt *Puente la Reina* in Sicht, ist ein kurzer Tag schon vorbei. Der Weg durch sonnige Felder und steil ansteigende Gehölze hat müder gemacht als man dachte. So kann man sich denken, daß es die Pilger als beglückend empfanden, wenn sie in Puente la Reina das *Hospital an der Kreuzigungskirche* aufnahm und sie in der Herberge vor den Toren der Stadt ein Lager fanden. Juan de Beaumonte hatte diese Unterkunft am 12. Januar 1447 eingerichtet und für die Unterhaltung und Versorgung der Pilger eine Bruderschaft gegründet, die dreihundert Mitglieder zählte, darunter Juan II. von Aragon, Gemahl Blancas I. von Navarra, und Don Carlos, Fürst von Viana. Papst Eugen IV. gab selber sein Placet zu dieser Stiftung, die den Pilger nicht nur beherbergte, sondern auch beköstigte. Mit Milch, Wein, warmen Speisen. Zudem gab es ein Krankenrevier mit fünf Betten. Offenbar diente dieser Bau als Ergänzung oder Ersatz von Herbergen früherer Zeit, die freilich meist einfache Scheunen waren und als Kennzeichen, daß hier Pilger unterkommen konnten, das

Zeichen des Stabes und der Kalebasse oder Trinkflasche eingemeißelt trugen. Das Hospital liegt gleich an der Kirche de Crucifijo, die ursprünglich für die Tempelherren gebaut war. Später kam sie an den Orden der Hospitaliter-Ritter.

Wie es am nächsten Morgen weiterging, läßt sich sehr genau rekonstruieren. Zwar umzieht die gegenwärtige Landstraße den Ort, indessen durchfurcht die alte Pilgerstraße Puente la Reina noch heute wie ein Graben. Folgt man ihr, hat sich nicht das geringste gewandelt. Man zieht die Calle Mayor entlang, die schnurgrade in Richtung von Ost nach West verläuft, und die braundunklen Steinwände der Häuser scheinen vom Schritt vergessener Generationen widerzuhallen. Die Pilger mußten vorbei an der *Santiago-Kirche*, wo sie selbstverständlich zu kurzer Andacht einkehrten. Sie war das bedeutendste Bauwerk der Stadt, vollends, seit im 15. Jahrhundert über den romanischen Fundamenten ein weites Schiff mit Netzgewölben erwuchs, in dem ein mächtiger Retabelaufbau in funkelndem Gold mit schweren Säulenstellungen und Figurennischen prangt, in dem andere Altäre, Goldkanzeln, gedrechselte Tragsäulen der Empore eine größere Legitimität besitzen als gewöhnlich in spätgotischen Kirchen. Sie bedürfen des weiten Raumes, um Ausstrahlung zu gewinnen, und die Santiago-Kirche von Puente la Reina gewährt ihn. Seitlich ist der Kirche ein durch den Bürgerkrieg in Unstand geratener Kreuzgang zugefügt, während als Hauptportal eines dieser herrlich geformten Tore dient, die ein Kennzeichen Navarras sind: reich ornamentierten Gewänden und Säulen nebst Archivolten, Skulpturen und Kapitellen ist zuinnerst ein kunstvoll ausgelappter Bogen mit Anklängen an die mozarabische Welt eingelassen.

Dieses Gotteshaus beherbergt zwei Figuren, die für die Pilgerfahrt von hoher Bedeutung sind. Wenigstens die eine davon. Als Emblem sozusagen. Man findet hier neben einem mächtigen Bartholomäus einen ebenso großen Santiago. Gut zwei Meter hoch, aus bemaltem Holz, mit schwerem, ausdrucksvollem Kopf und wallendem Bart. In der Rechten hält er den Pilgerstab, die Linke trägt das Buch der Bücher. Auf den Hut sind drei Muscheln, die Pilgerzeichen, genäht.

Das also ist die berühmte Figur, die man überall als das Zeichen des Santiago-Weges findet! Alsbald stellt sich etwas Erstaunliches ein; man ist von nun an überzeugt, nur so kann der Apostel ausgesehen haben. Er ist keineswegs als greiser Mensch gegeben, dennoch mutet sein Gesicht schwer von Alter und Sage an, soviel Erfahrenes liegt bereits hinter ihm. Er besitzt die Allmacht des Wissens, aus der sich seine Güte herleitet. Das Antlitz ist gewiß das einer individuellen Figur, aber gleichzeitig ins Zeitlose entrückt. Das macht seine Schönheit, seine Symbolkraft aus. Die Santiago-Figur ist das große Erlebnis, das Puente la Reina bereithält, und beinahe alles.

Es sei denn, man besäße Phantasie genug, voller Andacht durch die schmale, hohe Straße der Calle Mayor weiterzuwandern, vorbei an den Adelspalästen mit den schön geschnittenen Deckenbalken. Fortzuwandern also auf den uralten Steinplatten, über die zahllose Füße aus aller Welt geschritten sind. Die Stadt reicht unmittelbar bis zum Arga-Ufer, und die Calle Mayor führt gradewegs auf die berühmte Brücke zu, die sich heute genau wie einst mit ihren sechs Bogen über den Fluß wölbt, um die Pilger sicher ans andere Ufer zu bringen. Äußerlich ist sie unverändert die nämliche, welche Doña Mayor, die erstgeborene Tochter des kastilischen Grafen Sancho García und Gattin König Sanchos III. Garcés von Navarra, zubenannt el Mayor, der von 1000 bis 1035 regierte, erbauen ließ, wenn auch das heutige Mauerwerk vornehmlich aus dem 13. Jahrhundert stammt.

Der Ort ist ja schwer von Vergangenheit. 1089 gab es in ihm bereits eine Kirche S. Salvador. Zehn Jahre später setzten sich fränkische Siedler fest, und seit 1121 betrieb Alfonso el Batallador die Zunahme der Bevölkerung voller Nachdruck.

Zwei kleine Türme, einer am Beginn der Calle Mayor, einer an der Arga-Brücke, sind Überbleibsel von der Befestigung jener Zeit.

Es war Abend geworden. Wir saßen friedvoll auf den Steinen der Brücke am Arga-Ufer, dessen Rampe eben wieder hergerichtet wurde, und sahen ins ruhig treibende Wasser. Vielleicht überfiel uns daher plötzlich so dringlich, ja unabweisbar der Wunsch, uns auszumalen, wie das einmal gewesen war, wenn sie, die Pilger, die Könige des Elends und der Wanderschaft, abends in Puente la Reina in ihrer Herberge zur Ruhe kamen und der vergangene Tag durch ihre Gedanken zog. Vollends bei jenen Wallfahrern, die auf dem dritten Wege gekommen waren, den auch wir soeben hinter uns gebracht hatten, um aufs neue in Puente la Reina, dieser Wegespindel, einzukehren – auf dem Weg, der von Barcelona heranführt. Freilich dachten wir dabei an Pilger einer späten Zeit. Wie vermöchte man die Wallfahrer früher Epochen mit seinen Gedanken noch zu erreichen!

Der dritte Weg
oder
Die Erzählung des alten Pilgers

Da lagen sie also entlang den Wänden, auf frisch geschüttetem Stroh. Die Mönche hielten auf Ordnung. Es war eine gute Herberge. Sie suchten zu schlafen und konnten doch keine Ruhe finden. Männer mit seltsam tief liegenden Augen, denen die Strapazen im Gesicht geschrieben standen. Sie sprachen ein welsches Idiom. Eines aus dem Lombardischen oder gar der Romagna. Immerhin, man verstand sich. Hier und dort hatte einer ein paar Brocken der Pfaffensprache aufgeschnappt, ein anderer war ein entlaufener Scholar. So erfuhren die Pilger aus dem Norden von den erschöpften Gestalten des Südens, was es zu wissen gab. Von ihrem schon gar nicht mehr für wirklich gehaltenen, fröhlichen Aufbruch zu Schiff aus Italien, mit dem sie direkt nach Barcelona gefahren waren. Ihr Anlanden in der üppigen Stadt zwischen Montjuich und Tibidabo. Ihren Anstieg zum Pilgerweg, den sie noch lachenden Mundes machten, bis sie über Hospitalete in gottverlassene Felsentäler voller Hitze gelangten, Gründe, in denen die Sonne das dünne Pflanzenblut regelrecht in den Stengeln sott und die Hand Blasen warf, die einen der Felsen berührte. Hier oben lag in ferner Abgeschiedenheit das *Kloster Montserrat*, das ihnen bereits wie ein Weltwunder erschien, so, als seien sie schon beim hl. Jakobus in Compostela angekommen.

Gut, daß sie nicht ahnten, was vor ihnen lag! Das hitzeflimmernde Hochtal bis Igualada mochte noch hingehen, und ganz gewiß waren die riesigen Olivenhaine, die bewässerten Obstgärten, die Bambushecken, das saftige Wiesengrün bis *Lerida* für ihre Augen und Sinne erquickend gewesen. Dort sahen sie im Kapitelsaal der Kathedrale Wandmalereien, die Pilgersmann und Pilgersfrau vor gefüllten, gastlichen Tischen darstellten. Auch ihnen wurde sodann vorgelegt, reichlich genug. Die ganze Pilgerfahrt schien in diesem Augenblick gar nicht soviel auf sich zu haben.

Dann aber, im Gebiet der Monegros, begann es. Sie zogen durch grauenhaft verbrannte, zerkrümelte und zu Asche zerriebene Gebirge, die grau und schwärzlich waren unter einer Sonne von teuflischer Wut, nach *Zaragoza*. Der Weg, der nun folgte, hatte sie gezeichnet; vor allem sein erstes Stück, während sie durch die gnaden- und wasserlose Wüste wanderten, in der nicht einmal mehr ein Schöpfchen Gras Wurzel zu fassen vermochte. Sie trugen seither das Stigma der Pilgerschaft. Es ließ sich an einem ins Ferne schweifenden Blick erkennen, der nur Friede fand, wenn er ins Endlose fiel.

Dergleichen also kramten einige Alte der italienischen Pilger abends in ihrer Schlaflosigkeit aus, während ihre jüngeren Weggenossen längst mit offenen Mündern schnarchten. Ihre von Entbehrung gezeichneten Gesichter schienen gleichsam ausgehöhlt. Dennoch wurde Katalonien in ihren Gesprächen ein Land ferner und wunderbarer Sagen. Allein nicht nur Katalonien. Auch das, was nach dieser furchtbaren Strecke gekommen war: die Straße von *Tudela* mit dem Umweg über das Kloster *Olite*, um nach *Leyre* zu kommen. Erstaunlicherweise zogen die Pilger aus dem Osten niemals von Tudela direkt auf Calahorra und Logroño zu. Sie nahmen immer den Umweg nach Norden. Wie denn auch nicht!

Denn da lagen Ziele, Klöster, Kirchen, Orte, die sie im Innersten angingen. In späteren Zeiten suchten sie sogar die Burg des San Javier südlich Leyre auf. Was sie immer am meisten bewegte, war Sangüesa gewesen, *Sangüesa* am Aragon, dessen Schönstes vielleicht die alten Paläste blieben. An der Hauptstraße sah man deren gleich zwei nebeneinander, von denen einer im gotischen Stil des 15. Jahrhunderts dem Herzog von Granada gehörte. In einer Nebenstraße gleich um die Ecke gab es einen noch schöneren Palacio, den der Marqueses Vallesantoro. Welche Fabulierlust allein an den Tragbalken des vorkragenden Daches, die sich in dreifach gestaffelte Figurengebilde, wahre Monumentalschnitzereien verwandelt hatten! Oder die Fassade selbst mit den edlen Obergeschossen und dem mächtigen Wappen. Oder der Innenhof, diese Erinnerung an das antike Impluvium, umstanden von Säulen, die Galerien trugen, Etage um Etage bis zur viereckigen Dachluke hinauf.

Dieses Haus lag an der Calle de Alfonso el Batallador, der Sangüesa 1121 gegründet hatte. Damals dürfte die älteste und schönste der Kirchen der Stadt, *Sta. Maria la Real* am Aragon-Ufer, entstanden sein. Wahrscheinlich war sie schon vorher da. Es war soviel Dunkles, Mythisches, Unerklärbares an ihrer Fassade mit den Gewändefiguren. Möglich, daß sie, wie später Kingsley Porter deduzieren sollte, mit den Figuren des St. Lazarus-Grabmals zu Autun in Zusammenhang standen, das heute dort im Musée Rolin bewahrt wird. Es setzte voraus, daß sie bereits um 1170 entstanden waren. Links die drei Marien, rechts der erhängte Judas und zwei Propheten. Oben thronte der Weltenkönig im Viergetier, flankiert von zwei Engeln und den vier Evangelisten, darunter kam im zweiten Fries ein ›Apostolado‹ mit Anklängen an S. Juan de la Peña. Das Tympanon schien bereits südfranzösisch gestimmt: Christus von tubablasenden Engeln umgeben. Links zwei Reihen Seliger, rechts Verdammte nebst Teufelsfratzen. Die Archivolten überzogen von fabulösen Gestalten. In den Zwickeln endlich sollten sogar Motive der nordischen Sigurdsage dargestellt sein. Es wimmelte von lemurenartigen, greifenförmigen Geschöpfen, kämpfenden Gestalten, alle in der merkwürdigen Bilderbuchmanier einer Ikone nebeneinander gestellt. Stück um Stück. Lies das!, war man aufgefordert. Aber selbst in der Entstehungszeit dürfte das Werk voller Rätsel geblieben sein.

Am Aragon entlang waren sie nach Norden gewandert. Links vom Weg lag im Berg *Rocaforte*. Dies war der Steig, den der hl. Franz auf seiner Wanderschaft nach Santiago nahm, und sie folgten ihm. Ein Bächlein rauschte im Grund, verlief neben dem Wege. Oasenwinkel im heißen Hochland kamen, bestanden mit dichten Bäumen, wucherndem Grün und prangenden Rosen. Die Nachtigallen sangen darin, und aus den Mauern eines Gärtchens rann Wasser in zwei blanken Strähnen dem Bächlein zu. Ein Schafstall wurde erreicht. Hier trieb der Born über baren Fels. Weiter, immer höher kamen Olivengärten. Das rauschende Wässerlein war von Binsen und Minze gesäumt. Da, eine große Steinplatte, sorglich in den Boden gelassen! Dies mußte der Ort gewesen sein, wo der hl. Franz gerastet und Wasser getrunken hatte. Die Überlieferung war echt, wurde in Ehren gehalten. Weiter oben zwei Feigenbäume; nahebei quoll der Born aus dem Erdenschoß.

Franziskus-Land. Diesen Weg war er geschritten, hier hatte er geweilt.

In *Liedena* vereinigte sich die Straße von Sangüesa endlich mit jener, die von Jaca direkt nach Westen lief. Vorher freilich streifte sie die Reste einer römischen Siedlung hoch auf dem Landrücken, genau gegenüber dem sogenannten ›Foz de Lumbier‹, einer tief eingeschnittenen Bergschlucht, durch die der Irati aus den Kalkgebirgen der Sierra de Leyre herausströmt. Der Blick war mehr gewaltig als groß. Überall kahle Höhenrücken, Schroffen, felsige Abstürze, aber auch grünbelaubte Weinhänge. Senkrecht hinein furchte die Schlucht des Irati, über die früher eine jetzt zerstörte Brücke geführt hatte, eine Kerbe, und in ihrem Grund spiegelte das Wasser den blanken Himmel, als sei die Erde in zwei Hälften geschnitten und man sähe zur anderen Seite wieder hinaus.

Totenkirchlein Eunate

Dann lag alles hinter ihnen. Das düstere Rocaforte, schwarz unter der hämmernden Sonne, war kaum mehr eine Erinnerung. Der Bilder wurden es zuviel, allzuviel der Berge und Täler, an denen der Weg entlangstrich. Sie kamen südlich Pamplona des Weges, bogen über Ezperun und Tiedas direkt nach Puente la Reina ab. Vor einem neuen Gebirge zeigte sich ein breitgelagertes Nest, *Muruzabal*. Weiter kam *Obanos*, ein stattliches Hidalgo-Dorf. Schon ahnte man die Bergzüge nahe dem Arga, wo sich alle Straßen vereinten. Eigentlich geschah das bereits in Obanos, weswegen der Ort soviel Ansehen genoß.

Alle Straßen und Weiler zogen sich um einen Grund, der rings von Höhenzügen umstellt war; ein weites, grünes Nachtigallental mit Pappeln und Zypressen. Darin lag etwas, das noch heute jedes Herz klopfen macht. Inmitten des Grundes träumt das *Oktogon von Eunate* seinen Märchenschlaf, klein, schmal, ein steinerner Schrein, der Zärtlichkeit auslöst. Liegt einfach im Feld, makellos. Länglich und vorgelagert eine fünfeckige Apsis. Das Oktogon mit seinen Portalen, seinen Blendarkaden, den schmalen, mit Alabaster gedeckten Fenstern strebt im ganzen dreizehn bis vierzehn Meter hoch. Bis zum Ansatz des Daches dürfte es etwa acht Meter messen. Die Dachhaube selbst schießt rund vierzig Zentimeter über und ruht auf Kragsteinen oder den Kapitellen der Pilaster, die dem Bau gleichsam Halt geben.

Das Eigenartigste an Eunate bleibt, daß dieser Achteckbau in rund drei Meter fünfzig Distanz von einem Oktogon von Arkaden umzogen wird. Nur diese Bögen sind da. Sonst nichts. Nach den beiden Eingängen oder Schauseiten werden die Arkaden von schlanken Doppelsäulchen, dem Feld zu, das sind immerhin fünf von acht Seiten, von eckigen Pfeilern getragen. Allesamt stehen sie auf rund sechzig Zentimeter hohen Sockeln. Eine Mauer schirmt die köstliche Anlage gegen die andrängende Erde. Gleich der Heilig-Grab-Kapelle von Torres del Rio dürfte Eunate Ende des 12. Jahrhunderts von einem maurischen Architekten erbaut sein.

Was der Bau mit seinem warm getönten Buntsandstein und den teils ornamentalen, teils figürlichen Kapitellen sollte? Man weiß nicht. Daß die äußere Archivolte des Hauptportals dem Besucher magische Figuren und Fabelwesen entgegenhält, besagt nicht viel. Die Tradition will, Eunate habe als Totenkirchlein eines Pilgerfriedhofes gedient. Wie es dasteht, sieht es eher als zur Zierde der Landschaft erschaffen aus. Es besitzt ungeachtet der Dämonenhäupter an den Kragsteinen der Apsis Harmonie und Heiterkeit, und dazu paßt es nicht übel, daß der von der Zeit zerfurchte und ausgewitterte Stein von den Feldbienen erobert wurde, die in den Höhlungen ihre Nester anlegen. Sie umtanzen, umschwärmen das Kirchlein wie einen Bienenstock. Die Totenkapelle hat sich in eine Honigscheuer verwandelt.

Nahebei zwar ein stallartiges, leeres Haus, aber sonst ringsum vollkommene Einsamkeit. In Winter und Regen, in Sommer und Hitze, Tag und Nacht steht das Kirchlein allein. Seit acht Jahrhunderten völlig allein. Außer den Bienen sind nur die Lazerten da, die über die Steine laufen. Es sei denn, jemand holte sich oben in Muruzabal den Schlüssel, schlösse sich die knarrende Tür auf, träte ins glimmende Dämmerdunkel und erblickte im Raum die Säulenstellungen der Apsis und die noch größere, innere Einsamkeit von Eunate. Es ist etwas Magisches um diesen von schweren Gurtbögen überfangenen Raum, der gleichwohl so leicht wirkt. Aber das ist eben das Geheimnis des mozarabischen Bauens: in Schönheit umgeschmolzene Intelligenz.

Ach, es geschieht so selten, daß einer daherkommt und öffnet. Die Einsamkeit von Eunate ist voller Poesie, Vogelgesang, Bachgemurmel und dem Leuchten der blühenden Iris. Fern die Berge und Weinhänge sieht man abwechselnd in buntem Gelb, sattem Grün und dem Ochsenblut der frisch geackerten Erde. Zurück liegen einige phantastische Bergkuppen, und über den Himmel ziehen zarte Wolkenfedern. Der Zauber der Schönheit von Eunate ist so eindringlich, wie es selbst in diesem gesegneten Land nur selten ist.

Inschrift und Kruzifixus

Cirauqui hinter Puente la Reina ist seit der Grenze das erste Bergdorf. Ein wenig abseits der Straße, mit schönen, großen Häusern, ein steinerner Kegel aus Gebautem im lebhaften Auf und Ab der bunten Navarra-Landschaft. Mauer, Winkel und Torbögen hier, ein altes Kloster, ein Adelshaus dort. Den gesamten Ort durchwandern Straßen von bequemer Breite, die allesamt zu beiden Seiten neben den Fahrspuren Treppensteige besitzen. Im Oberteil liegt die Kirche *S. Roman* mit einem fein gestickten romanischen Portal, in dem sich ein zehnfach ausgelappter, islamischer Türbogen öffnet. Die Ornamente darauf scheinen nicht plastisch gebildet, nicht einmal gezeichnet, sondern geschrieben. Etwas unterhalb und ein wenig vernachlässigt folgt der große Kubus der Kirche *Sta. Catalina*, deren Skulpturen sich nicht mehr entziffern lassen. Es wird lediglich deutlich, daß hier Szenen aus dem Leben der Heiligen dargestellt waren.

Allein wie töricht hinabzusteigen! Warum nicht von hier oben Ausschau halten? Nie war Navarra so schön. Es findet sich zuoberst von Cirauqui ein uralter Druschplatz, der also die eigentliche Krone des Ortes darstellt. Inmitten der Stein, um den man die Tiere treibt, im Außenring eine in Mustern gepflasterte Freilufttenne. Von hier also blickt man hinaus. Gebuckelt ist alles, die Erde rot, das Korn grün, die Oliven silbern, die Gebirge blau über blau. Der Blick löst eine ganz elementare Freude aus. An allen Hängen wächst Wein; in der Tiefe wogen Getreidefelder. Grün umsäumt schlängelt sich ein Silberbach durchs Land. Aus den Ställen riecht es ein wenig nach Pferd; das muß so sein Auf den Plätzen spielen die Kinder, schlafen die Hunde. Vollkommene Stille allüberall. Die Schatten noch morgenkühl. Wie freundlich die Leute sind! Der Mann unten im Ort, der grade zum Bäcker unterwegs ist, erbietet sich sofort, den Weg zu zeigen, begleitet uns bis S. Roman. Natürlich muß man ihm sagen, wer man ist. Francés? No. Alemán. – Ah, das . . . ein wenig Schweigen; nein, das kennt er nicht. Aber er ist einmal in Paris gewesen. Das große Ereignis in seinem Leben, das ihm Ansehen im Dorf gibt. Der Peón Caminero mit seiner roten Boina grüßt herüber, überall lugt eben ein Kopf hervor, weil Fremde im Ort sind.

Früher führte die Landstraße mitten durch den Ort; somit haben auch die Pilger Cirauqui gequert, wenn sie nach Estella wollten. Gleich hinter dem Ort findet sich im Hang eine uralte Trassse dieses Weges, dazu eine Brücke aus römischer

Zeit. Erst wenn hinter dem Berg der Fluß überschritten ist, verschmilzt diese Route erneut mit der heutigen Straße. Das geht so bis *Lorca*, wo sich neben der Erlöserkirche einst ein Pilgerhospital von 1209 erhob. Hinter Lorca verläuft der Pilgerweg abermals etwas abseits – etliche vierzig, fünfzig Meter neben der Straße her; man kann ihn gehen, auf gleichsam geweihtem Boden schreiten. *Villatuerta* erscheint mit der Silhouette der schmalen, durch mächtige Stützpfeiler hochgestemmten Kirche aus dem 14. Jahrhundert; dann kommt das Ereignis im Lande, das alte Kloster, die heutige Einsiedelei *S. Miguel*, einst den Augustinern von Leyre angeschlossen.

Im Museum von Pamplona bewahrt man aus S. Miguel eine Reihe von Steinen und Reliefs. Ein Stück mit westgotischer Schrift bekundet, daß die Kirche zwischen 971 und 978 erbaut wurde, als Sancho II. Abarca regierte und Blasco Bischof von Pamplona war. Damit ist das Ereignis von Villatuerta gebührend umrissen: aus eben dieser Zeit stammt das Relief des Gekreuzigten, auf das es ankommt. Der Herr in knielanger Tunika mit geteiltem Bart am Marterholz hängend. Das Relief ist ein ganzes Jahrhundert vor den leonesischen Elfenbeinkruzifixen Fernandos I. entstanden, und es heißt, daß man in ihm die älteste Darstellung des Gekreuzigten auf spanischem Boden zu sehen hat. Zu sehen? Nicht vielmehr zu lesen? Noch einmal bricht der westgotische Geist durch; übrigens auch bei einem Adoranten mit erhobenen Armen. Die Steine sind halb Signatur, halb Emblem, wirken keinesfalls als Bildwerke, vielmehr als Dokumentationen, die sagen sollen: halte an, kehre in dich ein. Oder auch: Andacht gebührt sich. Was eine spätere Epoche durch die unaufhörlich naturalistischer werdenden Darstellungen erreichen wollte, die Anmahnung durch die Empfindung, stellen sie als nüchterne Chiffre und Forderung auf. Die Steine befinden sich noch jenseits des Bildes; sie sind nicht Kunst, wollen nicht geschaut, sondern eben gelesen werden. Sie sind der Blitzschlag des Geistes und verschmähen das Sentiment; sie müssen nicht erst erwecken, weil noch nichts eingeschlafen ist. Hinter solchen Steinen steht eine andere Erfahrung als hinter jedem Produkt der Kunst, jene, aus der die Schrift geboren wurde.

Von Villatuerta läuft der Weg zum Ufer des Ega hinab. Unvermittelt biegt man ins Tal von Estella ein. Bis zum Jahr 1090 zogen die Pilger freilich einer anderen Route nach, jener, die von Villatuerta direkt zum Kloster Irache führt. Seit König Sancho Ramirez aber am Fuß eines Felsens ein Kastell angelegt hatte, um die Talenge des Ega zu sperren, entstand ein Ort, den man seit dem 12. Jahrhundert ›Estella la bella‹ nannte, weil seine Lage wirklich von einzigartigem Zauber ist. Da konnten offenbar auch die Pilger nicht widerstehen.

Estella, die Schwalben schwärmten

Sie ist ganz anders, die Lage, als man so denkt. Tausend Dörfer spannen sich über Berghänge, schauen von schroffen Höhen hinunter, türmen sich steil empor, gleichen einem steingewordenen Rittertum. *Estella*, das berühmte Estella, besitzt nichts von allem. Es schmiegt sich in die Tiefe des Ega-Grundes. Schaut man hinab, erblickt man anfänglich lauter Vernütztes. Was man Schönheit an dieser Stadt nennen könnte, nistet nur in den Winkeln. Man muß es erst wecken, aus seinem Schlaf befreien, hier ein kleines Kapitell, dort eine Häuserfront, an dritter Stelle gar etwas beschwören, von dem nichts mehr sichtbar ist, ehe man sich niederkniet, um in die Asche der erloschenen Feuer zu blasen. Dann freilich wird sogleich Begeisterung aufflammen. Die Bemühung muß nur entschieden sein.

Vor allem scheint es unerläßlich, zuerst und sogleich nach *S. Miguel* hinanzusteigen! Treppenkehre um Treppenkehre, um einen Rundblick über das Dächergewirr zu gewinnen.

Da blüht ganz plötzlich Schönheit auf. Rings von Bergen umschlossen das Tal. Über die Sturzwellen eines Meeres von Schindeln in all den zauberhaften Tönungen zwischen Beige und Purpur ragen Abteien, Kirchen und wieder Kirchen auf. Die Tauben gurren, die Schwalben jagen durch die Luft. Aus zahllosen dünnen Kaminröhren kräuselt sich Holzrauch. Die junge Frau im Spitzwegstübchen dort unten rückt ein Blümchen ins Licht, eine Katze sonnt sich zusammengekauert in einer Dachtraufe. Wirklich der rechte Ort anzufangen. Die Augen sind souveräne Herren in einem Theater aus lauter Dachstubenszenerien. Freilich, das Innere der Kirche gibt nicht viel her, ist landläufige, tüchtige Gotik, bar aller Transparenz. Aber am Nordportal wird man plötzlich tief angerührt und eingesponnen ins Romanische. Es ist eine der ersten Schauwände an der Pilgerstraße, rechnet man nicht Ripoll hinzu, das nur für die von Roussillon kommenden Bedefahrer erreichbar war. Das Portal links und rechts in einer Oberzone flankiert von Aposteldarstellungen, die in merkwürdiger Nähe zu Bildwerken der Provence stehen. Darunter folgt links Sankt Michael als Drachentöter wie Seelenretter. Das Schönste ist rechts zu erblicken: zwei Engel zeigen den drei Frauen am Grab die leere Gruft. Man hat die Reliefs wohl um 1185 anzusetzen.

Die Kapitelle am Gewände des Portals mit der Geschichte Jesu von der Verkündigung an Maria bis zum Getümmel des Bethlehemitischen Kindermordes sind regelrecht novellistisch erzählt. Die Christgeburt geschieht unter Assistenz der Salome, geht also, welch interessanter Umstand, auf das Protevangelium des Jakobus zurück. Das Tympanon beherrscht Christus im Viergetier. In den rudimentären Archivolten sitzen die Könige der Offenbarung, herrlich darunter der harfeschlagende David, posieren ernsthafte Propheten. Es wäre also ein kleines Universum der Glaubenswelt zusammen. Man nimmt es auf, wendet sich, von der Überfülle ermüdet, schließlich ab und kehrt dennoch wieder, um festzustellen, daß die Kraft der Bildhauerei in diesem kleinen Kirchenwinkel unter dem Dach einer Vorhalle eigentlich bei jeder Betrachtung wächst. Man ist auf eines der großen Ereignisse an der Pilgerstraße gestoßen. Ohne Frage, diese Plastik gibt sich nicht leicht. Sie bedarf der Versenkung. Aber welche köstlichen Linienführungen, welche zarten Faltengespinste, welche reichen Volumen heben sich da aus dem Stein, schaut man nur lang genug hin! Von diesem Augenblick an ist man der Stadt verfallen.

Was Estella außer S. Miguel an alten Bauwerken besitzt, liegt jenseits des Ega: die Paläste des Adels, vor allem der *Palast der Könige von Navarra*, den Sanchez der Weise Ende des 12. Jahrhunderts bauen ließ. Zu zweien gekoppelte Bogenfenster und eine offene Loggia im Untergeschoß, daran alte Kapitelle mit dem Kampf zwischen Roland und Ferragut, formieren die Fassade. Ein paar Schritte weiter geht es eine Treppe hinan. *S. Pedro de la Rua* ist da, entstanden im 12. Jahrhundert. Das Tor zeigt den hierzulande typischen Übergangsstil; einer gotischen Architektur ist ein islamischer Bogen eingewölbt wie zu Puente la Reina. Aber im Innern offenbart sich die Kirche als ungemein interessanter Bau: auf Fels gegründet, gegen den Fels gelehnt, ein hoher Hallenkirchenraum, bei dem sich kaum von einem Langschiff sprechen läßt. Das erste Joch wird von der Sängertribüne und der Taufkapelle beansprucht. Dem Triumphbogen ist wahrscheinlich gleich während des Bauens eine Querstütze eingezogen worden, um das weite Gewölbe zu stützen. Der gewaltige Chor besitzt fünf kleine Radialkapellen. Links und rechts schießen in Verlängerung der Seitenschiffe kleine Apsiden vor. Dieses Dominieren des Chores wie der Vierung verleiht dem Raum etwas Großmächtiges. Gesang muß hier wie eine Orgel anschwellen, eine Stimme gleich Donner erklingen. Die übliche Retabelwand fehlt; man empfindet es dankbar.

Steht man dann wieder auf der Straße, noch verblüfft, soviel imperiale Gebärde in einem kleinen Ort zu entdecken, öffnet sich die Calle de Fray Diego. Palast folgt auf Palast. Darunter auch der des Diego von Estella selber, ein einfacher Renaissance-Bau mit üppigem Wappenschmuck und schönem Patio, *Palacio de San Cristobal* genannt. Die vielen Paläste in diesem Stadtviertel muten nur auf den ersten Blick erstaunlich an, weil hier einmal das Judenviertel von Estella lag. Es muß schon im 13. Jahrhundert geräumt worden sein. Die Synagoge erhob sich hoch auf dem Fels, wo seit 1259 ein Dominikaner-Konvent steht und neben ihm ein einfacher Steinkubus mit Seitenstützen, *Nuestra Señora de Rocamador*, ursprünglich die Herberge der Pilger.

Hier oben fanden sie, von den Dominikanern betreut, nach mühevollem Marsch eine Raststätte und konnten in behaglicher Muße auf die erstaunliche Stadt jenseits des Ega hinunterschauen. Man war früh an die Anlage der Neustadt gegangen, die längst alles Leben an sich gezogen hat, weil der Platz südlich des Flusses beschränkt war. Wenn auch das alte Viertel noch heute das Gesicht von Estella prägt. Es ist gegenwärtig im Begriff, gewissermaßen das monastische Zentrum der Stadt zu werden. Die Dominikaner haben eine mächtige neue Ordensschule gebaut; wir zogen lange durch die hallenden Gänge. Sie haben auch das Refektorium hergerichtet und der alten Kirche eine Etage aufgestockt. Ein greiser Pater gab diese radikale Verwandlung des Gemäuers mit einem Lächeln preis. Natürlich, man tat den Geldgebern oder der Regierung schon den Gefallen und nahm auf das Historische Rücksicht. Aber im Grund schien solche Konservierung den Mönchen von heute herzlich gleichgültig.

Es ist schon so, das Estella von einst verschwindet. Ganze Häuserquartiere alter Zeit versinken gegenwärtig in der Aufschüttung einer Umgehungsstraße; im Grund vor dem Kloster kauerte ein alter Mann in seinem von Erde schon halb begrabenen Hof, vergeblich hinter einer Bastion von Kaninchenställen verbarrikadiert, und eine junge Frau saß im Schatten eines Feigenbaumes dabei, um ihn über die drohende Austreibung zu trösten. An anderer Stelle lugte noch ein geborstener Bogen hervor. Allenthalben füllten sich die Senken vor der alten Judenstadt mit Bauschutt. Aus dem Talgrund wird bald ein Touristenzentrum mit glatter Asphaltstraße geworden sein. Nur der Fluß Ega, dieses undinenhafte, grünäugige Märchengewässer, an das die Nachtigallen ihr Herz verloren haben, rauscht unbeteiligt wie immer dahin.

Der Schlaf von Irache

Hinter Estella, höher im Land, liegt das Kloster *Nuestra Señora de Irache*, einmal Hirache geheißen, das schon in westgotischen Zeiten entstand und hernach eine der wichtigsten Klostersiedlungen im neu den Mauren abgewonnenen Land war. Der heutige Bau stammt aus dem 12. Jahrhundert. Im Chor fühlt man sich S. Pedro de la Rua ganz nahe. Die doppelten Blendarkaden sind in der oberen Reihe des Mittelchores durch barocke Rundfenster ersetzt. Der Raum im beigefarbenen Stein lastet weit und schwer; da hat sich Schicksal niedergeschlagen, ist Schicksal zu Stein geworden. Am Fenster des rechten Querschiffs erkennt man, wieviel Maurisches sich eingenistet hat, wieviel Anregung, aber auch Wirrsal, Anfechtung und Sorge einst die cluniazensische Abtei befruchtet und beschwert hat, um zu einer großen Gebärde des ›dennoch‹ zu werden. Denn da durchspielen arabische Ornamente als Rosetten und Gitterwerk einen kreuzförmigen Fensterabschluß, ist das Arabische auch in den gepunzten Kämpfern oder im Flechtkapitell der linken Apsis da. Es klingt wie eine Erinnerung, und bedeutet doch mehr. Sonst aber lebt der Bau ganz eng dem Geist von Cluny verschwistert, so eng, wie in Spanien kein anderer. Er bedeutet echte Filiation.

Die Joche des Hauptschiffes sind quadratisch, markiert durch schwere Gurtbögen und kaum minder schwere Kreuzrippen von ebenfalls quadratischem Querschnitt. Die Seitenschiffe wallen um ein Drittel weniger hoch und besitzen nur die Hälfte an Breite; sie werden dafür von oblongen Gewölben überfangen. Weil die Rundpfeilerbündel des Hauptschiffes so voluminös emporschießen, hat man auch am Seitenschiff dicke Bündel vor die Wände gelegt. Das ist gut. Ein Baumeister muß Ausgewogenes schaffen. Alles atmet eine robuste Kraft, die nur durch den hellen, gelben Stein eine spirituelle Note erhält. Am besten, man kommt am Morgen hierhin, wenn die Sonne gleißend durch das Stirnfenster der Vierung fällt und durch die Alabasterscheiben der Apsis mildere Helligkeit andringt. Dann bekommt dieser Bau gleichzeitig eine Geistigkeit, die man ihm auf den ersten Blick abspricht. Was völlig falsch ist. Er übt hohe Karenz. Es gibt nichts Gemaltes, nicht Buntes in dieser Kirche. Nach Art südlicher Gotteshäuser besitzt sie kaum Fenster. Da ist es also ein Ereignis, der Lichtgeburt und dem Entstehen wandernder Schatten in dieser Kirche beizuwohnen, die so steinern und machtvoll im grünen Navarra liegt. Umduftet übrigens von Traubentrestern, denn gleich nebenan liegt die Klosterkellerei. Die Abtsgräber des hl. Veremundo, von Don Murio und Don Arnaldo, von denen man viel hermacht, bedeuten nur wenig. Trotz ihres starken Aufwandes an Figuren, sind sie starr und trocken geschnitten, überdies arg beschädigt.

Einmal ist Irache einer der geistigen Schwerpunkte im Lande gewesen, dem überwältigende Machtfülle eigen war. Eben dies bekundet die Kirche, wenigstens im Innern. Von außen ist sie anders. Da könnte man von einer alten Burg im gleißenden Licht reden, deren übereinander geschachtelte Dächer sich zu den wundervoll geschichteten Schindeln des Schiffsdaches hinaufstaffeln. Unendlich vielfältig in der Form die seitlich herausgeschobenen Kuben der Apsiskapellen. Der machtvolle Turm barock umgeformt. Oben in der hochgezogenen Vierung, fast islamisch, nach innen gezackte Rundlöcher, zwei nach jeder Richtung. Zu Seiten ein altes romanisches Portal mit mythologischen Darstellungen. Leider kaum noch lesbar. Kühle Schatten höhlen magisches Dunkel ins helle Sonnengrün. Eselchen, schwer mit Körben und Reitern beladen, treiben vorbei. Trotz der nahen Landstraße ist eigentlich alles wie einst.

Irache – schläft es, träumt es, wird es wiedererwachen? Ist seine Zeit vorüber? Auf den Bänken liegen Bücher wie ›Panorama de la Teologia actual‹. Es ist hier heute ein Priesterseminar oder eine Ordensschule installiert, wie in Spanien so oft. Im steinernen Chor steht die Maienkönigin und vor ihr Rosensträuße.

Vielleicht schläft oder träumt Irache nicht, vielleicht lebt es sehr viel wirklicher fort, als man meint. Das war bereits im Dominikaner-Konvent in Estella zu spüren, wo sich der alte Pater, dieser lächelndfreundliche Mensch in aller Heiterkeit darüber mokierte, daß man den früheren Comedor im mittelalterlichen Stil wieder aufgebaut hatte. Die Mönche von Spanien sind eine eigene Rasse. Man tut ihnen Unrecht, wenn man sie mit Stimmung umgibt. Sie sind nüchtern und wissen, was es zu tun gilt. Ob die cluniazensischen Berater von König Sancho el Sabio von Navarra, der in Estella residiert hat, in Irache zu Hause waren? Man möchte darauf schwören. Es paßt zu dem Bau. Er steckt voll Planung und Gedanken.

Oberhalb des Klosters hebt sich der Montejurra übers Land, ein dreifach von zackigem Felsgrat überzogener Bergrücken, der so etwas wie die Rütli-Wiese der Karlisten darstellt. Jedenfalls stand überall die Aufforderung zu einem Meeting angeschlagen: ›2. mayo, Montejurra.‹ Dazu die etwas anfechtbare Devise: ›Monarquia pueblo, paz democracia.‹ Wer sagt eigentlich, in Spanien gelte nur eine Meinung? Die Probleme liegen ganz anders, viel tiefer.

Don Pepe

Wenig weiter als Irache führt der Weg rechts nach *Iguzquiza* ab, etwa eine Wegstunde durch lauter Gebüsche den Hang hinunter. Wie gut, so im Morgen zu wandern, wenn die Luft noch frisch ist, die aufsteigende Wärme wie eine Erquickung wirkt! Es hieß, hier verlaufe der alte Pilgerweg als Parallelstraße zur heutigen Autoroute. Dergleichen Nachrichten waren mit Vorsicht aufzunehmen, soviel hatten wir schon gelernt. Im Westen ragte der hohe Monjardin empor, und es schien uns wahrscheinlicher, daß der Pilgerweg an seiner Berglehne entlanggeschnürt war. Dieser Berg trägt eine alte Burg, um die bereits Karl der Große mit den Mauren gekämpft hat. Wie es heißt, blieben dabei fünfzig Ritter auf der Strecke. Auch solche Überlieferungen sind wohlfeil in einem Land, dessen Vergangenheit von Kämpfen erfüllt ist. Sicher bleibt einzig, daß das Kastell auf der beherrschenden Höhe durch Sancho Garcés I. Anfang des 10. Jahrhunderts den Mauren entrissen wurde. Hernach richtete sich da oben eine Einsiedelei zum heiligen Kreuz ein, welche das Grab des Herrschers tief in den höhlenartigen Verliesen des Mauerwürfels hütete. Montejurra und Peñanegra sind die beiden andern Höhen, die dem Land die Akzente geben.

Am Fuß des Monjardin ein einsames Dorf namens *Villamayor*. Etwas einfacher, etwas ländlicher als gewöhnlich. Kommt man hin, wird man von den alten Weibern und Kindern mit Emphase betrachtet, von den Hunden mit Begeisterung begrüßt. Wenigstens von der einen Sorte der Köter. Für die andere hält man besser eine Handvoll Steine bereit. Wir hatten den mit Mäuseweizen bestandenen Platz um das Kirchlein zur Kenntnis genommen und schickten uns bereits zum Gehen an. Da uns die Frage Beschwer machte, wo sich ein im ›Noticiario turistico‹ aufgeführtes Römerkastell San Esteban de Deyo befand, gingen wir mit dem üblichen »Oiga, caballero!« zu einer Gruppe von Männern. Sie wußten nichts. Aber der eine hatte eine Frau, die in solchen Dingen beschlagen sein sollte. Her also mit ihr. Es war eine hübsche, lebhafte Vierzigerin, die sich wirklich als recht kundig erwies. Indessen, San Esteban de Deyo? Da mußte schon der Cura kommen. Wo du auch bist, was du auch suchst, der Cura weiß alles! Sie lief bereits eilends dem Pfarrhaus zu, sprang, hopp, hopp, hopp über den Eisenrost, den man vorm Kirchplatz über eine Vertiefung der Einfahrt gelegt hat. Wohl gegen die streunenden Hunde? Nein, lachte uns da bereits der Ortspfarrer entgegen, gegen die Pferde und Esel. Schmalschädelig, blond trat er aus dem neu erbauten Pfarrhaus, eine schwarze Strickweste zum Wärmen in der Kirche über den Arm gehängt.

Um es gleich heraus zu sagen, es war Pepe Martinez, die Begegnung dieses Tages. Er besaß eine wundervolle Art, nicht ›Hochwürden‹ zu sein; nein, er lachte so gern. Eine einzige seltsame Angewohnheit war ihm zu eigen, von der er sich nur schwer abbringen ließ. Da wir Ausländer waren, bestand er darauf, mit uns französisch zu reden. Er sprach es zwar nur »un peu«, da ließ sich nichts machen. Dies also war seine Kirche, radebrechte er munter dahin, kam langsam in Feuer. »Renaissance-Turm, nicht wahr?« Hier am Chor konnte man noch erkennen, daß dort früher Kragsteine gesessen hatten, das Dach mithin nach außen ragte. Zur anderen Seite trug das Kirchlein eine vermauerte Tür wie eine alte Narbe. Schon aber war man wieder vorn angelangt. War das hier am Portalkapitell Roland, der mit dem Riesen Ferragut stritt? Don Pepe schmunzelte etwas. Der Ritter trug das Kreuz von Navarra auf seinem Schild, nicht wahr, und der ihm mit seiner Lanze entgegenrannte, sah wie ein Mönch aus. Zwei Jahre weilte Don José bereits hier im Dorf und hatte noch kein Licht in die Geschichte gebracht. Dann ging es ins Innere. Nun, es wäre nötig gewesen, etwas zu tun. Aber, »tiens, tiens das liebe Geld!«. Er kniete nieder, betete sehr versunken.

Konnte man vielleicht das Kreuz von Villamayor, das berühmte silberne Vortragekreuz aus dem 12. Jahrhundert, betrachten? Es gilt tatsächlich für das schönste in ganz Navarra. – Warum denn nicht? Er zog in der Sakristei eine Lade auf, hob es heraus, eine silberne Auflegearbeit von hohem Ernst kam zum Vorschein. Der ausgedarbte Christuskörper mit dem schweren, dornengekrönten Haupt fast weggesunken, erstarrt, ein Leidensbild, das beinahe zum Zeichen geworden war. Die Kreuzarme mündeten in dreipaßförmig ausgebauchte Enden. Auf der Rückseite des Kreuzes war als figürliche Darstellung nur das Agnus Dei in Kreuzesmitte zu sehen. »Agnus? Un agneau? Eher ein cordero«, meinte der Priester. Wirklich zeigte sich, daß der Silberschmied bei diesem Gotteslamm einen regelrechten Widder mit Hörnern dargestellt hatte, was dem schlanken Blondpriester ein vergnügtes Lächeln abnötigte.

Auf den Bänken lag die Messe in eben erneuerter Form. »La misa renovada?« – »Un petit renouvée«, gab er preis, und wieder mit Lächeln. Sang man vielleicht? Er schlug ein Gesangbuch auf. Das Sanctus. Hier lateinisch, hier spanisch. Die Musik dazu war gregorianisch. Man verstand doch den Text? Die meisten Deutschen beherrschten Latein. Er kannte zwei deutsche Mineningenieure, mit denen er sich – erneutes Schmunzellächeln – lateinisch unterhielt, weil es keine andere Verständigungsmöglichkeit gab. Wollte man den Text nicht einmal singen? War das möglich, man sang nicht? Die Deutschen, die er kannte, sangen sehr gut, und nach dem üblichen Schema der Verallgemeinerungen schloß er daraus, daß alle Deutschen gut sangen. Ich sagte etwas von Kant und von Logik. »Si«, antwortete er schlagfertig, weil Kant bei den Spaniern nicht im allerbesten Geruch steht, »Cantiga no es Kantica«. Unsere Worte bekamen allmählich Flügel. Er hatte es aufgegeben, sich länger des Französischen zu bedienen. Übrigens, er war schon in Deutschland gewesen. Erst in Brüssel, im Jahr der Weltausstellung, darauf in Colón mit den vielen Kirchen, auch in Bonn. Nein, deutsch sprach er nicht, ein paar Worte ausgenommen.

Dieses Gespräch spielte sich freilich erst ab, als wir seiner dringenden Einladung gefolgt waren, in seiner Behausung ein Glas Wein zu nehmen. Wir dankten? Nein, das konnten wir hinterher. Die Priesterwohnung bestand aus einem Flürchen, einer Küche, zwei Stuben, von denen eine verschlossen blieb – er legte mahnend den Finger an den Mund; da schlief oder arbeitete wohl jemand. Daher nahmen wir in der Küche Platz, die als Mobiliar lediglich einen Küchentisch mit zwei Stühlen besaß. Einer von uns dreien mußte stehen, so ging es reihum. Vielleicht konnte er uns zum Essen einladen? Mal sehen, was die Haushälterin kochte. Er hob den Deckel des Topfes auf und sagte lachend »Agua« – nur Wasser. Ah, welch ein Unstand, auch der Wein war ihm ausgegangen! Nur eine Flasche mit Brandy stand noch im Schrank. Was gab man der Señora dazu? Es fanden sich lediglich einige trockene Kringel. Besser als nichts, nicht wahr? In Deutschland aß man graues Brot. Das gefiel ihm nicht sehr; er schüttelte sich in der Erinnerung. Die Haushälterin erschien und brachte die Ingredienzien zum Mittagsmahl, ein paar Eier, etwas Salat, für den Salat Basilikum; das mußte man riechen. Wie gut solch ein Kraut aromatisierte! Wir kamen inzwischen mit einem kleinen Anliegen heraus: durfte man fragen, wie sich Hochwürden nannte? Er lachte sofort und zeigte auf ein Kuvert. »Lo mismo, lo mismo« – dasselbe, dasselbe. Er schrieb wirklich »dasselbe« auf das Kuvert, das hatte er von seiner Deutschlandreise behalten. Seine Heiterkeit steigerte sich noch, als ich nicht gleich begriff. Ah, José Martinez. Natürlich, wie anders? Alle Priester hießen José, mit Spitznamen Pepe. Das war eine Art Berufsbezeichnung, und Martinez bedeutete

›hijo de Martin‹ – Sohn des Martin. Der baskische Name dafür war Nazar und er stammte aus einem Ort nahe Puente la Reina, Mendigorria, das soviel wie Mont-rouge hieß. Nein, das Baskische war gar nicht schwer. Überhaupt, die Basken, Navarra . . . gewiß, man war Spanier, aber zuallererst Navarrese! Aber wie hießen denn wir? Und wir reisten zu unserm Vergnügen? – Nein, um zu schreiben. – Zu schreiben? . . . Oh, da hatte er etwas nachzuholen! Er verschwand auf einen Augenblick. Einige Sekunden später kam er zurück, hinter sich einen hochgewachsenen jungen Mann, der wohl in dem verschlossenen Zimmer gesessen und geschrieben hatte. Er besaß die nämliche hohe Stirn, das von innen durchwärmte Gesicht mit den ein wenig fernen Augen wie Ernst Toller. »Mein Freund«, sagte Don Pepe, »Miguel Cerda Ribera. Er schreibt auch, er ist ein Dichter«, fügte der Cura nach einem Augenblick des Zögerns, ob er das preisgeben sollte, an. »In baskisch?« – »Nein, in spanisch«, lächelte Miguel Cerda. Wir gefielen uns gleich. Es gab nichts Gespreiztes, nichts Eitles an ihm, kein Pfau schlug in ihm ein Rad, sondern er saß ganz still unter uns mit dem seltsam leuchtenden Gesicht, und es schien, daß er jeden Augenblick, jede Begegnung in seinem Leben so empfand, als geschähe dergleichen zum erstenmal auf der Welt.

»Mögen Sie eines Ihrer Gedichte sprechen?« fragte Anne.

Don Miguel hob abwehrend die Hand. »Nicht jetzt, Señora.« Er hatte den Augenblick etwas anderes unter der Feder, das ihn davon abhielt, an seine Gedichte zu denken. »Kennen Sie das«, fragte er, »man wacht eines Morgens auf und versteht kein Wort mehr von dem, was man geschrieben hat.«

Ich kannte das. »Gut«, sagte Don Miguel. »Besuchen Sie mich im Herbst, wenn Sie von Santiago kommen, im September oder Oktober. Ich werde dann oben in S. Millan de Cogolla sein. In Suso«, fügte er an. »In Yuso, im Kloster unten, bin ich nur nachts zum Schlafen. Im Herbst schreibe ich wieder Gedichte; dann werde ich mich wieder verstehen . . .«

Sie ließen es sich nicht nehmen, brachten uns bis zum Wagen, Don Miguel, der Dichter, und Don José, der mit dem üblichen Spitznamen Don Pepe hieß. Sie sahen zu, wie wir abfuhren, blieben stehen und winkten. Beide ein wenig einsam, wie uns schien, gute, gläubige, vertrauende Menschen, deren Worte ihnen alle Herzen erschlossen.

»Das nächstemal, wenn Sie kommen, steigen wir zusammen auf den Berg«, rief Don Pepe zum Abschied und dann, gleichsam als Abschlußreverenz, ein deutsches Wort, das er sich bei seinem Kölner Besuch angeeignet hatte. »Dank serr – dank serr«, winkte, wurde kleiner, verschwand.

Navarresische Landschaft

Die Landschaft Navarras steckt voll großer Impressionen. Fragte man mich, wo hat Gott mit der Schöpfung begonnen, ich würde sagen: hier. Es ist ihm am meisten eingefallen. Diese Region überrascht durch alles, durch die Weiträumigkeit der Täler, die bizarre Kontur der Berge, die jede der großen Straßen begleiten, den Wechsel der Vegetation, den Zauber der Dörfer. Manchmal ist man geneigt zu glauben, eine gewisse Grandezza in der Haltung des Spaniers leite sich von der Lage dieser Dörfer her, die dem Leben der Nation seinen Rückhalt geben. Immer wieder über Kuppen geworfene Siedlungen, in der Mitte zusammengerafft, auf der Höhe eine Kirche wie ein Gedicht in Stein. Immer wieder in Talsenken geschmiegte Weiler, die jede Erhebung ausnutzen, um ihre Gotteshäuser gleich einem Altar dem Himmel darzubringen. Es sind weniger gebaute, gewachsene Orte, vielmehr Kristallisationen; sie stehen unter einem eigenen Wachstumsgesetz. Alle Flußläufe grün, strömend, von Vögeln umsungen. Indessen ziehen sich draußen im Land schwingende Felderquartiere oder ochsenblutfarbene Äcker zwischen jungem Grün von gradezu blühender Farbe hin. Entlang der Horizonte gratige Berge, ein steiler Felsabfall oder der empörte Ansturm von Klippen. Jedes Tal ist vom andern durch Barrieren von Höhenzügen abgekapselt. An den guten Lagen der Hänge wächst der Wein, auf den Höhen oder im durstigen Grund die bescheidene Olive, die es nur arm genug haben muß, um sich wohlzubefinden. Morgens reiten die Bauern auf ihren Maultieren oder winzigen, hochbepackten Eseln hinaus. Traktoren findet man noch nicht allzu oft. Was soll man in dieser bergigen Landschaft damit? Auch ist die Zeit des Landmannes keineswegs knapp bemessen. Acht, halb neun schaukelt er erst auf seinem Tierrücken zu den Feldern hinaus, und im Mittag gibt es ein Stündchen Schlaf im Baumschatten, während Pferd oder Muli geruhsam ihr Gras kauen. Der Wein wird hier wieder wie im Süden von Frankreich am kurzen, alten Stock gezogen. An Feldfrucht findet man meist Getreide, in Flußauen freilich auch Gemüsequartiere, vornehmlich mit Erbsen und dicken Bohnen. Über dieser Palette der Landschaft wölbt sich ein lebhafter, gelegentlich von raschen Wettern durchstürmter Himmel; er scheint um so makelloser in Blau getaucht, je weiter man sich von der kühlen Witterung Pamplonas und der höheren Gebirge entfernt.

Hügel sind es, die den Pilgerweg von Villamayor weiter auf *Los Arcos* begleiten, einem auf römischem Fundament angelegten Ort im Talgrunde. Eine Straße führt von hier nach Norden hinaus, wo in kahler Bergeshöhe, nur für den Fußgänger erreichbar, plötzlich eine ganz erstaunliche Kirche liegt, die von *San Gregorio Ostiense,* so genannt nach einem heiliggesprochenen, römischen Bischof von Ostia, der um 1050 ins Land kam. Der Ort *Mués* zu Füßen des völlig nackten Bergrückens, auf dem die Basilika hochragt, lebt das ausgestoßene Dasein von Straßendörfern, die nichts als Fahrdamm sind und nur gelegentlich eine heitere Note besitzen, wenn sich ein Haus bis zum dritten Stock von rosafarbenen, handtellergroßen Rosen überblüht zeigt. Die Menschen von Mués haben es nicht einfach. Wollen sie ein wenig einkaufen, müssen sie das Wegstündchen Marsch bis Los Arcos auf sich nehmen, das für sie eine Stadt darstellt. Wirklich besitzt dieser Ort etwas ungemein Städtisches. Vor allem ob seiner erstaunlichen Kirchen und seiner Adelspaläste. Saubere, asphaltierte oder zementierte Straßen führen an mächtigen Häuserkuben vorüber. Auf einem Berg zu Häupten Spuren eines alten Kastells, die erhaltene Zisterne. Im Ort ragen die Dächer weit über die Häuser vor, getragen von geschnitzten Balken, während die Fassaden immer wieder von Wappen geschmückt sind. Die großartigste Hausung ist der Palast gegenüber dem ›Ayuntamiento‹. Wie überall geht man mit dem Raum höchst verschwenderisch um. Obendrein setzen die Plätze und Straßen die Wohnungen fort; sie stellen nichts Feindliches, dem Familienleben Abträgliches dar. Die Bar dient als Klublokal der Männer, wo heftig über den letzten Stierkampf diskutiert wird. »Was, Bahamonte aus San Sebastian soll ein guter Novilladero sein? Der taugt nicht einmal zu einem Hütejungen.« – »Holla, holla«, mischt sich ein anderer ein, »diese Veronica, dieser Paso natural, die er hingelegt hat, waren Klasse.« – »Klasse hin, Klasse her«, sagt der andere aufgebracht, »er kann nicht stehen. Habt ihr die Beinarbeit gesehen? Vom Töten versteht er schon gar nichts!« – Der Raum war ganz neu, geradezu elegant hergerichtet. Die junge Bedienung, Tochter des Hauses, zeigte sich etwas verzagt, als wir ein wenig zu essen wünschten, weil wir noch nicht gefrühstückt hatten. Gab es nicht ein paar Sandwiches? Aber woher sollten die in einem spanischen Haushalt kommen, wo man morgens höchstens einen ›Bollo suizo‹ oder ein paar ›Churros‹, am liebsten aber gar nichts nimmt, weil der Morgen keine Zeit für einen Christenmenschen ist! Sie aber, sehr gewandt, setzte ihr schönstes Lächeln auf: »Besuchen Sie Sta. Maria, ich hole schnell alles zusammen.«

So sind wir also nach Sta. Maria gekommen. Nein, wir hatten an diesem Tag keinen Kirchenbesuch vor, sondern Mensch unter Menschen sein wollen. Aber *Sta. Maria* betörte uns völlig. Im Innern über und über bemalt. Der Chor hat sich in eine gleißende Schauwand verwandelt, in der es von Gold rinnt, funkelt und so sehr jubiliert, daß man das glänzende Metall in seiner tausendfältigen Überfülle der Formen als flutendes Fortströmen von Engelschören empfindet, die aus den Schaubildern in den Nischen überquellen, wo sie eine Heiligenfigur hier, eine Gottesmutter dort umschwärmen. Der eigentliche Opfertisch winzig. Dagegen aber Retabel, selbst in den Seitenkapellen, von riesiger Größe. Den Höhepunkt stellt die Vierung dar; hier hat es dem Architekten nicht mehr genügt, den Bau durch Bilder in Illusionsräume zu verwandeln. Er hat die Kuppel, die Bögen mit gleichsam kreisenden Reliefspiralen belegt, um die Turbulenz der Seelenerregung vollkommen zu machen.

Aber was wirklich schön ist, die Wände des ersten Joches sind von kostbaren, gold und bunt bemalten Corduan-Ledertapeten bedeckt. Zu Seiten fällt – wie kam man überhaupt auf den Gedanken, eine Tür zu öffnen? – der Blick auf das üppig wuchernde Maßwerk eines spätgotischen Kreuzgangs, während sich am gegenüberliegenden Haupteingang merkwürdig plattereske Figurendarstellungen, halb Relief, halb gedrückt, präsentierten.

Hinterm Berg folgt auf Los Arcos, wo einmal die jüngste Tochter der unglücklichen Juana von Kastilien, der kleine Nachkömmling Katharina, erzogen worden war, vielleicht in einem der Mädcheninstitute, deren Zöglinge man sittsam Hand in Hand spazieren gehen sieht – hinterm Berg folgt *Sansol*, dann eine Schlucht, darin *Torres del Rio*. Es liegt ein wenig erhöht über dem Linares-Bach. Das ist wieder eines dieser herrlichen Dörfer Spaniens mit Häusern, die alle Magnaten zu gehören scheinen. In dem Ort gibt es eine achtekkige *Kirche vom Heiligen Grab*, fast turmartig, aus dem 12. Jahrhundert, die von Templern errichtet wurde. Sie besitzt nicht die einzigartige Lage wie Eunate, wohl aber den gleichen Zuschnitt edler Einfachheit. Wie sie sich in drei Stockwerken aufbaut, nach oben steigert, das ist groß. Zuunterst glatte Mauerflächen, in die nur das Eingangsportal Abwechslung bringt, sodann Simse, im Mittelgeschoß Blendbögen mit einem Fenster neben der Apsis, das außen von schönen Rundpfeilern mit Blendarkaden geformt wird. Wieder Simse, dann folgen im dritten Stock prächtige Fensterdurchbrüche in jedem Feld. Die eigentlichen Lichtquellen sind ganz schmal, schartenförmig. Es kommt alles auf die architektonische Gliederung an. Das Dachoktogon wird von einer Fülle von Kragsteinen getragen, obendrauf sitzt eine Laterne. Welch ein schlanker, würdiger Bau! Vollends im Innern, wo ihn ein mozarabisches Gewölbe aus einander kreuzenden Jochbögen dergestalt überfängt, daß in der Mitte ein Stern entsteht.

Man besitzt hierzulande viel Sinn für dergleichen. Die Kirche steht vollkommen legitim in ihrer Umgebung königlicher Häuser, deren Bewohner Bauern und deren Untergeschosse oft genug Ställe sind. Man spürt diese Diskrepanz zwischen dörflicher Umgebung und städtischer Bauweise einen Kilometer landein noch stärker in *Armañanzas*. Das Nest schmort den lieben langen Tag zwischen seinen Olivengärten in der Sonne. Die Gassen sind wirre Ansammlungen von Steinen, die Häuser verstreut. Aber welche Häuser! Von allen Seiten reiten zur Mittagszeit junge und alte Bauern mit ausladenden Krempen an den Strohhüten auf ihren Mulis oder Pferden heran. An den Tieren hängen Ballen mit Futter, Ackergerät und oft genug ganze Tonnen zum Misttransport, die fast so hoch wie das Rößlein sind. Es gibt hier eine Kirche mit berühmtem Retabel, der freilich im Dämmerdunkel nur schwer zu erkennen ist, und dort drüben, einen Steinwurf weiter, einen veritablen Palacio. Wie? Hier inmitten des

Bauernlandes? Aber grade das macht Navarra aus. Man darf es nicht nach den armen Dörfern der Meseta oder Campos messen. In dieser Üppigkeit des Bauens und Hausens offenbart es seinen ureigensten Lebensstil.

Noch ein letzter Bergrücken, Kehren, Kurven, dann liegt in der unglaublich heroischen Lage spanischer Orte *Viana* da. Liegt auf seinem Hügel, als könne dies gar nicht anders sein. Man erkennt es sofort als Fürstenkind und tatsächlich hat die Lage diesmal einigen Grund; Viana stellt den Eckpfeiler Navarras gegen Kastilien dar.

Der Tod des Borgia

Viana, berühmte, alte Stadt und Schwester der Residenzen, wie hat es geschehen können, daß deine strahlende Lage den unaufhaltsamen Verfall nicht aufwiegt? Daß deine Paläste mit Brettern vernagelt sind, Kirchen geborsten daliegen, die Wohnungen von Granden heute behaust werden von einem schlurfenden Geschlecht müder Kleinbürger?

Man erhofft sich nicht ohne Grund sehr viel! Vianas Name besitzt einen fast legendären Klang. Der Anblick von fern steigert die Erwartung noch. Selbst wenn man ankommt, wird man von unbestimmter Hoffnung getragen. Will man nicht eine der alten, schmalen Holpergassen emporstolpern, muß man den Ort zur Hälfte umrunden, ehe man Eintritt findet. Endlich ist man angelangt . . . oh gewiß, es ist alles da, es fehlt nichts. Der Zuschnitt der Bauwerke erweist sich viel größer als zu erwarten blieb. Nur mit dem Zustand hapert es. Ein geschickter Restaurator könnte aus dieser Stadt etwas Unvergleichliches zaubern. Einen mächtigen, ungepflasterten Platz umstehen Paläste von einer Großartigkeit, wie man sie selten findet. Einer, der machtvollste unter ihnen, trägt im gesamten Obergeschoß gleich einer Krone Loggien. Zum Platz hin öffnen sich neun, zur Gasse hin elf, zur Hintergasse acht Bögen. Nur die Windseite gegen Navarra bleibt abgemauert. Es gibt einen anderen Palast mit großer Königskrone vor der Stirnseite, dessen gesamte Vorderfront aus solchen Loggien besteht. Es gibt ein Ayuntamiento gegenüber der Kirche, das ebenfalls ein Palacio mit prächtigen Lauben im Parterre war. Auch hier eine gewaltige Wappenkrone. Bei den Adelshäusern Spaniens hat sich meist die gesamte bildhauerische Energie auf die Heraldik konzentriert. In Viana kehrt das Zeichen des flammenden Herzens immer wieder, Sinnbild dafür, daß man mit einer der großen Familien des Landes verschwägert war. Die Bauten sind im Zuschnitt ganz außerordentlich. Aber während man selbst in kleinen Dörfern wie Torres del Rio auf eine klare, saubere Ordnung hält, wirkt in Viana alles nicht nur verfallen; es ist muffig. Eng und verklemmt. Zwar winddurchblasen, aber die Luft dennoch von Katzen- und Aschengerüchen geschwängert.

Zuoberst der Stadt liegt die Kirche *Sta. Maria*. Was ihre Ausstattung angeht, ähnelt sie der von Arcos. Der Hauptaltar ist also, wie könnte es anders sein, eine ungeheure, goldene Retabelwand. Aber sonst lebt die Gotik darin noch voll entschiedener Kraft, wirft sich zu hohen Spitzbögen auf. Draußen hingegen ... alle Gotik zeigt sich wie weggeblasen! Handelt es sich wirklich um das nämliche Gotteshaus? Bis auf etliche Dachtürmchen bekundet die Außenfront eine so radikale Renaissance-Gesinnung, daß der Innenraum und das Außengewand dieser Kirche nichts Gemeinsames mehr besitzen. Nie sieht man daher exemplarischer demonstriert, was Gotik und Renaissance voneinander unterscheidet. Das Haupttor nämlich, das von der Seite in diese Kirche führt, ist ein einziger Triumphgesang auf die Baugesinnung des 16. Jahrhunderts, in dem es umgestaltet wurde. Bis zum Dach reicht die Aushöhlung und Verwandlung des Portales in eine einzige gewaltige Nische. Darin folgen einander plastische Szenen von Gottvater bis zur Kreuzigung. Die anderen Themen der Heilsgeschichte sind nicht als bildhauerisches Geschehen wie in der Romanik empfunden und dargestellt, sondern gruppieren sich als steinerne Gemälde um die Zentralszenen. Das ist wesentlich spanisch. Der Glaube wird nicht als Prozeß empfunden, sondern als Gegebenheit; er unterscheidet sich elementar von der dynamischeren Auffassung des Nordens, einerlei ob sie katholisch oder protestantisch ist. Kein Wunder, daß dieses enorme Portal der Kirche Sta. Maria Schule gemacht hat. Durch die gesamte Rioja, von Logroño bis Haro. Es ist ihr Stil. Natürlich hat sich die Bildhauerei auch an Sta. Maria nur schlecht erhalten. Der Sandstein, dessen man sich zum Bauen bediente, war zu weich und ist überall ausgewittert.

Die schönste Gruppe bildet die Kirche zur sogenannten Plaza de los Fueros, dem Marktplatz also, einem winzigen Flecken gegenüber dem Rathaus. Darauf steht ein Brunnen, der sein Naß aus vier Röhren verströmt. Er scheint die einzige Wasserversorgung der alten Innenstadt gewesen zu sein. Die Kirche liegt etwas erhöht, sozusagen auf einer Balustrade der Plaza, die von Pfeilern mit Wappen gesäumt wird. Sta. Maria öffnet sich dahin durch eine letzte gotische Reminiszenz, ein kleines Portal mit einer Muttergottes und zwei anbetenden Engeln, die eigentlich zum Schönsten von Viana gehören.

Es gibt weitere Kirchen wie S. Pedro und ein verfallenes romanisches Gotteshaus. Sie vermögen kaum von Sta. Maria abzulenken. Vollends, weil diese Kirche zwei regelrechte Attraktionen besitzt, eine Sammlung liturgischer Gewänder des 16. Jahrhunderts, die vollkommenste in ganz Navarra. Zum andern liegt vor dieser Kirche Cesare Borgia begraben, der von unglaublichen Skandalen, vom Verdacht des Inzestes und ruchloser Morde umwitterte Sohn Papst Alexanders VI., der seiner Abstammung nach Spanier war. Cesare Borgia ist im sogenannten Krieg der Beaumontesen gegen die Agramontesen vor Viana gefallen. Wo? Ungefähr dort, wo die

Burg einmal lag. Gleich nach Westen hinaus. Damals, man schrieb das Jahr 1507, lag das Leben bereits hinter ihm, wiewohl er erst zweiunddreißig Jahre zählte. Er war der Sproß einer Familie Borja, die Anfang des 15. Jahrhunderts von Jativa bei Valencia nach Italien ging. Sein Vater, der Kardinal Rodrigo Lançol Borja, kam 1492 als Neffe Alonso Borjas oder Calixtus' III. trotz äußerster Widerstände innerhalb der römischen Kurie auf den päpstlichen Stuhl.

Cesare hatte einige Geschwister. Einen älteren Bruder Luigi, Herzog von Gandia, der frühzeitig starb. Sein Erbe übernahm der Bruder Juan oder Giovanni, der 1495 Teile des Kirchenstaates als erbliches Herzogtum zugewiesen erhielt. Zwei Jahre später war auch Giovanni tot. Wahrscheinlich hat Cesare ihn umgebracht. Bessere, vielleicht allzu gute Beziehungen unterhielt er zu seiner fünf Jahre jüngeren Schwester Lucrezia, der man nicht nur in dieser Hinsicht ein ausschweifendes Leben vorwarf. Sie heiratete dreizehnjährig den Grafen Francesco von Pesaro, wurde geschieden, ehelichte Alfonso von Biseglia, den Cesare 1500 ermordet hat, und schließlich ein Jahr darauf Alfonso d'Este. Seither lebte sie in Ferrara, umgeben von einem Kreis von Gelehrten und Dichtern, zu denen auch Ariost gehört hat.

Cesare seinerseits war seit 1493 Erzbischof von Valencia und Kardinal. Als er vier Jahre später die Besitzungen seines Bruders Giovanni erbte, legte er die Kardinalswürde kurzerhand ab und vermählte sich mit Charlotte d'Albret, der Schwester Juans von Labrit oder Albret, der seinerseits mit der letzten regierenden Königin von Navarra, Catalina I., verheiratet war. Inzwischen hatte Ludwig XII. von Frankreich Cesare, der eine wichtige politische Figur im Herzen Italiens zu werden versprach, zum Herzog des Valentinois erhoben. 1499 begann Cesare denn auch die Romagna zu unterwerfen, dazu Umbrien und Siena. Nur der erschreckte Einspruch Frankreichs hielt ihn davon zurück, sich auf die Städte Florenz und Bologna zu werfen. Als Alexander VI. 1503 starb, kamen erst Pius III., dann Julius II. auf den Stuhl Petri. Damit war über Cesares Karriere das Todesurteil gesprochen.

Als er 1503 in Neapel weilt, das er in seine Hand zu bekommen sucht, wird er am 25. Mai auf Weisung Ferdinands von Aragon verhaftet, der im Namen seiner kranken Tochter Juana von Kastilien die Regentschaft führt und in dieser Funktion derzeitiger Herr von Neapel ist. Man bringt Cesare nach Spanien, kerkert ihn erst in Chinchilla, dann in Medina del Campo ein. Einen Streit zwischen Juana der Wahnsinnigen und ihrem Vater über das Recht an dem Gefangenen nützt Cesare, um in ebenso waghalsiger wie abenteuerlicher Flucht auszubrechen. Mit Hilfe von drei Getreuen seilt er sich aus seinem Kerkerfenster in den Festungsgraben ab, stürzt, verletzt sich schwer, kann aber zu Pferde nach Pamplona entkommen. Es ist ein Augenblick, der die Mächtigen dieser Erde in Schrecken versetzt. Sogar Julius II. in Rom bangt um seine Tiara. Die Anhängerschaft des Herzogs in der Romagna rührt sich sofort. Venedig ist in Alarmzustand, der König von Frankreich ergreift alle Maßnahmen, um der neuen Situation gewachsen zu sein. Cesare erhofft sich alles von ihm, kehrt aber bald enttäuscht von Frankreich zurück. Ludwig XII. erteilt ihm eine deutliche Absage. Die Zeit des Glückes ist für den Borja vorbei.

Ungefähr parallel zu diesen Ereignissen trägt sich in Navarra etwas wie eine Palastrevolution zu. Viana war Anfang des 15. Jahrhunderts unter Carlos III., el Noble, für den Infanten Don Juan II. von Antequera und Aragon, Gatte der Blanca I., zum Fürstentum erhoben worden. Jetzt, 1505, weigerte sich Luis de Beaumonte, Graf von Lerin, Kommandant der Zitadelle von Viana, die ihm anvertraute Festung an seinen Souverän zurückzugeben. Das ist derzeit kein anderer als Juan de Labrit, Gatte von Catalina I. Nach einer regelrechten Kriegserklärung des rebellierenden Kommandanten an seinen Souverän wird Cesare Borgia zum Feldhauptmann der navarresischen Truppen ernannt, und er zögert nicht, sich Vianas sofort zu bemächtigen. Zweifellos wäre die Burg schon nach kurzer Zeit der Blockade erlegen. Indessen gelingt es Beaumonte in einer stürmischen Nacht, der des 11. März 1507, als Cesare seine Posten wegen des Unwetters hat zurückziehen lassen, ungesehen einen großen Konvoi von sechzig mit Proviant beladenen Packpferden durch die sogenannte Puerta del Socorro in die Burg zu schleusen. Eine Bedekkung von zweihundert Lanzen und sechshundert Infanteristen verbirgt sich in einem Hohlweg nahe der Stadt. Der Erfolg seines Unternehmens macht ihn kühn. Beaumonte versucht es noch ein zweites Mal; es gelingt wieder, diesmal freilich nicht ohne Aufmerksamkeit zu erregen.

Während seines Manövers wird der aufsässige Kommandant von einer aus Logroño heranrückenden Kolonne des Herzogs von Nájera überrascht, der Cesare Hilfstruppen zuführt. Ihr Alarmgeschrei »Beaumonte, Beaumonte!« schreckt die Belagerer hoch. Im allgemeinen Tumult läßt sich Cesare hastig in seine schwere Rüstung stecken und jagt zu Pferd durch die Calle de la Solana dem Feind entgegen. Wie es heißt, heftige Verwünschungen schreiend, was den Rückschluß zuläßt, daß sein furioser Zustand mehr aus dem Ärger, übertölpelt worden zu sein, resultierte. Diese blinde Wut ist ihm zum Verhängnis geworden. Er ließ außer acht, daß seine Leibwache nicht folgte. Als er die Pforte durchritt, stürzte sein Pferd, kam schwer auf die Beine, während Cesare blindwütig auf die Nachhut der Beaumontesen eindrosch und drei Leute tötete. Er wurde dabei von Luis de Beaumonte beobachtet, wenn auch nicht erkannt, der sofort einige seiner Männer mit dem Auftrag detachierte, den feindlichen Ritter in eine Falle zu locken.

Die beiden haben Luis García de Agredo und Pedro de Alto geheißen; es gelingt ihnen unschwer, Borgia mit seinem Gaul durch einige Finten in den Hohlweg zu manövrieren. Hier entspinnt sich ein furchtbarer Kampf. Der Borgia sieht sich umstellt und kämpft um sein Leben. Im Augenblick, als er zu einem seiner gefürchteten Hiebe ausholt, trifft ihn ein schrecklicher Schlag unter die Achselhöhle, wirft ihn aus dem Sattel. Zu Fuß kämpft er weiter, bis er schließlich, von immer mehr Stichen durchbohrt, blutüberströmt zu Boden sinkt. Wie es Brauch ist, nehmen die Sieger ihm seine Rüstung und lassen ihn sterbend und nackt auf dem Boden liegen. Beaumonte wird auf diesen Ausgang der Affäre erst aufmerksam, als er bei einem Vorstoß der Besatzung von Viana einen Kammerdiener aus Borgias Leibgarde fängt, dessen Name mit Juanico angegeben ist. Er kann den Toten identifizieren, bricht bei dem Anblick der Leiche in Tränen aus. Inzwischen leitet Juan de Labrit, König von Navarra, persönlich den Gegenangriff seiner Verbände. Beaumonte zieht sich eilig zurück. Mit entsetzten Augen erkennt Labrit seinen nackten, erschlagenen Schwager im nassen, zerstampften Boden. Er läßt ihn mit einem Mantel bedecken und nach Viana bringen. Dort wird dem toten Sohn des Papstes in Sta. Maria auf der Evangelienseite des Altares eine fürstliche Gruft bereitet.

Das tragische Ende des Mannes, der gewiß der unbedenklichste aller Renaissance-Fürsten war, hatte später ein Nachspiel. 1498 war Pedro de Aranda, Bischof von Calahorra, unter der Anklage der Häresie durch Alexander VI. in der Engelsburg festgesetzt worden. Offenbar aus Erpressungsgründen, denn Aranda kam nach Bezahlung ungeheurer Bestechungssummen frei. Er ist bald an den Folgen der Einkerkerung gestorben. Einer der Nachfolger des Aranda auf dem Stuhl von Calahorra erinnerte sich der unrühmlichen Geschichte. Es gab auch andere Gründe genug, die das Grab des Borgia direkt neben dem Opfertisch der Kirche als Entweihung erscheinen ließen. Navarra war inzwischen an Aragon gefallen, ein Einspruch nicht mehr zu befürchten. So zerstörte man die prunkvolle Tumba und verscharrte den Leichnam an den Kirchenstufen der Calle de la Rua. Bei späteren Grabungen wurde dort tatsächlich ein Skelett entdeckt. Der Mann, dem jedes Laster nachgesagt wurde, der in seinen letzten Lebenstagen das ganze Ebro-Tal in Schrecken versetzt hatte, lag jetzt dort begraben, wo die Karren einherfahren und die Maultiere entlangtrotten.

DAS LEBEN DER EREMITEN

Wasser vom Ebro

Die Gestalt Cesare Borgias wirft ihre Schatten also bis nach Logroño. Indessen ging von Viana auch eine segensreichere Wirkung aus. Seine Renaissance-Kirche Sta. Maria ist für die ganze Rioja zum Vorbild geworden. Vom alten Bischofssitz Calahorra im Südosten bis Haro im Nordwesten. Daß sich die Romanik nur in versteckten Winkeln wie Castilseco, die Gotik nur in den Gassen von Haro hielt, kann nicht verwundern. Das Ebro-Tal war ein Gebiet der Schlachten.

Brücke und erste Station des von Viana ausgehenden Impulses ist *Logroño* gewesen. Hier hat sich die Fassade von *Sta. Maria la Redonda* in einen regelrechten Außenretabel von gewaltigen Dimensionen verwandelt. Überwölbt von einer offenen Halbkuppel wallen kannelierte Rundpfeiler herab, lassen durch Simse gegliederte und üppig geschmückte Geschosse entstehen. Darin wechseln allegorische Bildnisse mit Gestalten der Heilsgeschichte und Legende. Glaube, Hoffnung, Liebe paradieren im untersten Bezirk, gleichsam als Grundlage eines wahrhaften Tugend- und Gnadentempels zwischen Sankt Petrus mit Klugheit und Gerechtigkeit drüben, Sankt Paulus mit Mut und Lebenskraft hüben. Im Mittelbezirk thront die Gottesmutter, von Engeln umgeben, während die Heiligen Ambrosius und Augustin einerseits, Hieronymus und Gregor der Große andererseits assistieren. In liebenswürdiger Reverenz gegenüber dem einstigen Stadtregiment, das dem Bau der Kirche mit offenem Beutel beistand, hebt sich zuoberst des Bildaufbaus der Patron von

Logroño, San Bernabé, akkompagniert von San Esteban und Santa Barbara. Dies alles nicht nur unter dem Schutz der Evangelisten und Erzengel, die als Reliefs in der Halbkuppel auftreten, sondern auch von Gottvater persönlich beschirmt. Man muß sich solch eine Anlage, die völlig den Vorstellungen des 17. Jahrhunderts verhaftet blieb, einmal in allen Einzelheiten vergegenwärtigen, um zu verstehen, wieviel Gelehrsamkeit sich mit Frömmigkeit, wieviel Attitüde sich mit innigster Devotion vermischt hat. Das ist wie von Calderon, kein Zweifel: eine statuarische, immerwährende Prozession, ein geistlich-allegorisches Spiel. Das Kircheninnere, die Aufzüge der ›Semana Santa‹, des Fronleichnamstages genügen nicht mehr. Der Glaube wird auf die Straße getragen. Aber es ist keine Volksfrömmigkeit, sondern ein klerikales Selbstbehagen, das sich da kundtut, eine esoterische Bildungshuberei, die mehr Verblüffung erzeugt, als sie anzurühren vermag. Die geistliche Schaustellung führt sich selbst ad absurdum, indem sie zur professoralen Gebärde wird.

Logroño ist eine merkwürdige Stadt. Halb navarresisch, halb kastilisch, hat es als Siedlung an der wichtigen Übergangsstelle des Ebro schon für die antiken Geographen zu den bedeutsamen Punkten am Weg von Italien nach León gezählt. Als Brückenstelle eben, und dies war sein Schicksal. Hier bauten San Juan de Ortega, hier Santo Domingo de la Calzada Übergänge über den Strom, der einst mehr Tiefgang als heute besaß und sogar Schiffe trug. Hier lag die berühmte Brücke Mantible der Karlssage. Vor allem aber erlitt der Ort das tragische Los aller Brückenköpfe. Er wurde so lang umkämpft und immer wieder zerstört, bis die meisten Zeugen aus früherer Zeit vernichtet waren, eingeschlossen die Spuren der Pilgerstraße, und dies war das Schlimmste von allem. Es hat Logroño gesichtslos gemacht. Was die Kriege nicht zerstörten, liquidierte die Mode der Architektur. Sämtliche älteren Kirchen Logroños sind mit üppigen Gewölben späterer Zeit überfangen und mit Retabeln ausgestattet, in denen es von Gold gleißt, strömt und knistert. Wohl ließe sich auf das ziemlich bewahrte Bild von Nuestra Señora del Ebro, eine romanische Skulptur in *Sta. Maria del Palacio*, die vielbeschworene Portalplastik von *S. Bartolomé* verweisen, Meisterwerke gotischer Bildhauerei in der Rioja. Allein, da ist man schon wieder beim Thema. Der Tod sitzt darin. Die Atmosphäre, die Wetter haben den weichen Sandstein zernagt und aus dem großartigen Gewände von S. Bartolomé zerfressene Torsen gemacht. Unter der Unzahl Skulpturen, vom Christkönig im Tympanon, den Apostelbildern, biblischen Szenen bis zu den Begebenheiten aus der Legende San Bartolomés, blieb nur eine Prophetengruppe mit dem höfischen Lächeln der Gotik kenntlich; die Figuren samt und sonders archaisierend empfunden, wiewohl das Werk erst im 14. Jahrhundert entstand.

Da lugte es noch hervor, das wahre, andere Antlitz der Stadt! Wo aber sonst? Wir spürten es immer und fanden es nie. Die Renaissance, das Barock entbehrten jener tieferen Legitimation wie in Santiago de Compostela, wo ihre Verwandtschaft mit der Romanik sie adelt und evident macht. In Logroño dagegen . . . Ruhelos wanderten wir durch die Gassen, um der Stadt auf ihr Geheimnis zu kommen. Wir sahen vom Ebro-Ufer die spitze Steinpyramide von Sta. Maria del Palacio über die Silhouette der Häuser aufragen, fuhren auf der Calle Vara de Rey ins schluchttiefe Tal des Iregua, querten die Felslandschaft hoch aufgetürmter Götterburgen, rollten über die Puerta de Piqueras weit nach Süden durchs Tera-Tal mit seinen weißen Dörfern im andalusischen Stil, kamen zur Einsiedelei *Stos. Martyros*, standen im grauen Morgen am keltiberischen *Numancia*, das 133 v. Chr. den Römern heroischen Widerstand geleistet hatte. Wir erreichten bei strömendem Regen *Soría*, erblickten die berühmten, einander durchschneidenden Arkaden von *S. Juan de Duero*, besuchten die wundervolle Fassade von *Sto. Domingo*. Oder aber wir fuhren von Logroño durch das vor Hitze glühende Ebro-Tal nach Südosten über Calahorra und Tudela, das Gebiet der Monegros, in dessen Horizonte der blutige Sonnenball abends mit hörbarem Fauchen fiel. Wir stießen weit nach Norden auf *Vitoria*, auf *Haro*, auf *Briviesca* vor. Dies alles, weil es uns völlig unverständlich war, weshalb Logroño, der Kern dieser Landschaft, so substanzlos erschien. Denn ringsum lag sie doch, diese blühende Rioja; sie war keine Fata Morgana, sondern eine Realität aus Duft, Oliven und Wein, ein glückhafter Landstrich roter Erde, den das blaue Perlmutt ferner Gebirge umschwang. Nur sein Herz fehlte ihm. Dann wieder saßen wir in Logroño selbst, hockten in kleinen Fondas am Ebro oder vor den Cafés am Espolon mit den herrlichen Wasserspielen, blühenden Rosenbeeten und empfanden, daß es uns nicht genügte. Wir vernahmen während der ganzen Nacht das Dröhnen vorüberdonnernder Tanker, wurden selbst von der Unruhe und Friedlosigkeit dieser Stadt angesteckt und mußten uns schließlich eingestehen, Logroño hatte sein Antlitz endgültig verloren.

Natürlich besaß dies Gründe. Es gab immerfort Kriege, seit die Rioja Anfang des 10. Jahrhunderts durch Sancho Garcés I. von Navarra den Muselmanen entrissen wurde. Logroño ertrug seither ein doppelt bitteres Schicksal. Es geriet nicht nur in die große politische Auseinandersetzung mit den Mauren, Franzosen, Engländern, sondern auch in den Strudel innerspanischer Streitigkeiten zwischen Kastilien und Navarra. Es blieb sein Schicksal, ein Vorposten zu sein. Das Wasser vom Ebro, das die Rioja in einen Gottesgarten verwandelte, lockte gleichzeitig die Heere der Eroberer an und schwemmte alle Zukunftshoffnungen der Stadt mit sich fort.

Die Schlacht von Clavijo

Südlich von Logroño hebt sich das Gelände stufenförmig. Ein fruchtbarer Feldersockel über dem Land beginnt, von dem man im Tal nichts ahnt. In einer Gebirgskerbe bleibt lediglich ein dunkler Felsklotz sichtbar: *Clavijo*. Auf ihm die beschwörende Rune eines alten Burggemäuers. Der Ort hat einer berühmten Schlacht den Namen gegeben, die wahrscheinlich niemals stattfand. Ihr vorgeblicher Sieger, König Ramiro I. von Asturien, schrieb der Legende zufolge seinen Triumph dem Eingreifen Santiagos zu. Schongauer grub das Ereignis mit der Radiernadel in die Platte; unzählige andere Künstler haben es gemalt.

Historische Untersuchungen einiger Forscher vom Rang eines Sanchez Albornoz oder Levi-Provençal zwingen uns heute zu entscheidenden Abstrichen an einem Unternehmen, das zu den Lieblingsvorstellungen des Santiago-Kultes gehört. Es besteht kein Zweifel, daß sowohl der vorgeblich von Ramiro I. errungene Sieg, wie die berühmte Geschichte von dem ›Tribut der hundert Jungfrauen‹, welcher den Anlaß zu dieser Schlacht gegeben haben soll, Phantasieprodukte eines Klerikers namens Pedro Narcía aus dem 12. Jahrhundert sind. Fälschungen mit anderen Worten.

Gleichwohl besitzen die angeblichen Ereignisse von Clavijo einen echten Kern. Laut Sanchez Albornoz unternahm Ramiros Nachfolger Ordoño I. einige Jahre nach der hypothetischen Schlacht von 844 oder 850 eine Attacke gegen den maurischen Stützpunkt von Albelda oder o Albaida, spanisch ›la Blanca‹, der an der Stelle des heutigen Logroño lag. Die Fortifikation sicherte die Pässe von Vardulia, Alava und Navarra samt dem Ebro-Übergang, was die Bedeutung der Aktion erklärt. Der Angriff folgte zeitlich ungefähr dem Tod von neun Märtyrern, die in Cordoba für ihren Glauben starben; unter ihnen San Eulogio, der erst kurz zuvor zum

Metropoliten von Toledo erwählt worden war. Vielleicht gibt es Zusammenhänge zwischen diesen Ereignissen. Ordoños Angriff auf Albelda gelang. Im nachfolgenden Treffen am Monte Laturce, der den Fels von Clavijo trägt, konnte der asturische König nach der ›Cronica de Alfonso III.‹ den herbeieilenden islamischen Feldherrn Musa vernichtend schlagen. Musa entkam mit genauer Not dem Tode, seine Armee wurde aufgerieben. Die Besatzung von Albelda oder Logroño verfiel dem Henkerbeil, die Festung ist derzeit geschleift worden. So Sanchez Albornoz.

Laut Levi-Provençal trifft allerdings auch diese Version nicht zu. Er weist auf den Bericht des islamischen Geschichtsschreibers Ibn Havyan hin, wonach die Basken 851 oder 852 Albelda angriffen, das Musa befestigt hatte; dabei waren sie am ersten Tag erfolgreich und wurden am zweiten zurückgeschlagen. Ordoño I. aber habe hier weder gesiegt noch überhaupt an dem Treffen teilgenommen, weil Ibn Havyan nichts von einer Intervention des asturischen Königs berichtet. Levi-Provençal hält daher den Bericht der ›Cronica de Alfonso III.‹ über den Sieg Ordoños I. in der Schlacht von Albelda für bare Vermutung.

Indessen, es gibt kaum einen vernünftigen Grund, die maurische Darstellung der christlichen vorzuziehen; die ›Cronica de Alfonso III.‹ ist zwischen 881 und 883 vollendet worden, während Ibn Havyan erst rund hundertfünfzig Jahre später schrieb. Übrigens finden sich weitere Gründe, Gegengründe und Theorien. Das wird lediglich erwähnt, um die Schwierigkeiten darzutun, welche die frühmittelalterliche Geschichte Spaniens den Forschern bereitet. Das Ungewisse ist die Regel. Immerhin, wenn die Theorie von Sanchez Albornoz stimmt, könnte die Schlacht von Clavijo mit dem Unternehmen gegen Albelda identisch sein. In keinem Fall allerdings war Ramiro I. daran beteiligt. Damit verliert ein wesentliches Motiv des Santiago-Kultes, das ›voto de Santiago‹ oder Santiago-Gelübde durch Ramiro und mit ihm ein gewisser Missionsanspruch, seine Gültigkeit. Eines indessen bleibt unwiderlegbar. Clavijo bedeutet für die christliche Welt genauso ein Symbol der Befreiung vom islamischen Joch wie das Ereignis von Covadonga, von dem später zu berichten sein wird. Der Name Clavijo gab dem Jakobus-Kult entscheidende Anstöße.

Um an den Ort der legendären Ereignisse zu gelangen, muß man auf der Straße von Logroño nach Soria auf Albarite zu abbiegen. Anfänglich geht es ein Stück gradeaus, dann nach Süden, während der Weg zu steigen, zu kurven beginnt. Endlich folgt der Burgklotz mit dem berühmten Namen. Zu seinen Füßen ein halbverlassenes Dorf, eine kahle Kirche; gegenüber ein hoch aufgebuckelter Bergkegel, in dessen Hängen sich eine Eremitage versteckt. Von der Burg über dem Lande, deren Westhang fast senkrecht ins Tal abfällt, stehen noch zwei Wehrmauern. Man befindet sich auf der Höhe der Gebirge. Nach Süden schweift der Blick endlos über Kuppen und Gründe. Im Norden zieht sich weit das Ebro-Tal hin. Es leuchtet ein, daß die Burg, zeitweilig vorgeschobener Posten der Grafen von Kastilien, eine äußerst günstige Position besaß. Sie sperrte eine alte Römerstraße, die entlang des heutigen Karrenweges von Süden über die Berge kam und zum Ebro führte. Gleichzeitig gewährte sie jeder Unternehmung gegen die Orte und Straßen im Tal Rückhalt.

Wir kletterten rund eine Stunde in dem unbehaglichen Gemäuer herum. Der Himmel hatte sich bezogen. Es begann zu regnen, regnete sich aus, wie das in den Bergen so geht. Die mit Dreieckszinnen gekrönten Burgmauern nebst den zernagten Turmstümpfen standen gleich einem Fanal gegen den Himmel. Im Dorf keine Seele zu erblicken. Nur über die kahlen Hänge der Kuppe gegenüber zog der Schäfer mit seinen Tieren, wenn er nicht grade in einer der in den Berg getriebenen Höhlen Deckung nahm. Die Szenerie war groß und karg.

Da hatte man ganz Spanien. Die Täler, in die man hinabschaut, lohten von üppigem Grün; dort lagerten sich Herden um den Bach, hockten die Frauen an ihrer Wäschestelle auf den Knien und scheuerten, was das Zeug hielt. Gleich neben diesen von Rosen blühenden Auen die äußerste Not der Berge. Halb war es noch Winter; selten fand sich vom Wind zerfasertes Buschwerk. Die Menschen des Dorfes Clavijo müssen ein tapferes Leben bestehen oder davonwandern. Wo es angeht, haben sie dem Berg ein Fetzchen Getreideboden abgerungen. Da es kaum Brunnen gibt, führt man die Ableitung der Dachrinnen ins Haus. Die Methode ist praktisch, gar so selten regnet es nicht. Aber natürlich kann sich nur ein Reicher den Luxus einer solchen Wasserzufuhr gestatten. Eine Dachrinne! Nicht umsonst sehen die Häuser zerfallen aus. In den Mauerritzen nisten die Sperlinge, die Fenster sind nur noch Löcher, die Türen mit Brettern vernagelt. Freilich gibt es eine Pelotawand, wiewohl man sich nicht mehr in Navarra, sondern auf kastilischem Boden befindet. Allerdings, was wollen hier Grenzen besagen? Stromlandschaften sind immer Mittler der Völker gewesen.

Navarrete

Hinter Logroño blühte das Land. Wo es nicht blühte, setzten Baum und Strauch Maitriebe an. Die kleinen, knorrigen Weinreben auf den roten Äckern waren am eifrigsten dabei, grüne Wimpel aufzustecken. Man zog durch den Garten Gottes, die Rioja eben, die man hier ›Prado de Jesus‹ nennt.

Jenseits von einem Hügel zweigte sich die Straße nach Burgos von der nach Vitoria ab. Eine Senke kam; hinter der nächsten Höhe lag, so schön wie nur ein spanischer Ort liegen kann, das Dorf *Navarrete.* Krönung und Mittelpunkt des Ganzen die Kirche. Um sie herum Gewisper und Geraune der Alten. Neugierige Augen glänzten. Die Nester hungern hier alle nach Leben. Der Cura war eben dabei, unter Ohrlappengezupf und Gebrabbel eine kleine Mädchenschar zu regalieren, die mit Gelächter und Tollen umherstob, statt die Kirche zu reinigen. Er mißbilligte das; er mißbilligte vieles, ein freudloser Herr, den wir alsbald ›Señor Ohnegebiß‹ titulierten. Mit der Rechten fuhr er emphatisch über das ihm anvertraute Gottesreich: »unico en el mundo«. Das Schiff, die Apsis, die Türme, das fruchtbare Land ringsum, alles unico. Vor allem sein Renommierstück, ein Flügelaltar in der Sakristei.

»Rembrandt«, bemerkte er nur. Ein Seitenblick traf uns; was sagten wir nun? Aber es war höchstens Werkstattarbeit von Isenbrant. Tüchtig gemacht, sonst nichts. Links und rechts zwei Donatoren, im Mittelpunkt über einer Seenlandschaft die aufschwebende Gottesmutter. Gottvater und Sohn nebst dem Heiligen Geist erwarteten sie in Himmelshöhen mit der Krone. Ohnegebiß wies auf die Hände und hob ehrfurchtgebietend die Arme. Ach, sie waren von Herzen schlecht gemalt. Irgendein Restaurator schien mit dem Werk schnöde umgegangen, so daß der Farbschmelz in lauter Dunkelheit weggesunken war. Bei unsern Bemerkungen spitzte der Cura plötzlich die Ohren; er hatte ohnehin eine ungemein inquisitorische Art zu fragen und aufzumerken. »Nacionalidad?« – »Alemanes!« – Sein Gesicht wurde abweisend. Man gehörte der Nation Luthers an. Das kam bei ihm gleich hinter dem Teufel. Vielleicht ging sein Mißtrauen auch auf trübe Erfahrungen zurück. Denn sofort schoß die zweite Frage heraus: »Matrimonio, verheiratet?« Unser »si« erleichterte ihn sichtlich. Von nun an genoß er es, Fremde zu Gast zu haben, die Worte strömten nur so. Aber was half es. Es gab nichts Großes zu sehen.

Wir gingen viel zu früh für ihn fort. Alle Häuser hatten Balkone, alle Balkone standen mit Topfpflanzen voll, sogar die Gitter waren damit behängt. Im Parterre hauste das Vieh. Es roch ein wenig ländlich nach Schwein, Schaf und Roß. Die Hühner und Katzen mengten ihre warmen, muffigen Gerüche hinein, die Hunde die kalten. Die Straßenschlucht war schmal, adrett. Ein leichter Dungbelag stammte vom nämlichen Morgen. Ein Bauernort, da geht es nicht anders. Die Mulis, die Ziegen, die Herden müssen ins Freie, um sich am Berghang ihr Futter zu suchen.

Wir nahmen Abschied und wußten nicht, daß das Beste noch kam. Außerhalb des Dorfstädtchens liegt neben der Straße der Friedhof. Darin ein Gebäude mit einer Brettertür. Die Eingangshalle zum Friedhof, vielleicht auch die Totenkapelle. Ringsum zwischen gebührender Trauerbepflanzung, was von den Bürgern Navarretes blieb, Sarkophage, Monumente, Inschriften. In Verlängerung des Eingangshauses war ein Torbau zu sehen. Für eine Friedhofspforte schien das Ganze zu groß. Links eine Blendarkade mit Säulen, rechts das nämliche, inmitten ein großes romanisches Portal. Nur dies. Mit einer Rosette unter dem Kreuz, darunter das Gewände mit fünf vorgelegten Säulen links und rechts. Mächtig und imposant. Zwei Archivolten in stark betontem Zickzackmuster frästen in die Vollkommenheit des Rundbogens die fanatische Rune des Islams. Davor, dahinter Zypressen.

Das Rätsel klärte sich erst, als wir auf eine Bemerkung im ›Noticiario turistico‹ stießen. Hier hatte die Pilgerherberge gelegen, die um 1200 von den Johannitern eingerichtet worden war. Außerhalb, vor den Toren des Ortes also. Es gibt in Madrid das Breughel zugeschriebene Bild einer ›Posada‹, eines Wirtshauses am Pilgerweg, ebenfalls vor den Toren einer Stadt. Darauf ist eine sich prügelnde Pilgergruppe zu sehen, die sich vielleicht auf einer der ›Peregrinaciones expiatorias‹, einer der Sühnewallfahrten von Kriminellen, befand. Es gibt ein anderes Bild im Museum von São Paulo, auf dem abgerissene Pilger vor den Toren einer gotischen Stadt einen Alamode-Herrn anschnorren. Schließlich wäre da die berühmte Pilgerzeichnung von Watteau, ein Alterchen in Lumpen, mit Muscheln behängt, also offenbar auf dem Heimweg. Denkt man an dergleichen, begreift man, warum sich die Orte am Wege vorsahen. Die hochgestimmten Wallfahrer der romanischen Zeit waren später zur Landplage abgesunken.

Nájera

Wenig weiter liegt, gegen einen roten Felsriegel gestützt, *Nájera*, eine der großen Totenstätten des Landes, das einmal, vor rund neunhundert Jahren, eine Residenz der navarresischen Herrscher war. Als ihr erster gilt Sancho Abarca, der den Mauren große Teile der Rioja abzujagen vermochte. Abarca heißt Riemenschuh; der König trug diesen zum Ehrentitel gewordenen Beinamen, weil er seine Soldaten in den Schneehöhen der Pyrenäen mit ledernem Schuhwerk ausstattete, damit sie die Kälte ohne Erfrierungen überstanden, als er zum Angriff auf die Mauren in die Ebene hinabstieg. Sein Sohn García, mit dem Beinamen de Nájera, war bereits am Najerilla-Ufer geboren. Die Rioja erschien ihm schöner als das kalte Pamplona. Er gedachte hier zu bleiben und hat eine erste Kathedrale errichtet, die natürlich ihre eigene Entstehungslegende besitzt: eines Tages, auf der Jagd, kreuzt eine Taube den Weg des Herrschers; er wirft seinen Falken hoch, damit er sie kröpfe und eilt hinterher. Plötzlich sieht er, wie Jäger und Gejagte in einer Höhle am andern Flußufer verschwinden, quert eilig das Wasser, dringt ebenfalls ein und erblickt in der Tiefe der Grotte eine Lampe mit strahlendem Licht; außerdem ein Muttergottesbild, zu dessen Füßen Falke und Taube friedlich nebeneinander sitzen. Als frommes Belegstück dieser Begebenheit kann man noch heute die Lampe erblicken und gleichfalls eine Jungfrauenstatue aus dem 10. Jahrhundert, über welcher der König damals alsbald eine Kirche zu bauen befahl. Die Vorgängerin der heutigen Klosterkirche Sta. Maria la Real. Aus der Auffindung des Bildwerkes ist später die Erzählung einer Jungfrauenerscheinung geworden, die der Höhle eine eigene Weihe verlieh, weswegen man vor ihr die Totenkapelle der Fürsten angelegt hat. Doch später davon.

Heutzutage kreist das Leben nur noch durch ein, zwei Straßen am Najerilla-Ufer von Nájera. Im steigenden Westteil hingegen geht das Schweigen der Ereignislosigkeit um. Dort spazieren weise Esel einsam über die Gasse, meditieren und schnuppern gelegentlich an den Gattern, die sich die Kleinbürger vor ihre Vorratslöcher im Fels gezimmert haben. Alles, was Nájera ausmacht, ist vergangen. Nur nicht die Gräber und die Kirche des alten Klosters *Sta. Maria la Real* mit ihrem hoheitsvollen, klar gegliederten Schiff in seiner schlanken Gotik! Sogar die goldüberströmte Retabelwand erscheint hier, welch ein Wunder, entschiedener durchgeformt als gewöhnlich. Nebenan ein köstlicher Kreuzgang der spätesten Gotik, dessen Arkadenbögen zartes Steinfiligran füllt. Seinen Namen hat dieser meditative Ort, der *Claustro de los Caballeros*, von den Gräbern navarresischer Granden, die in die Sockel der Wände eingelassen sind. Übrigens gilt das auch für die nach Nordwesten anschließende *Capilla de la Cruz*. Damit ist das große Credo von Nájera angestimmt. Die ganze Kirche stellt ein einziges Pantheon dar.

Gleich zur Linken des Eingangs stehen in einer Seitenkapelle dreizehn Infantensarkophage nebst der Tumba der Blanca von Navarra, Tochter des Königs Garcia Ramirez von Navarra und Gattin König Sanchos III. von Kastilien, der nur ein Jahr regiert hat. Sie ist 1156 in Toledo nach der Geburt ihres ersten Kindes gestorben. Auf der einen Schräge des Deckels thront Christus im Tetramorph, umgeben von den

Aposteln. Auf der darunter liegenden Sarkophagwand sieht man die tote Mutter zurücksinken, während Engel das Kind entgegennehmen. So jedenfalls will es die örtliche Erklärung. Es schien mir indessen, daß die Engel die Seele der sterbenden Fürstin empfangen. Links und rechts tun Klagefrauen ihre Pflicht. Auf der anderen Deckelseite abermals Christus, umgeben von den elf klugen Jungfrauen, die ihre Ölkrüglein herantragen. Die Sarkophagwand darunter zeigt die in heimlicher Flucht abziehenden Heiligen Drei Könige und den Mord der Unschuldigen Kindlein.

Man kann gelegentlich lesen, dieses Grabmal sei stereotyp gemacht; es sei sogar konventionell. Das trifft in gewisser Weise zu. Aber es ist gleichzeitig voll Klage und Dichte der Empfindung. In einer Kapelle, in der so viele im Kindesalter verstorbene Infanten in ihren schmalen, mit dem Kreuz von Navarra geschmückten Steinkisten ruhen, wirkt das doppelt ergreifend. Um so mehr, als der Sarkophag der Prinzessin Blanca nur ein Vorspiel zum eigentlichen Pantheon der Könige von Navarra darstellt, das aus dem 16. Jahrhundert stammt und die Rückwand der Kirche einnimmt.

Zwei steinerne Hellebardiere, schnauzbärtig und treuherzig, halten Wache davor. Die Liegefiguren auf den nebeneinander gereihten Sarkophagen entstammen samt und sonders der Renaissance. Selbstverständlich sind es Phantasiebildnisse. Von König Sancho dem Edlen bis Sancho VI., dem Weisen von Navarra, dem Gründer von Vitoria. Wie man sich eben vorstellte, daß Könige aussehen müßten. Aber die Wirkung des Ganzen, man muß es zugeben, mutet großartig an.

Daß freilich Sta. Maria la Real noch etwas anderes, sehr viel Subtileres bedeutet, nämlich eine Expositur, einen in die Nähe des Stromes vorgeschobenen Posten der heroischen, einsamen Eremitenwelt in den nahen ›Montes Distercios‹ oder Vorbergen der Sierra de la Demanda – diese eigentliche

Bestimmung des Klosters wird erst in *S. Millan de la Cogolla*, ›Sankt Emilianus von der Kutte‹, deutlich, jener berühmten Abtei, die mit der Torheit von Leuten, die stets Vergleiche hervorkramen müssen, gern ›Escorial der Rioja‹ genannt wird. Was ganz und gar in die Irre führt.

Die Klöster von San Millan

Das Wort Rioja, Flußland, wenn diese Ableitung richtig ist, erwies abermals seine Gültigkeit. Anfangs begleiteten nur rote Höhen, Tafelberge unsern Weg nach Südwesten. Hinter *Tricio* aber öffnete sich das grüne Tal des Najerilla, eines schmalen Flüßchens in breitem Bett, das in das heiße Sonnenland der roten Weinberge eine breite, grüne Oase furcht, als ergieße sich von den fernen Bergen der Sierra de la Demanda ein grüner Laubstrom hinaus zum Ebro-Tal.

Welch ein Wunder in der spanischen Landschaft: Wald, Bäume, Wasser, an dem man trinken, Wasser, in dem man baden konnte! Das Getreide stand in diesem Landstrich jetzt, Ende Mai, vor der Reife. Von den Feldern ritten die Bauern heim, hockten unter breitrandigem Strohhut müde und mit krummem Rücken auf den Kruppen der Tiere, weil vorn der Pflug aufgebunden hing oder riesige Futterbündel baumelten. Ein einziges Rößlein nahm oftmals die ganze Wegbreite ein.

Vor *Cárdenas* ging es ins Tal eines Baches. *Badarán* kam, *Berceo*, die Heimat Gonzalo de Berceos, des Dichters aus dem 13. Jahrhundert. Die Berge drängten grün, eng, dunkel zusammen. Vom Monte Chilizarrias, vom San Lorenzo leuchteten noch jetzt an der Wende zum Juni weiße Schneefetzen. Während über uns der Himmel in makelloser Bläue erstrahlte, hingen dort Wolken fest, rannen aus, strömten hernieder. Das also war die eigentliche Ursache des grünen Vorsommerwunders!

In diesem Augenblick wurde S. Millan im Tal vor den Bergen sichtbar. Der Anblick des ockerfarbenen Klosters in seinen grünen Gründen gehört zu den schönsten Bildern des spanischen Nordens. Freilich liegt es keineswegs so, wie es sich im 6. Jahrhundert, der Zeit seiner Gründung, in den Montes Distercios darbot. Man erblickt vorerst nur das bis 1835 von Benediktinern behauste Kloster von *S. Millan de Yuso*, was unterhalb heißt, also den späteren, tiefer gelegenen Teil der alten Doppelanlage. Das Eremitikum von Suso verbirgt sich oberhalb in den Wäldern.

1878 haben Augustinerbrüder das leerstehende Bauwerk von Yuso übernommen. Allein, das Bild ist benediktinisch geblieben: die Barockfassade von 1650, das Tor, das zum Wirtschaftshof führt, der 1665 angelegte Bibliotheksraum, in dem einst der berühmte ›Codex Emilianensis‹ aus dem 10. Jahrhundert bewahrt wurde, der heute samt anderen Handschriften und seltenen Wiegendrucken im Escorial ruht. Ob ihrer langen Verlassenheit hat die Abtei viele Kostbarkeiten eingebüßt. Sogar den Retabel mit dem Leben und den Wundern von San Millan, der nach Madrid in den Prado verbracht wurde. Man kann im Kloster Yuso nur noch das Altarbild des Juan Rizzi erblicken, auf dem San Millan in der Schlacht von Hacinas mit geschwungener Fahne den Christentruppen auf einem Schimmel voransprengt, der ein Einhorn als Sinnbild der Reinheit trägt. Zu seinen Füßen sinken zerschmettert die Mauren zu Boden. Es ist das Thema vom ›Santiago Matamoros‹, dem Maurentöter von Clavijo, das wir auf einem Pendón, einem Banner, zu León ebenso unbeschwert auf den hl. Isidor übertragen finden.

Das künstlerisch wichtigste Ereignis von S. Millan ist der unter König Sanchez IV. von Navarra 1067 vollendete Emilianus- oder Millan-Schrein, der die Gebeine des Heiligen birgt. Zwischen Goldschmiedearbeiten schmückten einmal zweiundzwanzig Elfenbeinplatten die Lade. Auf ihnen abgebildet die Wundertaten Millans. Die Schöpfer dieses Werkes haben ihre Namen auf einer Platte verewigt: Meister Engelram, sein Sohn Redolfo, beide wohl aus dem Rheinland, und Engelrams Schüler Simeon. Trotz der Verwendung von byzantinischen und mozarabischen Elementen, trotz der fremdstämmigen Meister ist es eine typisch spanische Arbeit.

Bis 1809 stand dieser Schrein unberührt, vielverehrt. Erst die Soldaten von Bonapartes Armee haben bei der Plünderung des Klosters alles Gold von der kostbaren Reliquientruhe gerissen. Zum Glück erschien ihnen ein Teil der Elfenbeinarbeiten zu gering. Immerhin gelangten einige Platten auf unbekannten Wegen in die Museen von Leningrad, Berlin, Florenz und New York. Was übrig blieb, vermag man heute in S. Millan auf einer spitzgiebeligen Lade neueren Datums zu bewundern. Die Schauseite zeigt den Heiligen mit seinen drei Schülern Asello, Eroncio und Sofronio, sodann eine Dämonenaustreibung im Hause des Senators Honorius zu Parpalinas, dem heutigen Pipaona de Ocón in der Provinz Logroño; ferner einen Pferdediebstahl samt der Züchtigung der Verbrecher, den Versuch einiger Dämonen, das Bett des Heiligen anzuzünden, und schließlich die Verkündigung des Todes an Millan nebst seinem Begräbnis. Auch ein anderer, der um 1090 entstandene Schrein von San Felices hat schwer unter der französischen Plünderung gelitten. Nur fünf Platten mit Szenen des Evangeliums blieben erhalten. Am schönsten davon Christi Einzug in Jerusalem. Der Künstler stand in enger Beziehung zu S. Isidoro von León und dem Meister der frühen Plastik von Santiago de Compostela. . .

Hat man die Schreine gesehen, bleibt man nicht länger. Auch uns zog es magisch hinauf nach *S. Millan de Suso* am Ende des steil ansteigenden Tales. Unter Vogelgesang ging es auf waldigen Pfaden empor. Vor und über uns immer die köstliche Arkadenreihe der Vorhalle, der ›Portaleia‹, und des Kirchenleibs mit dem kubischen Turm. Dieses ursprüngliche Kloster von San Millan de la Cogolla hoch im Waldesschoß, eingeschlossen von roter Felsbastion, bleibt noch heute die Seele des Landes. Die Einsamkeit ist vollkommen, der Friede so erquickend wie die grünen Gefilde, auf die das Auge hinabschaut. Welch eine Klause für einen Dichter! Tatsächlich hat im 13. Jahrhundert Maestro Gonzalo de Berceo eine Zeitlang hier oben gelebt, der ›Cantor de los milagros de Nuestra Señora‹, der ›Sänger der Wunder Unserer Lieben Frau‹. Wir kannten noch einen weiteren, heutigen Dichter, den es alljährlich hierhin zog; jenen, den wir bei Pepe Martinez in Villamayor getroffen hatten. Er tat es Gonzalo gleich, lebte unten im Kloster bei den Mönchen und saß tagsüber hier oben und schrieb; Freund Miguel Cerda Ribera.

Die unglaubliche Verehrung San Millans im Mittelalter ließ bereits kurz nach seinem Tod im Jahre 574 ein westgotisches Heiligtum entstehen. Millan war Hirt im Dorf Vergegio, dem heutigen Berceo, gewesen und hatte durch den Einsiedler Felix aus Bilibio im Umkreis von Haro seine nötige Ausbildung erhalten. Darauf zog er sich zum Zweck des Gebetes und der Buße in die Einsamkeit der Distercio-Berge zurück, wo er in einer Höhle hauste. Offenbar in der nämlichen, in der er später beerdigt wurde. Schon zu Lebzeiten bedeutete sein Rat Trost und Seelenfrieden für viele. Als er ungefähr hundert Jahre alt gestorben war, strömten alsbald die Pilger an seinem Grabe zusammen.

Wir haben uns freilich vorzustellen, daß das westgotische Sanktuarium nur ein kleines Kapellchen war. Man erkennt seinen schmalen, hohen Zuschnitt noch. Dann kamen die Araber, und alles Leben erlosch. Als König Sancho der Große von Navarra 923 Nájera wiedereroberte, normalisierte sich auch das Dasein der Christen in den Distercios. Die Mönche, die jetzt die Kapelle zum Mittelpunkt einer Thebais von

Eremiten ausbauten, waren Mozaraber. Bereits sie haben die Zurückgezogenheit ihrer Behausungen zu literarischer Arbeit benutzt, indem sie Codices schrieben. Unter ihren Händen sollte sich das Kirchlein in erstaunlicher Weise verwandeln. Man kann an der Kirchenpforte noch zwei westgotische Kapitelle mit deutlichen Resten von Tierfiguren erkennen. Die aus der bilderfeindlichen, islamischen Vorstellungswelt kommenden Mozaraber haben sie überarbeitet und mit Ornamentmustern überfangen. Sie legten der westgotischen Kapelle sodann einen Andachtsraum vor, dem sie, wohl aus liturgischen Bedürfnissen, eine Galerie von Arkaden in Hufeisenform einzogen. Dieser neue Kapellenraum wurde 984 geweiht und ist von nämlichem Zuschnitt wie S. Miguel de Escalada und Santiago de Peñalba. An der Epistelseite liegt der Kapelle eine Eingangshalle vor, eben die ›Portaleia‹, in der eine Reihe von Särgen steht, die der sieben Infanten von Lara, sodann dreier Königinnen von Navarra, und eine Tumba westgotischer Herkunft. Die Evangelienseite der mozarabischen Kirche wird von drei in den Fels gehöhlten Grabkammern eingenommen. Die kostbarste darunter ist die dämmerdunkle Höhle, in der sich das Grabbild des hl. Millan befindet. Damit hat es folgende Bewandtnis.

1030 begann nach der Verwüstung der Rioja durch Almanzur unter Sancho el Mayor die Wiedererrichtung des Kirchleins, das man seit 1053 das von ›Suso‹ oder oberhalb nannte, weil zu dieser Zeit ein unteres, größeres Kloster, das von ›Yuso‹, entstand. Die Gebeine des Heiligen wurden dahin überführt, aber hundert Jahre später ließen die Mönche von ›Yuso‹ ein Grabmal des Heiligen meißeln, das heute als Kenotaph in der Grabkapelle des Klösterchens ›Suso‹ steht. So, als habe man ihm wenigstens eine Erinnerung lassen wollen.

Diese Tumba ist eines der reizvollsten Beispiele romanischer Bildhauerei von der Mitte des 12. Jahrhunderts. Kniende

CLXXV

Legende vom Gehenkten

Miniatur in einer Handschrift der
›Cantigas de Santa Maria‹ von Alfonso X., dem Weisen.
Madrid, Nationalbibliothek

Sklaven tragen die Platte mit der Figur des Heiligen, der mit weichen, edlen Gesichtszügen in langem Chorornat aufgebahrt liegt. Zu Seiten sitzen vier kleine Gestalten, welche die Totengebete lesen. Zauberhaft, die klagend aufblickende Figur links vom Kopf des Sterbenden! Zu Füßen des Toten eilen Wanderer herbei, sogar ein Hirt mit seinem Hund ist erschienen, hebt fürbittend die Hände.

Himmelfahrtstag war es. Wir wanderten auf einem Weg davon, der gegenwärtig, leider, zur Autozufahrt ausgebaut wird und dem bereits eine Reihe von uralten Gräbern im Hang zum Opfer gefallen war. Vielleicht westgotischer, vielleicht mozarabischer Herkunft? Der Führer nahm einen der am Weg getürmten Schädel in die Hand, hob die Kinnlade auf, ließ Totengräbergewäsch aus dem Hamlet vom Stapel: ja, ja, so magst auch du einst ausschauen! Viel schlimmer, daß man bald an den braunen Totenköpfen vorbei im Auto zum Klösterchen jagen wird. Was wiegt die Stille der Toten und Eremiten im Jahrhundert der Schändungen schon?

Im Spätherbst des nämlichen Jahres kehrten wir wieder. Gott sei Dank, man schien nicht viel weitergekommen. Das Häuflein Schädel stapelte sich am Weg. Der Führer fehlte, dafür kam uns Miguel Cerda durch den ächzenden Wald entgegen. Sein Gesicht leuchtete vor Freude über unsern Besuch: Wir hatten ihn nicht vergessen! Das wollte gefeiert sein. In der Wächterklause oben lag Holz für ein Feuer bereit. Der Winter stieg dieses Jahr früh von den Bergen. Auf den Höhen der Demanda schneite es schon; auch hier hatte man etwas abbekommen. Über den sturmdurchrauschten Waldsaum der Klippe taumelten schweren Fluges die Krähen.

»Werden Sie uns heute eines Ihrer Gedichte sprechen, Don Miguel?« fragte Anne.

Wir hielten an der Kehre mit den Totenschädeln ein.

»Gut«, sagte Miguel. »Jetzt. Hier.« Er stellte sich auf den Rand des Weges, weil er etwas erhöht stehen und auf das Tal seiner Liebe hinaussehen wollte und begann ›Solo en selva‹ zu sprechen, das ich besonders liebte, aufschrieb und später so gut übertrug, wie es mir möglich war, weil es genau das ausdrückte, was es an dieser Stelle zu sagen gab.

Einsam im Wald,
frostkalt die Scholle.
Wütend gesucht noch einmal die volle
Süße der Himbeerfrucht. Vergeblich. Morgen
wird Winter sein.
Mauert euch ein
in die Gräber der Stuben.
Bald dröhnen die Tuben
vom Jüngsten Gericht.
Schon warnt der Hahn,
kann nicht weiter im Morgenlied,
denn er stirbt, wenn er im Schnee
das Mal seiner Füße sieht,
wie die Zigeuner sagen,
flieht mit entsetztem Sporenschritt
und entflieht sich doch nicht.
Keiner entkommt.

Was tut es? Quäle
dich länger nicht.
Wahr dein Gesicht.
Aber noch einmal im Blätterrauschen
vernimm deine Seele.
Vermähl dich dem Schauer,
fühle das Schwert,
das dich durchdringt,
wenn der Winter hoch in den Kronen singt.
Groß ist der Tod, süß ist die Trauer.

Der Heilige von der Straße

Die Lage von S. Millan de la Cogolla übersteigt, was man erwartet. Die von Sto. Domingo tut es nicht. Romantisch gestimmt langt man an und gerät in eine Ebene fruchtschwerer

Böden. Weizen, Hafer, Bohnen so weit das Auge reicht. Schwer und saftig von Grün wogen die Felder. Der Ort *Sto. Domingo de la Calzada* hübsch, doch bedeutungslos; nur seine Kirchen, seine Erinnerungen verleihen ihm Ansehen.

Der Mann, nach dem die Stadt benannt ist, Santo Domingo, war Hütebube zu Viloria zwischen Grañon und Belorado. Man kann sein Geburtshaus im südlich der Landstraße gelegenen Ort an der Plaza noch sehen. Als Alumne hat Domingo eine Zeitlang im Kloster Valvanera tief in den Bergen des Cerro Pancrudo zwischen dem Najerilla-Grund und der Tobia-Quelle zugebracht. Nach dieser Lehrzeit zieht er sich in eine Einsiedelei der Ufergebüsche des Flusses Oya zurück, um sich zu prüfen. Unweit von dem Ort, wo die Santiago-Pilger auf ihrem Marsch nach Galicia durchpassieren. Hier kreuzen sich wichtige Straßen, der alte Römerweg von Süden und der von Nájera über Leiva nach Briviesca. Die direkte Route nach Burgos ist derzeit noch nicht gebahnt. Domingo, der Einsiedler, sieht die Mühsal der erschöpften Wallfahrer, die sich damit abquälen den Fluß zu durchwaten. Sei es aus eigenem Entschluß oder angestiftet durch San Gregorio Ostiense beginnt er, wie die Geschichtsforschung bestätigt, ein Stück geregelter Straße zu bauen, das nicht mehr existiert. Er baut auch eine Brücke über den Oya. Dem Vernehmen nach ist es die steinerne Brücke von heute mit ihren vierundzwanzig Bögen. Er vervollständigt sein Werk durch eine Posada für Pilger, in der er selbst als Herbergsdiener aufwartet, und legt schließlich sogar ein Hospital für Kranke an.

Dies der demütige Anfang einer Stadt, die heute Domingos Namen trägt. Als Alfonso VI. von Kastilien 1076 die Rioja erobert, besucht er den Eremiten und beschenkt sein Werk mit reichen Dotationen. Daher ist die neu entstandene Siedlung um das Pilgerhospital 1109 beim Tod des Brückenbauers bereits ein bedeutender Ort. Domingo hat noch die Weihe einer von ihm errichteten Kirche durch den Bischof von Calahorra, Pedro Aznar, erleben können, der derzeit in Nájera residierte.

Schon 1158 legt Bischof Rodrigo Cascante von Calahorra, zufolge den Annalen von Compostela, den Grundstein zum gegenwärtigen Heiligtum Santo Domingos und etabliert Kanoniker darin. Man sieht die Geistlichen der Kirche noch heute nach Beendigung der Morgenmesse ins Chorgestühl wandern, um dort zu zweit oder dritt ihr Chorgebet zu absolvieren. 1235 wird sie sogar Bischofssitz, der sich ›Calahorra und La Calzada‹ nennt; seither trägt sie den Titel einer *Kathedrale*. Der Name steht dem Bau mit seinen drei Schiffen, dem Querschiff, dem Chorumgang sehr gut zu Gesicht. Schon der erstaunlichen Großartigkeit des Inneren wegen. Hallenartig heben sich die Schiffe, von Netzgewölben überfangen wallen mächtige Pfeilerbündel empor. Ein leicht violett getönter Stein gibt dem Raum eine Aura von Geistigkeit. Im Hochchor prunkt ein machtvoller Retabel mit Szenen der Heilsgeschichte und Episoden des Apostellebens. Dem Mittelschiff ist ein üppig geschnitzter Coro eingebaut, außen über und über bemalt; hinter dem Coro gibt es einen Trascoro mit schönem Sakramentshaus, zur Seite eine Capilla, Sta. Magdalena mit köstlichem Gitter, eine der Märtyrer, dazu Grabmäler die Fülle. Einer der schönsten Momente – die der hl. Teresa geweihte Ritterkapelle. In ihrer Mitte ein Sarkophag, der des Pedro Suarez de Figueroa, Herrn von Cuzcurrita, dessen Liegebild, angetan mit der Rüstung, auf der Tumba ruht. An der Wand ein Altar mit skulpierter Mitte. Die beiden Seitenteile sind Malretabel geblieben und von Darstellungen aus dem Marienleben überzogen. Alles ist voll Bewegung, die Farbe der kleinen Szenen kräftig, der Hintergrund golden. Er wirkt keineswegs schön im landläufigen Sinn, aber er ist um so herzlicher, ein Notenblatt der Frömmigkeit. Das Auge singt ihn wie eine Gesangbuchseite. Allein die Heimsuchungsszene, dies Nebeneinanderstehen, Begegnen der beiden heiligen Frauen, oder die Vermählung Mariens, ihr Tod – wie ist das gesehen, gefühlt, geglaubt! Auf jede Repräsentation wird verzichtet. Der Pulsschlag des Volkes schlägt hörbar. Die Kunstgeschichte schreibt den Altar einem ›Maestro de Belorado‹ des 15. Jahrhunderts zu.

In dieser Kathedrale liegt also der hl. Domingo von der Straße begraben. Den einfachen Sarkophag, auf den die Leute gelegentlich ein Blumensträußchen werfen, kann man nicht nur in der Tiefe sehen, sondern sogar in einer Art Krypta besuchen. Darüber steigt durch eine Öffnung im Fußboden ein Schaugrab empor, das 1440 entstand, überwölbt von einem nach beiden Seiten durch Spitzbögen geöffneten Baldachin. Auf dem Kenotaph liegt ein Steinbild des hl. Domingo in Alabaster; es mißt ungefähr zwei Meter Länge. Das bärtige Haupt liegt flach, ohne Kissen; die Hände sind über der Brust gefaltet. Draußen umzieht die Tumba ein buntes Schutzgitter mit wuchernden Arabesken und bemalten Lilien aus Eisen. Auf den Pfosten des Gittertores halten ein Hahn und eine Henne Wache. Genau gegenüber jenem verwunderlichen, hübsch bemalten Hühnerkäfig, der über der Sakristeitür hängt. Wenn die Kanoniker ihre Gebete absolvieren, fallen die Bewohner der luftigen Stallung, Hahn und Huhn, weiß alle beide, alsbald mit ihrem Singsang und Gegacker ein. Zuweilen, wenn man nichtsahnend und versunken im Schweigen der leeren Kirche sitzt, ertönt plötzlich ein fröhliches Kikeriki. Die geistliche Pfründe, welche Hahn und Hühnchen in frommer Gefangenschaft genießen, spielt auf eine sehr berühmte Episode an, eine der bekanntesten der Pilgerstraße, die in vielen Varianten wiederkehrt, auf die Legende vom Gehängten.

Santo Domingo nämlich war nicht nur ein Brückenbauer und Herbergsdiener der Pilger, er hat obendrein einem jungen Wallfahrer das Leben gerettet. Die am meisten verbreitete Version der Legende stammt vom Herrn de Caumont aus dem 15. Jahrhundert und spricht ausschließlich Santo Domingo alles Verdienst zu. Es gibt andere Fassungen, so die der Cantigas de Sta. Maria von König Alfonso x., in der das Mirakel auf die heilige Jungfrau zurückgeht. Im Codex Calixtinus schließlich ist es Santiago, der die Rolle des Retters übernimmt. Den Versicherungen Huidobro y Sernas in den ›Peregrinaciones Jacobeas‹ zufolge, kamen die Pilger nach dem Bericht der »historiadores«, der Geschichtsschreiber, aus Santu, Xanten im ›Kreise‹ Wesel-Rees; leider weiß man dort von dieser Begebenheit nichts mehr.

Folgendes, das durchaus ein Niederschlag von Erlebnissen der Pilgerfahrt sein mag, hatte sich zugetragen.

Galgenlegende

Ein Pilger und seine Frau wandern Santiago zu, mit ihnen ihr Sohn, ein hübscher Junge in jenem Alter, wo die Mädchen Augen auf sie zu werfen beginnen. Man kommt in der Herberge von Sto. Domingo an, wo sich eine junge Magd im Handumdrehen in den Blondkopf verliebt. Sie hätte nichts dagegen, wenn er abends an ihre Kammertür klopfte. Der Junge indessen, zu schüchtern oder im Gedanken an seine Wallfahrt, ergreift die Gelegenheit keineswegs beim Schopfe. Was quält so sehr wie verschmähte Liebe? Die junge Magd ist bitterböse und tut etwas Niederträchtiges. In der Nacht, während alles schläft, schleicht sie ins Zimmer der Pilger und versteckt einen Silberbecher im Ranzen des Jungen.

Der folgende Morgen sieht die Wallfahrer früh auf; sie wollen an diesem Tage noch weit. Ungefähr eine Stunde sind sie bereits unterwegs, als hinter ihnen plötzlich die Polizei heransprengt. Der Wirt hat den Becher vermißt und die Magd ihm eingeblasen, den könne niemand anders als die Pilger genommen haben. Warum sind sie so zeitig davon?

Die Schergen, Häscher, Gerichtsboten, oder wie man denn will, verhalten sich wie alle Polizisten in dieser Lage und sagen nichts als: »Gepäck auf!« Die Pilger protestieren als ehrbare Leute: kann es Gott wohlgefällig sein, aufrichtige Wallfahrer, die niemals etwas Schlechtes getan haben, so zu verdächtigen? Die Gerichtsboten winken ab; sie kennen das. Mit der Ehre reden sich alle Halunken heraus. Man durchsucht kurzerhand den zeternden Vater, die jammernde Mutter, findet nichts, kommt an die Reisetasche des Jungen – natürlich! Da steckt er, der Becher, den man sucht. Eine böse Sache. Jetzt geht es um Kopf und Kragen. Die Pilger müssen mit ihrem Sohn, der ratlos seine Unschuld beteuert, zur Stadt zurück. Man bringt sie sofort vor den Richter. Der ist nicht gewohnt, mit reisenden Leuten Federlesens zu machen; ist der Dieb überführt, sofort an den Galgen mit ihm!

Ein trauriger Zug zieht zum Schindanger hinaus. Dem Armen wird der Strick um den Hals gelegt, das Kruzifix vor die Augen gehalten, schon stößt man ihn von der Leiter; er hängt, regt sich nicht mehr. Fassungslos zieht das unglückliche Elternpaar durch die Straßen von Sto. Domingo de la Calzada, beschließt endlich, heimzukehren. Einmal aber wollen die beiden noch zum Galgen hinaus, ihren Sohn sehen, für seine Seele beten, bricht ihnen auch das Herz. Die Tränen strömen, es hallt von Klagen. Plötzlich vernehmen sie eine Stimme, seine. »Ich bin nicht tot«, sagt der Sohn. Sie sollen das Jammern lassen, es geht ihm gut. Als sie des Weges gezogen sind, ist er aus seiner Benommenheit erwacht und hat gefühlt, wie ihn jemand bei den Füßen hielt. Aufgeregt eilen die Eltern zum Richter. Gott hat gesprochen, denken sie nur, der Himmel ein Zeichen gegeben. Ist das jemals erlebt worden, daß einer so lange am Galgen hing und nicht tot war?

Der Richter hat sich eben zu Tisch gesetzt, will seine Ruhe haben. Was, da ist dieses Diebesgesindel wieder? Aber die Eltern geben nicht nach. Jetzt wird unser Richter böse. »Was heißt das, euer Sohn lebt?« ruft er voller Ingrimm. »Der ist so sicherlich tot, wie dieser Hahn und dieses Huhn in der Bratröhre tot sind.« Darauf begibt sich das, was die Legende erst ausmacht. Der Ofen öffnet sich, heraus spazieren Hahn und Hühnchen, schlagen mit den Flügeln, der Hahn fängt zu krähen an, das Hühnchen zu gackern. Es verschlägt dem Richter den Atem. »Los!« sagt er zu seinen Leuten nur; alles hastet zum Schindanger hinaus, es fällt kein Wort.

Tatsächlich hängt der Junge, hängt lebendig dort oben, sieht sie mit klaren Augen an, ist heil und gesund. Die Hand, die ihn stützte, hält ihn noch immer, und man glaubt ihm das Mirakel um so mehr, als niemand, der ihn trüge, zu sehen ist. Er wird abgeknüpft, muß noch einmal Rede stehen. Er weiß von dem Becher gewiß nichts. Wer kann es sonst gewesen sein? Wollte ihm jemand übel? Nein, nur die Magd war hinter ihm her, aber er hat sich mit ihr nicht eingelassen. In diesem Augenblick geht dem Richter ein Licht auf. Die Magd wird arretiert, nicht eben zaghaft befragt, gesteht alles, die Arme, unter Fluten von Tränen. Sie hat einfach dieses heftige Temperament. Der Teufel muß ihr den Gedanken mit dem Becher eingegeben haben. Aber ihr nützt das Jammern nichts mehr; sie ist an der Reihe, auf die Leiter zu steigen und kein Santo Domingo erscheint, ihre Füße zu halten. Denn kein anderer kann es gewesen sein, der den blonden Pilgerjungen trug.

Die drei aus Santu ziehen erleichtert davon, und wenn sie auch gelegentlich noch von Schrecken durchschauert sind, es gibt keinen Gedanken an Heimkehr mehr. Sie wandern Santiago entgegen. Seither wird in der Kirche ein Hahn und ein Hühnchen gehalten. »Und dies habe ich selbst gesehen«, sagt der Herr de Caumont, »sie sind vollkommen weiß.«

In den Bergen von Oca

Hinter Sto. Domingo de la Calzada steigt das Land langsam und unaufhörlich, wird ärmer. Bald tauchen erste Felsen auf. Nach vier Stunden Weges ist *Belorado* im Tal des Tirón erreicht, ein Ort, halb umklammert von einer Lößwand. Hoch darauf ein zertrümmerter Mauerfetzen, Reste der Stadtbefestigung. In die Steilwand, hinter Bach und Kirchlein gehöhlt, starren die ›Sieben Fenster‹ ins Tal, frühere Einsiedeleien. Die Spuren eines alten Pilgerhospitals sind längst vergangen.

Dann kommt hinter schönen Alleen *Tosantos*, was Todos Santos, Allerheiligen, bedeutet. Zur Linken bleibt *Villambista* liegen, in dessen Festtrachten sich die Erinnerung an die Santiago-Pilger erhielt. Wie auch nicht? Es war das einzige Ereignis in diesem Landstrich während langer Jahrhunderte, Pilger, immer nur wandernde Pilger. Man kann die rührende Spur ihrer Füße noch sehen. Ein Bergabbruch schiebt sich eng an die Straße, *Espinosa del Camino*; in der Steilwand eine weißgetünchte Einsiedelei. Nun erweitert sich das Tal abermals, während der Himmel düster wird. Die Berge, die Wolkenfänger, sind nahe. In Ahornalleen bimmeln süße, klebrige Blütentrauben von den Zweigen. In der Ferne zwischen dichtem Grün Mauerwürfel im Hang: *Villafranca de Montes de Oca*.

Der alte Ort am Oca-Flüßchen, der Nachfolger des römischen Auca, ist ein langgezogenes Straßendorf. Aber dann gibt es eine so mächtige Kirche zu sehen, daß man erstaunt innehält. Villafranca hat eben einiges bedeutet. Bis 1075 saß hier sogar ein Bischof, dessen Nachfolge der von Burgos antrat. Ungefähr dort, wo man heute nach einer halben Stunde Dorfstraße zur Einsiedelei *Nuestra Señora de Oca*, einem idyllischen Platz mit Kirchlein und Quelle, abbiegt. Der vielen Franzosen wegen, die als Pilger durchzogen oder gar blieben, bekam Auca den Namen einer Villa Francorum – Stadt der Franken.

Daher also das erstaunliche Gotteshaus? Der bischöfliche Glanz, die Königsgunst von einst sind vergangen, Villafranca ist nur noch ein armes Nest. Aber gleich am holprigen Pilgerweg, der genau durch den Ort führt, gibt es ein prächtiges, wenn auch ein wenig heruntergekommenes Bauwerk mit schöner Eingangshalle. Halb verwischt bekundet eine Inschrift, daß sich hier das Santiago-Hospital erhebt, dessen ersten Bau Doña Juana Manuel, Gattin König Enriques II. von Kastilien, 1380 anlegen ließ. Oben nebst dem Bischofszeichen und der Jahreszahl 1826 die Devise: »Beatius est magis dare quam accipere – geben ist seliger denn nehmen.« Was den Erfolg dieser Sentenz betrifft, müßte Villafranca sich sehr glücklich fühlen; es sieht recht leergeschenkt aus.

Die Landschaft ist unterdessen schwermütig und herb geworden. Der von den Bergen streunende Wind schwingt Staubfahnen durchs Land. Die Höhen von Oca sind eine verlassene, nur mit Buschwerk bewachsene Region, die über elfhundert Meter emporsteigt. Jetzt, Ende Mai, begann eben ein schüchterner Frühling. Früher gab es hier verschiedene religiöse Stiftungen oder Hospitäler, die den Übergang leichter machten. Unweit Villafranca liegen noch die Kirchenruinen des *Klosters S. Felix de Oca* mit mozarabischen Hufeisenbögen. Der Weg nämlich folgte keineswegs den weit ausholenden Schleifen der heutigen Landstraße, sondern schnürte rigoros durch Busch und Strauchwerk bergan. Es bedurfte des Pilgerschutzes; der ganze Landstrich galt für äußerst unsicher. In den damals schwer zugänglichen Bergen lauerten Banditen den Pilgern auf.

Während Anne den Wagen nachfuhr, zog ich zu Fuß der Wallfahrerstrecke nach, wie immer, wenn sich Landstraße und Pilgerweg trennten. Hinter den Höhen kam nach beschwerlichem Marsch *Valdefuentes* in Sicht, ein freundlicher

Grund murmelnder Quellen, rauschender Silberpappeln, des Ahorns, der grünen Wiesen und blühenden Asphodelen. Sozusagen auf der Scheitelhöhe des Berglandes. Inmitten der Idylle hebt sich schmal und hoch ein Kirchlein, Rest der alten Pilgerzuflucht aus dem 14. Jahrhundert. Das Sakramentshaus darin war früher aus Eisen gefertigt, um Schändungen des Allerheiligsten durch die desperaten Wegelagerer vorzubeugen. An der Außenwand der Kapelle ein Vers des ›Cantor de los milagros de Nuestra Señora‹, Gonzalo de Berceo, aus dem 13. Jahrhundert, der nicht übel zu der grünen Talaue paßt.

YO MAESTRO GONZALVO DE BERCEO NOMNADO
YENDO EN ROEMRIA CAESCI EN UN PRADO
VERDE E BIEN SENCIDO DE FLORES BIEN POBLADO
LUGAR COBDICIADERO PARA OMNE CAUSADO

Ich, Meister Gonzalo von Berceo genannt,
In dieser Aue Ruhe auf Pilgerfahrt fand,
Grün, saftig mit bunter Blumen Tand,
Ein Ort, für Kurzweil allerhand.

Die alte Wegspur, auf der ich von den Bergen gekommen war, ist nur noch als Trasse erhalten. Ebenso jene Andeutung der Route, der ich nun durch das Dickicht des Unterholzes über neue Berge folgte, nach Juan de Ortega zu. In Valdefuentes nämlich trennt sich der Pilgerweg endgültig von der eben wiedergefundenen Landstraße. Man muß sich auf Gnade und Ungnade seinem Gefühl für die nächste und beste Richtung überlassen.

Es ging eine Anhöhe hinan, in ein Bachtal hinab, immer genau nach Westen, bis plötzlich nach endlos scheinendem Marsch durch das Dickicht eine kleine, kiesige Lehne kam, auf der die Klostermauer von *S. Juan de Ortega* begann. Die Abtei entleiht ihren Namen von einem Heiligen der Pilgerstraße, der hier ein Refugium baute, starb und beigesetzt wurde.

San Juan de Ortega ist noch ausschließlicher als Santo Domingo von der Straße Ingenieur und Straßenbauer gewesen. Er lebte rund sechs Jahrzehnte später als sein berühmter Vorläufer aus der Ebene, war in Quintaortuño, einem Dorf der Provinz, geboren, zog nach seiner Priesterweihe ins Heilige Land, wo er ein Jahr lang blieb, und starb 1163.

Merkwürdig, welche Gleichförmigkeit solchen Lebensabläufen innewohnt: Ausbildung, Wanderschaft, kontemplatives Eremitikum, das sich unversehens in reiche Tätigkeit zum Wohl der Allgemeinheit verwandelt. Man tut allerdings gut, darin nichts Schematisches zu erblicken. Dieser Werdegang scheint unumgänglich gewesen. Nach seiner Rückkehr aus der Tierra Santa zieht sich San Juan in die Einsamkeit der Berge von Oca zurück, an einen Ort, der den Beinamen Ortega, Haselhuhn, trägt. Von nun an weiht er sein Leben, seine Kraft ausschließlich den Pilgern, die nach Santiago ziehen, errichtet eine dem hl. Nikolaus von Bari geweihte Einsiedelei und erbaut als Annex ein Hospital. Die beiden Anlagen sind der Ursprung eines Augustinerklosters, das später in die Hände der Hieronymiten überging, eines eremitisch lebenden Zweiges der Augustiner. Eben jener Abtei, bei der ich nun angelangt war und gerührtes Wiedersehen mit Frau und Wagen feierte, die eben auf Landwegen heranrollten.

Man schreibt dem hl. Juan von Ortega die Konstruktion einer Brücke über den Ebro in Logroño zu, ebenso einer über den Najerilla in Nájera und einer weiteren in Sto. Domingo de la Calzada. Übrigens auch die Anlage des Pilgerweges zwischen der von ihm geschaffenen Herberge zu Ortega und Agés, sowie Atapuerca.

Der alte Pilgerweg läuft genau an der Klosterpforte von *S. Juan de Ortega* vorüber. Der Fuß tritt die nämlichen Steine, geht in derselben Spur, auf der zahllose Pilger gewandert sind. Von der Herberge ist nichts mehr vorhanden; die späteren Klostermauern haben alles verschluckt. Inzwischen ist auch das Kloster schwachbrüstig geworden und halb zusammengesunken. Der Pfarrer, ein kurzsichtiges Männlein mit etwas fleckiger Soutane, rauchte vor seinem ärmlichen Pfarrhaus grad eine Zigarette, ein glückliches Lachen im stoppelbärtigen Antlitz. Es würde jetzt alles anders! Arbeiter waren dabei, unerhörte Um- und Einbauten in der Kirche vorzunehmen. Acht Meter tief lag der Boden im Kirchenschiff aufgebrochen; riesige Betonstützen wuchsen bereits unter den Pfeilern, eine mächtige Zementmauer stützte den Chor. Dort unten, wo Wasser zusammenrann, ruhte der Heilige tief in der Erde. Man sah, erkannte Schwarzes, das Grab. Wieder eine fromme Legende, die sich als Tatsache erwies. Im Lauf der Jahrhunderte mußte der Boden reiche Sedimentschichten abgesetzt haben. Oder hatte man das in einem Quellgrund gelegene Heiligtum einfach zugeschüttet, um sicherer bauen zu können?

San Juan ist also der andere Wegbereiter, ein Mann der Ordnung, der den Pilgern den Pfad durch die unsichere Einöde bahnte. Im gegenwärtigen Kirchlein, das im alten Mönchsflügel eingerichtet ist, steht sein recht zerstörter Kenotaph, ein Schaugrab, ganz ähnlich dem des hl. Domingo von der Straße. Ein gotischer Baldachin, bemalt, freilich mit schwersten Schäden. Darunter die Tumba, auf ihr das Bild des Heiligen in Alabaster, nicht kissenlos wie Santo Domingo, aber in ähnlicher Pose. Die Gewände der Tumba umziehen legendäre Geschehnisse aus dem Leben des Heiligen. Pilger treten zu ihm heran und bitten um Nahrung, und siehe, unter seiner aufgelegten Hand vermehrt sich das Brot im Kasten. Oder er segnet jemand, der mit einem Ochsenwagen durchs Land zieht; er beschwichtigt vom Heck eines Schiffes aus die wilden Wogen und wird zum Retter für verzweifelnde Schiffsleute; er vertreibt die Wölfe, die es nach Aussagen des

Priesters früher in den Bergen von Oca sehr zahlreich gab. Wieviel auch Legende sein mag, die Schwierigkeit des Pilgerweges, der die erschöpften Menschen auf ihrer Wanderung jenseits von Zeit und Gewohnheit zwang, sich unter tausend Mühsalen und Gefahren von Wasserstelle zu Wasserstelle, von einer Herberge zur andern durchzuschlagen, spricht unüberhörbar. Manch einer, der allein ging, dürfte in diesen Bergen einfach verschollen sein. Nicht nur die Mauren haben Gefahr bedeutet, sondern genauso die Räuber, die wilden Tiere, die Witterung. In S. Juan de Ortega wird die elementare Härte spürbar, die hinter der Wanderung durch den Kontinent stand.

Von S. Juan stieg der Weg abseits der heutigen Landstraße in Richtung Rubena noch einmal auf eine Höhe von über tausend Metern an. Was freilich nicht allzuviel sagt, da man ohnehin auf der Hochebene blieb. In *Atapuerca* kreuzte er die Walstatt, auf der sich 1054 die Schlacht zwischen den königlichen Brüdern García von Navarra und Fernando I. von Kastilien zutrug, in welcher der navarresische König den Tod fand. In der Nähe des Dorfes Reste der alten Santiago-Straße, die San Juan angelegt hat.

Ehe wir aus den Bauernwegen zurück auf die Straße fanden, war es Abend geworden, auch begann es zu regnen. Nicht in sanften, mäßigen Schauern, sondern in klatschenden, heftigen Güssen; zwischen die eiskalten Tropfenhiebe war pappiger Schnee gemischt, der auf der Windschutzscheibe anbackte. Der Wischer schaffte es nicht mehr, ihn fortzufegen. In diesem Augenblick riß es das Steuer nach rechts, das nur zu bekannte, schleifende Geräusch eines Reifens folgte. Da war ein Schlauch defekt. Das Montieren in der durchschauerten Finsternis erwies sich nicht als Vergnügen. Wer weiß, wo sich das Flacheisen, um die Radkappe abzudrücken, herumtrieb; ein zu Hilfe genommener Schraubenzieher glitt ab, bohrte sich tief in die Rechte. Endlich war es mit blutender, verdreckter Pfote geschafft.

Bald kam die Straße von Vitoria, Miranda del Ebro, Pancorbo und Briviesca in Sicht, die auf Rubena, Gamonal und Burgos vorstößt; es war die Route jener Wallfahrer, die nicht die Pyrenäenpässe benutzten, sondern über Irun und Tolosa gezogen kamen. Schon begann die burgalesische Vorstadt, eine endlose Folge von Karawansereien. Dreckumsprühte Tanker donnerten an uns vorüber. Bäche von Licht gleißten durch die Scheiben, rannen als rote, blaue, grüne, weiße Tropfen herunter. Gedröhn und Geschepper ringsum. Wir sahen die Stadt und sahen sie nicht. Ein Riesenstrom von Lastwagen wälzte sich nach *Burgos* hinein, rollte weiter in Richtung Madrid. Vergeblich, nach einer Lücke zu suchen, damit man den Wagen abstellen konnte, um nach dem Hotel zu fragen. Als sich endlich ein Loch fand, standen wir direkt davor und waren fast ein wenig enttäuscht. Aber dann gab es doch ein befreites Aufatmen – nur Wärme, ein Bad und Schlaf, wir wollten nichts anderes mehr.

KASTILISCHE BALLADEN
oder
IN BURGOS

Der Morgen des kleinen Offiziers

Acht Uhr früh, *Burgos* erwacht. Für eine spanische Stadt kommt es erstaunlich früh aus den Federn. Doch warum nicht? Es besitzt kein südliches Klima. Schon Karl Justi konstatierte, daß man hier noch im Hochsommer den Wintermantel braucht. Burgos ist kalt, es liegt neunhundert Meter hoch. Ein kleiner Hund, der sich hingebungsvoll im Rinnstein flöhte, mußte von seinen Plagegeistern arg überlaufen sein; Hitze machte das Ungeziefer bestimmt nicht rege. Er zitterte. Auch die kleinen Jungen, die ihre Hände nach spanischem Knabenbrauch bis an die Ellenbogen in die Hosentasche gebohrt trugen, zitterten und hatten blaue Knie. Vom halben Kindesalter an werden die erst so rundlichen Kleinen knochig und dünn. Vielleicht, weil sie stets auf der Flucht sind. Vor etwas oder zu etwas.

Sie lieben ihre Kinder zärtlich, die Spanier. Sie lassen alle andern Geschöpfe ungerührt über die Klinge springen. Sie karren ganze Schafherden, in vierstöckige Lastwagen gepfercht, durch glühende Hitze zum Schlachthof, und es kümmert sie nicht, wenn die Tiere vor Elend verrecken. Sie schleppen jämmerlich plärrende Lämmchen an den zusammengebundenen Pfoten nach Haus; die angsterstarrten Augen, das Wimmern der Kreatur erreicht sie nicht. Sie steht jenseits des unübersteiglichen Walles zwischen Mensch und Außenwelt. Die angelsächsischen Damen vom Tierschutzverein müssen empört sein. Aber ihre Kinder lieben die Spanier um so mehr!

Da bringt der bereits mit weißem Helm, weißem Koppelzeug, weißem Gummiknüppel gerüstete Verkehrspolizist vor dem Dienst noch sein Söhnchen zur Schule. Nein, es ist keine hochklassifizierte Familie, Vater und Sohn werden immer zu den armen Teufeln gehören, aber wie sie da miteinander gehen, das ist eine einzige Gebärde voller Behutsamkeit und Zärtlichkeit. Morgen an der Kathedrale! Das Leben rinnt um diese Stunde ganz dünn. Die zur Schule wandernden Kinder preschen nicht wie anderwärts mit lautem Geschrei aufeinander zu. Sie laufen ein bißchen, schon wahr, aber wenn sie einander nahe sind, halten sie plötzlich ein und grinsen sich an. Einerlei ob Junge oder Mädchen. Denn auf dem Schulweg spielen endlich auch einmal die kleinen Mädchen, die immer zu kurz kommen, eine bescheidene Rolle. In einem Häuserwinkel drischt ein Mann mit langem Stecken unaufhörlich auf einen Haufen Kapok ein. Dort drüben aber wandelt weiß Gott schon der kleine Kommandeur zum Dienst, dessen Auftritt jedesmal von Aplomb begleitet ist. Auch diesmal. Er wirkt so winzig, daß man lachen könnte. Doch man lacht besser nicht. Er nimmt sich so korrekt, geschniegelt und gebürstet, so unsagbar gut angezogen aus, ist eine solche Miniaturpuppe militärischer Akkuratesse, daß man vor seiner Makellosigkeit Respekt bekommt. Der Anzug mit den Reithosen wirkt, als sei er für ein Kind geschneidert. Darunter zwei gewaltige Schaftstiefel aus Lackleder, darüber ebenso gewaltig der Heiligenschein einer riesigen Tellermütze. Daneben tanzt, wirbelt das Offiziersstöckchen, die Reitgerte mit der silbernen Krücke, rundum. Eigentlich wandern da also nur Stiefel, Mützenteller und tanzendes Stöcklein. Unter dem tacktack, tacktack der gelackten Ofenröhren wandelt der makellose Mützenteller seiner Residenz zu, diskret umduftet von Haarwässern, Stiefelleder-, Handschuhledergerüchen, umwittert von einer Aura anonymer Gefährlichkeit und erfüllt vom Ethos der Dienstvorschriften.

Der kleine Stabsoffizier schreitet durch die Stadt der nahen ›Commandancia general‹ entgegen oder vielleicht auch zu irgendeiner der Kasernen am Arlanzon, während der knochige Polizist mit seinem Söhnchen über die Straßen trottet und sich der Hund in der Gosse flöht. Der Polizist ist keinesfalls verpflichtet, den Offizier zu grüßen, aber man sieht, wie es ihn durchzuckt, die Hand an den Helm zu reißen; er muß angestrengt nach der anderen Seite blicken. Die Tellermütze mit den wundervollen Handschuhen in der Linken nimmt diesen subalternen Seelenkampf nicht zur Kenntnis. Allein, jetzt trägt es sich zu, man kann es nur als ein hämisches Spiel des Zufalls betrachten, daß sich ihm die alte Bettlerin in den Weg schiebt, die man tagtäglich an irgendeiner der Straßenecken sieht, meist an der Ecke der Calle de Santander und Calle de S. Juan. Sie erscheint in dieser vorfrühen Morgenstunde an sich nur auf einen Sprung, um die Kirchgängerinnen abzupassen. »Halt ein«, möchte man ihr zurufen, »es kann nicht gut aussgehen!« Schon ist eine Begegnung unvermeidlich ...

Zwanzigmal am Tag schnorrt diese Alte ihre Opfer erbarmungslos an, eine Ausbeuterin eigener Art. Für gewöhnlich wird sie von einem kleinen Buben begleitet, der das Terrain ringsum im Auge halten muß, damit niemand auf den Einfall verfällt, einen Bogen um sie zu schlagen. Er hat es nicht leicht, der Kleine, und man kann sich denken, wie sie ihn zu Hause mit ihrer heiseren Raspelstimme regaliert: »Ziere dich nicht lange, du Dummkopf! Wenn du schon durch die Straßen trödelst, warum nicht die Hand aufgehalten? Irgend ein Esel findet sich immer. Ich bin mein Leben lang gut damit gefahren.« Sobald ihr Tagewerk getan ist, verschwindet sie in einer der Kneipen an der Calle de Vitoria, aus der sie nach einer halben Stunde leicht schwankend wieder hervorkommt. Sie betrinkt sich mit derselben ausweglosen Hast wie sie bettelt, und wiewohl sie eigentlich

Feierabend gemacht hat: so oft ihr jemand entgegenkommt, hebt sich automatisch die Hand aus den dunklen Tüchern.

Der kleine Kommandeur ist unterdessen auf Schrittnähe herangekommen und natürlich um diese Stunde der Morgenappelle und Rapporte keineswegs gesonnen, von einem zivilistischen Wesen so niederer Rangstufe Notiz zu nehmen. Aber die Bettlerin kann es nicht lassen. Ihre Hand schiebt sich dem Offizier direkt vor Augen, der dahergeht, ganz Mützenteller, Lackstiefel und wirbelnde Reitgerte. Die Bettlerin versperrt ihm mit ihrem Körper den Weg. Sie will ihn erpressen, man spürt das. Worauf es leise durch die Luft pfeift, das silberkrückige Stöcklein, und die Bettelhand so nachdrücklich nebensächlich trifft, daß man die Unabsichtlichkeit jederzeit beschwören würde, ohne doch ernsthaft an einen Zufall zu glauben. Das Gesicht der Schnorrerin verwandelt sich jäh in eine Maske flammender Empörung. Mit Dolchen sticht die gekränkte Bettlerwürde aus ihren Augen. Der kleine Kommandeur blickt sie gar nicht an. »Phh!« macht er nur, dazu eine leichte Bewegung des Fortscheuchens mit den Handschuhen; er bläst sie weg wie ein Staubkorn von seiner Manschette. Das Erstaunliche begibt sich, der glühende Haßblick erlischt. Noch schüttelt Empörung die Alte, dennoch, sie weicht zurück. Welch eine Niederlage! Etwas in ihr scheint gebrochen. Mützenteller und Lackstiefel wandern längst weiter, das Stöckchen wirbelt. Die Alte schlurft gesenkten Blickes verstört dahin. Ihre Hand denkt schon so selbständig, daß sie sich jedem Passanten hinschiebt; die Bettlerin bemerkt es nicht einmal, sondern brabbelt Verwünschungen, biegt an der nächsten Bar in die offene Tür, schleicht vorbei an den Männern, die hier ihren Morgenkaffee trinken, baut sich an der unauffälligsten Ecke neben der Theke auf und verlangt Aguardiente, Feuerwasser, Schnaps. Noch einen. Noch einen. Jetzt erst treten ihr Tränen in die Augen: so behandelt zu werden! Ist das Betteln ein heiliges Gewerbe oder nicht? Und es kommt ihr die bittere, wütende Erkenntnis, derentwillen diese Episode verzeichnet wird: wie hart der Morgen die Menschen macht, wie verroht es die Menschen, vor elf Uhr aus den Federn zu kriechen!

Der Abend dagegen – wie gut macht er die Menschen. Natürlich ist sie wieder zur Stelle. Diesmal, weil es lohnender ist, am Paseo del Espolon, den Anlagen am Ufer des Arlanzon, wo sich um diese Stunde ganz Burgos einstellt. Grade als der kleine Stabsoffizier mit einer Gruppe anderer Herren, alle in Zivil, auf die Promenade hinauswandeln will, ›schauend, um geschaut zu werden‹, tritt sie ihm an der dunklen Ecke des Marientores entgegen. Sie erkennen sich sofort, da gibt es keinerlei Zweifel. Er läßt keine Reitgerte tanzen, macht auch nicht »Phh!«, sondern wirft ihr lässig einen Duro zu, einen ganzen Duro, man denke! Und »Gott segne Euer Gnaden«, sagt die Bettlerin zu ihrer eigenen Überraschung und vergißt ihre ganzen Flüche, »Dios y su madre – Gott und seine Mutter«. Oh, ihr heiteren Abende am Arlanzon!

Die Tragödie der Casa del Cordon

Man hat Grund, froh gestimmt zu sein. Wenn auch der Arlanzon kaum mehr als ein Bachlauf mit hochgebordeten Kaimauern ist. Auf ihnen ziehen sich die schönen Promenaden von Burgos hin. Nach Osten, nach Miraflores zu, wallen sie entlang des Südufers, nach Westen dagegen ziehen sie über die Nordseite, bis sie sich erneut auf das andere Ufer begeben und als breite Allee nach Las Huelgas und zum Hospital del Rey vorstoßen. Der belebteste Teil ist die Promenade zwischen der Puente de S. Pablo und dem Marientor, der sogenannte *Paseo del Espolon*. Hier liegen die hübschen Geschäfte, die Café-Terrassen, hier flaniert ab sechs Uhr abends halb Burgos. Junge Mädchen begrüßen einander mit Vogelgezwitscher, steinalte Geistliche mit schulterlangem Weißhaar zeigen sich den Freuden der Welt doch nicht so abhold, daß sie den Blick in ein Menschenantlitz entbehren möchten. Um die Bänke des Parkstreifens stehen zusammengeschoben die Kinderwagen, die Mütter sitzen beieinander, die Kleinen spielen, lärmen, plärren, kurz, es ist das bunte Leben von Spanien.

Eigentlich wird die Promenade jenseits des Marientores, wo die Avenida Franco beginnt, noch schöner. Am schönsten ist schließlich der *Paseo de la Isla* genannte Teil jenseits der Plaza de Castillo, jedenfalls für einen Nordländer. Die Anlagen haben sich in einen schattigen Park mit weisen Bäumen und törichten kleinen Blumen verwandelt. Darin stehen wie Relikte eines Märchens ein paar Rudimente aus ferner Vergangenheit, eine Arkadenreihe aus sechs plateresken Bogen und ein Portal, einziges Überbleibsel der romanischen *Kirche von Cereco de Riotirón.* Einsam und verlassen hebt es sich aus dem herrlichen Grün, eine schwere, romanische Eingangspforte mit Rundpfeilern im Gewände, Kapitellen und Archivolten, als wollte es sagen: baut mir doch meine Kirche wieder her! Wirklich mutet dieses einsame Monument wunderlich an. Vielleicht, weil es aus romanischen Zeiten stammt? Denn Burgos ist durch und durch eine gotische Stadt. Macht nichts, daß es schon 882 von Alfonso III. gegründet wurde und 1037 eine große Epoche erlebte, als Fernando I. Kastilien mit León, Toro und Zamora vereinigte und das Zeitalter des Cid, des Rodrigo Diaz de Vivar, heraufdämmerte, der um 1050 nördlich der Stadt als Sproß einer Hochadelsfamilie zur Welt kam und sich hernach mit einer Urenkelin König Alfonsos V. verheiraten sollte. Keinesfalls »einer Nichte des Königs«, wie es törichterweise heißt. Der Cid, was vom arabischen ›qu'id‹, Herr oder Anführer, kommt, eine Benennung, die zuerst im Heldenepos ›Cantar del Mio Cid‹ geprägt worden zu sein scheint . . . Rodrigo Diaz also bleibt eine der seltsamsten Gestalten der spanischen Geschichte. Wenigstens für nördliche Begriffe. Erst diente er als Feldherr Sancho II., darauf Alfonso VI., wurde sodann von seinem zweiten Herrn verbannt und ging zu den Mauren über. Der offenbare Verrat an der kastilischen Sache tat seiner Beliebtheit keine Einbuße. Der Cid blieb der Prototyp dessen, was der Kastilier an sich selbst liebt: auf sich gestellt und von äußerster Härte und Kühle, kämpfte er gegen eine Welt. 1094 bemächtigte er sich Valencias und stand seither auch gegen die Almoraviden im Kampf. Seine Frau Doña Jimena bewies ihr königliches Blut, als sie die Stadt nach dem Tod ihres Mannes bis 1099 gegen die Maurenanstürme hielt. Beide wurden ursprünglich in S. Pedro de Cardeña, dann in der Kathedrale von Burgos beigesetzt; der Cid hatte in der Stadt ein Haus besessen, dessen Fundamente, den ›Solar del Cid‹, man heute noch sehen kann. Man erblickt in der nahen Puerta de S. Martin auch ein an der Wand angebrachtes Maß, das die Länge seines Schwertes bezeichnet haben soll. Wie dem auch sei – Erinnerungen an ihn und die romanische Epoche von Burgos gibt es mancherlei.

Dennoch, geprägt wurde die Stadt erst durch das Zeitalter Ferdinands III., des Heiligen, von der Gotik also. Wieviel wissen die Straßen mit ihren Palacios von diesen Jahrhunderten zu berichten! Von der Casa de Miranda südlich des Arlanzon, die sich Don Francisco de Miranda, Abt von Salas, päpstlicher Protonotar und Kanonikus von Burgos, bauen ließ, bis zu den Palästen ›de los Cubos‹ und dem Palacio de Castro Fuerte gegenüber der Puerta de la Coronería der Kathedrale. Vor allem aber der *Casa del Condestable* oder Palacio del Cordon an der Plaza de Prim, einem Haus, in dem sich wirklich Geschichte zutrug! Hernandez de Velasco, Vizekönig von Kastilien, hatte sich diesen von zwei Türmen flankierten Herrensitz aufführen lassen und er empfing seinen Namen von jener Kordel, die über dem mit Tieren geschmückten Portal die Familienwappen des Hausherrn verbindet. Hier gewährten die Katholischen Könige Fernando und Isabella Christoph Kolumbus nach seiner zweiten Amerikareise Audienz. Hier empfing Kaiser Karl v. König Franz I. von Frankreich, der in Pavia gefangen genommen war. Hier hat Kaiser Karl später eine Zeitlang gelebt, ehe er sich nach San Jeronimo de Yuste zurückzog. Das wichtigste Ereignis, das sich in dem Palacio abspielte, war freilich eine Tragödie. In diesem Haus starb 1506 Philipp der Schöne, Gatte Johannas von Kastilien, die man bald die Wahnsinnige nennen sollte und hinter den Klosterpforten von Tordesillas einschloß. Philipp von Habsburg oder von Flandern, wie man will, der Vater Karls v., war bei dem Versuch, seinen Schwiegervater Ferdinand von Aragon auszumanövrieren, auf Wunsch seiner Frau mit dem Hof nach Burgos ausgewichen. Man beging eben das Fest der Kreuzeserhöhung. Der junge Fürst hatte an einem Bankett zu Ehren seines Günstlings Manuel teilgenommen. Nach dem Festmahl unternahmen die Herren eine Galoppade über Land. Die Bewegung genügte Philipp, der von robuster Statur und Gesundheit war, keineswegs. Er forderte daher einen Basken der Garde zum Pelotaspiel auf und endete erst, als er übermäßig erschöpft und in Hitze geraten war. Worauf er eine Kanne eiskalten Wassers hinunterstürzte und sich in einen zugigen Winkel zum Ausruhen setzte. In der folgenden Nacht fühlte er sich bereits schlecht. Am 17. September fieberte er, ging aber gleichwohl zur Jagd. Am nächsten Tag kränkelte er ernstlich, doch erst sonnabends, als ihn Schüttelfröste packten, ließ er die Ärzte rufen. Sie nahmen den üblichen Aderlaß vor. Johanna setzte sich an das Kopfende des Krankenbettes und wich nicht mehr vom Lager ihres Gatten, von dem sie eben ihr sechstes Kind erwartete.

Philipp war nicht mehr zu retten. Sonntags begann er Blut zu erbrechen. Vergeblich suchte man ihm durch Schröpfköpfe auf Rücken und Brust Linderung zu verschaffen. Das

Fieber stieg. Montags war sein Hals so geschwollen, daß er kaum noch zu sprechen oder schlucken vermochte. Am siebten Tage verfiel er schnell. Die behandelnden Mediziner schickten ratlos nach dem Leibarzt des Kardinals Cisneros, Doktor Yanguas, wiewohl er nach ihrer Ansicht ein Scharlatan war. Sie ließen sogar den berühmten Doktor Parra aus Salamanca rufen. Alles zu spät. Als er gegen Mitternacht anlangte, lag Philipp bereits in der Agonie. Sein Körper war von schwarzroten Flecken überzogen, ein Zeichen, daß sich die Auflösung nahte. Er ist morgens gegen neun Uhr gestorben.

Die Casa del Cordon rückte jetzt erst richtig in den Mittelpunkt der Geschehnisse. Nachdem die Höflinge ihr Werk getan, den Leichnam mit Brokat und Hermelin bekleidet, ihm auf den Kopf eine Mütze mit einer großen Edelsteinagraffe gesetzt und den Toten in der Sala Ricca auf einen Thron postiert hatten, »a la usanza de Francia«, nach französischem Brauch, ordneten sich auf den Straßen die Herren des Domkapitels und zogen mit Gesang, Fackeln in Händen ein. Sie durchschritten das Portal mit den Tierskulpturen, querten den Hof und knieten im Totenzimmer nieder. Während der ganzen Nacht erklang das Miserere, warfen die Kerzen ihren gespenstischen Schein auf das leblose Gesicht und die wachsbleichen Hände.

Am Morgen kamen die Chirurgen an die Reihe. Man nahm den Leichnam vom Thron, entkleidete ihn, öffnete ihm den Schädel, um das Gehirn zu entfernen. Darauf schlitzten sie den Körper vom Hals bis zum Schambein auf und entnahmen das Herz, das in einen goldenen Kasten gebettet wurde, um nach Flandern geschickt zu werden. Die Eingeweide entfernte man gleichfalls. Darauf ist der Körper mangels Balsam mit Gewürzen gefüllt worden. Er wurde zugenäht und mit Kalk überzogen. Ein Doppelsarg von Blei und Holz nahm die irdischen Reste Philipps des Schönen auf. Seine

Günstlinge trugen den Sarg davon, der Kathedrale entgegen, wo man das festliche Requiem beging.

In der folgenden Zeit ging es in Burgos drunter und drüber. Die flämische Gefolgschaft fürchtete eine Züchtigung durch Ferdinand von Aragon, Johannas Vater; die Bürger verhielten sich feindselig. Höflinge wie Nassau und Isselstein brannten mit kostbaren Tapisserien und den Kronjuwelen nach Bilbao oder Laredo durch und gingen auf ihre Schiffe. Das Tafelgeschirr fiel in die Hände der Dienerschaft, angeblich weil diese durch die Witwe ermuntert war, sich zu nehmen, was ihr gefiel. Daß die Fürstin in ihrem wilden Schmerz allerdings, wie eine flämische Skandalchronik der Zeit wollte, täglich den Sarg öffnen ließ, um den Toten zu liebkosen, daß sie ferner allnächtlich umherirrte, gehört zu den unausrottbaren Phantastereien der kleinen Leute. Sie hat den Sarg nur ein einziges Mal auf Allerheiligen, dem Totentag, aufmachen lassen.

Laudatio auf Gil de Siloé

Sie haben den blonden Schönling aus Flandern, der so stark war und gut aussah, daß sich die kleinen Doncellas Spaniens die Augen wund schauten, auf den Hügeln außerhalb von Burgos, in *Miraflores*, zur Ruhe gebettet.

Die Kartause hatte ursprünglich, so scheint es, das Pantheon der Könige aus dem Hause Trastamara werden sollen. Das war jenes aus einem Bastardstamm hervorgegangene Königsgeschlecht, das die ›Burgunder‹ in Kastilien abgelöst hatte, deren letzte Sprossen Alfonso X., Sancho IV., Alfonso XI. und schließlich Pedro I. gewesen waren, den seine Gegner den Grausamen nannten. Die Trastamara triumphierten, seit Pedros Bastardbruder Enrique von Trastamara ihm nach langen, erbitterten Kämpfen unter der Burg Montiel in der Mancha den Dolch in die Brust stieß. Indessen blieben den neuen Königen politische Erfolge immer versagt. Weder

Enrique II. noch Juan I., Enrique III., Juan II. vermochten in das europäische Schicksal einzugreifen. Auch stellten sich Degenerationserscheinungen ein. Enrique IV., Sohn Juans II., erwies sich in zwiefacher Ehe als zeugungsunfähig. Die umstrittene Juana la Beltraneja, Tochter seiner zweiten Frau Juana von Portugal, war eindeutig die Frucht eines Ehebruches. Daher folgten Enrique IV. seine Halbgeschwister aus einer zweiten Ehe Juans II. Allein, der Thronerbe Alfonso starb fünfzehnjährig. Übrig blieb Isabella von Kastilien, die Ferdinand von Aragon heiratete, womit Spanien zum ersten Mal wieder geeint war. Es war der Grund für das Königspaar, sich ›los reyes catolicos‹, ›Gesamtkönige‹ zu nennen.

Schon Enrique II. hatte in Miraflores einen ›Pavillon‹ anlegen lassen. Juan II. machte daraus eine Kartause, die 1442 von den ersten beiden Mönchen, Berengario de Struzzi und Juan de Arévalo, besiedelt wurde. Zwei Monate vor Juan II. Tod, im Mai 1454, begann Meister Hans von Köln, derzeit leitender Dombaumeister, mit dem Entwurf eines Bauwerkes, das nach ihm García Fernandez de Matienzo, dann Simon de Colonia fortführten. 1539 schloß Diego de Mendieta die Außenbauten ab.

Seit Juan II. nebst seiner Frau, darauf auch der früh verstorbene Alfonso hier beigesetzt waren, besaß die Kartause den Charakter einer Fürstengruft. Als Johannas allzu früh verstorbener, vergötterter Gatte, Isabellas Tochtermann, Philipp von Flandern, wenigstens vorübergehend in Miraflores beerdigt wurde, bekam sie zeitweilig sogar eine Doppelbedeutung. In ihr verkörperte sich sowohl das Ende der Trastamara wie der Anbruch der Habsburger Epoche, auch wenn man Philipp den Schönen später in Granada beigesetzt hat. Freilich war die großartige Grabplastik, die den Zauber von Miraflores ausmacht, derzeit schon entstanden. 1493 hatte Gil de Siloé die Tumba für Juan II. und Isabella von Portugal vollendet.

Betrachtet man die burgalesische Skulptur der Kirchen, Klöster, vor allem am Marientor, das einst zu Ehren Karls v. errichtet wurde, mutet die Kunst der einheimischen Meister derb und gedrückt an. Selbst in Las Huelgas draußen findet man das. Gelegentlich aber treten Künstler auf, unter deren Händen eine Bildhauerkunst von unglaublicher Großartigkeit entsteht. So in der Epoche der Juan, Simon und Francisco de Colonia, sowie des Gil de Siloé. Man findet das Werk des letzten, der als Hauptmeister der Schule von Burgos gilt, allerdings mit einiger Sicherheit aus Flandern stammte, am schönsten in den *Grabmälern der Kartause von Miraflores* verkörpert, die dicht vor dem Altar, gleichsam im Kirchenraum, in Gestalt einer riesigen, sternförmigen Doppeltumba stehen. Die Grabanlagen werden von einem üppigen Aufwand an Figuren – Evangelisten oder Engeln – umzogen. Es läßt sich von einer richtigen Totenfeier der Plastik reden. Trotz ihrer mächtigen Größe haftet den Liegegestalten nichts Monumentales an. Sie scheinen vielmehr zu schlafen. Die Haut pulst fast durchsichtig. Die Köpfe sind individuell geschnitten, und doch gleiten die Physiognomien keine Sekunde lang ins Episodische, Zufällige ab. Wie sie da liegen, könnten sie sich erheben und an der Stelle, an der sie aufgehört haben, mit ihrem Leben von neuem beginnen. Dieser starke künstlerische Fundus ist ein Kennzeichen des Gil de Siloé. Immer haftet seinen Bildwerken etwas Exemplarisches an. Man kennt seine Modelle nicht persönlich, aber wenn man sie von seiner Hand geformt erblickt, weiß man so vollkommen über sie Bescheid, wie es ein Auge nur leistet. Das Maßwerk, die Gewände der Tumben sind äußerst üppig gehalten, wie es sich für die spätgotische Epoche versteht. Die Anregungen der burgundischen Schule scheinen greifbar durch. Gleichzeitig läßt die sternstrahlige Anlage auf Einflüsse des Mudejar-Stiles schließen.

Den Chor dieser Grab- und Ordenskirche beherrscht ein

Retabel von Gil de Siloés Hand. Juan de la Cruz hat die mächtige Schauwand vergoldet und farbig gefaßt. In der Mitte ein riesiger Kruzifixus, getragen von Gottvater und dem Heiligen Geist, zu Häupten der Pelikan, der sich die Brust aufreißt, zu Füßen die Gottesmutter und Johannes. Mag sein, daß dieses Zentralthema den Bildhauer veranlaßte, eine ungewöhnliche Lösung zu versuchen. Der Retabel, wiewohl ein Rechteck bildend, baut sich aus einem großen Innenkreis mit den Passionsszenen auf, den gleichsam Engelschöre umziehen. In den entstehenden Zwickeln kreisen, sozusagen als kleinere Außenplaneten, vier Evangelistenmedaillons. Da sich die Notwendigkeit ergab, einige der Reliefs und Figuren hervorzuheben, ist gleichzeitig eine Stufung und Ordnung entstanden, die den üblichen theatralischen Aufbau völlig vermeidet. Alles kreist vielmehr nach innen, bezieht sich auf ein Zentrum, erhebt das Kreuz zum Mittelpunkt. Besonders schön muten die Santiago-Darstellungen an: Santiago als riesige Standfigur, Santiago als Assistenz des anbetenden Königs Juan, Santiago endlich auf dem Abendmahlsrelief direkt neben dem Herrn, den Pilgerhut mit der Muschel auf dem Kopf.

Gil de Siloé hat übrigens für Miraflores ein drittes Monument, das *Wandgrab des Infanten Don Alfonso*, geschaffen, des früh verstorbenen Thronfolgers und Bruders der Königin Isabella der Katholischen. Ist es die Replik seines anderen, noch königlicheren Grabmales, des für Juan de Padilla in der Casa de Miranda? Ist es eine Vorform? Alfonso war 1468 gestorben und 1492 von seinem ersten Begräbnisplatz zu Arévalo nach hier überführt worden. Sein Grabmal wurde bereits 1493 vollendet. Es dürfte ungefähr gleichzeitig, vielleicht etwas später als das berühmte Parallelstück geschaffen sein, eben jenes für Juan de Padilla, Page der Königin Isabella, der 1491 mit zwanzig Jahren vor Granada gefallen war. Für sich genommen bedeutet das Infantengrab von Miraflores eine grandiose Leistung. Aber neben dem Grab des Pagen, das aus dem Kloster Fresdeval stammt, tritt es zurück.

Dieses Grab in seinem gotischen Rahmen, das doch gleichzeitig alle Motive der Tumba Alfonsos vorwegnimmt, steht heute an der Schmalseite eines Saales im *Museum der Casa de Miranda* auf dem linken Ufer des Arlanzon. Der Aufbau der Gräber gleicht sich vollkommen. Lebensgroß kniet auf dem des Museums ein keineswegs asketisch schlanker, indessen junger Mann mit ein wenig einfältigen, tumben Zügen und schweren Augenlidern. Er verrät die in Spanien häufige, gutmütige Pfiffigkeit einfacher Menschen. Vor sich hat der Page ein Lesepult, die Hände sind betend zusammengelegt. Hinter ihm kniet ein kleiner Helmträger. Natürlich ist der Rahmen von berückender Fülle. Das Gewand des Pagen mit seinen zahllosen Perlen oder Steinen oder Knöpfen, der Ornamentik des Gewebes, dem prunkvollen Faltenfall ist gewiß von einem unglaublichen Reichtum des Zierats, der freilich keinerlei Selbstzweck bedeutet, sondern in einem unübersehbaren Gegensatz zu dem von innerer menschlicher Wärme, fast Heiterkeit durchleuchteten Gesicht steht. Dieses Mattsetzen der Grandezza am entscheidenden Punkt, das Widerspiel von Menschlichkeit und Galakleidung macht den unsäglichen Zauber der Figur aus. Der Page ist so großartig empfunden, daß er der Phantasie Shakespeares entsprungen sein könnte. Er ist längst vergangen und vergessen, und doch sind wir geneigt, ihn wie einen alten Bekannten zu begrüßen.

Überhaupt dieses Museum jenseits des Arlanzon! Betritt man den prächtigen alten Miranda-Palast mit den zweigeschossigen Galerien, findet man alles zusammengetragen, was früher in der Arca de Sta. Maria aufgestellt war, kurz alles, was Burgos an Erinnerungswerten besitzt. Da finden sich Steine aus der Antike, sodann maurische, westgotische, romanische Reminiszenzen, ein Sarkophag hier, eine Rune dort. Unvergeßlich die Tumba aus vorchristlicher Zeit, auf der sich Falkner und Hasen tummeln. Es gibt auch Späteres von Rang, Bilder, die man in Burgos gesammelt hat, darunter ein Kardinalsporträt des Juan Rizzi oder etliche Stücke von Berruguete. Dies alles rührt an.

Was neben dem Pagen von Siloé im Saal des Untergeschosses tiefer ergreift, sind wiederum Grabmäler. Eines darunter ist von sanfter Weichheit der Züge, eine Frauengestalt, Doña Maria Manuel, Urenkelin des hl. Ferdinand; grade diese Tumba verrät, worauf es in der kastilischen Grabmalskunst ankommt: die Dargestellten erscheinen niemals als Tote, in ihren Gesichtern, Adern, Händen pulst noch immer das Leben. In der kastilischen Kunst bedeutet der Tod ein Schlafen.

Einige Stücke gibt es freilich in diesem Museum, die über alles Gewohnte und Bekannte hinausgehen. Da ist ein arabischer Elfenbeinschrein des 11. Jahrhunderts, der 1026 in Cuenca geschaffen wurde, überzogen mit Darstellungen von Greifen, Löwen, Hirschen, Pfauen. Das herrlichste Stück aber bleibt das sogenannte ›Frontal‹ von Sto. Domingo de Silos, ein Antependium oder Altarvorsatz von über zwei Metern Breite mit Platten von graviertem Goldblech, auf denen neben Edelsteinen Emailplatten, mit dem Pantokrator inmitten von sechs Aposteln auf jeder Seite eingelassen sind, wobei die Köpfe jedesmal plastisch ausgebildet wurden. Es ist das kostbarste Stück spanischer Goldschmiedearbeit des 12. Jahrhunderts und von einem hoheitsvollen, fremdartigen Zauber ohnegleichen.

Daher beschlossen wir sofort, es den Pilgern des Mittelalters gleichzutun und nach Süden, nach Sto. Domingo de Silos, der Heimat des Antependiums, hinauszuwandern, ehe wir in Las Huelgas am Westrand von Burgos einkehrten, ja selbst ehe wir die Kathedrale besuchten. Wozu uns übrigens auch die Wärme jener Landstriche verlockte, denn Burgos war kalt und blieb es.

In der Tat machten viele Pilger, die Burgos querten und über genügend Zeit verfügten, den Abstecher nach Südosten und zurück. Dorthin, wo ein anderer Sto. Domingo, der von Silos, einen noch größeren Ruhm genoß als sein Namensbruder ›von der Straße‹, wo es weiterhin eine wahrhaft afrikanische Landschaft mit hohen Tafelbergen, engen Felstälern, wenigen Oasen, aber um so bedeutenderen Glaubensstätten zu queren galt. War nicht auch die Eremitage von Quintanilla des las Viñas ein solches Heiligtum? Schließlich bedeutete diese Landschaft die Heimat der Sage. Wenigstens im Gebiet von Lara oder von Salas, an dessen Namen sich das Schicksal jener sieben unglücklichen Infanten des Hauses Lara knüpft, deren Steinsärge sie in der kleinen Vorhalle von S. Millan de Suso mit Erschauern gesehen hatten. Gewiß hätte man direkt von dort über die Sierra de la Demanda wandern können, ein hohes, aber auch kühles, wasserreiches Waldgebirge, in dem zahllose Flüsse und Bäche entsprangen. Doch die Unwirtlichkeit war in jenen Zeiten zu groß, die Gefahr am Wege nicht gering. So blieb es also dabei, daß die Pilger von Burgos aus nach Sto. Domingo de Silos zogen und dabei das Gebiet von Lara querten, das in den ›Chansons de Geste‹ eine nicht unbedeutende Rolle spielt. Jeder Hügel, jedes Tal erzählt hierzulande von einer heldenhaften Vergangenheit.

Wir taten es den Pilgern nach, befanden uns eben einige dreißig Kilometer von Burgos aus unterwegs und empfanden die Lust, durch die tiefen Täler zu streifen, als reines Sommervergnügen. Zur Rechten stieg eine felsbekrönte Mauer, die Sierra de Covarrubias, auf und wollte nicht enden, grau, trocken, nur auf der Hochfläche mit einem räudigen Waldpelz überzogen. Die gesamte Berglehne unter dem Felsabbruch schien eine Schutthalde. Dennoch waren die Täler freundlich. Es gab üppige Getreidefelder, hell leuchtende

Mohnfelder zu sehen, und das Gras am Weg wogte im Wind. Dann aber hob sich das Land. Man konnte von einer regelrechten Gebirgstour reden. *Cuevas de San Clemente,* ein niederes Dorf mit Horden kleiner Kinder, blieb zurück; einige Kilometer weiter lag plötzlich eine Burg zur Linken im Berg, besser eine Ruine. Die Landschaft wurde unerbittlich kahl, streng, felsig, ein gewaltiger Elefantenrücken von Grau, über den sich der Weg ins Landesinnere wand.

Hier liegt *Quintanilla,* ein Dorf, dessen Sträßlein aus nichts als Felsbuckeln besteht. Wie kam man zur Eremitage? Einen Kilometer nur? Eine Frau zeigte sich gleich bereit uns zu führen. Es ging in einen Bachgrund, in dem die Weiber beim Waschen hockten und ihre Laken auf Steinen scheuerten. Die knienden Dorfmädchen schauten den ungewohnten Besuchern voll Neugier nach. Ein ganzer Schwarm kleiner Kinder lief neben uns mit. Ein Fremder in einem spanischen Dorf, in dem man nichts als den Dorfklatsch und sehnsüchtige Augen hat, an denen das Leben vorbeigeht, ist immer ein Wunder.

Zweimal bogen wir in einen kleinen Weg nach links ab, dann war die *Eremitage* erreicht. Ein altersgrauer Bau, davor Fundamente einer zusammengebrochenen Kirche, ein hohles Grab. Man sah herrlich weit ins Land. Fern zogen sich neue Bergketten und Kordilleren. Ein Duft von Kraut und Wärme stieg aus den Gründen ringsum. Das Kirchlein, vor dem wir standen, stammte aus westgotischer Zeit. Genau genommen von der Grenze des 7. zum 8. Jahrhundert. Es bedeutete uns damals nicht viel, sondern bekam erst Gewicht, als wir S. Pedro de la Nave bei Zamora kannten. Aber was uns gleich mit Bewunderung erfüllte, waren die schmückenden Steinfriese, zwei regelrechte Reliefborten, Weingerank, Vögel, Tiere, die sich um den kreuzförmig angelegten Kirchenleib ziehen. Auch gab es viele in uralter Zeit eingeritzte Zeichen: zwei Rundbogen, aus deren Mitte ein Kreuz wuchs und an

4 *Der auferstandene Christus als Santiago-Pilger, Relief im Kreuzgang von Sto. Domingo de Silos, um 1150.*

6 *Burgos, Kathedrale, Vierungskuppel des Juan de Vallejo, 1568.*

5 *Westfassade der Kathedrale von Burgos, um 1250.*

7 *Kreuzgang mit Emmausrelief, Kloster Silos, um 1150.*
→

7

9 Retabel in der Kartause von Miraflores bei Burgos, Ende 15. Jh., von Diego de la Croz und Gil de Siloé. →

10 Burgos, Hospital del Rey. Eingangsportal, 16. Jh. →

8 Gil de Siloé. Grab des Juan de Padilla aus Fresdeval, um 1492, Museum Burgos.

10

dessen Enden durch einfache Striche abermals neue Kreuze entstanden. Das blieb seltsam genug; man wußte nicht, welche verschollenen Menschen dergleichen getan hatten. Die Tür an der Seite ist niedrig. Der hohe Raum hat lediglich zur Aufstellung des Altares gedient. Das Kirchlein scheint niemals richtig fertig geworden. Ganze neun mal drei Meter ist es groß. Das Dach liegt in bloßen Sparren dem rötlichen Stein auf. Es mochte einmal anders gewesen sein, weil sich noch Balkenlöcher anfinden. In der von einem einzigen Fenster durchbrochenen Längswand zur Linken lediglich ein mit Weingerank verzierter Stein. Offenbar hatte hier einmal ein Schiff anschließen sollen. Gegenüber der Altar, um den sich die Menschen aus Nordland einst scharten; er steht in einer Apsis, die sich hinter einem Hufeisenbogen öffnet. Den kannten die Westgoten schon, auch Kapitelle finden sich. Zur Linken, eigentlich mehr gemeißelte Zeichnung als Plastik, zwei fliegende Engel, die ein Gestirn halten; auf seinem Kopf eine Mondsichel, Luna dazu geschrieben. Rechts ist in ähnlicher Anordnung das züngelnde Flammen aussendende Sonnengestirn dargestellt. Es gibt weiterhin Steine – wer weiß, wo sie wirklich gesessen haben –, auf denen Christus von Engeln umschwebt und gleicher Weise die Gottesmutter zu sehen sind. Dies alles in der seltsam ritzhaften und doch plastisch wirkenden Form der Meißelzeichnung, bei der die Darstellungen erhaben herausgearbeitet sind. Ahnungen uralter, längst verschollener Kunst schwingen nach. Bei den Schmuckfriesen ist es freilich anders. Die sind technisch von überwältigender Feinheit; Pflanzen, Getier und Trauben, offenbar byzantinischer Herkunft, ziehen sich in endlos fortgeschlungenen Bändern über die Steine ...

Wir wanderten weiter. Seltsame Landschaft, die jetzt im beginnenden Juni so viel frisch umbrochene Felder besaß! Benutzte man sie nur in Regenzeiten? Wiesen, die eine Kuh, Äcker, die Borstenvieh hätten nähren können, fanden sich selten. Das wenige Getreide vergilbte, kaum daß es kniehoch war. Wir befanden uns unterdessen im Herzen jenes Gebietes, das hochberühmt und schwer von vergangenen Sagen ist. Die Gebirgskämme hüben und drüben stellten wahre Burgen der Verlassenheit dar. Orte wie *Lara de los Infantes*, *Campolara*, *S. Millan de Lara*, *Mambrillas de Lara* schmiegten sich tief in Geländefalten. Hierher kamen sie also, die sieben unglücklichen Prinzen!

Die sieben Infanten von Lara

Die Geschichte der Prinzen gehört zu jenen halb epischen, halb balladesken Historien wie das Nibelungen-Epos zur deutschen Vergangenheit; sie ist eine bestürzende, beklemmende Botschaft aus fernen Epochen, in denen elementares, bedenkenloses Handeln noch einen Wert an sich besaß. Die ›Chansons de Geste‹ legten die Begebenheit ins 10. Jahrhundert, und es mag mehr daran stimmen, als wir ahnen. Aber einerlei, wann und wie sie sich zutrug, die Mär von den sieben Infanten von Lara bleibt eine jener Sagen, in denen sich der Geist des frühen Kastiliens spiegelt.

Nach der Überlieferung hatten die Infanten, Söhne des Gonzalo Gustios und der Sancha Velasquez, an der Hochzeit ihres Onkels Ruy Velasquez mit der Doña Lambra teilgenommen, die eine Kusine des Grafen Sancho García von Kastilien war. Warum Doña Lambra ihre künftigen Neffen insgeheim so abgründig haßte, bleibt unbekannt. Jedenfalls ließ sie von einem ihrer Spaßmacher eine mit Blut gefüllte Gurke gegen einen der Prinzen schleudern, was nach einer aus dem Islamischen stammenden Anschauung eine tödliche Beleidigung war. Blut ist der Träger des Bösen. Der Diener floh vor dem Zorn des Infanten zu den Füßen der Anstifterin; es hinderte den jungen Lara nicht, seine besudelte Ehre rein zu waschen und den dreisten Lakai umzubringen.

So der Auftakt. Er hätte sich um diese Zeit überall zutragen können. Die zweite Szene besteht in einer jener erbarmungslosen Konsequenzen, die den Sagen der Frühzeit samt und sonders anhaften. Die junge Frau, tief gekränkt, daß man einen Schutzbefohlenen an ihrem Knie umgebracht hat, besteht darauf, daß der neugebackene Ehemann die Verwegenheit des Lara rächt. Ruy Velasquez bedient sich einer List. Er nimmt seine Neffen mit in den Krieg und spielt sie im Feld in die Hände der Mauren. Heimgekehrt, beeilt er sich, den ahnungslosen Schwager und Vater der Infanten, Gonzalo Gustios, mit einem diplomatischen Schreiben an den Feldherrn Almanzur zu beauftragen. Darin wird der maurische Anführer kurzerhand aufgefordert, den Boten umbringen zu lassen, wie er die sieben Infanten enthauptet hat. Als Gonzalo Gustios im maurischen Lager anlangt, präsentiert man ihm die Köpfe seiner Kinder. Worauf Almanzur den Delegierten, menschlicher als der Christ, nur ins Gefängnis wirft. Immerhin mußte er der Auffassung sein, es handle sich bei Gonzalo um einen Missetäter.

Es ist wichtig, sich vor Augen zu führen, daß dergleichen Beziehungen zwischen Mauren und Christen bestanden. Auch die folgende Umkehrung aller Verhältnisse mutet bezeichnend an – wie im antiken Drama spielt die Zeit nicht die geringste Rolle. Die Schwester Almanzurs verliebt sich in Gonzalo Gustios, gebiert ihm einen Sohn namens Mudarra. Als er herangewachsen ist, bittet Gonzalo ihn, seine Halbbrüder zu rächen. Darauf macht sich Mudarra auf den Weg, ist überall gegenwärtig, eine Inkarnation des Rachegedankens, bis er Ruy Velasquez aufspüren und umbringen kann. Doña Lambra wird gesteinigt, und dies ist das Ende vom Lied.

Eine Geschichte, bar jeden Lichtes. Nur das Bewußtsein, daß Vergeltung geschah, befriedigt die Vorstellung notdürftig. Unrecht gebiert Gegenunrecht, das Gegenunrecht die Rache, die Rache wird gleichbedeutend mit Sühne ... Südlich von Burgos, weit, weit im Lande, dort wo die Gegend einsam, trocken, verlassen geworden ist und nur in tief eingeschluchteten Gründen ein stilles Bächlein fließt, ist er einst herangeritten, der Kavalier aus Cordoba, ›el Moro exposito‹, der schreckliche Mudarra, um den letzten Auftrag seines Vaters zu erfüllen und den Tod seiner sieben Halbbrüder, der Infanten von Lara, zu rächen. Tod um Tod! Es geht zu wie im Hebbelschen Drama. Das Leben ein Vollzug. Freilich, der ganze Süden von Burgos gleicht einer einzigen Sage.

König Haakonsons Tochter

Auch *Covarrubias*, etwas seitab der Straße und landein gelegen, war eine Legende. Der Ort zeigte sich ein wenig heruntergekommen, man muß es gestehen. Früher ist er eine richtige Residenz gewesen. Auf Geheiß Philipps II. bekam er sogar ein prachtvolles Archivgebäude im Herrera-Stil, soviel Urkunden gab es zu bewahren. Es wird heute als Rathaus benutzt; da es einen torartigen Durchlaß besitzt, dient es gleichzeitig als Stadtpforte. Durch sie zogen wir in das kastilische Landstädtchen ein, in dem verschwitzte Landleute in der Bar an der Plaza Mayor die Füße weit von sich streckten und zur Erfrischung ihre Copita hinunterkippten, die aus dem Weinschlauch nachgefüllt wurde. Die ganze Kneipe bestand nur aus Regalen von Ziegenschläuchen voll Wein, einer neben dem andern, mit prall abstehenden Beinstumpen.

Über das Katzenbuckelpflaster des Nestes zu wandern, bedeutete ein halsbrecherisches Unterfangen. Dennoch, man kam dabei auf Gedanken. Wer hatte diese palastartigen Häuser mit den Loggien im Bodengeschoß erbaut? Zu welchem Zweck? Warum schließlich besaß dieses Nest im einsamen Arlanza-Grund gleich zwei Kirchen? Das Rätsel löste sich bald. Seit 950 ist Covarrubias Sitz eines *Klosters S. Cosmas und Damian* und seit 978 Mittelpunkt eines ›Infantado‹, eines Fürstentums, gewesen. Sein Herrschafts- oder Einflußbereich hat sich bis zur Kantabrischen Küste ausgedehnt. Wirklich, man stand auf erinnerungsschwerem Boden. Es gab einen gotischen Kreuzgang am Haupttor der Stadt, Häuser mit Wappen in der Calle de Ruiz Zorrilla und Calle de Sto. Tomás, einen bischöflichen Palast, einen Palacio der Doña Sancha im Stil des 15. Jahrhunderts, einen ›Turm des Fürstentums‹, genannt ›Torreón de Doña Urraca‹.

Ob sich der Turm nach der Gründerin des Ortes, Doña Urraca I., jener Enkelin des ersten kastilischen Grafen Fernan Gonzalez, nannte, die seit 978 sechzig Jahre lang sehr entschieden das Regiment in ihrem Staatswesen führte? Die Grafen von Kastilien hatten das Fürstentum für ihre unvermählten Töchter eingerichtet, damit sie hier als ›Ancillae Christi‹, als Mägde Gottes, ein Leben in Hoheit und Einkehr führen konnten. Bis das fromme Reich schließlich an männliche Erben überging. Auf Urraca I. folgte eine Urraca II., das älteste Kind König Ferdinands I., des Großen von León und Kastilien, übrigens Schwester dreier Monarchen und selbst Königin. Sie hatte als Erbteil das Königtum von Zamora und eben das Infantado Covarrubias erhalten, dessen Bedeutung unaufhaltsam stieg. Doña Sancha, Tochter der Doña Urraca III. und Raimunds von Burgund, die Schwester König Alfonsos VII., betrat die Szene. Von ihr hieß es, sie sei in Rom und Jerusalem gewesen und habe freundschaftliche Beziehungen zum hl. Bernhard unterhalten. Als sie 1160 starb und ihr Grabdenkmal in der Klosterkirche von S. Cosmas und Damian erhielt, war aus der Colegiata schon eine Art Pantheon geworden; ihr gesamter Chor hat als Begräbnisstätte gedient, und die Tumben von Äbtissinnen und Grafen umziehen die Wände der Altarapsis so gut wie der Seitenkapellen.

1252 sollte der Infant Don Felipe auf die Abtswürde von Covarrubias verzichten, um auf Grund einer Vereinbarung des norwegischen Herrschers mit König Alfonso x. die Prinzessin Cristina von Norwegen, Tochter König Haakonsons, zu heiraten. Die blonde Fürstin aus Nordland ist schon nach vier Jahren kinderlos in Sevilla gestorben. Worauf Don Felipe einen neuen Ehekontrakt mit Doña Leonor Ruiz de Lara oder Pimentél, Tochter des Herrn von Castrojeriz, schloß. Hatte er anfangs in herzlichem Einvernehmen mit seinem Bruder Alfonso x. gelebt, wurde er jetzt das Haupt einer Verschwörung gegen den König. Die Umstände seines Todes sind unbekannt; jedenfalls liegt er samt Doña Leonor in Villalcazar de Sirga begraben. Einsam im Kreuzgang von Covarrubias aber ruht die blonde Norwegerfürstin; 1958, anläßlich der siebenhundertjährigen Wiederkehr ihrer Heirat, hat man in Gegenwart einer großen Gruppe von Anatomen, Kunstgelehrten, Historikern und sogar der Diplomaten beider beteiligten Länder die Gruft geöffnet und in ihr die Reste einer gut gebauten jungen Frau gefunden, die bei ihrem Tod sechsundzwanzig bis siebenundzwanzig Jahre alt gewesen sein dürfte.

Ach, das war nur eine der endlosen Episoden aus der Geschichte einer kastilischen Landstadt, in denen sich das Große immer ganz eng mit dem Menschlichen und Allzumenschlichen verschwistert! Als wir in S. Cosmas und Damian eintraten, erschien eifrig eine Beschließerin, worauf sofort Hochwürden, der Hausherr, folgte, um die Führung zu übernehmen. Unter dem schwarzen Priesterkragen lugte ein rotes Würdenstreifchen hervor; auch versäumte er nicht, darauf hinzuweisen, daß er den Titel ›Monseñor‹ trug. Als ›Monseñor Rufino Vargas Blanco‹ signierte er stolz das kleine Bändchen über Covarrubias, das ich erworben und er geschrieben hatte. Es stand säuberlich und ein wenig wichtigtuerisch alles darin aufgezählt, was es zu sehen gab. Einen mächtigen Retabel nämlich neben den Grabmälern, und fast lauernd glitt Monsignores Blick über uns hinweg, ob wir das Monument auch gebührend würdigten.

Er stieß die Tür zu einem kleinen *Museum* auf, wo wundervolle Meßgewänder des 16. Jahrhunderts, Pluviale und Stolen in Mengen hingen und sogar Reste eines uralten arabischen Stoffes oder eines koptischen Bandstreifens lagen. Bilder fanden sich eine ganze Reihe, darunter ein schönes Stück von Berruguete, das ›Wunder der Cosmas und Damian‹, aber schließlich auch die große Enttäuschung von Covarrubias, eine vorgeblich flämische, Van Eyck zugeschriebene Madonna, eine gewiß frühe, aber einfältig schwache Pfuscharbeit. Auf dem Bild las man deutsche Worte geschrieben »Werich der sinder« und »Wer iste des sicher«. Was nur dergleichen auf einem Bild des Van Eyck zu suchen hatte? Indessen gab es auch Schnitzbilder, romanische Kapitelle und vor allem einen herrlichen Santiago zu sehen. Wir bewunderten nach Gebühr. Monsignore konnte mit uns zufrieden sein, steckte sich eine neue Zigarette an und winkte uns nach.

Adios, Monseñor Don Rufino! In weit ausholenden Kehren ging es zur Hauptstraße zurück. Bauern ritten uns entgegen, manchmal zu dritt auf einem Maultier. Ein Bächlein floß nebenher. Wir erreichten die Straße, auf der einst auch der schreckliche Mudarra, nur noch von Rachegedanken erfüllt, geritten war. Wie natürlich einem dergleichen in dieser Landschaft erschien! Lange ging es in die Kordillere hinauf. Am Fuß einer vertrockneten Halde sickerte letztes Wasser hervor, ließ Oasen von Gras, Binsen, Silberpappeln entstehen. Gelegentlich weideten Herden in der Nähe. Wir waren ins Paradies der Schafe gekommen; öde Ställe lagen einsam im Hochland. Dann kam ein Felstor, ein Dörflein, *Carazo* genannt. Die Berge traten enger zusammen, bildeten Felsdurchbrüche von wilder Schönheit. Völlig vertrocknete Höhen und Klippen folgten bar jeder Vegetation, bis plötzlich in einem schmalen Tälchen hier und dort blankes Wasser aus dem Boden brach. Der Bach, dem es entstammte, war der Tabladillo. Gelegentlich verschwand er völlig, um später aus Felslöchern wieder auszutreten. Abermals etliche Straßenwindungen von romantischer Wildheit, während sich im Talgrund ein grüner Anger auffächerte. Wir befanden uns bereits im Bannkreis des sonnenheißen Sto. Domingo de Silos, der berühmten Benediktinerabtei, um die sich ein Dorf schmiegt, das zu Zeiten Karls v. noch eine regelrechte Hofhaltung gewesen war.

Kloster von Silos

Die *Abtei Sto. Domingo de Silos* ist ein erstaunliches Kloster. Sie liegt ohne Aufhebens am Rand des zugehörigen Dorfes. Da ist eine Kirche, gewiß, da sind einige Mauertrakte, aber keinerlei Aufwand. Wer ahnt schon, daß er vor einem der hochberühmten Benediktiner-Konvente des Landes steht? Es ist alles nach innen genommen. Die Klosterpforte läßt sich eher schwierig finden. Dergleichen geht ganz im Sinne des Heiligen zu, dem die Abtei ihren Namen verdankt. Er hat zu den liebenswerten Gestalten seiner Epoche gehört. Das Schweigen war sein Teil. Es gibt eine hübsche Anekdote aus seiner Zeit als Prior von Sta. Maria de Caña. Dort hatte er eine Kirche gebaut, die geweiht werden mußte. Der Bischof von Nájera schickte einen Kanoniker, Don Sancho de Grañón. Der weigerte sich entrüstet, die Benediktion zu vollziehen, als er sah, daß der eremitisch lebende Prior mit zwei Frauen zusammenwohnte. Domingo schwieg. Erst der Bischof klärte Don Sancho darüber auf, daß es Mutter und Schwester des Mönches waren, die ihm in seiner Einsamkeit beistanden, damit aus der Zelle ein Kloster werden konnte.

Als Kind eines Dorfes in der Rioja hat sich Domingo frühzeitig durch Lerneifer hervorgetan und ist vom Hütebuben zum Vorleser in der Kirche avanciert, wo er im Chor die schönen mozarabischen Messen mitsingt, die kein Ende nehmen. Sie sind derzeit noch im Brauch. 1032 tritt er als Novize ins Kloster S. Millan de Cogolla ein, das er nach seiner Priesterweihe für einige Zeit verläßt, um sich im Schweigen zu üben. In einer der Höhlen des San Lorenzo hoch im Gebirge der Sierra de la Demanda. Erst dann fühlt er sich zum Reden befugt und wirkt als Novizenmeister und Lehrer für die Oblaten. Er sollte bald zum Prior des Klosters aufsteigen. Damals ereignet sich ein Zwischenfall, der ihn berühmt macht. Gonzalo de Berceo hat davon berichtet. König García Sanchez III. von Navarra versucht das reiche Kloster zu erpressen, um Geld für seine Grenzstreitigkeiten zu bekommen. Bereits geben Abt wie Mönche nach. Nur Domingo widersetzt sich. Worauf ihm der König unverblümt mit Gewalt droht. Domingo antwortet mit der Zauberformel, welche alle Großen der Welt entmachtet.

Puedes matar el cuerpo, la carne mal traer;
Mas non as en el alma, Rey, ningún poder.

Du kannst töten den Körper und quälen den Leib,
aber hast keine Gewalt über die Seele, König.

Spricht's, geht unangefochten nach Burgos und wird von Fernando I. von Kastilien herzlich aufgenommen, worauf er als Mönch in Silos eintritt. Sieben Jahre später wählt man ihn dort zum Abt. Damals gilt er in den umliegenden Dörfern bereits für heilig, seiner Mildtätigkeit und Menschenfreundlichkeit wegen. Am 20. Dezember 1073 ist er gestorben. Er war einer der Wohltäter der gequälten Menschheit in Spaniens Schreckenszeiten. Die Vertreter der Humanität sind von Sto. Domingo bis Las Casas zur Zeit der Conquistadoren allemal Mönche gewesen. Tritt man in die Kirche von Sto. Domingo de Silos ein, stößt man alsbald auf Spuren solcher Wirksamkeit: Ketten nebst Ringen, die den Gefangenen von den Mauren angeschmiedet waren, hängen im Vorraum. Der Heilige dürfte seine Glaubensgenossen losgekauft haben. Welches Problem diese Christensklaven in mohammedanischer Knechtschaft bedeuteten, sieht man daran, daß noch Cervantes einige Jahre seines Lebens als maurischer Sklave in Afrika verbracht hat.

Leider, die Kirche ist nicht mehr die alte, sondern im 18. Jahrhundert neu erstanden. Als wir anlangten, brach man eben den Boden des Schiffes auf, um innerhalb der romanischen Fundamente eine neue Krypta zu bauen. Aus dem Schutt kam viel Kostbares ans Licht, darunter ein romanisches Tympanon und noch frühere Steine. Das Kloster Sto. Domingo de Silos ist alt und war zuvor dem hl. Stephan geweiht. Aber bereits in der westgotischen Ära hatten hier Mönche nach der Regel S. Isidoros und S. Fructuosos gelebt. Von alledem steht nur noch der romanische *Kreuzgang*. Der allerdings . . .

Vergegenwärtigt man sich das, wird es zu einem Ereignis: inmitten der heißen Felstäler südlich Burgos ein kühles Kloster. Im Herzen dieser Abtei ein romanischer Kapitelsaal und ein ebenso alter Kreuzgang von zwei Galerien, in dessen Innenhof, vielbedichtet, Zypressen aufragen und ein Brunnen sein Wasser in ein Becken mit Goldfischen und blühenden Seerosen sprudelt. Im Schattendunkel des Kreuzgangs neben dem alten Kapitelsaal eine romanische Holzmadonna aus der Kirche und nur ein paar Schritte davon über dem tiefgelegenen Grab des hl. Domingo eine Tumba, während aus der ›Klosterschule‹ die gebrochenen Töne der mozarabischen Messe heranschweben, süß, beladen mit Herzensbeschwer und dennoch frei von jedem Sentiment. Die wahren Kostbarkeiten dieses Kreuzgangs stellen die Kapitelle und die Reliefs an den Eckpfeilern dar. Die zum Teil zylindrischen, zum Teil konischen Säulenschäfte haben vielfach erneuert werden müssen. Der Stein ist weich, die Zeit tat das ihre. Aber die Kapitelle blieben bis auf zwei, drei ohne Makel erhalten; sie sind meist mit Fabelgetier, Pflanzen-Ornamenten oder Korbmustern überzogen. Nur zwei Kapitelle tragen Darstellungen aus der Heilsgeschichte.

Der Kreuzgang verdankt diesen Schmuck maurisch inspirierten Händen. Die Feinheit der Modellierung, die sorgfältige Ziselierung der Oberfläche der Greifengestalten und Fabeltiere, Geflechte oder Akanthusblätter gemahnt an Goldschmiedearbeit oder an Elfenbeinschnitzereien. Sie haben tatsächlich als Vorbild gedient, als man zu Lebzeiten des Heiligen mit der Arbeit begann. Erst ein Jahrhundert hernach ist die Anlage vollendet worden. Daher verraten die Kapitelle die Hand verschiedener Meister. Die der frühen Nord- und Ostgalerie stammen aus dem 11. Jahrhundert und sind von einem genialen ersten Künstler geschlagen worden, der den Säulenkopf anfangs noch blockhaft empfindet und erst im Lauf der Arbeiten zu gelösteren Darstellungen gelangt. Vor allem bei seinen geflügelten oder gazellenartigen Fabelwesen. Gelegentlich stehen sie in Reihen übereinander, vermutlich ein der Textilkunst entlehntes Motiv, während Rankenwerk das gesamte Kapitell umspielt. Dazu gesellen sich rein dekorative Themen wie das Korbmotiv, dessen Flechtmuster auch den Abakus, die Säulendeckplatte, einbezieht, welche die Kapitelle der Säulenpaare jeweils zusammenbindet. Jedesmal werden neue Lösungen gefunden; selbst wo sich die Säulenköpfe wie von Strumpfgewirk überzogen ausnehmen, bleibt der Eindruck einer beschwingten Eleganz. Der Meister des 12. Jahrhunderts, der den West- und Südflügel schuf, wirkt dagegen derber; er besitzt eine Neigung zur Ausdruckssteigerung und krassen Realistik, die bis an die Grenze der Karikatur reicht.

Der Kreuzgang ist in den Erweiterungsjahren der untergegangenen Kirche um 1085 bis 1100 entstanden. Nach der Fertigstellung des unteren Teiles stockte man eine zweite

Galerie auf, die zwar noch romanische Rundbögen besitzt, aber in ihrer Plastik gotische Neigungen verrät. 1158 waren die Arbeiten samt und sonders abgeschlossen. Allein, das Genie der Bildhauer hatte sich keineswegs an den Kapitellen erschöpft; die ungleich größere Leistung sind die Reliefplatten an den Eckpfeilern, acht an der Zahl, von denen die beiden letzten, eine Wurzel Jesse und eine Verkündigung an Maria, mit dem bewegten Faltenwurf der aufkommenden Gotik vielleicht vom zweiten Meister stammen. Sie müssen um 1150 geschlagen sein. Bedeutender bleiben die mit Sicherheit vom ersten Meister geschaffenen sechs Reliefs der Auferstehung und Kreuzabnahme am Nordostpfeiler, der Himmelfahrt und Ausgießung des Heiligen Geistes am Südostpfeiler und schließlich des ungläubigen Thomas und der Jünger von Emmaus am Nordwestpfeiler. Hier ist der letzte Zweifel behoben: der große frühe Meister von Silos muß aus dem maurisch besetzten Süden Spaniens gekommen sein. Die Anordnung und Behandlung der Figuren entstammen der islamischen Welt. Wie da Christus dem ungläubigen Thomas vor den versammelten Jüngern seine Wunden zeigt, in die der Zweifler den Finger legt, wie sich die Jünger da nebeneinander staffeln, das ist so reihenhaft empfunden, daß keine andere Erklärung bleibt. Die unteren Extremitäten werden in manierierter, tänzerischer Pose gegeben. Das Volumen der Körper ist wohl plastisch empfunden, aber der Faltenwurf gleichzeitig zeichnerisch-geometrisch skandiert. Nicht der Aufbau, sondern der Rhythmus und die Wiederholung bestimmen die Fläche. Mit anderen Mitteln findet bei der Auferstehung Christi ähnliches statt. Hier wird das Thema in zwei Ebenen angelegt und durch vierfache Richtungsverschiebung variiert. Am großartigsten wird dieses Mittel der Wiederholung bei der Szene von Emmaus angewandt. Es ist das erlesenste Stück der herrlichen Folge. Christus, abermals in tänzerischer Pose, schreitet voran, ganz von der Seite aufgefaßt folgt der mittlere der Jünger, modelliert durch die nämliche flächenhafte Spannung des Gewandes, die auch den Jesaias von Souillac so eigenartig umhüllt, daß die Toga sich fast in geometrisch umschreibbaren Formen dem Körper anschmiegt. Man kann es nicht länger bezweifeln, Silos ist der Anfang gewesen; von hier schlug die Flamme bis nach Frankreich hinüber. Mag immerhin Byzanz oder die Antike den Künstler inspiriert haben, der die Reliefs in ihrer hoheitsvollen Herbheit schuf, die Stimme des Orients bleibt unüberhörbar.

Christus trägt in der Emmausszene die Jakobsmuschel auf seiner Tasche; er ist damit als Santiago-Pilger charakterisiert. Welch ein poetischer Einfall, die irdische Wanderschaft des Herrn auf den Himmel zu durch das Jakobsemblem in Beziehung zur Wallfahrtsstraße nach Compostela zu setzen! Allein, es bleiben zahllose Einzelheiten von Silos zu berichten, die bunte Bemalung des Balkenwerkes im Kreuzgang mit der schwarzen Messe der Tiere, die wundervollen Steine des Klosterschatzes; Nuestra Señora de Marzo und das Heiligengrab im Nordflügel des Kreuzgangs; der berühmte Kelch des hl. Domingo und die Bibliothek. Wo hier enden? Unvergeßlich vor allem die wunderbaren Stunden der Einkehr, während der Chor der Oblaten und Novizen gregorianische oder mozarabische Messen sang, deren Pflege das große Anliegen des Klosters ist.

Sie klangen uns lange in den Ohren nach und ließen uns nicht mehr los, während wir durch Hitze und afrikanische Felshöhen nach Burgos zurückkehrten.

Pulchra est et decora
oder
Die Kathedrale von Burgos

Einerlei, ob man das neue *Burgos* betrachtet, das von der Höhe des alten, 1736 einem Brand zum Opfer gefallenen Kastells, der einstigen Residenz kastilischer Könige aus gesehen mit Burgos schlechthin identisch scheint, ob man auf den höheren Rängen der Altstadt steht oder schließlich von Miraflores über die Landschaft nach Burgos schaut – immer ist es die *Kathedrale*, die diese Stadt beherrscht. Neben ihr wird alles andere unwesentlich. Trotz fremdländischer Zuströme bleibt dieser Bau ein überaus spanisches Werk. Sie läßt sich höchstens mit englischen Kathedralen vergleichen, die stets eine geistliche Stadt bilden. Sie ist gleichzeitig Krönungsstätte gewesen. Sie wurde nicht aus dem Volk geboren, sie verdankt einem König ihr Dasein. Zwischen Kronen und Kathedralen bestehen meist enge Zusammenhänge – sie verleihen dem Königtum eine metaphysische Legitimität.

Das ursprüngliche zentrale Gotteshaus der Diözese Burgos lag in Gamonal, einem heutigen Vorort. Als Alfons VI. 1075 seine Residenz nach Burgos verlegte, mußte die Kathedrale folgen. 1077 stand die neue Kirche bereits; elf Jahre hernach war auch der Bischofssitz eingerichtet. Die romanische Kathedrale von Burgos muß bescheiden gewesen sein. Von ihr blieb nichts übrig als drei mit einfachen Ornamenten geschmückte Kapitelle.

Den Anstoß zum Bau einer neuen Kirche dürfte die Armut der alten gegeben haben. Treibende Kraft war der Bischof Don Mauricio, dessen Grabtumba man heute im Chor der Kathedrale findet. Die Idee mag ihm bereits gekommen sein, als er den Auftrag empfing, Prinzessin Beatrix von Schwaben einzuholen, die er hernach mit König Fernando III. verheiratete. Sein Weg führte ihn entlang des berühmten Camino francés nach Deutschland, und auf diesem Weg sammelte er

Eindrücke. Heimgekommen bat er seinen Monarchen um die Genehmigung zum Abbruch der alten Kirchengemäuer und zum Bau eines neuen Gotteshauses.

Schon am 20. Juli 1221 legte Fernando III., der Heilige, den Grundstein. Neun Jahre später feierte man die erste Messe, was anzeigt, daß der Chor bereits geschlossen war. 1238 verschied der unternehmende Oberhirte. Er hatte die besten Künstler für die Arbeiten gewonnen und entschieden, die Kathedrale sei »im neuen Stil« aufzuführen. Wir kennen den Namen des ersten Baumeisters nicht, den man lange Zeit mit Meister Enrique identifiziert hat, was aber nach den Daten nicht stimmen kann. Enrique war der berühmte Schöpfer der ›Pulchra Leonina‹, der Kathedrale von León, und wurde der zweite Leiter der Bauten von Burgos, die er 1235 übernahm. Spanien verdankt ihm also seine beiden Meisterwerke der Gotik. Er sollte am 9. Juli 1277 sterben. Seine Frau Mathia hat ihn bis 1308 überlebt, was den Rückschluß zuläßt, daß sie wesentlich jünger war.

Unter den Händen Meister Enriques entstand ein Gotteshaus, das für Spanien unerhört war. Es besaß drei Schiffe zu zehn Jochen, ein breites Querschiff mit sieben Jochen, Chorumgang, fünf Vieleck-Apsidialkapellen, vier rechteckigen und ebensoviel quadratischen an den Armen der Kreuzungen. An sich stellte sich Enrique damit durchaus in die Tradition und folgte klösterlichen Vorstellungen. Die Anlage stimmt weitgehend mit der französisch-normannischen Gotik überein. Das Schiff gleicht dem von Bourges, der Chor ähnelt dem von Pontigny und dem der Kathedrale von Coutances, unterlag also zisterziensischem Einfluß, wenn auch nicht in der strengen, frühen Form, sondern jener des vielgescholtenen Abtes Johannes II., was eigentlich nicht verwundert. Die Geldgeberin dieses Zisterziensers aus Burgund hieß Blanca von Kastilien.

Nach dem Tod des Meisters Enrique folgte Juan oder

Johan Perez, der ebenfalls in León gearbeitet hatte. Er ist 1296 gestorben und samt seiner Frau Marina Martinez im niederen Kreuzgang begraben. Unter den späteren Baumeistern sind Pedro Sanchez, gestorben 1384, Juan Sanchez de Molina, zwölf Jahre hernach von dieser Erde gegangen, und Martin Fernandez, von dem wir 1418 eine Nachricht haben, bemerkenswert. Diese Hauptfiguren unter zahllosen Handwerkern, die an der Kathedrale arbeiteten, waren allesamt Spanier. Am 20. Juli 1260, auf den Tag genau neununddreißig Jahre nach der Grundsteinlegung, fand die feierliche Weihe statt.

Die Kathedrale von Burgos läßt sich unter verschiedenen Aspekten betrachten. Angeschmiegt an den in Straßenterrassen aufgebauten Schloßberg zeigt sich trotz der verwirrenden Vielfalt im Innern ein Schiff von äußerlich klarer Struktur. An seiner Front trägt es zwei prachtvolle Türme, mit denen es eine besondere Bewandtnis hat. Bischof Alonso von Cartagena, Sohn des jüdischen Konvertiten Pablo de Santa Maria und seit 1435 Bischof, beschloß, die Fassade, von der gleich zu reden sein wird, mit zwei Türmen zu krönen, wie er sie 1431 auf seiner Reise zum Konzil von Basel, wohl mit dem Schiff den Rhein aufwärts fahrend, gesehen hatte. Freiburg und Straßburg sind in der Tat die Vorbilder zu diesen herrlichen Schöpfungen geworden. Er brachte einen deutschen Meister von seiner Fahrt mit, der die Türme aufführte, Juan de Colonia oder Hans von Köln, der hernach eine Spanierin heiratete und mit ihr einen Sohn hatte, Simon de Colonia, der ebenfalls Architekt wurde wie auch dessen Sohn Francisco.

Auch ohne die Türme wäre die *Hauptfassade* bereits ein unvergleichliches Werk, hätte ihr nicht ein Mißgeschick übel mitgespielt. 1653 und 1770 sind ihre drei herrlichen Portale zerstört und durch Zugänge von bedauerlicher Einfalt ersetzt worden. Über der Portalzone folgt das zweite Geschoß mit der schönen Fensterrose und Spitzbogenfenstern links

Der Schreiber übergibt sein Werk dem Königspaar

Miniatur im Stundenbuch König Fernandos I.
von León und Kastilien, 1055.
Santiago de Compostela, Universitätsbibliothek

wie rechts, neben denen Turmpfeiler emporgleiten. Im dritten Geschoß zieht sich eine Reihe von großartigen Figuren um die gesamte Fassade, deren Anordnung ein sorgfältig durchdachtes Programm erkennen läßt. Am nördlichen Turm stehen heilige Mönche, am südlichen die Kirchenväter; sie besitzen eine so heitere Gestimmtheit wie die Statuen von Reims und kaum geringere innere Größe als die von Bamberg. Im Mittelfeld der Fassade über der Rosette sind, von Spitzbögen überwölbt, acht kastilische Herrschergestalten postiert, die man ob ihrer entlegenen Höhe nur schwer identifizieren kann. Die Krönung des Mittelteiles geschieht durch ein ungewöhnliches Mittel, durch eine monumentale, brüstungsartige Schrift in gotischen Lettern: »Pulchra est et decora«. Sie ist dem Hohen Lied entnommen und spielt auf die Heilige Jungfrau an, deren Standbild die Schrift in der Mitte unterbricht.

Vielleicht sind das Schönste des vielschichtigen Bauwerks die erhalten gebliebenen *Seitenportale.* Vor allem das der Nordfassade, die Portada de la Coronería und das der Südfassade, die Portada del Sarmental. Das erste, das von der hochliegenden Calle de Fernan Gonzalez Zutritt gewährt, ist ähnlich aufgebaut wie die Hauptfassade. Es besteht aus einer Blendfassade mit einem Figurensims kastilischer Herrschergestalten. Darunter folgen in den Gewänden die zwölf Apostel. Eine dreifache Figurenarchivolte überwölbt das Tympanon mit der Krönung Christi und einem Figurenarchitrav. Die bedeutsamsten Plastiken sind zweifellos die Gewände-Apostel, Meisterwerke spanischer Gotik. Am Gegenstück dieses Portals, dem Südeingang des Querschiffs, der ›Portada del Sarmental‹, waren Meister aus Amiens tätig. Naturgemäß fand diese Pforte mehr Gelegenheit, sich zu entwickeln und wirkt daher ungleich monumentaler, wiewohl ihre Skulptur nicht die nämliche Größe besitzt. Auf dem Tympanon findet sich Christus, eingerahmt vom Viergetier in dezidierten, naturalistischen Formen; er wird umgeben von den vier Evangelisten, die beflissen an Schreibpulten hocken und die Lehre aufzeichnen, die er mit erhobener Hand verkündigt. Zweifellos ein Einfall. Ob er ein guter war, steht dahin. Trotz des erzählerischen Schwunges drängt sich der Gedanke einer himmlischen Schreibstube auf. Das Episodische richtet das Sakrale zugrunde.

Abermals: Morgen in Burgos! Die blinden Losverkäufer haben Posto an den Straßenecken bezogen, jeder neben sich sein kleines Transistorengerät, dem er verzückt lauscht. Von den Infanteriekasernen schallt Getrommel und Hörnergeschmetter herüber. Vor der Kavalleriekaserne am Gegenufer des Arlanzon bäumen sich die Pferde. Das ist die Stunde, in der das Licht den richtigen Grad von Helligkeit erreicht, um den Dom in Szene zu setzen. Denn perlgrau ist er, will und muß er sein. Das Blau des Himmels paßt nicht zu ihm. Erst ein bedeckter Tag läßt sein Äußeres voll zur Geltung kommen. Dann besitzt er jene ergreifende Noblesse, die uns an jeder der vielen Außenfiguren so entzückt: eine in die Tessel geschobene Hand hier, ein leichtes Lächeln dort. Hinter dem Chor der Capilla del Condestable führt eine Treppe hoch. Steigt man darauf empor, wird die Kathedrale zu einem Gebirge der Ränge, steinernen Gebete, hierarchisch erhöhten Türme. Und der Wappen. Sie gehören dem plateresken Stil an und werden von großen Pagenfiguren gehalten. Wie in einer Parodie darauf greifen nebenan zwei Engel dergestalt in die Strahlenspeichen einer Sonne, als stünden sie am Steuer eines Schiffes. In der Tiefe verschwindet die Portada de Pellejería, ein 1516 entstandenes Werk des Francisco de Colonia in platereskem Renaissance-Stil, als Nebeneingang der Portada de la Coronería im Kirchengemäuer. Darüber erhebt sich mächtig die ›Laterne‹ der Vierungskuppel, die in Wirklichkeit ein dreigeschossiger Bau von üppigem Zierat ist, versehen mit Umgängen, die jede der acht Ecken mit einem Rundbalkon umschwingen. Nicht zu vergessen die acht mächtigen, mit Figuren umstandenen Fialen, die Figuren der Brüstung. Dieser Vierungsturm hatte übrigens ein besonderes Schicksal. 1535 in zweiter Fassung durch Simon de Colonia vollendet, brach er vier Jahre später zusammen, worauf ihn Francisco de Colonia im Verein mit Juan de Vallejo in der heutigen Form wieder aufbaute. Das Werk war 1568, sechs Jahre nach Franciscos Tod, vollendet.

Im Schiff der Kathedrale

Man muß sich von der Vorstellung frei machen, man habe es bei der Kathedrale mit einem Gotteshaus von gewohnten Dimensionen zu tun. Rein äußerlich läßt sich eine ganze Reihe von Baugruppen unterscheiden: die Turmfassade, eine doppelgeschossige Kreuzganganlage südlich des Chores, die Capilla del Santo Cristo, die angehängten Bauteile der Capilla del Condestable und die hoch über die Vierung steigende Laterne. Vor allem das Schiff.

Im *Innern* wird dieses vielfältige Ensemble von Bauteilen völlig unübersichtlich, vornehmlich durch den Einbau des ›Coro‹ im Mittelschiff. Es erscheint daher als ein Konglomerat von Räumen, die durch Seitenschiffe und Chorumgang eher notdürftig zusammengebunden werden. Die oft kirchengroßen Kapellen gleichen Häusern einer Stadt, die man durch Mauern oder riesige Gitter abgeschlossen hat, bevölkert von den zahllosen Figuren der Grabmäler, Retabel und Reliefs. Am einfachsten hat es noch, wer durch die ›Portada del Sarmental‹ eintritt. Hier, im südlichen Querschiffsarm, umgibt ihn klare Weiträumigkeit. Aber schon lenkt das Spiel der Fluchten und Bilder sein Auge ab. Zur Linken öffnet sich die *Capilla de la Visitacion* mit der Tumba jenes Bischofs Alonso de Cartagena, der von seiner Reise nach Basel Meister Hans von Köln mitbrachte; zur Rechten führt eine von einer Verkündigungsgruppe flankierte Tür zur oberen Galerie des Kreuzgangs; voraus lockt die Vierung, einen Blick auf den Hauptaltar zu werfen. Allein, vergeblich das Rütteln am Gitter, der Durchgang bleibt versperrt. Wer sich nicht zu einer Tributzahlung an einen der Führer versteht, ist ausgeschlossen. Eben, weil das gesamte Mittelschiff vom dritten Joch bis zum Hauptaltar in einen Chorraum für die Domklerisei mit massiven Wänden und gelegentlichen Gitterdurchbrüchen verwandelt ist, bei denen das Auge keineswegs auf seine Rechnung kommt. – Musik klingt auf! Es ist Samstag vor Pfingsten; die Kanoniker haben die Vesper intoniert. Im Gestühl gewahrt man nur wenige Domherren, davor eine Gruppe rotgekleideter Meßknaben und niederer Kleriker, die für die alten Herren das Singen besorgen. Man befindet sich vorm Gitter jenes Chorteiles, in dem das Grabmal mit der Statue des Domgründers Don Mauricio aus dem 13. Jahrhundert steht. Vom Hochaltar ziehen jetzt weitere Domherren mit Kandelabern durch die Vierung heran, queren die Platte, die genau unter der Kuppel liegt; es ist ein Heiligtum für Kastilien und ganz Spanien, denn unter ihr liegt der Cid mit seiner Frau Doña Jimena begraben.

Gleichsam unter Zwang gleitet das Auge empor. Da geschieht denn doch das Wunderbare; es sieht aus, als sei einzig dies das Anliegen jener späteren Epoche gewesen, die den Blick durch den Chor, diese Kirche in der Kirche, verstellt hat. Der gotische Bau hat sich aller Vorbilder begeben. Statt gebündelter Pfeiler wallen mächtige Steinzylinder empor. Oben sind sie mit ornamentalem, platereskem Schmuck gleich Blumen überstreut, durch Kannelierungen aufgerillt, dann in Zwickel auseinander gefächert. Bis sich endlich das erstaunliche Baugebilde als Oktogon zu einer Höhe öffnet, hebt, wölbt und schließt, welche sonst nur französische Kathedralen erreichen. Zuoberst wird der himmlische Paradiesesgarten mittels eines Sterngewölbes von deutlich arabischem Ursprung überfangen. Durch die Gefilde der Verheißung fällt der Blick also auf den wegweisenden Stern der Verkündigung. Die Architektur wird zum Bild und zur Szene. Die Kathedrale hat ihren großen Augenblick; es ist alles erfüllt, was man begehrt, und die anfängliche Enttäuschung beschwichtigt. Herkömmliche, gewohnte Vorstellungen versagen. Diese Architektur unterliegt dem gleichen inneren Zwang wie die Verzückungen der hl. Teresa von Avila. Sie ist ganz offenbar ein Geschenk der spanischen Mystik. Das Datum der Fertigstellung des ›Crucero‹ durch Juan de Vallejo, der am 20. Dezember 1568 vom Kapitel einhundert Dukaten Gratifikation erhielt, paßt ausgezeichnet dazu. Teresa de Jesus kam 1515 in Avila zur Welt und starb 1582. Wohlverstanden wird hier keinem direkten Einfluß das Wort geredet, aber die Wölbung über der Vierung ist Geist von ihrem Geiste.

Kreuzgang und Kapellen

Vielleicht müßte man die ganze Kathedrale so empfinden: als ein Irren von Andachtsstätte zu Andachtsstätte, begleitet von Grüften, dazwischen immer wieder erhabene Aufblicke. Das gilt sogar für den Kreuzgang und seine Reminiszenzen, die man als Anrufungen zu verstehen hat. Hinter der ersten Chorumgangskapelle öffnet sich eine kleine Passage, in der gewöhnlich das Herdfeuer der Kathedrale, ein kleiner Holzkohlenberg auf einem Säulenfuß, glimmt, dazu bestimmt, jederzeit Glut für die Weihrauchfässer zu liefern.

Nach einer weiteren Tür öffnet sich der *obere Kreuzgang;* der untere ist längst von der Kathedrale separiert, aufgelassen und dient als Straßenpassage. Oben hingegen herrscht das Schweigen der Zeitlosigkeit. Man hat hier das *Diözesan-Museum* eingerichtet. Daher finden sich allenthalben ehrwürdige Überbleibsel, zernagte Figuren, abgeblätterte Bilder, aber auch herrliche Statuen. Einmal geht es hinaus in einen ursprünglich zur Santiago-Kapelle gehörigen, jetzt mit Tapisserien abgehängten Raum; darin liturgische Gewänder aus dem 15. Jahrhundert und kostbare Beutestücke, so eine Maurenfahne mit arabischer Inschrift, die aus Granada stammt. Im Nebengemach, der Capilla Sta. Catalina, steht liturgisches Gerät in Fülle, liegen Handschriften auf, unter ihnen der Ehekontrakt des Cid. Sind es in der Kathedrale gewöhnlich Grabtumben, die das Auge faszinieren, hier wird es von Bildern zahlloser Kirchenfürsten und Prälaten angezogen. Auch im nächsten Raum Bilder, dazu ein Schmerzensmann von Diego de Siloé, hoch an der Wand der Koffer des Cid. Freilich ist das Gelaß viel einfacher gehalten; es besitzt kein üppiges Portal, sondern dient eigentlich nur als Vorraum des Kapitelsaales, der sich hinter einer Treppe mit einer Decke im Mudejar-Stil öffnet.

Doch zurück in den Kreuzgang! Sein höchster Augenblick ist gekommen. Im Winkel hinter der Ecke steht, wenngleich unglücklich beleuchtet, ein herrliches Figurenpaar. Es gehört zu den schönsten Arbeiten von Burgos. Nach der einen Version handelt es sich bei dieser Gruppe um die Gründer Fernando III. und Beatrix von Schwaben, von der später die Rede gehen wird. Nach einer anderen um ihren Sohn Alfonso X., den Weisen, deutschen König, und dessen Frau Violante von Aragon. Mit einem etwas törichten Lächeln, gleich der Naumburger Reglindis, blickt die Fürstin, die Linke in die Tessel gehängt, zur Seite, zu ihrem Gatten hinüber.

Wieder im *Chorumgang* stößt man auf eine Reihe von Passionsreliefs riesigen Ausmaßes an der Außenwand des Chorumgangs. Es ist der sogenannte ›Trasaltar‹, der Gegenaltar, den Philippe Bigarni aus Langres anläßlich einer Pilgerfahrt nach Santiago de Compostela schuf; das heißt, er zog keineswegs weiter, sondern kam und blieb. 1543 ist er gestorben, ohne sein Werk zu vollenden. Erst rund hundertfünfunddreißig Jahre hernach hat ein Bildhauer aus Madrid das Werk durch die beiden äußeren Reliefs vollendet. Gegenüber öffnet sich jetzt die Kapelle Santiago, aber erst die nächste, die Scheitel- oder Radialkapelle, offenbart wieder allen Zauber, deren die Kathedrale von Burgos mächtig ist. Es handelt sich um einen an Stelle der S. Pedro-Kapelle angefügten Bauteil der Spätgotik, die *Capilla del Condestable*, die sämtliche Kraftströme ihres Zeitalters zusammenrafft. Sie entstand anläßlich des Krieges um die letzte maurische Bastion, Granada, und ihr Stifter war der nämliche Don Pedro Hernandez de Velasco, der sich den Palacio del Cordon aufführen ließ, samt seiner Gattin Mencia Mendoza de la Vega, Tochter eines bekannten Poeten, des Marques de Santillana. Auch der Meister, der die Arbeiten ausgeführt hat, trägt einen bereits vertrauten Namen; es war Simon de Colonia. 1494 dürfen wir die Arbeit als abgeschlossen betrachten, wenn sich auch die Vollendung der Sakristei bis 1512 verzögerte. Man könnte auf den Gedanken verfallen, die Kapelle bilde den Schwerpunkt der Kathedrale; sie ist der einzige Raum, der unverbaut zur Geltung kommt. Hinter einem schmalen Eingang öffnet sich breit ein mächtiges Sechseck, das von einem wunderschönen Sterngewölbe überfangen wird. Im üppigen Schmuck der Spätgotik wallen die Wände empor, belebt von Nischen mit Blendarkaden, kostbares Filigran von plastischem Spitzenwerk hängt darüber. In den Obergaden steigen Buntfenster auf. Vor dem Altar liegt, mehr phantasievoll als ähnlich dargestellt, die Tumba mit Figuren des Stifterpaares, der Vizekönige. Die späte Gotik hat an dieser Stelle etwas Äußerstes erreicht.

Noch immer nehmen die *Kapellen* kein Ende. Endlich öffnet sich das nördliche Querschiff, in dem eine festliche Treppe zum Krönungsportal emporsteigt und mächtige Tapisserien flandrischer Herkunft hängen. Schon folgen neue Seitenräume, als vorderste Kapelle neben dem linken Seitenschiff die der hl. Anna. Vermag man noch von einer Kapelle zu reden? Sie ist hinausgewuchert bis an die Bergwand, die hier gegen das Gotteshaus lastet. Bei der nächsten Seitenschiffkapelle, jener der hl. Thekla, findet diese Methode ihre üppigste Ausprägung; sie umfaßt vier gewöhnliche Kapellen und verdoppelt sie sozusagen. Damit ist eine regelrechte Nebenkirche entstanden, die erst zwischen 1731 und 1734 in ihrer heutigen Gestalt vollendet wurde, ein mächtiges, sinnverwirrendes Bauwerk mit buntem Rokoko-Dekor auf den Gewölben.

Überhaupt, was bleibt Kirche in dieser Kathedrale? Man muß schon in die erste Kapelle des rechten Seitenschiffs wandern, um einen Gemeinderaum zu finden, zur Capilla del Santo Cristo. Als letzte bleibt die schöne Capilla de la Presentación auf der rechten Schiffsseite übrig, in der sich das Grabmal des Kanonikus und Protonotars Gonzalo de Lerma befindet, der sie 1520 ausbauen ließ. Sein Grabmal schuf derselbe Philippe Bigarni aus Burgund, der den Trasaltar formte. Erneut leuchtet der betörende Reichtum, die gewaltige Fülle des Schmuckes in der Kathedrale von Burgos im plateresken Sakristeiportal mit den Renaissance-Ornamenten auf. Aber wollte man alle Bildwerke, alle Statuen aufzählen, man käme zu keinem Ende! Schon mit den Meisternamen hat es seine Schwierigkeiten. Wer kennt sie überhaupt, die Künstler der frühen kastilischen Gotik, welche die prachtvollen Plastiken von Fernando und Beatrix oder Alfonso und Violante schufen? Aus dem Dämmer der Zeiten tauchen Namen wie der Meister Enriques, der Familie de Colonia, Gil de Siloés und seines Sohnes Diego auf samt einer Unsumme anderer, die man in diesem großen Solistenkonzert gar nicht verzeichnet. Dies nur als kurze Rückerinnerung an die Erbauer. Wessen Schicksal sich aber in dieser Kathedrale beschloß . . .? Die Reihe ihrer Gestalten ist noch weniger zu ermessen. Vom Cid bis zu jenem Mudarra, der aus dem Maurenlande heranzog, um seine sieben Brüder, die Infanten von Lara, zu rächen.

Am schönsten bleibt es, gegen Abend in die Kirche zu kommen. Ein sonniger Spätnachmittag sollte es sein, wenn das Licht verklärend und vergoldend das Dämmerdunkel der langen Seitenschiffe durchdringt. Dann bekommt die Kathedrale von Burgos das, um was man sie durch den Einbau des Chores gebracht hat, Durchsichtigkeit und Fluchten; man ahnt sodann etwas von der verborgenen Größe, die sie einst besessen haben muß, als Meister Enrique den Grundplan schuf...

Wir haben sie nicht vergessen, die durchziehenden Pilger aus aller Welt und ihr innigstes Anliegen: die Santiago-Darstellungen dieser Kirche. Santiago als Patron in seiner Kapelle, Santiago als Maurentöter über dem Thekla-Altar, Santiago als Pilgersmann im Kreuzgang, drei Variationen eines unendlich oft gestalteten Themas. Natürlich besuchten die Wallfahrer die Kathedrale, wenn sich auch eine spätere Zeit nicht immer grundlos bemühte, sie aus dem Weichbild der Stadt fernzuhalten. Die Pilger zogen bis vor die Mauern von Burgos; ein Teil von ihnen fand Unterkunft im Hospital S. Juan gegenüber der Kirche S. Lesmes. Davon steht nur noch ein Teil der Fassade. Oder aber sie wanderten unter den Mauern der Stadt weiter, folgten der heutigen Promenade am Arlanzon, überschritten den Fluß und blieben im Hospital del Rey bei Las Huelgas. Das Bild der Kathedrale war auf diesem Weg dauernd vor, neben und greifbar hinter ihnen. Es wurde ohne Frage für sie zu einem der Höhepunkte, einem Glanzstück der Wallfahrt, von dem es später viel zu erzählen gab. Vielleicht konnten sie zu Hause sogar berichten, daß hier Meister ihrer Heimat gewirkt hatten und wieviele Spuren ausländischer Zuwanderung diese erstaunliche Stadt verriet. Oder daß man plötzlich auf jemand gestoßen war, der vom Vater her englisch, französisch oder deutsch radebrechte. Denn die alte Hauptstadt Kastiliens, das im reinsten Sinn den Geist Spaniens verkörpert, ist bezeichnenderweise ein Schmelztiegel für Menschen aller Regionen West-, Mittel- und Nordeuropas gewesen.

Draußen in Las Huelgas

Am Nordausgang von Burgos liegen nahe der Straße zwei für den Pilgerweg wichtige Stationen, das *Kloster Sta. Maria la Real de las Huelgas* und eine Pilgerherberge, das berühmte *Hospital del Rey*. Der Mann, der das Kloster gegründet hat, war Alfonso VIII. von Kastilien. Er folgte damit einer Bitte seiner Gemahlin Doña Eleonora von Aquitanien. In Las Huelgas, was ›Ruhesitz‹ heißt, sollte ein Damenstift zisterziensischer Observanz entstehen, dessen Nonnen aus den vornehmsten Geschlechtern Kastiliens stammten. Das Kloster bekam noch eine weitere Bestimmung, die sehr spanisch anmutet. In unmittelbarer Nähe der neuen Residenz hatte es als Begräbnisstätte der frühen kastilischen Herrscher zu dienen. Könige richten sich immer für die Ewigkeit ein.

Die Arbeiten begannen in bedrohlicher Zeit. 1147 hatte die Invasion der Almohaden unter Abd-al-Munim in blutigen Kämpfen die Dynastie der Almoraviden abgelöst und war bald für das christliche Spanien zur tödlichen Gefahr geworden, bis es Alfonso zusammen mit den Königen von Aragon und Navarra gelang, sie 1212 in der Schlacht nahe dem Weiler Navas de Tolosa in der Provinz Jaen zu vernichten. Es war einer jener seltenen Siege, die das Schicksal einer Nation entscheiden; er hat sogar die Zukunft des Abendlandes beeinflußt. Aus den von solchen Ereignissen überschatteten frühen Zeiten stammt in Las Huelgas der in romanischen Formen gehaltene ›Claustrillo‹ oder Kreuzgang, ferner der ›Atrio de los crusados‹, der Vorhof der Kreuzfahrer also, der sich dem nördlichen Seitenschiff der Kirche vorlegt und an den Auszug zum Siege von 1212 erinnert. Die ersten

Zisterzienserinnen zur Besiedlung des Klosters zogen aus Tulebras in Navarra heran. Allerdings wurden sie bald von den Töchtern des kastilischen Adels abgelöst, zu denen auch die Tochter des Königs gehörte. Alfonso VIII. wünschte, daß kein anderes Kloster sich mit dem von Las Huelgas an Glanz und Reichtum messen konnte. Er vermochte sich von Anfang an nicht mit der primitiven Einfachheit der Zisterzienser abzufinden. Vielmehr sollte dieses Kloster Zuflucht und Residenz der Königinnen und ihrer Kinder werden, eine Stätte glanzvoller Aufzüge. In der Tat wurden hier Fernando III. und Edward von England zu Rittern geschlagen, hier Alfonso XI. und sein Sohn Enrique von Trastamara gekrönt. Hier gab es prunkvolle Danksagungen an die Jungfrau, hierhin kehrten die Könige als Sieger aus dem Felde zurück. Hier gab es Tage des Pompes und Stolzes, während Damen und Kavaliere sich an den Pforten des Klosters drängten, die Standarten am Turm im Winde knatterten und die Volksmenge an den Straßen Spalier bildete, sobald der Hufschlag der königlichen Kavalkade erscholl. Nicht weniger als fünfundsechzig Ortschaften gehörten zum Besitz, der von der Äbtissin verwaltet wurde und in denen ihr sowohl das Zivil- wie Strafrecht zustand. Darunter so bedeutende Ansiedlungen wie die Festung von Castro Urdiales. Gleichzeitig gebot sie über eine Kongregation, der ein Dutzend Klöster angehörte. Erstaunlich, daß ihr sogar die ›potestas nullius‹ mit der geistlichen Gerichtsbarkeit über rund hundert Kirchen und ihre Seelsorge zustand. Diese Macht gründete sich auf päpstliche Bullen, und die Äbtissinnen haben im Lauf der Jahrhunderte eifrig davon Gebrauch gemacht. Erst als sie beanspruchten, ihren Nonnen predigen und die Beichte abnehmen zu dürfen, schritt Innozenz III. ein. Im übrigen aber übten sie ihre fast bischöfliche Gewalt unangefochten aus und blieben zuständig in Ehe- und Kriminalfragen.

Das ist längst vorüber; die Nonnen von Las Huelgas unterliegen heute der nämlichen Regel wie jedes Zisterzienser-Kloster. Ihre Hundertzahl, zuzüglich vierzig adeliger Pensionärinnen und der Dienerschaft, hat sich auf zwanzig verringert. Geblieben sind die großartigen Bauwerke, die beredten Zeugen vergangenen Glanzes, der so wenig zu dem Geist von Citeaux paßte.

Vielleicht birgt die kleine Textilsammlung des Klosters die großartigste Erinnerung an jene Epochen: die muselmanische Fahne aus der Schlacht von Navas de Tolosa als Zeichen des endgültigen Aufstiegs von Kastilien. Es gibt in dieser Sammlung noch andere erstaunliche Textilien, Kleiderstoffe, Borten, sogar eine perlenbestickte Haube mit herrlichem Bügel, auf ihr zu sehen heraldische Vögel; oder einen pelzgefütterten Rock, Brokate. Man hat das meiste in den Sarkophagen des kastilischen Königshauses gefunden, die entlang der Wände in der alten Kirche stehen. Manche sind schmucklos, sozusagen im Rohzustand verblieben. Viele über und über mit Ornamenten verziert.

Dies wäre Gelegenheit, sich der prächtigen Steinsärge am Klostereingang zu erinnern, deren Seiten mit Wappen bedeckt sind, während die Deckel auf den Schrägen Weinranken und als Deckelfirst den zugehörigen Weinstock zeigen, der das himmlische Zion trägt. Das heißt, bei allem Glanz, der in Las Huelgas waltete, empfanden die Nonnen ihr Dasein doch als klösterliche Arbeit im Weinberg des Herrn. Überhaupt darf die reiche Ausstattung nicht zu dem Trugschluß verführen, es sei mit der Klosterzucht nicht weit her gewesen.

Wichtiger scheint uns allerdings die Fülle der künstlerischen Dokumentationen, die sich hier niedergeschlagen hat: religiöse Bilder, meist von der flämischen Kunst inspiriert, eine Kreuzigung sogar eng an Altdorfer angelehnt. Sodann in der Santiago-Kapelle ein prachtvoller Jakobus-

Torso der frühen Gotik. Ferner Retabel, Gobelins, Kirchengeräte in solch berückender Zahl, daß man durch ein Museum zu wandern glaubt. Wirklich ist Las Huelgas das auch. Sogar eines der Architektur. Wenn die Kathedrale von Burgos wie ein nach Spanien verpflanztes Europa wirkt, so offenbart das Kloster, daß Spanien derzeit im Orient lag.

Gewiß, die *Kirche* bleibt ganz in den zisterziensischen Vorstellungen vom Ende des 12. Jahrhunderts und besitzt sogar einen rechteckigen Chorabschluß. Hat man sie hinter sich, gelangt man in einen großen Korridor. Er wäre an sich bedeutungslos, hätten sich unter dem Putz der Decke nicht überwältigende Stuckarbeiten im Mudejar-Stil gefunden. Auch die großartigen Zickzackbögen, mit denen sich das Refektorium gegen den Hauptgang öffnet, sind orientalischer Herkunft. Islamische Hufeisenbögen gibt es sogar an der Santiago-Kapelle. Hat man schließlich das Kleinod von Las Huelgas hinter sich, den köstlichen inneren *Kreuzgang* mit seinen zierlichen Doppelsäulen nebst den langgeschäfteten Ornamentkapitellen, gelangt man in eine Achteckkapelle, die vollkommen muselmanisch ist: das sich kreuzende Rippenwerk der Decke, die Ziegelböden, die Ornamentik, die Gewölbe lassen nur den einen Schluß zu, daß der erbitterte Kampf gegen die Mauren die Übernahme des islamischen Geistes- und Formenerbes nicht gehindert hat. Es gehörte zum Vorstellungsvorrat jener Christen, die in jahrhundertelanger arabischer Oberheit ihrem Glauben treu bleiben durften, oder jener Mauren, die unter christliche Herrschaft geraten waren. Die Lehre von Las Huelgas ist, daß es eine Symbiose von Orient und Okzident gab. In der Tat, das Kloster, zugleich das Sanssouci wie der Escorial der Könige von Kastilien, steckt voll von Köstlichkeiten. Ein so ergreifendes Grabmal wie das der Blanca von Navarra, der Mutter desselben Alfons VIII., der Las Huelgas gründete – ein so ergreifendes Dokument wie den Sarkophag der Königin zu

Nájera, wird man freilich weit und breit vergeblich suchen.

Nebenbei genommen waren die Äbtissinnen des Klosters auch Vorsteherinnen des *Hospital del Rey*, der ganz nahe gelegenen Pilgerherberge, die man auf kurzem Spazierweg durch ein Waldstück erreicht. Seine Anfänge sind älter als das Kloster. Bevor die Nonnen einzogen, walteten hier bereits zwölf Zisterziensermönche ihres Amtes und versorgten die Santiago-Fahrer. Was heute von diesem Hospital steht, Kirche, platereske Portale, Binnenhof und ein veritables Pilgerspital, entstand im 16. Jahrhundert. Allerdings hat man später erneut umgebaut, erweitert und das Bauwerk dem Zweck der Ordensgemeinschaft dienstbar gemacht, die hier lebte. Daher ist nur noch das Außengemäuer authentisch. Ein Reliefportal, hoch darüber die Jahreszahl 1549, etliche Fenster. Das in zwei Etagen gegliederte Bauwerk dehnt sich rund fünfundzwanzig Meter lang und zehn Meter breit. Über der Patioseite sieht man sehr zurückhaltend angebrachte Jakobsembleme.

Ungefähr hundertfünfzig Meter entfernt vom Spital steht an der Straße das Pilgerkreuz als Wegweiser für die, welche von Burgos am Arlanzon herankamen, um ihnen zu sagen: hier könnt ihr einkehren, hier findet ihr Ruhe heute nacht. Die Pilger wurden in Stellvertretung des jeweiligen Königs empfangen und versorgt. Wer sie auch waren, woher sie auch kamen. Dergleichen Punkte trifft man auf der Wallfahrtsroute gelegentlich, in Estella, in Nájera, hier oder in León, und jedesmal empfindet man es mit besonderer Ergriffenheit. Denn es ist das große Erschauern vor den furchtbaren Auseinandersetzungen mit dem Islam, das hier nachwirkt: Spanien bedankte sich bei den Wallfahrern, die seinem Abwehrkampf wenn nicht mit dem Schwert, so doch im Gebete beistanden. Der König selber verneigte sich vor ihnen, wenn sie wieder davonzogen, immer weiter und weiter nach Westen, davon in die Hitze der Campos und der Meseta.

TOD IN DER MESETA

Schwarze Sonne

Das Licht dieses Sommers besaß die Schärfe geschliffenen Stahles. Es brannte nicht, es schnitt. Wo es den Boden traf, verblichen die Farben ins Weiße; hingegen hinter den Mauern Schatten von harter Schwärze wuchsen. Längst hatte die Sonne den letzten Tropfen Feuchtigkeit als schwindenden Rauch aus der berstenden Scholle gesogen. Einzig wo Pumpen Wasser aus tieferen Schichten holten, hielt sich das Leben. Hier freilich verwandelte sich die Erde in einen wahren Taumel von Grün, in dem üppige Früchte schwollen, während die Kornäcker nebenan den Sommertod starben. Welch ein Ereignis, fand sich auf unserm Weg durch die Meseta, das Tafelland Innerkastiliens, ein Schattenbaum! Er war das sehnsüchtig umworbene Ziel aller Geschöpfe, die auf den Feldern aushalten mußten, der Bauern, der Mulis, der Esel, der Schäfer und ihrer Hunde, nur nicht der Schafe.

Ach, diese geduldigen Schafe Kastiliens! Kein Ackerrain, kein Murmelbach, der ihnen Weide oder Kühlung gewährte, wenn der Hirt den Sack, den er gewöhnlich als Rückenschutz trägt, als schattenspendendes Dreiecksegel über einen Stock spannt, um den Kopf darunter zu stecken. Die Sonne brennt unbarmherzig auf ihre dicken Pelze. Daher stellen sie sich während der heißesten Stunden dicht an dicht zusammen, wobei jedes den Kopf unter dem Leib des andern birgt, damit wenigstens der Schädel geschützt ist. Die Lämmer kommen mitten unter die Herde zu liegen. Stundenlang stehen sie reglos. Ein Leben am Rande des Möglichen. Ein Leben aus Staub, messerscharfem Licht und dürren Stoppeln, zuzüglich einer kärglich bemessenen Wasserration am Abend und Morgen, wenn man auszieht oder heimkehrt. Denn in die Campos hinaus muß man jeden Tag, um fett zu werden und Wolle zu liefern, muß jeden Morgen hinaus in die Peitschen des Lichtes . . .

Damals begriffen wir zum ersten Mal, daß in diesem Licht der Tod sitzt. Es leuchtete uns sogar blitzartig ein, warum der aus Sonnenländern stammenden Lichtsymbolik stets der Beiklang des Todes eignet. Ist nicht der Engel des Lichtes gleichzeitig ein Todesengel? Wir erkannten, warum die Kirchen hierzulande oft reine Grabstätten darstellen. Ein ›Panteón‹. wie sie es nennen. Nicht König Philipp II. von Spanien, Kaiser Karls Sohn, hatte den Gedanken zum ersten Mal gefaßt, als er den Escorial, diese ungeheure Burg für die Toten seines Geschlechtes, schuf. Eine Burg der Toten, in welcher der Tod umging. Schon die winzigen Kirchen der Westgoten waren im Grunde nichts anderes als Totenkapellen gewesen. Der Zusammenhang zwischen Licht, Tod und Auferstehungsgedanke erwies sich als überaus eng. Sie sind die drei Säulen der spanischen Religiosität, die etwas anderes ist als der Glaube von Rom, Tschenstochau oder München. Vielmehr etwas Unbedingtes, Herbes, Herrisches, etwas Berauschendes, Ansaugendes, lustvoll Kreisendes. Es gab hierzulande Kirchen, in denen der Tod einen prunkvollen Reigen aufführte, und in denen es schien, es müsse eine Freude sein, abgeschieden in einem reich bebilderten Sarkophag, behütet von magischen Zeichen zu liegen, um in das Loblied auf den Tod einzustimmen. Die Sarkophage dienten keineswegs dazu, den Lebenden klarzumachen, wer hier ruhte. Noch weniger, den Auferstehungsengel am Jüngsten Tag auf diese Grüfte hinzuweisen. Ihr Charakter war überaus festlich. Ihre Gewände prangten und blühten. Besäßen der Tod und der Stein in einem irdischen Sinn Beine, die Sarkophage hätten getanzt. Beileibe keine ›danse macabre‹, vielmehr einen festlichen, berauschten Tanz. Der Tod des Südens ist gleich dem Licht, voll gewaltiger Macht und Unerbittlichkeit. Seine Gongschläge dröhnten in unsern Ohren.

Das Leben seinerseits – welch hintergründige Symbolik – zog sich allsommerlich von der Erde in Gräber zurück. Es vermochte sich in den Häusern der Dörfer nicht recht zu halten. Früchte und Vorräte barg man nicht wie anderwärts in Scheuern auf und über der Erde, sondern grub stollenähnliche Schächte dafür in die tonigen Hänge. Ganze unterirdische Dörfer mit Gängen, Räumen, Schatten und Kühle waren so entstanden. In solche Gräber also zog sich das Leben freiwillig zurück, um sich als Saat, Frucht, Nahrung für den Winter aufzubewahren und zu überdauern, während sich Frauen und Kinder und Alte im Schatten verkrochen. Lediglich die Bauern mußten mit ihren Maultiergespannen allmorgendlich auf die Felder hinaus. Sie beluden die Tiere mit Pflug, Ackergerät, Futtersack, dem schwitzenden Tonkrug, der das Trinkwasser kühl hält, schließlich sogar mit sich selber und ritten hinaus in die mörderische Hitze.

Wir sahen dies wieder und wieder, zogen durchs Land, und die Bilder des Todes wuchsen in uns mächtiger als die des Lebens.

Castrojeriz

Die Pilger des 12. Jahrhunderts bewältigten den Weg von Burgos nach Sahagún meist in zwei Tagemärschen, sofern sie sich an die Vorschläge des Codex Calixtinus hielten. In diesem Fall diente ihnen Frómista als Zwischenstation. Es ist allerdings sicher, daß die Einteilungen der großen Itinerare keineswegs für verbindlich galten. Herbergen und Spitäler, die sich praktisch noch im kleinsten Nest befanden, bekunden, daß jeder Pilger seinen Weg einteilen konnte, wie er es wollte. Das dürfte ein Erfordernis des Pilgeralltags gewesen sein, der Kräfte, der Finanzen und zum guten Ende auch, wo man in Zeiten des Hochbetriebes Unterkunft fand. Übrigens fiel der Weg von damals nicht mit der heutigen Landstraße zusammen. Er folgte nicht einmal einer einzigen Spur, sondern fächerte sich gelegentlich auf. Man verließ Burgos auf der Straße nach Palencia, wanderte rund eine Stunde und bog dann nach *Tardajos*, dem römischen Augustobriga, ab, eines noch in westgotischer Zeit wichtigen, heute recht belanglosen Ortes in den Randhügeln der Meseta. Es gab hier eine Herberge samt einem Hospital, offenbar für jene Pilger, die in Burgos nicht hatten bleiben wollen oder können. Obendrein besaß der Ort zwei Klöster, das von S. Cristobal und Sta. Maria. Alles, was davon übrig blieb ist eine Villeggiatur des Kapitels von Burgos, in dem jetzt Paulanerpatres hausen. Allerdings auch ein gewisser großzügiger Zuschnitt der Häuser, in deren Parterre nach berühmtem kastilischen Rezept das Vieh untergebracht ist, während die Herren des schnatternden, blökenden, krähenden Königreiches sich den ersten Stock reserviert haben. Tardajos ist heute ein Ort der Herden.

Wir kamen für spanische Verhältnisse ungemein früh dahin. Die Uhr zeigte neun. Einsam spie der Dorfbrunnen inmitten der Plaza Mayor Silberstrahlen ins Tränkbecken. Aber dann öffneten sich auf einen Schlag allenthalben die Türen. Gruppen von Schafen zogen heraus, strömten zu Herden zusammen. Dahinter kamen die Hirten, über der linken Schulter die Decke, im linken Arm die Habseligkeiten für den Tag. Wiegenden Schrittes näherten sich breitgehörnte schmalhüftige Kühe der Tränke, soffen in langen, durstigen Zügen. Maultiere preschten verspielt heran. Auch bei den Zigeunern im Wagen am Rand des Platzes wurde es jetzt lebendig; ein Kinderkopf nach dem andern erschien hinter der kleinen Gardine des Fensterchens. Hohe Zeit, sich davon zu machen!

In Tardajos teilt sich der Pilgerweg. Wir nahmen nicht die direkte Route durch die sandigen Hügel über Hornaza, sondern machten den Umweg über *Villanueva de Argaño* und *Olmillos de Sasamon*, um der wunderschönen gotischen Spielzeugburg der Familie der Cartagena willen. In Olmillos ging es nach Süden ab, dann vor Hontanas wieder nach Westen. Ein Tälchen kam, darin zu unserm Erstaunen ein Bächlein mitlief. Wo hatte es nur sein Wasser her? Einmal lag eine winzige Mühle am Weg. Ein Schwarm Tauben brauste auf, sonst war niemand daheim. Endlich versperrte eine Ruine den Blick, das ehemalige *Kloster San Anton*, zu dem ein Spital für Pilger gehört hat, die am Antoniusfeuer litten. Das war eine Krankheit, die man sich mit dem Brot in den Leib aß, denn mit Sicherheit hat es sich dabei um eine brandige Form von Mutterkornvergiftung gehandelt. Über die Heilmethode von San Anton weiß man noch gut Bescheid. Die Kranken zogen unterm Gesang des ›Dum pater familias‹, der Ultreya also, begleitet von den Trillern der Stabflöte heran. Sodann wurde ihnen ein ›Tau‹ genanntes Skapulier umgelegt, von dem man sich offensichtlich Wunderdinge versprach. Sie empfingen eine Ration Brot und Wein, wobei sie das Antonius-Glöckchen mit seinem silbernen Geläut überschüttete. Wenn nötig, bezog der Patient ein Bett im Spital. Verklungene Zeit! Heute sind da nur noch klagend aufgeborstene Kirchengewölbe, die aus dem 14. Jahrhundert stammen. Lediglich eine zierliche Fensterrose läßt erkennen, wie großartig der Bau einmal war. Die von Figuren übersäte Leibung des Portals ist bereits völlig verwittert.

Voraus zeigte sich nun ein stumpfer Bergkegel mit einem Kastell darauf. *Castrojeriz*, das der brave Servitenmönch Kuenig von Vach einst so köstlich unbeschwert in ›Castel Fritz‹ umgedeutscht hatte. Ein Ort, von dem es heißt, Cäsar habe ihn gegründet und sein römischer Name sei Castrum Caesaris gewesen. Dennoch scheint die Überlieferung zuverlässiger, nach der sich der Name von ›Castrum Sigerici‹ – Burg des Königs Sigerich – ableitet. Das war einer der Westgotenherrscher, der um 415 regiert hat. Die Meseta ist ihre Landschaft gewesen. Im nahen Villodrigo an der Straße von Burgos nach Valladolid erinnert noch heute eine Pyramide an das Kloster S. Vicente, in dem König Wamba, der letzte große Westgotenherrscher, um 680 residierte und hernach beigesetzt wurde.

Aber von solch vergangener Größe wird in Castrojeriz nur noch wenig verspürt. Gewiß, da gibt es Kirchen in Menge – die Ex-Colegiata *Sta. Maria de Manzano* oder vom Apfelbaum, in deren Boden viele Männer von Rang und Namen ruhen wie Alonso de Castro, der 1476 in der Schlacht von Zamora fiel, oder Bischof Diego von Córdoba. Dennoch, es war nicht Sta. Maria, nicht Sto. Domingo, nicht Santiago de los Caballeros an der Calle real, die uns fesselten, sondern das Gestorbene dieser Stadt. Eine Kirche gibt es im hinteren Ortsteil, wo sich die Häuser, Ställe und Keller in Berghöhlen verkriechen, *S. Juan*. Sie drückt es schwer und lastend aus, um was es hier geht. Es mutet durchaus folgerichtig an, daß sich so viel bei ihr vermischt: der Turm war noch ein wenig romanisch, die kleinen Ecktürmchen mit den Krampen daran mußten als gotische Reminiszenz gelten. Schartenförmige Turmfenster gab es, vom Zickzackornament der Mozaraber umzogen, und schließlich Stuckarbeiten des Mudejar-Stiles im Kreuzgang. Ungeachtet solcher Vielfältigkeit nahm sich die Kirche so düster aus, als sei alle Freude, alle Hoffnung dieser Erde zu schwarzer Asche verbrannt. Auch in den Menschen wirkte das nach. Der Peón Caminero an seinem Schotterhaufen, den man sonst so oft trällern hört, hier schwieg er. Der dürre Wirt in der Fonda legte auf die Frage, ob man zur Nacht bleiben konnte, sein Gesicht in Gramesfalten und streckte abwehrend und wortlos die Hände aus, als wollte er sagen: »Meiden Sie dieses Haus des Unheils!«

Worauf er sich wieder in seine gewohnte Beschäftigung versenkte, in den Zähnen stocherte und zum Fenster hinaussah.

Wir gingen also. Wie gut! Hinter dem Ort wurde es besser. Frauen standen mit gebündeltem Grünfutter und lohendem Mohn am Weg. Die Straße schwang sich übermütig in ein weites Tal der Weinhänge hinab, hatte ihre letzte gute Stunde. Die berühmte Brücke von *Itero del Castillo* über den Pisuerga kam, die der Codex Calixtinus bereits erwähnt und Pons Fiterie nennt. Im Feld lag zwischen dem blassen Violett der Malven eine romanische Pilgerherberge. Schmal, zweistöckig, ausgedehnt, einfach. Dennoch voll Würde. Ein winziges Kapellchen voll bunter Ausmalung öffnete sich an der einen Seite, empfing Licht durch ein schmales Fensterchen. Der Raum der Herberge hatte für alle Bedürfnisse gleichzeitig gedient, als Eßsaal, Küche, Schlaf- und Betstube. Bequemlichkeit bot sie uns keineswegs, auch wurde es dunkel. Wir rollten uns einfach in unsere Decken und lagen unter dem großen, schweigsamen Himmel Kastiliens im Gras, schliefen die ganze Nacht ohne Störung.

Am Morgen erkannten wir, wie gut dieser Platz für eine Herberge gewählt war. Weil nebenan randvoll und breit der Fluß durch grüne Binsen strömt, fanden die Pilger Gelegenheit zum Baden und Waschen. So wie wir jetzt durch Ufergrün und Geschlinge von Wasserpflanzen ins Kühle platschten, sanft durch die Flut trieben, im Schwimmen ein Wäldchen drüben, eine Mühle hüben und die Brücke sahen, über die grade ein schweigsamer Trupp von Reitern zog. Es überfiel uns richtiger Abschiedsschmerz, diese letzte Oase verlassen zu müssen, denn jenseits des Flusses beginnen die eigentlichen Campos, über denen schon jetzt, in der Morgenstunde, ein bleierner Himmel hing.

Wirklich zog sich die Ebene wald- und strauchlos ins Endlose hin. Die Dörfer hielten achtungsvolle Distanz vom Weg. Da mochten böse Reminiszenzen an Steuereinnehmer, Soldaten im Spiel sein. Überhaupt blieb die Landschaft merkwürdig anonym. Wohl wußte man anderthalb Stunden voraus nach Norden die Gefilde der ›Llantada‹, deren Name einem Trommelwirbel gleicht. Dort hatte vor ziemlich genau neunhundert Jahren eine Schlacht zwischen Kastilien und León stattgefunden, in welcher der Cid kastilischer Standartenträger gewesen war. Merkwürdig, daß sich diese Erinnerung so hartnäckig hielt.

Inzwischen rückte *Boadillo del Camino* heran. Wollte man vielleicht den ›Rollo‹ sehen, pürschten sich ein paar Alte heran. Das war die Attraktion des Dorfes, eine Gerichtssäule mit bauchiger Bekrönung, sozusagen ein verwandeltes Pilgerkreuz auf dem kleinen Platz hinter der Kirche. In den Kannelierungen des Schaftes sah man das Motiv der Santiago-Muschel. Die Gestalt des Apostels begann längere Schatten zu werfen. Endlose Gebirge umsäumten fern, fern den Horizont, zu denen man mußte. Vorerst begann freilich eine Region niederer Erdhäuser. Gewiß, sie besaßen Türen, Fenster, geweißelte Kammern. Dennoch glichen sie auf eine verzweifelte Weise Höhlen. Man bediente sich zum Wärmen und Kochen noch des alten römischen ›Incaustums‹, das man jetzt ›Gloria‹ nennt und mit Stroh beheizt. Steine sind rar hierzulande. Man bäckt die Häuser aus Lehm und Häcksel. Die Sommerhitze läßt den Backstein bersten, der Herbstregen wäscht ihn hinweg. Aber auch das gehört zur Eigenart dieser Dörfer: das Vergängliche. Die Menschen scheinen nur vorübergehend seßhaft geworden und leben bei sich selbst zu Besuch. Damit ist man abermals beim Geheimnis des Landes. Mauern, selbst Grabzeichen bedeuten keine

Realität, sondern eine Idee. Ein Name hingegen, der einem Ort, einem Weg anhaftet, hat tausend Jahre Bestand. Worte, welche sich die Männer zurufen, wenn sie in ihren schwarzen Umhängen abends über die Horizonte reiten, bekommen auf unbestimmte Weise sogar etwas Ehernes. Man befindet sich im Land der Sage. Nirgendwo spielen Mär und Legende eine so bedeutsame Rolle wie in der tragisch-elegischen Weite der ›Campos‹. Freilich, welch eine Legende, welch eine Sage!

Wir hatten diese Landschaft in den unerhörten Regenstürzen des Novembers kennengelernt, wenn die Lehmmauern ohnmächtiger Dörfer zerschmelzen und sich die Wege in Wildbäche verwandeln. Aber der sommerliche Tod, dieser Wüstentod, Lichttod, Hitzetod, Dürretod war noch viel schlimmer. Manchmal erschien die Ebene den Blicken als glühende Tonscherbe, dann wieder zu Asche zerfallen. Abends fiel der riesenhaft vergrößerte Sonnenball ins blutige Dunstbett des Horizontes, so daß man die Hitze wabern fühlte. Halluzinationen? Jeder und jedes beugte ergeben den Kopf und schwieg.

Allerdings gab es eine Art von Lebewesen, denen dieser Sommer nichts auszumachen schien. Die Tauben, welche die Könige der Campos sind. Was könnte ihnen verglichen werden? Es erschien uns sehr bezeichnend, daß man diesen flüchtigen Wesen üppige Häuser errichtete. Häuser der Vögel. Je weiter man nach Westen kommt, um so prunkvoller. Manche rund, manche quadratisch. Bricht eines auseinander, gewahrt man, daß die Innenseiten nur aus Nistlöchern bestehen. Gewiß, dergleichen gibt es auch anderwärts. In den Baux im Herzen der Provence, in Apulien, auf den griechischen Inseln. Überall, wo die Erde schwer ist von Sage. In den Campos ist ihre Zahl Legion. Einmal, kurz vor *Ledigos* am Kloster Sta. Maria de Cueza fand sich sogar ein Taubenhaus drei Stockwerke hoch, das oberste Geschoß weiß gekalkt und mit einer schönen, aus Lehm gebackenen Zierborte versehen, die dem ganzen Ort seine Note gab. Wir zweifelten übrigens keine Sekunde, daß auch die Tauben gleichsam als Gegenbilder zu den Symbolen der Todesverehrung in diesem Lande gehörten. Als flüchtige, gewiß an einen Nistplatz gebannte, aber gleichwohl unstete Abbilder der Seele, und vielleicht liebte man sie darum in der Meseta so sehr . . .

Als wir auf diesen Gedanken verfielen, dem etwas so verfänglich Irreales anhaftete, daß er Rückschlüsse auf unsern Geisteszustand zuließ, waren wir bereits nahe an *Frómista.* Frómista, dem alten Zentrum der Juden im Lande. Frómista, das wir so sehr ersehnten, weil sich hier S. Martin, die Einzigartige, erhob. Frómista, das sich plötzlich als platter, regelloser Ort vor uns ausdehnte und auf den ersten Blick eine einzige Enttäuschung schien.

Frómista – San Martin

Ganz im gewohnten Stil Spaniens kam es dann völlig anders. Schon daß die vielgepriesene Eremitage recht belanglos blieb, paßte ins Bild. Dann gab es in der Vorstadt auf einem Hügel die Kirche *Sta. Maria del Castillo* zu sehen. Hinein zu kommen, war nicht ganz leicht. Im dämmernden Raum ein flämisch inspirierter Mal-Retabel, der auf neunundzwanzig Tafeln die Geschichte Mariens von den Stammeltern Adam und Eva bis zur Himmelfahrt der Jungfrau erzählte. Unbeschwert hatte der spätgotische Künstler darauf vertraut, Gott werde keines seiner Geschöpfe zu gering achten, und daher seine eigene Umwelt geschildert, als er die Geschichte der Jungfrau konterfeite. Keine Schönrednerei, wie sie mit der Renaissance wieder Mode wurde, kein Kulissendonner, keine Theaterbeleuchtung, sondern einzig dies: Menschen, getränkt mit dem Bodensatz ihrer Zeit. Gesehenes und Gehörtes.

12 *Carrion de los Condes,*
Pantokrator vom Fassadenfries der Santiago-Kirche, Mitte 12. Jh.

11 *Valladolid, Colegio S. Gregorio. Fassade des Enrique de Egas, 1488–1496.*
←

13 *Die Ziegelbauweise des Mudejar-Stiles: Sahagún, S. Lorenzo, 2. Hälfte 12. Jh.*

→

Der Blick ging vom Kirchenhügel ungehindert über die niederen Dächer des Dorfes. Gar nicht fern lag S. Pedro. Daneben befand sich einmal das Hospital Santiago, das den Wallfahrern Wohnung, Kost und in Krankheitsfällen ein Bett gewährte. Es dürfte gar nicht so selten vorgekommen sein, daß man auch des Friedhofs nebenan bedurfte, denn für solche Fälle waren genaue Bestimmungen getroffen: was der Herbergsvater, der bemühte Kaplan, der Totengräber von der Hinterlassenschaft des abgeschiedenen Pilgers erhielt. Den Rest teilten sich seine Gefährten. Neben dem Santiago-Spital und dem einstigen Begräbnisplatz, der noch heute ›Huerto de los Romeros‹, Pilgergärtlein, heißt, gab es ein Hospital del Mayorazgo, das Hospital de Palmeros, eine Hospedería, auch Lazareto genannt, und schließlich das später abgebrannte Hospital de San Martin. Das Leben dürfte recht rege gewesen sein. Von alledem blieb nichts. Frómista ist ein Alpdruck an Einsamkeit. Als Zeugnis seiner Größe besitzt es nur noch *S. Martin*, die Kirche. Die freilich genügt für den Kundigen. Ihretwegen kommt er hierher.

Bei diesem Kleinod der frühen spanischen Romanik mit den schlanken Rundtürmen vor der Fassade, dem Achteckturm über dem Ziborium, den halbrund vorgelegten Apsiden handelt es sich um ein Werk von großer Bewußtheit, das einmal sogar eine avantgardistische Leistung dargestellt hat. Seine Beschränkung im Maß gleicht der eines Reliquienschreines, der seine Kostbarkeit nicht zuletzt aus der Kleinheit der Dimensionen herleitet. In allen weiteren Punkten läßt sich S. Martin nur sehr schwer definieren. Die drei tonnengewölbten Schiffe, das mittlere wenig erhöht, empfangen ihr Licht ausschließlich von den Seiten und den Fenstern der Vierungskuppel. In dieser Hinsicht sprechen einige Experten gern von einer Art Hallenkirche. Andererseits sind die Schiffe so entschieden markiert, wird der wundervoll harmonische Raum so energisch durch seine Vorwärtsbewegung akzentuiert, daß diese Klassifizierung recht theoretisch anmutet. Was uns in Frómista überwältigt, ist im Grunde dies: erwägt man, daß sich im Glauben zwei menschliche Grundimpulse manifestieren, hüben die Angst und drüben der seelische Aufschwung, so verkörpert S. Martin auf ergreifend reine Weise das ›sursum corda‹. Es klingt. Mit einer Stimmgabel angeschlagen, müßte es eigentlich den Kammerton von sich geben.

Der Bilderwelt gewährt die Kirche, und das ist gut, nur an wenigen Punkten Raum. Es gibt Zeiten geistiger Hochstimmung, die das Gestalthafte offensichtlich nur als läppische Dreingabe empfinden. Immerhin sind da die vielgerühmten Kapitelle, teils ornamental, teils figürlich, mehr als hundert insgesamt, an denen sich die Hände von zwei Künstlern unterscheiden lassen. In der Apsis hat der nämliche Meister gearbeitet, der auch im fernen Jaca am Werk war. Im Schiff hingegen läßt sich die Handschrift eines Mitarbeiters identifizieren, der gleichwohl in engem Kontakt mit ihm stand. Von diesem stammen etliche biblische Motive: das erste Menschenpaar im Paradies, der Sündenfall. Anderes läßt sich nicht genau erkennen. Aber das Interessanteste bleiben die figürlich verzierten Sparrenköpfe an der Außenseite, dreihundertfünfzehn an Zahl. Davon sind rund neunzig in der großen Restauration des 19. Jahrhunderts nachgearbeitet worden, wobei man etliche Motive, die für unzüchtig galten, ausschied. Die Sparrenköpfe oder Konsolen der Dachbalken wirken so faszinierend, weil sie ohne Programm und also reiner Niederschlag dessen sind, was in der Vorstellung der Steinmetzen gespeichert lag. Da gibt es Blätter und Blüten in der Art des Islams, Stabmotive im Stil der Mozaraber, Voluten wie in Córdoba. Die meisten indessen zeigen Menschen- und Tiergestalten, Wölfe, Enten, Löwen, Männer und Frauen, nackt oder bekleidet. Einige lassen sich genau erkennen, etwa als Spielleute oder Samson, der mit dem Löwen kämpft. Die Masse hingegen bleibt anonym. Vorzüglich! Der hohe Ernst der Mathematik, der Zauber vollkommener Harmonie, der das Innere der Kirche erfüllt – hier draußen schlägt die Flamme um in Laune und Spiel, kurz Figurationen. Kastilien besaß immer eine besondere Neigung, solche Dachsparren zu verzieren. Von hier, von Frómista ist das ausgegangen und weit durchs Land gewandert. Bis hin zur Kathedrale von Compostela.

Sonst aber belastet kein plastischer Schmuck die rein geistige Konzeption des Bauwerkes. Lediglich etliche Zierbänder im Zahnschnittmuster laufen innen wie außen über das Gestein. Schließlich braucht jede Melodie ihre Taktstriche. Alles bleibt damit zubemessen und bedacht. Frómista oder das Maß. Tatsächlich darf man in dieser Kirche die Gottesvorstellungen Clunys gespiegelt sehen, und es paßt vortrefflich ins Bild, daß die Gründerin von S. Martin in Frómista die cluniazensische Observanz einführte. Denn S. Martin war eine Mönchskirche. Das ist der einzige Punkt, der Rätsel aufgibt. Wie? Dieses kleine Bauwerk sollte eine Opferstätte für ein ganzes Ordenskapitel gewesen sein? Wo wäre da der Chor, der die Patres aufnahm, wo die notwendige Anzahl der Altäre, deren sie doch bedurften, um täglich ihre Messen lesen zu können. Geht nicht von fünfzig Mönchen die Rede? – Einerlei!

Der Ruhm, das kostbare Bauwerk gegründet zu haben, gebührt der Königin Doña Munía oder Doña Mayor, erstgeborener Tochter des kastilischen Grafen Sancho García und Gattin des Königs Sancho III. el Mayor von Navarra, der samt seiner Familie eine große Rolle in der Baugeschichte Nordspaniens spielt. Der König selbst hat 1035 die Kryptenkapelle S. Antolin im Dom von Palencia errichtet. Unter seinem Sohn Fernando I. von Kastilien und León wurde 1063 die Kirche S. Isidoro von León konsekriert. Ein nachgeborener Sohn, Don Ramiro I., zuvor Mönch in Narbonne und hernach König von Aragon, ließ die Kathedrale von Jaca entstehen, das er zum Sitz eines Erzbistums machte. Doña Munía folgte also einem Brauch ihrer Familie, als sie sich nach dem Tod ihres Mannes in die Einsamkeit der Meseta zurückzog und das Benediktinerkloster Frómista stiftete. Dies geschah mittels testamentarischer Verfügung am 13. Juni 1066, wobei sich die Königin als ›Ancilla Christi‹ bezeichnete, ein derzeit üblicher Name für hochgeborene Damen, die aufs geistliche Altenteil gingen. Der Baubeginn der Kirche datiert freilich ein wenig früher, und alles drängt uns zu der Annahme, daß sie schnell fertig wurde. S. Martin dürfte daher zeitlich parallel mit dem Apsiden- und Querschiffsbau von Jaca entstanden sein, was viele Ähnlichkeiten erklärt.

Dennoch ist sie anders als die aragonesische Kathedrale. Geglückter. Aus einem Wurf. Vollkommen steht das Gotteshaus heute im warmen Schein seines gelben kastilischen Steines, der hier soviel, wenn nicht alles bedeutet. Ein Höhepunkt der Pilgerstraße, eine Blüte aus kargem Sand auskristallisiert, die Essenz eines Jahrhunderts, das längst zu den Gefilden der Sage rechnet.

Villalcazar de Sirga

Auf Frómista folgte *Población de Campos*. Auf Población *Revenga* – nichts als niedrige Bauernhöfe mit sorgfältig gekalkter Wand. Man mußte gerührt sein. Der Storch baut sein Nest in doppelter Mannshöhe, höher reichen die Dächer nicht. Gelegentlich schwankten die Leiber schwarzbrauner, weitgehörnter Rinder zur Tränke. Maultier und Esel hatten nur dürftiges Fortkommen. Schweine dagegen fehlten. Endlich tauchte *Villalcazar de Sirga* über den Horizont. Auch hier Störche; irgendwo mußte es Wasser geben. Sie veranstalteten eben ein Meeting, schraubten sich über den Ort in Spiralen hoch, bis sie im wolkenlos blauen Himmel verschwanden, ein Dutzend vielleicht. Inmitten niederer Häuser lag auf gelber Estrade, eine Burg Gottes, die Kirche. Früher hatten hier Tempelritter gesessen und ein Marienheiligtum behütet. Das Adelige schien selbst auf die bescheidenen Katen im Umkreis übergegangen. Alles war um einen Grad erlesener und auch ordentlicher als gewöhnlich. Zäune und Haustore wurden durch übergroße Schlösser und Holzriegel versperrt. Doch natürlich bedurfte es erst der Kirche *Sta. Maria la Blanca*, um darzutun, wie groß jene Epoche gewesen war. Als Eingang dient ein hohes Steingezelt, unter dem sich zwei Friese von Figuren, alle unter Dreipässe gestellt, in feierlicher Großartigkeit zeigen. Im obersten sitzt Christus im Viergetier, umgeben von den Aposteln. Im unteren Fries sieht man die Jungfrau angebetet von den Königen und flankiert von den Evangelisten. Wieder darunter ein Wappen, und abermals tiefer ein üppiger Torbogen von fünf Archivolten mit Figuren. Auch zur Rechten gab es einst ein von dreifacher Leibung überwölbtes Portal, das heute vermauert ist und den Santiago-Rittern als Zugang zu ihrer Kapelle im südlichen Querschiffsarm diente.

Tritt man in diese Kirche ein, ist man sofort gefangen. Ein dreischiffiger gotischer Raum des 13. Jahrhunderts aus weit herangeschafftem, nacktem Haustein öffnet sich, der bereits durch sein Material königlich wirkt. Mächtige Pfeilerbündel tragen kraftvolle Kreuzrippengewölbe. Im mehr als Andeutung empfundenen Querschiff eine Fensterrose nach Süden. Ahnt man, was solch eine festliche Kirche im Land der Lehmhütten bedeutet? Ein mächtiger, kastilischer Mal-Retabel mit der Leidensgeschichte bildet den Hauptaltar. An der Epistelseite eine Michaelsgruppe, an der Evangelienseite Steinbilder, und endlich im südlichen Querschiffsarm, was das Herz von Villalcazar ausmacht, die Santiago-Kapelle. Dort steht der Apostel vor einem gemalten Retabel mit

Szenen aus seiner Legende, eine wunderschöne Figur des 16. Jahrhunderts mit aufgeschlagenem Buch und erhobenem Pilgerstab, barhäuptig und in knielangem Gewand. Am Gürtel Rosenkranz und Trinkflasche. So dürften auch jene ausgesehen haben, die einst hier eingekehrt sind. Denn natürlich gab es in Villalcazar Pilgerherbergen, die inzwischen längst vergangen sind.

Im ersten Joch dieses südlichen Querschiffs lehnen an den Pfeilern vier Figuren. Drei stellen Madonnen dar, darunter ist eine von herrlicher, schwerer Fülle aus dem 13. Jahrhundert. Der nämlichen Zeit dürfte die Edeldame am gegenüberliegenden Pfeiler entstammen, welche die Hand in der Tessel hält. Unter diesem Joch stehen jene Sarkophage, die das Ereignis von Villalcazar bedeuten. Es sind die Gräber des Infanten Don Felipe, Sohn des heiligen Königs Ferdinand, und der Doña Leonor de Castro, Gattin des Infanten. Auf den Tumben sieht man die Liegebilder der Gestorbenen. Der Infant umklammert noch im Tode sein mächtiges Schwert, Doña Leonor, angetan mit der kastilischen Haube, hält in der Hand einen Granatapfel, der Mund ist mit einer Zierbinde verschlossen. Gleich ihrem Mann trägt sie das lange Gewand mit breiten Borten verziert. Den Höhepunkt dieser Grabmäler stellen die Sarkophagwände dar. Auf ihrem breiten Mittelstreifen wird unter reich verzierten Spitzbögen die Sterbegeschichte der beiden vorgeführt. Nicht ihre Taten, nicht ihre Leiden, sondern die Vorgänge des Abscheidens. Man erkennt, wie Doña Leonor auf ihr Lager zurücksinkt und sich das Gefolge die Kleider zum Zeichen der Trauer zerreißt. Feierlich zieht der Leichenzug heran, von drei Rittern zu Pferd angeführt. Klageweiber, mit dem gleichen Band wie die Tote vorm Mund, folgen hinter einem gesattelten Roß, dem Zelter der Verstorbenen. Sargträger, Mönche, Kirchenfürsten schreiten einher. Das also war das Wichtige, das es der Nachwelt zu überliefern galt: die Todesgeschichte, eine Ballade vom Sterben in der Hochblüte der kastilischen Ritterschaft. Dabei wandern die Trauerzüge keineswegs rings um den Sarkophag, sondern kehren sich Szene um Szene dem Beschauer zu. Hier hat das 13. Jahrhundert, genauer genommen der Bildhauer Anton Perez, höfisches Leben wie ritterliches Sterben zum Beispiel erhoben. Die beiden Sarkophage stellen eine Ballade vom Leben und Tod des kastilischen Adels zur Zeit der Troubadoure dar. Es gibt dazu noch einen weiteren Beleg, gleich links von der Eingangstür. Dort findet sich ein ebenfalls von Anton Perez stammendes kleines Relief, ein in siegreicher Gebärde heransprengender Ritter wie auf den Bildern der Manesse-Handschrift, den eine Dame erwartet.

Wenn S. Martin in Frómista in gleichsam christlicher Filterung des antiken Formenerbes die Sprache einer vollkommenen Romanik redet und sowohl den Geist von Rom wie Byzanz beschwört, ist Villalcazar erfüllt von dem ritterlichen und christlichen Geist der Gotik. Es verkörpert das zu sich gekommene Abendland. Es ist Okzident unter Ausschluß von Byzanz. Es ist Bild gewordene Tat, Minne und Tod. Es besitzt den hochgemuten, wenn auch oft so törichten Geist der Kreuzfahrer und reisigen Ritter, denen die Aventiure alles bedeutete und der groß gestorbene Tod mehr als ein kleines Leben war.

O, hierzulande kann man auch heute den Tod noch, hier weiß man ihn, hier wird er noch immer bestanden! Hat einer die letzte Stunde hinter sich, gleich kleben an allen Ecken plakatgroße Traueranzeigen: »Ha fallecido, el Señor Don Clemente Lerma y Blanca Santierra . . .« Oder jemand dergleichen. Welche Namen! Aber auch das gehört dazu, man muß im Angesicht des Leeren namentlich bleiben. Man stirbt keinen schulterklopfenden Tod, es ist keine Bruder-Hein-Gemütlichkeit im Spiel, vor allem keine Sentimentalität. Der Tod von Spanien bleibt so elementar wie das Leben.

Er ist kein Hollywood-Tod, kein amerikanisches Mißverständnis, sondern fordert jeden, dem er begegnet auf: hinaus in die Arena, stell dich, du bist an der Reihe. Dein Matador wartet schon. Mach deine Sache gut. Und wie sie ihn können, wie sie ihn beschwören, wie sie ihn feiern, wie sie ihn umwerben, den Tod!

Wir lernten das in *Palencia* verstehen, wohin uns ein Auftrag rief. Übrigens erst, nachdem wir alles gesehen hatten, was es in dieser Stadt und dieser Landschaft zu sehen gab. Die ypsilonförmige Brücke über den grünen Carrion. Die Brauttür der *Kathedrale* an der Plaza S. Antolin, die Reliefs von Gil de Siloé samt dem 1505 von Juan de Hollanda geschaffenen Flügelaltar des Trascoro, die westgotische Krypta, die Uhr an der *Capilla Mayor* mit dem Grimassen schneidenden Mauren, den unerhörten Hochaltar, den hl. Sebastian von El Greco in der Sakristei, die hl. Katharina von Zurbarán, die flämischen Gobelins im Kapitelsaal und abermals Altäre, Altäre. Wir hatten die Kirche *S. Miguel* aufgesucht, in deren Vorgängerin einst der Cid mit Doña Jimena getraut worden war, und sogar die Schlösser der weiteren und näheren Umgebung: *Medina de Rioseco*, die Ruine *Torremormojon*, *Ampudia* mit seinen Artesonado-Decken, *Villalba de los Alcores* im Schutz seiner drei hohen Mauerringe. Dies alles war herrlich, großartig oder so erschütternd gewesen wie das von den Seufzern der zum Tode Verurteilten durchbebte *Simancas* oder das kleine Nest *Torquemada*, das einen späteren Großinquisitor aufwachsen sah und die monatelangen Trauergottesdienste erlebte, welche die vor Schmerz halb umnachtete Juana von Kastilien, Mutter Karls v., für ihren achtundzwanzigjährig verschiedenen Gemahl Philipp den Schönen von Habsburg ausrichtete. Dennoch, das eigentliche Erlebnis, das Palencia für uns bereit hielt, ging von etwas gänzlich anderem aus.

Eine Frau kniet in Santa Clara

In dieser Stadt begegneten wir dem Tod von Spanien abermals. Wenn auch erst in einem Präludium des Dramas, an dem uns teilzunehmen beschieden war. Das Vorspiel widerfuhr uns im alten *Klarissenkirchlein* am Nordrand der Stadt. Dort wird ein Santo Christo von eigentümlicher Art bewahrt. Eine braundunkle Figur, die im Glassarg liegt und anderthalb Meter groß ist. Auf eine bestürzend unkünstlerische Weise wirkt sie menschenähnlich. Tatsächlich handelt es sich um eine Mumie, die dem Bericht nach ein Admiral Fadrigue im 14. Jahrhundert aus dem Atlantik fischte. Das tote Wesen im Glassarg ist in die Trennwand zwischen Kirche und Nonnenklausur gemauert. Man hat es in ein Christusbild verwandelt, indem man ihm Hände und Füße durchbohrte, um die Leidenswunden des Herrn zu zeigen. Oberhalb des linken Ellbogens ließ sich undeutlich eine Binde erkennen. War dort ein zweiter rechter Arm angestückt? Wirklich besitzt die Mumie zwei rechte Daumen. An der Nase schien ebenfalls eine Operation vorgenommen. Um den Kopf wucherte wirres Haar. Offenbar nachträglich angeklebt. Das Fragwürdigste freilich schien uns, ob dieses bis auf einen Schurz nackte Meeresgeschöpf eigentlich Mann oder Frau war. Beim Betrachten der Brusthügel stiegen uns Zweifel auf. Aber was machte das schon? Die Illusion blieb bestürzend.

Hier also begann unsere Geschichte vom lebendigen Tod in der Meseta. Die Geschichte vom gelittenen Tod, deren Akteure Juana und Pablo hießen. Wir hatten Juana im Innern der Kirche erblickt. Natürlich, ohne daß wir sie kannten. Sie kniete vor der ›Virgen‹, dem Jungfrauenbild, und trug das feierliche Schwarz der Frauen vom Lande. Der Ehering glänzte noch frisch. Ein schwarzer Velo, ein Schleierchen, das unerläßliche Requisit aller Spanierinnen, fiel über die schmalen Schultern. Vor der Kirche wartete seitab ein struppiger

Grauesel; dort, wo die Bäume eines kleinen Grünplatzes Schatten warfen.

Der Esel war uns zuvor schon aufgefallen, weil er Stunde um Stunde allein stand. Er hatte den rechten Hinterhuf angezogen und hielt aus. Anfangs scharrte er gelegentlich, beugte den Kopf und beschnupperte mit leisem Schnauben die kleinen, eigroßen Botschaften, die andere Esel hinterlassen hatten, worauf er verzückt den Kopf in den Nacken legte und seinen halb klagenden, halb triumphierenden Schrei hinausstieß. Als es auf Mittag ging, stand der Esel noch immer allein, während Juana die Jungfrau, darauf mit weit geöffneten Armen den Santo Cristo um Erhörung bestürmte. Es mußte Verzweiflung sein, was sie trieb, und diese Verzweiflung schien auf dem Höhepunkt. Dabei blieb ihre Haltung von einer so ergreifenden Anmut, ihre starr auf den Santo Cristo gerichteten Augen besaßen gleichzeitig eine so lodernde, fordernde Kraft, daß es nicht schwerfiel, sich auszumalen, was sie wünschte. Sie betete darum, daß ihr Mann gesund wurde, der mit blauen Lippen daheim lag. Wie ihr sodann das Zeichen, das sie verlangte, zuteil wurde, mochte einzig sie selber wissen. »Gracias«, stammelte sie plötzlich, und Tränen stiegen ihr in die hübschen Augen. »Sei mir nicht böse für meine Hartnäckigkeit, Santo Cristo. Du weißt schon Bescheid – was kann unsereins ohne Dich machen?«

Damit ging sie zu ihrem Esel, schwang sich mit gewohnter Bewegung in den Seitensitz und bearbeitete den Bauch des Grauchens mit der zierlichen Hacke. Der Esel trippelte davon, ein Stück an der Bahnlinie entlang, nahm die Straße nach Sahagún, bog dann auf die Route nach Carrion de los Condes ein. Wir rollten in gebührendem Abstand hinterher, fuhren und fuhren und gaben es schließlich auf. Ohne zu ahnen, daß wir lediglich Zeugen des ersten Aktes jenes Dramas geworden waren, an dessen Schluß wir abermals teilnehmen sollten.

Juana querte unterdessen den Canal del Norte mit dem weißgekalkten Brücklein, der ein Stück Holland in die Einöde der Meseta zaubert und dürfte froh gewesen sein. Gleich begannen die Chausseebäume. Da gab es Schatten. Sie nahm sich vor, wie sie hernach gestand, wenn Pablo gesund würde, im folgenden Jahr mit ihm nach Ribarteme in Galicia zu gehen und an der Prozession zur Santa Marta teilzunehmen.

Wir hatten diese seltsame Prozession bereits erlebt. Gleich übers Gebirge, hinter Orense und unmittelbar an der portugiesischen Grenze liegt *Las Nieves* auf dem Nordufer des Miño in einer Landschaft bäuerlicher Einsamkeit, in die sich selten ein Fremder verirrt. Von Las Nieves geht es landein zum Monte de Taradanta, wo alsbald *Ribarteme* mit seinem Wallfahrtskirchlein sichtbar wird. Am 29. Juli begeht man hier eine Pilgerfahrt zu Ehren der Schwester des Lazarus. Dann ziehen die Menschen beim feierlichen Geschmetter der Musikbanden aus allen Himmelsrichtungen zu ihrer Heiligen. Einzelne, Gruppen, Züge. Viele machen den Weg durch Heide und Wald barfuß und auf den Knien. Auf allen Gesichtern tiefe Zerknirschung. Das Eigenartigste sind die Gruppen, die offene Särge mit sich führen. Darin liegt eine Frau, ein Kind, ein Mann, Menschen, die im verwichenen Jahr dem Tod nahe waren. Familienmitglieder oder Nachbarn bringen sie in ihren Sterbekleidern zur Heiligen, um ihr für die Rückkehr ins Leben zu danken. Man holt den vorübergegangenen Tod gleichsam spielerisch nach. Hinter den Särgen Kerzen in Lebensgröße der Wiedererstandenen, während die ›Cantores familiares‹, die Familiensänger, ungeachtet des vielfältigen Geschmetters und Gebimmels höchst seltsame ›Antifonas‹, Wechselgesänge zu Ehren der hl. Martha anstimmen:

Virxen Santa Marta	*Jungfrau Sancta Martha,*
Santiño querida	*Kleine liebe Heilige,*
Qu'á hora de morte	*Die in der Todesstunde*
Nos volveche a vida.	*Uns zum Leben erweckt.*

Das geht sieben Strophen lang so fort; ist eine Antiphon fertig, folgt eine neue. Jetzt singt diese Gruppe, dann jene. Manche Frau schleppt kniend einen Kindersarg auf dem Kopf, und wer einem der Wiedererstandenen, die im Sarg heranschwanken, ins Antlitz blickt, reißt die Mütze vom Kopf. In diesem Augenblick spielt man den Tod nicht mehr, er ist gegenwärtig . . .

Dergleichen gibt es in Kastilien nicht. Aber Juana, die bald niemand mehr Juanita nennen würde, wie Pablo in zärtlichen Augenblicken tat –, Juana, die von Rettung und Auferstehung träumte, kannte es, weil sie drüben Verwandte hatte. Unter solchen Erwägungen kam sie heim nach Villoldo und sah mit einer Überraschung, die ihre Lippen beben machte, Pablo in der Tür stehen.

»Santo Cristo – er hat geholfen«, stammelte sie, viel zu glücklich, als daß sie weiter hätte überlegen können.

Ach, der arme Leichnam von Palencia, was hatte er mit Pablos Leichtsinn zu tun! Der Arzt, bekam sie zu hören, war in der Frühe erschienen, hatte Pablo ein paar Spritzen gesetzt, worauf es mit der wunderbaren Heilung seinen Anfang nahm. Natürlich war Pablo aufgestanden, sobald es wieder ging. Schon recht, der Médico hatte es natürlich verboten. Man kannte das. Was verboten sie nicht, diese Ärzte? Er fühlte sich wirklich viel besser. – Pablo zögerte etwas. Auch der Gutsverwalter war dagewesen. Der ließ einen alten Compañero nicht im Stich. Zudem fehlte ihm Pablo. Um diese Jahreszeit brauchte ein Gutsbetrieb alle Hände. Wenn Pablo schon nicht im Bett lag, konnte er nicht mit Francisco, Pepe und Paco in der Frühe durch die Felder gehen, um Anweisungen für das Aufstechen der Bewässerungsgräben zu geben, damit das Wasser aus dem Kanal in die Furchen der Felder floß? Er verstand sich als einziger darauf. Was war schon dabei? Pepe holte ihn auf dem Karren mit, und um zehn war er längst zuhaus.

So ungefähr trug sich der zweite Akt des Dramas nach Juanas späterer Erzählung zu. Im letzten waren wir wieder dabei. Zuvor allerdings weilten wir noch im Süden. In Valladolid und schließlich auch in Tordesillas am Duero-Ufer.

Valladolid

Wie hätten wir auch der Verlockung widerstehen sollen, wenigstens für Augenblicke vor der Verlorenheit und dem Wegstaub der Pilgerstraße in den ›Tierras de Campos goticos‹, wie die Campos eigentlich heißen, nach *Valladolid* zu fliehen, der Stadt flutender Menschenströme und schattiger Parks? Nach der mörderischen Hitze und dem flammenden Glast der Weite empfand man die kühle Brise, die vom Pisuerga zum Paseo de San Lorenzo heraufweht, als erquikkendes Bad. Ah, wieder einmal auf den hübschen Steinbänken der Avenida Franco im Platanenschatten sitzen und zuschauen, wie die reizenden jungen Studentinnen von Valladolid, ihr Päckchen Bücher auf die Hüfte gestützt, vorüber flanierten, hier grüßend und lachend, dort von ein paar jungen Leuten angehalten und in Geplauder verwickelt, bis eine von ihnen auf die Armbanduhr sah und mit gespieltem Schrecken »Vamos!« – gehen wir, rief! Keine Zeit zu haben war für sie gewissermaßen guter Lebensstil, denn es bot eine vorzügliche Möglichkeit, einer eindringlich erbetenen Verabredung oder einer Verpflichtung aus dem Weg zu gehen. »Vamos!«, immer wieder »vamos!«, dazu gespieltes Erschrecken, Zwitscherlaute der Lippen und ein reizender Abschiedsblick aus schwarzgewimperten Augen, der den abrupten Aufbruch in eine halbe Aufforderung verwandelte, sich wiederzusehen.

Es gab so viel Amüsantes in dieser Stadt der Parks und jungen Mädchen, in der sich 1469 die Hochzeit Ferdinands von Aragon mit Isabella von Kastilien abspielte und in der

1506 Kolumbus starb, in der gut zwanzig Jahre später Philipp II. in einem Eckzimmer der heutigen Disputacion provincial zur Welt kam und sich 1605 Cervantes im ersten Stock eines Hauses der Calle del Rastro einmietete. Gewiß hatte hier unter Philipp II. ein erstes Autodafé stattgefunden. Aber wo Glanz ist, muß Schatten sein. Wer jenes echtere Spanien sucht, das nicht mit den Arabesken der Mauren garniert ist, sondern eine einzige Legende vom Genie der aus allen Völkern Europas zusammengeschweißten spanischen Rasse, wird es in Valladolid finden. Man muß ja nicht grade bei der auf fast geheimnisvolle Weise mißlungenen, kalten und viel zu großen *Kathedrale* Herreras verweilen, die niemals fertig wurde und von Unheil verfolgt schien. Gibt es nicht nahebei die Kirche *Sta. Maria del Antigua* zu sehen oder das *Colegio Mayor de Sta. Cruz*, das Enrique de Egas Ende des 15. Jahrhunderts aufgeführt hat? Einzigartig der Durchblick vom Patio in den entzückenden Garten. Oder im obersten Stock das kleine *Museum* iberischer, römischer, westgotischer Altertümer, dazu spanische Meister des 16. Jahrhunderts, vor allem aber die vielen Gobelins, Silberschmiedearbeiten, Keramiken und Azulejos, jene berühmten Fayencekacheln, die ursprünglich von den Mauren über Sevilla und Toledo eingeführt wurden – nein, auch in solcher Beziehung wirkte Valladolid wie eine Erquickung.

Der Höhepunkt blieb freilich immer *S. Pablo* im Norden der Stadt, das vom Geburtshaus Philipps II. nur durch eine Straßenbreite getrennt ist. Will sagen, nicht grade S. Pablo selbst, sondern ums Eck das der Kirche angeschlossene *Colegio S. Gregorio*, abermals ein Werk von Enrique de Egas, wenigstens in der spätgotischen, plateresken Fassade, die zu den ruhmvollen Leistungen spanischer Kunst gehört und eine Schauwand von ganz unvergleichlichem Zauber darstellt. Konnte man das verwirrende Werk eigentlich noch Plastik nennen? War, was da emporwucherte, Architektur oder Malerei in Stein? Über dem in Steinfiligran gestickten Portal prunkten drei Bildfelder, flankiert von schlanken Türmchen. Recken, Ritter, Regenten posierten darin, und man vernahm, ohne daß Waffen sichtbar gewesen wären, das Klirren der kastilischen Geschichte. Welche verwirrenden Formen obendrein diese Krampen, dieses Astwerk und diese Flechtgebilde zu beiden Seiten, während im breiten Mittelfeld ein heraldischer Baum aus einem Lebensbrunnen wuchs, den Puttos umtollten. In seinem Geäst ein mächtiges Wappen, das zwei gekrönte Löwen hielten. Man konnte das überladen finden, und doch blieb das Emblematische, auf das es hier ankam, ganz einzigartig ins Bild verwandelt, dazu von überraschend klarer Gliederung und Überschaubarkeit.

In diesem Colegio gab es etwas, das wir wieder und wieder besuchten, das Werk Berruguetes. Nicht des Vaters Pedro Berruguete, der nach einer Lehrzeit in Flandern um 1480 in Urbino für den Herzog und Condottiere Federigo da Montefeltro gearbeitet hat. Gelegentlich zusammen mit Josse van Gent. Eine von Pedros schönsten Leistungen bleibt das herrliche Porträt des Montefeltro im Herzogspalast zu Urbino. Nein, wir suchten das bildhauerische Werk seines genialen Sohnes Alonso auf. Alonsos, der um 1486 in Paredes de Nava hart südlich der Pilgerstraße zwischen Palencia und Sahagún mitten im Land der Campos geboren war, mithin ein Kind der Leere und Stille und für uns gleichsam zum Thema gehörig. Aber natürlich kam es viel mehr darauf an, daß der jüngere Berruguete eine der bezeichnendsten Gestalten der spanischen Kunst ist. 1503 ging er nach Italien wie alle großen Künstler der Zeit; Michelangelo nahm ihn als Schüler an. 1520 war er zurück in Valladolid. Sein ganzes Werk wurzelt tief in der Florentiner Renaissance, aber in seiner Ursprünglichkeit und fast barocken Kraft blieb es unverwechselbar spanisch. Er steigerte die Pose, die Gestik seiner Figuren, sparte nicht mit Pathos und malerischen Effekten, und stets zeigten sich seine Schöpfungen farbig gefaßt, wobei er sich gern des Auftrages von blinkendem Gold bediente, um die Belebtheit bis zur Bewegungsillusion zu steigern. Welch eine Kunst kann das sein, die solche Mittel benutzt, mag man betroffen denken? Wirklich war es eine ganz besondere, nur in Spanien entwickelte Kunstgattung, für unsereins höchst ungewohnt und doch eine legitime Fortsetzung der farbigen Plastik früherer Zeit. Die Retabelkunst eben.

Solch ein Retabel oder Altaraufbau findet sich beinahe in jeder Kirche des Landes. Schwer strömt es von Goldtönen hinauf und hinab, gleichzeitig Erdenbrot und Himmelslicht, während die Figuren alle Möglichkeiten von Devotion, Verzückung und Anbetung ausloten. Es gibt Retabel, die als regelrechte Bühnenwände empfunden sind, andere gleichen eher Gemälden, weil die Plastik darin ganz malerisch angewandt ist. Es gibt schließlich anspruchsvollere Retabel, welche Bildtafel und Plastik zu einem Aufbau verschmelzen, der einer summa theologiae, einem Weltgebäude des Glaubens gleicht. In großen Augenblicken erreichen die spanischen Altaraufsätze, die meist den Charakter des Mysterienspieles besitzen, die Bedeutung von Calderons geistlichen Dramen.

Im *Colegio S. Gregorio* zu Valladolid, das heute das *Museo nacional escultura*, genauer genommen das Museum der polychromierten Skulpturen ehemaliger Retabelwände, beherbergt, sieht man das. Vor allem Werke von Berruguete. Man durchschreitet einen ersten, kleinen Patio; zur Linken öffnet sich ein entzückender kleiner Kirchenwinkel mit Rudimenten des Kreuzgangs. Rosen blühen darin. Es folgt ein zweiter, großer Patio mit einem unglaublichen Reichtum der Galerien, die in bare Stoffwirkerei verwandelte Füllungen des Isabellstiles besitzen. Über eine Treppe in mozarabischen Formen geht es hinan. Dann ist man da, befindet sich in den weitläufigen Sälen dieses Kollegs, das einmal vom fröhlichen Lärm jugendlicher Stimmen und dem gravitätischen Ernst dozierender Lehrer erfüllt war, und gesteht sich seine Verwirrung ein. Man hat ernsthaft zu tun, dieses Arsenal heftig agierender Gestalten in sich unterzubringen. Kein Zweifel, es handelt sich um Theaterkunst. Man muß sich das immer wieder vor Augen führen. Keine der Skulpturen steht für sich; jede ist nur in einem bestimmten Blickwinkel, einem bestimmten Bezug gedacht. Gelegentlich besaßen diese Retabel enorme Größe. Da sieht man also zuerst Alonso Berruguetes berühmten, nach 1525 entstandenen Altar der Mejorada mit einer gewiß manierierten, gleichwohl ergreifend schönen Verkündigung. Man begegnet auch anderen Künstlern. Ganz Spanien stellt sich ein. Da wäre Gregorio Fernández, Hauptvertreter der Schule von Valladolid, der um 1600 gearbeitet hat. Ein Künstler, der weniger Einflüsse aus Italien als aus dem spanischen Norden verarbeitete. Wie sensibel, abweichend vom Kanon des Schönheitsideals, von tiefem Leid durchströmt seine Mater dolorosa! Man begegnet Pedro de Mena, der abermals dreißig Jahre später schuf, Schüler des großen Alonso Cano und 1628 in Granada geboren, erfüllt von einem starken Naturalismus. Bei ihm verwandelt sich die Plastik völlig zur Figur der Szene wie eine büßende Maria Magdalena zeigt. Es bliebe Diego de Siloé mit einer Heiligen Familie zu nennen. In einer Kapelle knien die Bronzestatuen des Herzogs und der Herzogin von Lerma, die Juan de Arfe – aus Harff bei Köln –, der große Monstranzenmeister, 1602 schuf. Es finden sich die faszinierenden Gruppen des Juan de Juni, mit dessen Arbeiten man in die Zeit Berruguetes zurückkehrt; er war gebürtiger Franzose, bildete sich in Italien aus und ließ sich 1544 in Valladolid nieder. Dies sind nur die Großen. Findet man die Wärter bei Laune, kann man außer alledem noch die Pasos-Säle besuchen, in denen eine Reihe lebensgroß dargestellter Szenen, darunter eine überaus ergreifende Kreuzaufrichtung, die Leidensgeschichte verkörpern, die man Gregorio Fernandez und seinen Schülern zuschreibt. Sie werden in der Prozession der Karwoche mitgeführt.

Mit proteischer Kraft verwendet diese Kunst jede Möglichkeit bildlicher Aussage. Sie gleicht in einigen Zügen dem Film. Sie schlägt den Betrachter in ihren Bann, ohne ihm noch die Freiheit der Entscheidung zu lassen. Wer nicht anerkennt, ist sogleich ein Häretiker. Das läßt sich sehr hübsch am Gehabe der Wärter studieren. Sie sagen ›Nuestra Señora‹ oder ›La Virgen‹, und der Ton, in dem sie es vorbringen, offenbart, daß nicht die Kunst den Gegenstand adelt, sondern die Kunst durch den Gegenstand ihre Weihe empfängt. Immerhin ist, was so entstand, auf seine Weise auch wieder hohe Kunst.

Königin ohne Krone

Wenig später waren wir wieder in *Tordesillas*, das uns so vertraut war wie wenig andere Orte Kastiliens. Wohin man auch will, nach Madrid, Salamanca, Zamora, wer von Burgos kommt, muß Tordesillas queren. Wer nach La Coruña will, muß es auch, oder tut wenigstens gut daran. Niemand, der entlang der Kantabrischen Gebirge nach Galicia führe. Man nimmt den erheblichen Umweg in Kauf, um schneller vorwärts zu kommen. Tordesillas ist eines der großen Straßenkreuze Spaniens.

Uns bedeutete Tordesillas, das hoch über dem gelben Duero liegt, allerdings mehr und anderes. Wir fühlten uns regelrecht in diesem Städtchen zu Haus. Im Albergue jenseits der Brücke, wo wir vor einiger Zeit gewohnt hatten, erkannte man uns sogleich. Abermals lagen wir im Schatten der rundschöpfigen Pinien des Gartens. Im Ort selbst gab es richtige Wiedersehensfeiern. Der kleine Paco in seinen

Röhrenhosen, der uns vor einem Jahr als Guia gedient hatte, gleicherweise stolz auf die Tauben des Ortes wie auf Karl v. – Paco riß entzückt seine Augen auf, ließ alles stehen und liegen, kam angerannt, rief »Los Alemanes!« und fiel uns in die Arme. Wollten wir auch ›La Gibosa‹, die arme, buckelige Teresita besuchen? Der allerdings ging es nicht gut, leider. Was ließ sich schon machen? Sie lebte vom Betteln jetzt, das machte die Menschen nicht glücklich. Unterdessen zogen wir bei Ramon, dem Bäcker vorbei, der unentwegt wie stets Streifen von Weizenteig durch die kleine Eisenmangel drehte, um ungesäuerte Brote daraus zu flechten. Die alte Kastanienrösterin Pilar lebte noch immer, und der tat jetzt dies, dieser jenes ... Endlich wußten wir alles! Darüber kam Tio Pepe auf ungesatteltem Maultier einhergesprengt, und Pacos begeistertes Geschwätz machte, daß sich die Fenster im Barrio, den wir durchwanderten, öffneten.

»Wohin gehen wir eigentlich?« fragte er plötzlich.

»Zum Monasterio.« Wohin denn sonst? Paco erinnerte sich. In Tordesillas gingen wir immer zum Kloster. Zum *Kloster Sta. Clara* hoch über dem Duero-Ufer, auf dessen Terrassen die Alten sitzen und die Kleinsten lärmen, während die Katzen in den niederen Haustüren schnurren. Da lag es schon, ein ziegelgemauertes, blickloses Bauwerk über der weiten Ebene, die sich südlich des Duero nach Madrid zieht. Jenes Klarissenkloster, das einst Königsburg gewesen war, in dem man 1497 die Neue Welt zwischen den Spaniern und Portugiesen aufgeteilt hatte und in dem sich bald die Tragödie eines Lebens abspielen sollte. Hierhin verwies König Ferdinand der Katholische von Aragon seine Tochter Juana, als sie nicht über den jähen Tod ihres Mannes, Philipp des Schönen von Habsburg, hinwegkam und geistige Störungen zeigte. Derzeit lag Isabella von Kastilien bereits im Grab; ihre Tochter war die rechtmäßige Erbin. Trotz ihrer vorgeblichen Debilität konnte Juana nicht dazu gebracht werden, auf die kastilische Krone Verzicht zu leisten. Das Klarissenkloster von Tordesillas ist für sie, die einst die schönste Prinzessin Europas gewesen war, zum lebenslangen Gefängnis geworden, in dem sie ihr Vater, ungeachtet ihres wilden Aufbegehrens, mit Gewalt einsperrte. Man verwehrte ihr sogar den Blick ins Freie. Sie lebte jahrein, jahraus in Gemächern, die man heute noch sehen kann, der Erinnerung an ihren schönen Gatten, der in Miraflores bei Burgos begraben lag, und der Erinnerung an ihre Kinder im fernen Flandern, die unter der Obhut ihrer Schwägerin Margareta von Österreich-Savoyen heranwuchsen. Bis diese Bilder nur noch Schemen waren und sie selbst das ohnmächtige Werkzeug in der Hand des allgewaltigen Cisneros. Denn ihr Vater starb, und sie erfuhr es nicht einmal, daß sie zu ihren übrigen Titeln noch den Rang einer Königin von Aragon, Sizilien und Neapel erhielt. Seit dem Tod König Roderichs im Jahre 711 war Spanien nicht mehr so ausgedehnt, nicht mehr in einer einzigen Hand vereint gewesen.

Bald hob ein noch dunkleres Spiel an. Die flämischen Regenten, die für ihren Sohn Karl in Brüssel die Geschäfte führten, bekamen es eilig. Wir wissen nicht, was den als Reichsverweser amtierenden Kardinal Cisneros bestimmte, plötzlich wider alle Erwartung die Partei des jungen Karl zu ergreifen. Jedenfalls erschien der siebzehnjährige Prinz, der inzwischen unter tumultuarischen Umständen in Madrid zum spanischen König ausgerufen war, unvermutet samt seiner Schwester Eleonore auf spanischem Boden. Er zögerte lange Wochen, bis ihm die Stunde reif schien. Endlich zog er doch nach Tordesillas, um der Mutter seine Aufwartung zu machen. Dahinter stand der Versuch, sie zu einem Thronverzicht zu bewegen. Noch weigerten sich die Procuradores der Cortes, die Madrider Proklamation anzuerkennen. Karls Aufenthalt in Tordesillas war festlich und üppig. Man hatte die von ihm bewohnten Räume mit karmesinrotem Velours ausgeschlagen, die seiner Schwester Eleonore mit Goldbrokat. Die berühmte Szene der Begegnung zwischen Mutter und Kindern, die ganz im Zeremoniell der burgundischen Etikette verlief, endete allerdings statt der gewünschten Anerkennung mit einiger Verwirrung. Karl mußte sich vorerst mit dem Prinzentitel begnügen, wenn auch bald in Valladolid dennoch zu seinen Gunsten entschieden wurde. In Tordesillas blieb eine noch keineswegs alte Frau in Verzweiflung und Einsamkeit zurück. Vergebens ihre Versuche, dem Klarissenkloster zu entkommen. Selbst ihr jüngstes Kind, die jetzt elfjährige Katharina, die in Hornillos, Sta. Maria del Campo und schließlich Arcos aufgewachsen war, nahm man ihr. Einfach, weil Karl wie Eleonore Gefallen an dieser kleinen Schwester gefunden hatten. Die Empfindungen der Mutter, die unterdessen auf den Knien in der Kapelle lag, diesem ehemaligen Thronsaal, in dem der Herrschersitz jenes Pedro des Grausamen gestanden hatte, der Juana de Castro verstieß – der Schmerz Juanas von Kastilien, der das Kind mittels einer regelrechten Kabale entrissen wurde, kümmerte weder Karl noch seine Schwester ...

Tordesillas heute. Wundervoll der Adel des arabischen Patios, der vom einstigen Schloß übrig blieb. Auch die Fassade des Palastes von König Alfons XI. zeigt sich vom Geist des Islams durchpulst. Man sieht die herrliche, von arabischen Motiven durchwebte Kuppeldecke des Thronsaales, die heute als Chorhaupt der Kapelle dient. Man steht vor dem flämischen Clavichord Karls V. oder einem Instrument Philipps II. und hält bestürzt inne vor dem Messingwaschbecken, das einst der unglücklichen Juana ein Leben lang diente. Sie sollte erst mit sechsundsiebzig Jahren, kurz vor ihrem Sohn Karl, verscheiden, eine alte, gebrochene Frau, deren Antlitz sich mittlerweile wirklich verstört ausnahm. Schweigsam und stumm starrten die Mauern des ehemaligen Königsschlosses von Tordesillas, von denen man einst Verurteilte, mit Hyänen und Wölfen zusammen in einen Kasten gesperrt, in den Fluß gestürzt hatte, auf die Ebene jenseits des Duero.

Juana hat später neben ihrem Gatten Philipp dem Schönen in der königlichen Kapelle zu Granada ihr Grab gefunden. Dort sieht man sie auf dem Grabstein abgebildet: den schönen, blonden, machtvollen Habsburger, den man von Miraflores nach dort überführte, und sie, die ihn so abgöttisch liebte, daß sie gelegentlich den Verstand darüber verlor. In ihren Händen hält sie, welch eine Ironie, das Zepter, das man ihr zu Lebzeiten immer verweigerte.

Wir hatten über dieser Wiederbegegnung mit Juana, der unglücklichen Königin, die andere Juana, die von Palencia, und ihren Kummer so vollkommen vergessen, wie man nur etwas Beiläufiges vergißt. Am nächsten Tag fiel uns die bittere Geschichte ihres Schicksals mit der elementaren Heftigkeit einer Tragödie an. Gewiß war es einer jener Zufälle, die auf Reisen jedem begegnen können. Dennoch schien es uns, als sei darin alles zusammengeronnen, was wir seit langem als dunkles Gestirn über unserm Weg empfanden: den Tod in der Meseta.

Juana und Pablo

Ein Märchenmorgen war es, ein Morgen der Herrlichkeit, wie das Jahr nur wenige schenkt. Wir fuhren früh nach *Carrion de los Condes*. In Höhe Villoldo, das seitab im Land liegt, standen Bäume zu beiden Seiten der Straße, wundervolle, das Licht filternde Platanen. Der Fahrtwind kühlte die Gesichter, man konnte unbeschwert atmen. Der Wagen jagte eben so schnell in eine Senke hinab, wie man immer durch die Meseta fährt. Plötzlich sprang fern eine winzige Gestalt auf die Fahrbahn. Da wollte irgend jemand etwas, schien etwas geschehen. Die Bremsen durchgetreten! Der Mann stand bereits gestikulierend am Fenster – ein alter Mann, der viel zu hastig sprach. Immerhin wurde vernehmlich, daß man jemand nach Hause schaffen sollte: die Hitze, das Licht der Meseta. Es eilte. Dort drüben. Sah man denn nicht?

Auf diese Weise begegneten wir Pablo, der zusammengebrochen zwischen Pepe und Paco hing. Schmal, Stoppeln im bleichen Gesicht. Dem alten Francisco, der bei uns stand und noch immer mit erhobenem Arm auf ihn zeigte, strömten die Tränen über die Wangen. »Pablo«, sagte er verstört, nur »Pablo« und schließlich auf dringende Fragen »Villoldo«.

Dann war Pablo auf dem Vordersitz untergebracht und preßte den schmerzenden linken Oberarm. Zuweilen stöhnte er »Dios, o Dios«, oder »Virgen«, manchmal schien er in Ohnmacht zu sinken. Am schlimmsten wurde es, als der Wagen auf den Feldweg nach *Villoldo* einbog. Schlagloch nach Schlagloch. Pablos Gesicht war kreideweiß mit einem blauen Strich an Stelle der Lippen. Der Schmerz im linken Arm, daran konnte kein Zweifel bestehn, kam vom Herzen. Endlich einige Häuser. Der Ort! Drüben trat eine Frau aus der Tür; wir erkannten sie unverzüglich und wußten schlagartig alles: Juana aus Palencia. Und auch sie verstand, was der Wagen bedeutete. »Pablo«, schluchzte sie auf und verstummte. Genau das war eingetroffen, was sie in den Angstträumen der vergangenen Nacht vorausgesehen hatte. Aber sie schwieg. Nur die atemlose Hast, mit der sie zugriff, verriet, was in ihr vorging.

Endlich lag Pablo auf seinem Bett, und es galt abermals, diesmal noch eiliger, loszufahren, um den Arzt im nächsten Städtchen zu alarmieren. Einen Arzt, der die Brauen hob und eine resignierte Handbewegung machte. »Was? Er ist aufgestanden, aufs Feld gegangen?« Gewiß, gleich würde er da sein. Daheim lag Pablo unterdessen fast regungslos, und Juana saß neben ihm. So oft er seufzte, machten ihre Lippen die Bewegung des Atemholens mit. Gelegentlich erneuerte sie die Kompressen auf seinem Herzen. Der Arzt kam, kurze Zeit schien es besser zu gehen. Fast kam eine gelinde Hoffnung auf. Juana verließ einen Augenblick das Zimmer, fand sich sogar zu ein paar Worten bereit. Der Nachmittag brach herein, der Arzt kam wieder, blieb fast eine Stunde, ging mit gesenktem Kopf und brummte einer Nachbarin zu, Don Jaime, den Cura zu holen. Juana saß längst wieder bei ihrem Mann, um seine unruhig werdenden Hände zu halten. Der kleine Raum schien in einen weißen Lichtschacht verwandelt, der in etwas Unbekanntes hinausführte. Winzige Laute gedämpfter Gespräche drangen durch die Wand, weil nebenan in der Küche einige Dorffrauen zusammenhockten und sich die Unheilsbotschaften vergangener Jahre zuflüsterten.

Als der Cura mit den Sakramenten erschien, erstarrte Juana. Sie kniete nieder wie die Dorffrauen nebenan, aber sie blickte so wild und verzweifelt auf Pablo, wie sie den Santo Cristo angesehen hatte. Dann war Don Jaime fort. Hinter dem Fenster rauschten in der kühler werdenden Nachmittagsluft Wolken von Taubenflügeln auf, der schräge Leib eines Baumes warf seinen dursttrockenen Schatten quer über das matte, lichtbeschienene Viereck des Himmels. Juana nahm es nicht wahr. Pablo schlug um fünf Uhr die Augen auf, blickte Juana an und starb so klag- und wortlos, wie sich sein ganzes Leben abgespielt hatte. Juana legte ihre Lippen auf seine Augen. Ihr Leib war vollkommen erschöpft, aber sie merkte es nicht. Eine Maske von Einsamkeit und Ergebung fiel über ihr zart-hübsches Gesicht, während draußen lärmend die Flügel der Tauben klatschten, der Esel im Garten schrie und die Nachbarinnen sich nebenan noch immer in flaumleichten Unheilsgesprächen ergingen. Sie saß unbeweglich, bis die Gevatterin erschien, die das Tuch vorm Fenster befeuchten sollte, damit das Zimmer kühl blieb, und mit leisem Aufschrei davonlief.

Wir zogen lautlos aus der lehmgelben, sorgfältig geweißelten Hütte des Todes fort zum Ortsrand, an dem unser Wagen stand. Wo der Fuß einherging, quollen bräunliche Staubwolken empor. Auf den Feldern hatten die Schafe die Köpfe schon wieder auseinander genommen, zogen weidend, in Waberwolken gehüllt, einher und schlangen mit bebenden Lippen zundertrockene Stoppeln in sich hinein. Schwärme von Tauben kreisten mit klatschendem Flügelschlag über den Äckern. Die Handvoll Häuser, die sich Villoldo nannte, blieb zurück. Ein fauchender Schemen, ein von der Hitze erzeugter Luftwirbel, zugleich gleißendes Licht wie harter Schatten, tanzte über die Felder, und wir zweifelten nicht, daß es der Tod der Meseta war, der Pablo als Beute davontrug.

Carrions Griechische Stunde

Dann kam ein neuer Morgen, ein Landmorgen, die Schwalben schwärmten. Wir waren auf die Pilgerstraße zurückgekehrt, zogen in *Carrion de los Condes* ein. Eben fand Markt statt. Rosige Ferkel quietschten in den Körben, Hühner und Esel litten geduldig. Gleich neben dem Platz lag *Sta. Maria de la Victoria* oder del Camino – vom Pilgerweg, in die sich einst Alfons VI. von León vor seinem Bruder Sancho geflüchtet hatte. Offenbar berief sich die Stadt gern auf ihr Historisches. Unweigerlich war davon Kenntnis zu nehmen, daß vor unendlich verschollenen Zeiten die Töchter des Cid hier die Infanten Diego und Fernando von Carrion geheiratet hatten und hernach in der Stadt zwei illustre Literaten geboren waren, der Marques de Santillana und der berühmte jüdische Konvertit Dom Sem Tob. Ich glaube nicht, daß es jemand gab, der die Canciones des einen oder die moralischen Sprichwörter des andern gelesen hatte, aber was machte das schon?

An Sta. Maria vom Pilgerweg zählte einzig der Portikus mit den Erinnerungen an die Legende vom Tribut der hundert jungen Mädchen, den König Mauregato dem Mohammedaner-König Miramomolin zahlen mußte, worauf die Doncellas wunderbarlich durch zwei Stiere gerettet wurden. Das

Thema findet sich in Santiago de Compostela wieder. Zuoberst kragten Dachbalken mit Masken und Lemuren über die Eingangshalle vor, darunter folgte ein Fries mit dem Christkönig im Viergetier, schließlich die bewußte Jungfernlegende. Zugegeben, neben dem andern Christkönig, dem der Santiago-Kirche, diesem griechischen Augenblick der Pilgerstraße, war das nicht viel.

Dieses kleine Wunder von Carrion stellt sich nur wenig weiter im Hauptsträßchen, gleich hinter einer halben Kehre ein. An die Wand der gegenüberliegenden Häuser gepreßt, mußte man den Kopf in den Nacken legen und angestrengt starren, um sehen zu können. Die Fassade der *Santiago-Kirche* liegt in eine Häuserzeile eingeschachtelt. Aber was sich da oben seit achthundert Jahren präsentiert – das Werk ist rund 1160 entstanden – benahm den Atem, so gering es an Umfang auch sein mochte. Über dem Portal ein Figurenfries, darauf die Majestas Domini. Der thronende Herr in einer Mandorla mit den Evangelistensymbolen, flankiert von den Aposteln. Der an sich ockerfarbene Stein war grau verwittert. Alles an diesem Werk fasziniert. Vor allem natürlich die Figur Christi. Beim Tetramorph, das ihn umgibt, ist, man kann schon nicht zweifeln, ein gewisser Manierismus im Spiel. Aber die Gestalt des Herrn bleibt davon völlig frei, und grade von diesem Gegensatz zwischen Stilisierung und monumentaler Gelöstheit geht die Hauptwirkung aus. Umwallt von vielfältig verschlungenem Faltengewand sitzt der König der Welten da. Eine heroische Note läßt sich nicht übersehen. Aber das einzigartige Haupt ist dann mehr als das alles. Wir gestanden uns ein, daß es in einem goetheschen Sinn griechisch zu nennen war, eben nicht archaisch, sondern von tiefer Humanitas durchwaltet. Auch blieb es nicht anonym, sondern besaß den Charakter des Porträthaften. Ein bedeutender Mensch hätte so aussehen können. Zugleich ging es über alles Individuelle hinaus, zeigte sich hoheitsvoll distanziert. Ein Gott, der nicht die Welt von außen stieß, sondern ihr Leid auf sich genommen und überwunden hatte, um nun seinem Herrscheramt obzuliegen. Die Lippen öffneten sich leicht zum Sprechen. Was sagte er? Man vernahm es geradezu und suchte doch nach einem Wort, das groß genug war. Was man kannte, genügte nicht. Auch die manchmal schon recht verwitterten Apostelgestalten entstammten dieser Dimension, wo sich das Menschliche Zug um Zug mit Hoheit verbindet und nichts Niedriges sein kann. Es heißt, daß der Fries von dem nämlichen Meister herrührt, der in Santo Domingo de Silos die Verkündigung vom Südwestpfeiler des unteren Kreuzganges schuf. Man spürt plötzlich den Geist Spaniens von Höhen wehen, die man bislang nicht kannte, und versteht, hier war mehr als Genie, hier war Begnadung im Spiel.

Unter diesem Fries wölbt sich ein Rundbogenportal in die Fassade wie zu Sta. Maria del Camino. Über die Archivolten sind zweiundzwanzig Figuren verteilt, welche die menschlichen Tätigkeiten und Wesenshaltungen symbolisieren oder verkörpern. Hier findet sich ein Gaukler, der Salto schlägt, dort ein lesender Mönch, daneben eine zeptertragende Figur. Zwei behelmte Gestalten dreschen mit Keulen aufeinander, an anderer Stelle klimpert ein Harfespieler, während sich auf der linken Seite eine ganze Musterkarte handwerklicher Berufe zeigt. Im Widerspiel zu dieser höchst tüchtigen Bürgerwelt tragen die Kapitelle der Rundpfeiler, die das Portal flankieren, chimärische Greueldarstellungen, auf denen Menschen von Ungeheuern zerfleischt werden. Ausgezeichnet, die Wirklichkeit, das Reale und Faktische solcherart sofort wieder in Frage zu stellen. Da gehören als Ausgleich auch die Engel auf den Plan. Wirklich finden sie sich auf den Pfeilern im Halbrelief dargestellt.

Dergleichen verstärkt die Magie, die von der Santiago-Kirche von Carrion de los Condes oder besser ihrer Fassade ausgeht. Eine ganze Weltordnung steht da aufgezeichnet, und das ist das eigentlich Wunderbare: inmitten der Dürre und Öde des Landes plötzlich diese glühenden Bekenntnisse, die so groß oder noch größer als die Skulpturen von Bamberg sind. Denn man kann es nicht übersehen, daß diese Romanik zur Klassik gedieh. Welch ein Land! Im Grund bleibt die Kirche ganz einfach. Ein einziger Turm ragt über das Dach des schmalen Baues; rechts führt ein Gäßlein vorbei, in dem es laut Anschlag verboten ist Rösser anzubinden. An dem Gäßlein wiederum liegt ein Haus mit vermauertem Torbogen; auch im Hause rechterhand gibt es das. Das dürften die Reste der alten, verschwundenen Pilgerherberge sein, die einmal im Zusammenhang mit der Kirche stand.

Es sieht aus, als habe sich mit der Christusgestalt die Kraft von Carrion de los Condes erschöpft. Die übrigen Gotteshäuser bleiben frommes Alltagsbrot: *Nuestra Señora de Belem*, *S. Andres* mit dem Dreikönigsretabel. *S. Julian de Mercado* und schließlich der alte *Klarissenkonvent* mit der verschlossenen Kirche und dem schattigen Patio. Aber wenn man abwärts zum Fluß wandert, bekommt der Ort noch einmal große Akzente. Es ist, als steige man in eine Brunnenstube hinab. Da strömt prall und grün zwischen üppigem Laub der Carrion hin. Hüben die ockerfarbene Wand eines Steilufers, drüben das flache Gegenufer, das eine einzige Idylle darstellt. Dort liegt, hochberühmt, eine anerkannte Schönheit, das *Kloster S. Zoil*. Freilich, wie das mit Schönheiten so geht ... wir machten uns nach dem Christus von Santiago herzlich wenig aus der glatten Faktur des spätgotischen Kreuzgangs mit den Paradebildnissen der Renaissance, der eigentlich dem Foyer eines Theaters gleicht. Propheten hier, Heilige dort, gewiß, auch Sibyllen und schließlich außer Adam und Eva gar eine Cleopatra, ein Antonius. Nein, das blieb bare Bildungshuberei und mochte beglücken, wen immer es wollte.

Sahagún
oder
Die Meinung des Afiladeros

Wenig später, im freien Lande, stellten wir fest, daß wir nicht frei geworden waren, wie wir erhofft hatten. Die Erinnerung an Pablo ließ uns nicht los. Was wir auch unternahmen. Noch immer tanzte der quälende Schemen in Staub und Gluthauch als Tod der Meseta über die Campos. Schließlich gaben wir es auf und blieben in einem Ort am Weg, nach einer Adelsfamilie *Grajal* genannt, die früher im Herzen des Nestes einen machtvollen Palacio mit Galerien und Loggien behaust hatte. Die Türen waren heute freilich mit Brettern verschalt und der Innenhof diente den Dorfbuben als Spielplatz. Am Nordrand des Ortes lag eine gewaltige Zinnenburg, indessen keineswegs erhöht über dem Lande, sondern gleichsam parterre. Man stand mit Quadermauer, Zinne und Turm auf Du und Du und empfand das Balladeske dieses wehrhaften Gemäuers doppelt. Freilich wurde dergleichen durch Angel, den Afiladero, verstärkt, einen Scherenschleifer, den wir aufgelesen hatten. Wenigstens glaubten wir so. Aber es war eigentlich umgekehrt. Allmählich erkannten wir auch, warum ihn die Leute ›el Rezno‹, die Zecke, nannten. Er hatte uns auf der Straße angesprochen, sich als unentgeltlicher Führer angeboten und klebte jetzt wie eine Klette an uns. Ein dünner Mensch mit langem, hungrigem Gesicht, der freilich jede Tischeinladung verschmähte. Es war seine Leidenschaft, Fremde zu sammeln und auszufragen. Man trifft das in Spanien, ausgenommen Kastilien, oft, und Kastilien hatten wir eben verlassen. Wie dem auch war, es stimmte uns froh, el Rezno zu haben. Er half uns über das Gespenstische und Quälende des Tages hinweg. Als er uns anbot, ein Quartier zu besorgen und lediglich bat, dafür andern Tags nach Sahagún mitgenommen zu werden, stimmten wir gerne zu. Wir blieben also, wanderten bei

Mondbeleuchtung um das Kastell, hörten dem melodischen Geläut der Frösche im Mauergraben zu, die richtige Glockentöne von sich gaben. El Rezno oder Angél summte unterdessen ohne Ende vor sich hin. Vor allem sein Lieblingsstück ›Ya se van hombres, ya se van hijos‹, eine Copla von einer gewissen Traurigkeit, die er sichtlich genoß. Die Saudade haftete seiner Meinung nach allem Irdischen an. Ja, war sie nicht gar das Salz des Lebens?

Wir teilten solche Empfindungen keineswegs, indessen, nach Art der Mitteleuropäer, mehr aus Prinzip. Etwas in uns sagte durchaus ›ja‹ zu den eingelernten Klugheiten der Zecke. Nicht nur Pablos wegen, sondern weil es an diesem Tag bei einem Abstecher nach *Benevivere* eine Enttäuschung gegeben hatte. Das ist eine abseits gelegene Abtei, einst Herman Kuenig von Vach zufolge nur eine mäßige Pilgerherberge, heute vom Ruhm der Legende umsponnen. Georgiana Goddard King hatte in ihrem ›The Way of Saint James‹, dem besten Buch über die Pilgerstraße, das ich kenne, von »a scent of rosemary blows« gesprochen, das die Abtei umzog. Demnach lag Benevivere im Hirtenland, umschwebt vom Duft des Rosmarins. Don Diego Martinez, Herr von Villamayor und Salvadores, Großmeister des Santiago-Ordens, Vertrauter von Alfons VII., hatte das Kloster gegründet, in dem später Alfons VIII. als Mönch seine Tage beschließen sollte. Bedeutende Familien setzten seitdem in der Kirche die Toten bei. Angeblich gab es in Palencia noch einige Sarkophage dieser Epoche zu sehen, aber wir suchten vergeblich danach. Wir suchten auch in Benevivere vergeblich nach Spuren. Georgiana Goddard King hatte noch einen Portikus nebst Statuen, offenbar aus der Zeit der Katholischen Könige, abgebildet. Wir aber fanden nichts mehr als einen armseligen Mauerrest und im Boden schon halb verwucherte Fundamente. Es war alles hin. Auch der »scent of rosemary blows«. Wer weiß, wo die amerikanische Professorin solch poetische Requisiten entdeckt hatte.

Von Benevivere ging es durch eine verzweiflungsvoll öde Landschaft. ›Terreno llano‹, sagt man auf spanisch dazu, flache Gegend. *Calzada de la Molinos* mit seiner abenteuerlich großen Kirche hinter dem Bach Peronda blieb hinter uns; *Ledigos* kam mit seinen Gassen, die dem Bett eines Wildbaches gleichen. Wann würden wir solcher trüben Anblicke ledig sein? In Sahagún? »Es una gran población«, versicherte der Afiladero tröstend.

Bilder gab es tatsächlich genug und große dazu. Das Erlebnis, das *Sahagún* vermittelt, sind seine Backsteinkirchen. Alle Gotteshäuser, ausgenommen die Reste der Abtei S. Benito und die Kirche S. Juan, bestehen daraus. Der rotgebrannte Stein ist schmalkantig, schwärzlich und in endlosen Schichtungen hochgemauert. Wirklich muteten diese Kirchen über den winzigen Häuschen abnorm im Maß, ja gradezu ungeheuer an. Auch an Vielzahl. Das galt für das ganze Land am Übergang nach León. Es gab Nester von hundert Einwohnern am Weg, die sechs, sieben Kirchen zählten und Wäldern von Türmen glichen. Kaum betrat man Sahagún durch den staubigen Barrio im Osten, erblickte man also ebenfalls Kirchen. Leuchtend dazwischen die weißgekalkte Fassade von *S. Juan*. Grade wurde das Namensfest des Ortsheiligen gefeiert. El Rezno geriet in Ekstase; es war der Grund seines Mitfahrens gewesen. Man feierte bereits den zweiten Tag; noch immer ging es hoch her. An der Umfassungsmauer der Kirche lehnten die Banner. Die Träger verschwanden gelegentlich um die Ecke, streiften in aller Unschuld die Hosen herunter und vollzogen, was unerläßlich war. Aus dem dunklen Kirchenbauch dröhnte heiser eine Prälatenstimme. Dicht an dicht gedrängt lauschten die Menschen. Um den Altar glühte eine Unzahl von Lämpchen. Alle Weiber hatten ihr Schwarzes an. Wimpel flatterten straßauf, straßab. Währenddessen hockten die Verstockten, die Freigeister und Heroen der Gurgel unter den Männern bereits oder noch immer in den Kneipen beim Wein, und eine wilde Lautsprechermusik dröhnte durchs Nest, das unterdessen in der Sonne gesotten wurde wie ein Huhn im Topfe. Die Erde barg keinen Tropfen Wasser mehr.

Sahagún ist also eine Stadt der Kirchen. Fragt man sich, welcher Reichtum es möglich machte, in der romanischen Epoche einem armen Land die Perlenschnur solcher Gotteshäuser im allgemeinen und im besonderen seiner Pilgerkirchen umzulegen, kann die Antwort nur lauten, daß der Handel im Gefolge der Wallfahrt Säcke von Geld eingebracht haben muß. Wie hätte in Sahagún sonst eine Kirche wie das machtvolle *S. Lorenzo* entstehen können, vollends dieser gewaltige Vierungsturm mit seinen Durchbrüchen und Blendarkaden, an dem nicht nur die Ziegelmauerung, sondern auch die Zierformen älteste Motive des Mudejar-Stiles wiederholten? Zudem besaß S. Lorenzo künstlerischen Ehrgeiz; es verfügte über ein kuppelgewölbtes Querschiff wie Sta. Maria in Wamba oder Santiago de Peñalba, was nur den Hochmögenden unter den Kirchen vorbehalten ist. Übrigens mußte man sich auch eingestehen, daß es trotz hoher Kunst des Mauerns auf geheimnisvolle Weise chthonisch, also dem Boden verhaftet blieb, aus dem es gewachsen war, eine phantastische Glorifizierung der armen Erde der Campos und Fleisch von ihrem Fleische. Gleichzeitig tauchte es so weit zurück in die Zeit, daß niemand den Dämmer seiner Entstehung auflichten konnte. Wie alt dieser Boden doch überall war! Fand sich nicht nahe der Kirche ein Stück Straße samt einigen Häusern einfach nach unten, ins Nichts, ins Leere weggesunken? In abgründiger Tiefe erblickte man aufgeborstene Gewölbe. Sie hatten wer weiß wieviele Jahrhunderte gehalten, bis sich plötzlich der Druck als zu stark erwies. Dieser Augenblick machte von Sahagún mehr sichtbar als alles andere, das Alter nämlich, die Zeitdimension. Es war gleichsam eine Urstadt, es lebte bedenkenlos und überschäumend oder in erstickter Stille, wie es grad kam. Noch gab es keine Bebauungspläne, keine Kanalisation, keinen Stadtbaumeister. Das Mittelalter war immer noch Wirklichkeit. Das belegte übrigens auch *S. Tirso*, ein uralter, unglaublich schöner, freilich hergerichteter Backsteinbau des 11. Jahrhunderts, der Turm immer wieder von doppelten Bogenstellungen durchbrochen, zwischen die man jeweils eine kleine Säule aus Haustein gefügt hatte. S. Tirso liegt im ältesten Teil der Stadt an einem Platz, auf den lauter muffig riechende Gäßchen münden. Der Wasserhändler, offenbar die Attraktion des Viertels, schrie grad seine Ware aus; sein Gaul erwies sich als zirkusreif und rangierte den Karren mit der fragilen Ladung auf baren Zuruf und Pfiff hin vor, zurück und seitwärts oder wie es sein Meister so wollte.

Das Köstlichste an S. Tirso ist der Altarraum. Aus Backstein gemauert erhebt sich die Vierung, bilden sich Apsisdurchlässe von schwingender Großartigkeit. Die Bögen sind an ihrem Ansatzpunkt zur Herradura- oder Hufeisenform eingezogen wie die Blendarkaden von S. Lorenzo. Dahinter folgen Seitenapsiden, vor allem ein Chor von vollkommener Harmonie. Allerdings, den Ruhm von Sahagún bildet noch immer das *Kloster S. Benito*, das alte Zentrum der Cluniazenser auf spanischem Boden. Es stehen nur noch Torsen davon, umzogen mit einer Mauer und dem bescheidenen Klosterbereich unserer Tage eingefügt. Man erkennt nichts mehr. Was übrig blieb, sind lediglich Konglomerate oder Reste einer durcheinander geratenen, zu einer Brekzie zusammengebackenen Ruine. Und doch gebührte sich Achtung, denn dies war jenes erlauchte S. Benito, das die Gräber von König Alfons VI. und anderer Mitglieder des Hauses León barg, das uralte, von Heiligkeit schwere Namen aufklingen ließ, wie den des Abtes San Facundo, der das Monasterium 872 unter Alfons III., dem Großen, gegründet hatte. Bis es begünstigt durch Herrscher und Adel Geschichte machte und mehr als hundert Klöster zu seiner Jurisdiktion gehörten. Sein Abstieg begann zur Zeit desselben Königs Alfons VI., der hier begraben liegt. Damals wurden die unendlichen Besitzungen des Klosters bereits verschleudert, verwüstet, seine Kostbarkeiten geplündert. Im 18. Jahrhundert hatte man versucht, der Mönchsgemeinschaft neues Leben einzuflößen, aber 1812 und 1813 brannte der neoklassische Neubau gleich zweimal nieder, und damit ging das Letzte zugrunde. Auch der Gregorio Fernandez zugeschriebene Retabel der Kirche.

Dies also war der berühmteste Platz von Sahagún, dessen Geschichte und Schicksal gleichbedeutend mit dem des Ortes blieb. Ein Zentrum fürstlicher Geistesmacht: S. Benito nahe dem Ufer des Cea. Die Mönche wußten, wo man bauen mußte. In dem aufgesprengten Rest, der noch steht, erblickt man in Höhe des Obergeschosses einen kostbaren Mauerdurchbruch im Mudejar-Stil. Überall, wo man die Oberfläche hierzulande ritzt, bricht eine arabische Erinnerung hervor.

Wir rasteten auf einer Erdschwelle über dem Ort. Auf ihr steht eine Kirche, das *Santuario de la Virgen Peregrina.* Auch die Pilger hatten hier einst gelagert. Von der Giebelwand der alten Kirche war nur noch ein Teilstück übrig. Drüben stakte ein Mauerbogen, hier ein Portal ins Leere. Im Hintergrund eine verfallene Kapelle. Hatte der Schuppen dort hinten vielleicht als Herberge gedient? Wieviel hier untergegangen, zerstört war! Die Fensterdurchbrüche des Chores und das ganze Südportal verrieten reinsten Mudejar-Stil.

Nach etlichen Stunden Schweifens im unteren Stadtteil nahe dem Cea stießen wir plötzlich erneut auf el Rezno, den Scherenschleifer, der von unserer Seite verschwunden gewesen war. »Nur auf eine Copita!«, wie er jetzt aufklärte. Sein leichtes Schwanken verriet, daß daraus recht viele geworden waren. Gleichwohl hatte der Afiladero nichts von seiner überlegenen Würde verloren. »Die Stunde scheint mir gekommen«, sagte er feierlich, »Ihnen ins Gewissen zu reden.« Er machte eine fragende Bewegung zur nächsten Kneipe hinüber. »Wollen Sie meine Gäste sein?« Da es eine glückliche Möglichkeit ergab, ihn unsererseits zum Gast zu machen und ihm, den Anschein zu wahren, nickten wir eifrig.

»Con permiso«, hob er weinbeschwingt an, »lassen Sie mich im Namen von S. Juan eine Bemerkung machen. Da fahren Sie also durch dieses herrliche Land . . . nein, ich weiß, es gibt bei uns mancherlei auszusetzen; derlei Produkte der Industrie müssen wir beispielsweise bei Ihnen beziehen.« Er ergriff einen aufdringlich gefärbten Kunststoffeimer, das Entzücken aller einfachen Leute. »Dennoch ein stolzes Land, Sie geben es zu?« Wir pflichteten bei. »Haben Sie dieses strahlende Weiß von S. Juan erblickt? Wo in der Welt gibt es solch ein Weiß? Wo solche Messer, wie ich sie schleife? Haben Sie bemerkt, wie hier getrunken wird? Haben Sie diese Musik vernommen? Das ist das Leben, unser, Spaniens Leben. Und Sie? Warum laufen Sie der Vergangenheit nach, die gleichgültiger ist als der Kadaver eines Hundes?« Er beugte sich vor. »Señorona, Caballero, wozu ist sie denn nütze, Ihre Pilgerstraße? Pah, man kann nicht einmal Seife kochen davon.« Was in der Tat richtig war.

Wir zogen zu Fuß davon, ließen den Wagen in Sahagún; später konnte er nachgefahren werden. Trotz des Afiladeros kam es uns darauf an, die Pilgerstraße körperlich zu erfahren. Die Ebene hinter Sahagún gehört zu ihren schwierigsten Stellen. Wir verließen also die letzte Oase vor einer endlosen Wüste. Denn von Sahagún aus führt der Weg durch ein unendlich eintöniges Gebiet baum- und strauchloser Felder. Wasser gab es nur, solang man am Cea entlang zog. Dann verlor sich der Schritt in der Weite. Die Sonne sengte hernieder. Der Schatten wurde so kurz, daß ein Hintermann kaum noch hätte darauf treten können. Wir dachten, fühlten nicht mehr, sondern folgten dem Rhythmus unseres Körpers, der uns, einmal in Bewegung gesetzt, gleichsam mitnahm. Es wurde der schlimmste Teil der bisherigen Wanderschaft. Die Zunge, die über gesprungene Lippen glitt, grub einen dunklen Schlitz in das gelb gepuderte Antlitz. Dürre Felder standen in lohendem Gelb gegen den Azur des Himmels. Die müden Füße stießen sich an roten Feldkieseln wund. Unter jedem Schritt wölkte eine kleine Staubfahne auf. Ein flaches Tälchen kam, ein Storch rauschte auf. Endlich ein Ort, Reliegos, aber der Weg schnürte seitab vorüber. Schwarz verschleierte Frauen standen im Feld, schwiegen auf unsern Zuruf. Man hörte Glockenklang, erblickte eine weidende Herde von Maultieren. Vielleicht hätte man dort trinken können.

Dann, wer weiß zu welcher entlegenen Stunde, senkte der Weg sich plötzlich hinab, schnürte durch Weinhänge direkt nach Mansilla de las Mulas in eine Senke, an deren Ende León lag.

Mansilla de las Mulas – es schien uns ein Wunder, nach der Mondlandschaft wieder in bewohnten Regionen zu weilen. Umgürtet von einer dicken, mit Kieseln gespickten Mauer aus Römerzeiten lag das Nest am Bachufer. An der inneren Mauerseite einige ausgedörrte Häuschen. Etliche Weinstöcke boten die einzige Farbe. Ein verrotteter Wagen, wie ihn Zigeuner benutzen, etliches Bric-à-brac am Rand des Platzes. Drüben döste ein Alter im gähnenden Dunkel einer Tür. Kükengerenne entlang der Mauer und Schweigen. Nichts als Schweigen. In tausend Jahren hatte sich nichts verändert.

Aber eine Erkenntnis schenkte die erbarmungslose Wanderung doch. Man erkannte, was die blauen Berge hinter dem gelb glühenden Staub der Campos von Sahagún bis Mansilla bedeutet hatten, welche die ganzen Horizonte nach Nord und Nordwesten verriegeln. An dieser natürlichen

Bastion war einmal die Flut der islamischen Reiterhorden zerschellt, welche die Campos in einer einzigen Brandungswelle überschwemmten. Der verwunderliche Fall stellte sich ein, daß sich ein großes Ereignis der Geschichte, für den einen Rettung, für den anderen unerbittliches Halt, in der Landschaft voller Klarheit erkennen ließ.

San Miguel de Escalada

Nein, er hatte keineswegs recht, der Afiladero. Die Vergangenheit sprach mit Prophetenstimme zu uns. Auch wandelte sich plötzlich das Bild der Natur; der Pilgerweg wurde am Ende der Campos zur Straße der Triumphe. Zur Rechten blieb im Berghang ein Platz zurück, auf dem einmal das alte Lancia, die eigentliche Hauptstadt der römischen Asturia augustana, gestanden hatte. Links ging es nach *Sandobal*, einer ehemaligen Zisterzienser-Abtei, auf deren Turm eben Mutter Storch den Kopf klappernd auf den Rücken legte, weil Vater Storch sich bereits mit neuer Nahrung aus dem Ätherblau herabschraubte, während sie mit der Atzung der Jungen noch nicht zu Ende war. Unten lugte aus dicht wucherndem Grün der goldgelbe Kubus einer Kirche mit Zickzackbögen und schönem Mauerschmuck. Überall quoll es von Grün. Das Getreide stand dreimal so schwer in den Halmen und die Halme dreimal so dicht wie sonst auf den Feldern. Kleine Motorpumpen spien armdicke Wasserstrahlen wohin man sie wollte.

Ostwärts der nach León führenden Straße dehnte sich ein noch größeres Paradies, obgleich sich ringsum verdurstende Lehmhänge gegen den Esla-Grund schoben. Hier strömte der Fluß, in tausend Rinnsale aufgefächert, durch üppige Wiesen und blühende Obstgärten. Die Rosenbüsche der Dörfer quollen über von Blüten. Welch ein Glück, nach der Hitze der Campos im kühlen Baumschatten zu lagern und gleich den kleinen Eseln ein Nickerchen zu machen. Die Ochsengespanne fuhren direkt ins strömende Wasser neben der Straße, damit die Tiere trinken konnten. Es war die Landschaft eines ganz einzigartigen Bauwerks, der *Klosterkirche S. Miguel de Escalada*, oberhalb der grünen Flußauen im trockenen Hang und seitab der Dörfer gelegen. S. Miguel, in dem sich alles einstellt, was man von Spanien erwartet und sich für uns sogar etwas Unerwartetes begab. Wir wurden hier einer ganz anderen Klassik als zu Carrion inne. Islam und Christentum, Westgotisches und Hellenisches zeigten sich innig verschmolzen, und es schien uns seither, daß es eine geistige Erfüllung und ein inneres Glück in der Welt gab, die kein Untergang in Frage zu stellen vermochte.

In S. Miguel an der glühenden Wegkehre des Sträßchens, das von Vega de los Arboles nach Melanzos hinabführt, haben sich vor mehr als tausend Jahren, genauer genommen zwischen 866 und 891, vertriebene Mönche aus Cordoba festgesetzt. Der Ort trug schon in den Tagen der Westgoten ein Kloster, das nach dem Tod König Roderichs, also seit 711, verfallen war. Die neue Gemeinschaft errichtete 912 eine Kirche nach Vorstellungen, die ihr geläufig gewesen sein müssen. Die schnelle Vollendung des Bauwerks in ganzen zwölf Monaten macht das zur Gewißheit. Als Grundriß diente das basilikale Schema, aber der Stirnmauer legte man drei gleichsam in das Gemäuer eingemuschelte und von außen nicht kenntliche Apsiden in Hufeisenform vor. Man tut gut daran, sich vor Augen zu führen, daß das so entstandene edelste Bauwerk westöstlicher Begegnung oder der mozarabischen Architektur bereits erblühte, als Cluny eben gegründet wurde. Am 20. November 913 konnte Bischof Genadio von Astorga S. Miguel de Escalada weihen.

Denkt man den massigen Stumpf des Turmes fort, der 1050 entstand, bleibt eine äußerlich völlig einfache Anlage; auch im Innern besitzt sie nichts Kompliziertes. Feierliche

Arkadenstellungen von je sechs Hufeisenbögen mit byzantinischen Marmorsäulen bilden ein zur Vierung bezeichnenderweise durch drei Arkaden geöffnetes Mittelschiff. Da meldet sich unüberhörbar der Osten, wird die Trennung zwischen Hauptaltar und Gemeinderaum deutlich akzentuiert. Das nur angedeutete Querschiff vor Chor und Apsiskapellen zeigt sich ebenfalls durch solche Herradurabögen geteilt. Die drei nach westgotischer Sitte verwendeten Altartische aus Marmor stehen auf skulptierten Füßen und tragen die Namen der Heiligen, deren Reliquien man hier einließ. Der Dachstuhl ist offen, Helligkeit fällt durch Alabasterplatten des Obergadens ins Mittelschiff. Die Kapitelle der Säulen tragen Akanthus-Motive korinthischer Tradition, die über die byzantinische Welt Eingang gefunden haben. Noch interessanter sind die reichverzierten Brüstungsplatten aus feinkörnigem Marmor, welche die Apsiden bis auf einen schmalen Durchlaß versperren. Darauf finden sich Vogel- und Pflanzenmotive der westgotischen Vorstellungswelt mit maurischen Lineamenten verflochten.

Der schönste Augenblick bleibt zweifellos der Blick aus dem Schiff durch die geöffnete Tür nach draußen: der Südseite dieser Kirche ist, gleichsam als Portikus und Kreuzgang in einem, eine Arkadenreihe von wundervoll leichten Hufeisenbögen vorgelagert. Alles ist sparsam, das Sparsame edel und rein. Weder Malerei noch Skulptur lenken den Blick ab. Die wenigen Zierleisten dienen gleich dem Kapitellschmuck nur als Akzentuierung der erlesenen Bauformen. Rechnet man den hellen Kalkstein der Wände, den weißen Marmor der Kapitelle und Apsisschranken, den dunklen Marmor der byzantinischen Säulen hinzu, alles durchpulst vom zarten Licht, das die Alabasterplatten des Obergadens durchlassen, wird man die kühle, grazile Makellosigkeit dieses Raumes als reine Poesie empfinden. Dies eben war es, was uns am meisten ergriff. Wie muß der Glaube jener Menschen beschaffen gewesen sein, die einmal S. Miguel erbauten? Das Leben, ein hölderlinscher Traum von heiliger Nüchternheit und vollkommener Form.

Seither begriffen wir also, daß Sein oder Nichtsein keineswegs eine Frage der Existenz blieben, sondern daß ihm Gebilde und erlesenes Maß eine Getragenheit verleihen können, die über jede Tragik hinausgeht. Wir begriffen, daß sich in S. Miguel de Escalada der Tod der Meseta in etwas Höheres verwandelte. Was uns jetzt auf dem Jakobswege entgegen kam, schien uns wie eine Verheißung. Sie würde sich für uns nach dem gewaltigen Weg durch die Campos erfüllen – bald, in wenigen Stunden, jetzt. Denn hinter einigen Landrücken wußten wir das Tal der Bernesga, in ihm wiederum die Stadt der Legio septima gemina, der gedoppelten siebten Legion der Römer: León.

LEÓN

Rose aus Asche

Dann lag sie nach endlosen Barrios vor uns, die Königsstadt. Sie schien noch immer soeben erobert wie einst von der Legio septima. Das Fortschrittszeitalter hatte die Vorstädte verschorft und verkrustet, hatte die einfachen Hausungen zugewanderter Campesinos zur sozialen Frage deklassiert. Der Wind trieb sein Spiel mit Zeitungsfetzen und Straßenstaub. Eine Fabrikmauer wanderte mit. Aber dann waren wir doch am Ziel; die ›Pulchra Leonina‹ öffnete sich mit Trompetengeschmetter. Vor unserm Hotel saß in Fauteuils ein Empfangskomité, freundlich lächelnde Damen. Die Musikbande fiel ein mit dröhnendem Tusch. Bumm, das war unser Eintritt in León, bumm und bumm, nun Trommelgerassel, Hörnerklang, Tongeflüster, worauf sich eine der Guapas erhob und uns mit einer Rose entgegentrat. Si, das war für uns! Wir begriffen nicht gleich, daß wir zahlen sollten, die Szene löste sich auf in Gelächter. Irgendein Hilfswerk hatte sich installiert. Immerhin, wir nahmen's als Omen, zahlten im Eifer wegzukommen viel zu viel, stiegen unter Händeklatschen hinan, durchschritten Wände von Glas, sanken in Hotelhallenpolster, schwebten zum Zimmer empor, durchschritten edle Korridorfluchten, da war das Appartement. Auf dem Tisch ein gewaltiger Blumenstrauß. Die Direktion empfahl sich. In spanischen Hotels anzukommen, besitzt etwas Überwältigendes.

Wirklich blieb das *León*: Rose aus Asche, eine herrliche Stadt. Wir blätterten sie Schicht um Schicht auf, erkannten alsbald den Grundriß des Römerlagers, aus dessen sorgfältig gezogenen Umgrenzungen erst Wälle, dann gewaltige Mauern mit vorspringenden Rundbastionen geworden waren. Das ließ sich einfach verteidigen und wurde dort aufgeführt, wo eine Erhebung durch den Talgrund buckelt. Es ist dieselbe Region, in der später Kathedrale und Kloster S. Isidoro zu liegen kamen. Man kann das heute noch abwandern: ostwärts der Kathedrale vorbei, entlang der Calle de los Cubos. Dort stehen ganze Fluchten der machtvollen Bastionen. Im Norden biegen sie um, nach etlichen hundert Schritt abermals, diesmal zur Westmauer, wo man sich bereits im Klosterbereich von S. Isidoro befindet. Nur nach Süden fehlt die alte Umgürtung. Hier wurde die Stadt bereits zur Zeit der ersten leonesischen Könige erweitert.

So die Pulchra Leonina der Anfangsjahre, deren Lagergassen zu Straßenzügen geworden waren, zur Calle del Cid inmitten, wozu parallel im Westen die Calle de la Rua verläuft und ostwärts die Calle de Conde Luna, die sich im Gassengewirr des alten Viertels der Schuhmacher, Silberschmiede und Azabacheros oder Kohlensteinschneider verliert, welche einst die begehrten Pilgerembleme aus den Ligniten asturischer Kohlengruben schnitzten. Die ehemaligen Hauptadern der Stadt werden von einer wichtigen Querstraße, der Calle Generalisimo Franco geschnitten, die heute viel mehr Gewicht besitzt. Sie führt von der Kathedrale zur Plaza S. Marcelo – San Marcelo war ein Heiliger, der in León zu Römerzeiten den Märtyrertod erlitt. Sein Haus hat an dieser Straße gestanden. Dort, wo sich jetzt ein schmalbrüstiges Gotteshaus, die *Capilla de Cristo de la Victoria*, erhebt. Die irdischen Reste des Gottesmannes ruhen in der benachbarten Kirche.

An der Calle del Cid gibt es einen reizenden Winkel, die Plazuela del Cid gegenüber einem verlassenen Konvent. In dessen Mauer sind einige hübsche Reliefs der Renaissance eingelassen: ein Bischof wäscht einem Santiago-Pilger die Füße. Wirklich müssen wir uns das mittelalterliche León, das nach dem Aufgehen im größeren Kastilien einigermaßen in Vergessenheit geriet, doch als berühmte Pilgerstadt denken. Vor allem besuchte man S. Isidoro. Der Zugang führte durch die Calle de la Rua. Die Pilger nämlich kamen desselben Weges, welcher der unsere gewesen war, und zogen dem Kirchlein *Sta. Maria del Camino* oder del Mercado zu, einem hübschen, eng an die Straße gepreßten romanischen Bau, der im dreischiffigen Innern einige erregende Reminiszenzen birgt. Hier nämlich werden die ›Atabales‹ oder Pauken bewahrt, die in der Schlacht von Clavijo erbeutet wurden. Die Pilger pflegten sich am Platz hinter der Kirche, der heutigen Plaza del Mercado, in einfachen Gasthöfen einzumieten und ihren Proviant für die Weiterreise zu kaufen. Gelegentlich zogen sie einige Gassen weiter bis zur Plaza Sta. Ana im Viertel der Juden und christianisierten Mauren, wo es ebenfalls Herbergen gab.

Vertieft man sich in die Topographie von León, erkennt man bald, daß diese Barrios oder Vorstädte wie *Sta. Ana, Sta. Maria del Mercado, S. Lorenzo* samt ihren Gassen und Stiegen für die Stadt typisch sind. Alte Gassen verwinkeln, verkriechen sich hier unter Arkaden, münden auf etwas ungepflegte Plätze, die kaum anders aussehen als im Mittelalter. Die niedrigen Häuser zeigen eine ganz eigene Form ländlicher Architektur mit wenigen Fenstern und über den Bürgersteig vorkragendem Obergeschoß. Als Stützen dienen einfache Holzpfosten. Das gibt dem Bild etwas Koloniales, Exotisches. Noch immer stehen die Frauen wie Gretchen am Brunnen. Die Krüge mit den engen Einlauf- und den strohhalmdünnen Auslauföffnungen werden genau unter den Wasserstrahl plaziert. Es geht zu wie vor tausend Jahren.

Denn León ist alt. Nicht nur römeralt, sondern auch voll Erinnerungen an eine nachrömische Epoche, deren es sogar ungeheuer viel gäbe, wäre nicht der apokalyptische Maurensturm über die Stadt gebrandet. Die leonesischen Könige erhoben die Stadt zur Residenz, in der Alfons VII. unter Assistenz tributpflichtiger Könige, weiterer Fürsten, Grafen, Bischöfe, Äbte, Notabeln aller Provenienz, Damen und Ritter und schließlich sogar des Volkes zum Kaiser gekrönt wurde. Dies der feierliche Höhepunkt, aber auch das Ende einer glanzvollen Zeit. Die Krone war für León zu groß geworden. Zum Löwen im Wappen fügte sich das Burgzeichen Kastiliens. Mit León versank das, was so unerhörte Bedeutung gehabt hatte, die Blüte einer Literatur, die sich aus fremdländischen Stoffen wie eigenem Vorrat nährte: der Sage von den Infanten von Lara, der Geschichte des Cid, der Geschichte Sanchos II. War das auch hier nicht geschehen, so doch geschrieben worden. Von dem königlichen Palast, den einst Enrique II. 1375 an der Calle de la Rua aufführen ließ, blieb nichts als eine Erinnerung. Die Geschicke bedeutender Adelsfamilien hatten sich hingegen mit der Stadt enger verschwistert. Da waren die Grafen von Luna, die an dem gleichnamigen Platz nahe der Markthalle einen schönen, leider vermauerten Palacio behausten. Einer der bekanntesten unter ihnen, Alvaro de Luna, sollte übrigens als Günstling, Berater und später lange Zeit omnipotenter Leiter der Regierungsgeschicke im Streit der Meinungen um eine aragonesische oder portugiesische Verbindung Kastiliens auf die portugiesische Karte setzen, ohne daß ihm das Schicksal bei diesem ehrgeizigen Plan günstig gewesen wäre, aus der Iberischen Halbinsel ein einziges Reich zu formen. Am Ende siegte die aragonesische Fraktion, die bald durch die Ehe Ferdinands von Aragon mit Isabella von Kastilien zu einem vollen Erfolg der nördlichen Separation führte, während Alvaro von Luna, selbst von seinen portugiesischen Parteigängern in Stich gelassen, 1453 auf dem Blutgerüst in Valladolid sein großes Spiel mit dem Tode büßte.

Überhaupt sind Adelspaläste in der Stadt keineswegs selten. Der großartigste bleibt unzweifelhaft *der Palast der Familie Guzman* an der Calle Franco, den Juan de Quiñones y Guzman, Bischof von Calahorra, im 16. Jahrhundert begann. Kein geringerer als Rodrigo Gil de Hontañon entwarf die Pläne; man spürt das Große sofort heraus. Breit, hoch und edel, mit langen Fensterarkaden im Obergeschoß lagert er sich um einen herrlichen Patio. Gedenken wir ferner des *Palacios des Kardinals Lorenzana* an der Plaza de las Torres de Omana, der Casa Torreada nahe der Plaza S. Marcelo, darin im 19. Jahrhundert ein Leidensgenosse des Conde de Luna lebte, ein General, den man gelegentlich einer karlistischen Eskapade im sogenannten Hammeltal bei Palencia vor die Gewehrmündungen stellte. Da wäre ferner der ehemalige Regidoren- oder *Statthalterpalast* an der Plaza Mayor, der in den Chor von S. Martin hineingebaut ist, die Casa de las Carnicerias; es blieben Fronten, Bögen und Portale, alte Kirchen und schlichte Kapellen die Fülle zu nennen und endlich sogar die Brunnen, die in einer spanischen Stadt eine so bedeutsame Rolle spielen. Aber damit gibt es in León bis zur Neuzeit hin, in der Gaudí seine Bauten schuf, kein Ende.

Markt auf der Plaza Mayor

Lassen wir also die gleißenden Fassaden, die so hell im Lichte stehen, daß sie schmerzen. Wandern wir zurück durch den Schatten der Arkaden zur Brunnenstube der Stadt, zur Plaza Mayor, auf der sich vor den Feiertagen alles Leben konzentriert. In den Geschäften messen die Schneider das Tuch mit der Elle, kneifen die Uhrmacher die Lupe ins Auge, bramarbasieren die Fleischhauer, packen die Fischhändler glitschige Körper, um sie auf die Waage zu werfen, schneidet man große Stücke aus hellen rundlichen Schafskäsen. Heute, am Sonnabendnachmittag, findet großer Wochenmarkt statt.

Habt ihr gesehen, wieviel Opfer der bevorstehende Festtag fordert? Ganze Wagenladungen grauer Rinder, samtäugiger Kälber sind herangerollt. In den Fleischhandlungen hängen ausgebalgte Hammel mit starren Augäpfeln Parade. Auf der Plaza Mayor bietet man freilich viel mehr feil. Nicht nur irdene Krüge von jener Sorte, die das Wasser durch die Poren treten lassen, nicht nur künstliche Blumen, die das Entzücken der einfachen Frauen sind – hierhin kommt der Campesino, der Landmann aus den Campos, um sich ein neues Ochsenjoch oder jene vierzinkigen Heugabeln zu kaufen, die aus einem einzigen geeigneten Ast geschnitten und zurechtgebogen sind. Dort stellen Bauersmann und Bauersfrau in Säcken und Körben die Früchte ihres Fleißes zur Schau. Vor der glühenden Sonne schützt man sich durch einen roh gezimmerten Ständer, über den Sackleinen geworfen ist. Was sie anbieten und auf ihren einschenkeligen Handwaagen mit so großer Geschicklichkeit abzuwiegen verstehen? Erbsen, Kartoffeln, Obst, vor allem Berge von grünem Salat und noch größere Berge von Kohlköpfen und gradezu riesige Stapel gebündelter Zwiebeln, eines der Hauptnahrungsmittel für die einfachen Leute. Wundervoll weißhäutige, dicke, in üppig grünen Lauch übergehende Zwiebeln, in die zu beißen es eine Lust sein muß.

Auch die arme Kreatur ist natürlich zu finden. Verfügen wir uns an die Nordseite des Platzes. Ganze Stapel von Kisten stehen hier aufgebaut, in denen die Hühner schmachten. Die Füße sind ihnen zusammengebunden; wenn man sie braucht zerrt man sie einfach unter dem Klappdeckel weg. Einige Paradehühner liegen obenauf, um die Käufer anzulocken. Solcher Anreiz ist nötig, denn die Hausfrauen sind wählerisch. Was, dieser alte Gockel soll jung und zart sein? Nichts Besseres da? Achtlos fällt das piepsende Federbündel zur Erde. Der Bauersmann redet, beschwört, ringt verzweifelt die Arme, wirft das Huhn klatschend auf seine Waage, um zu zeigen, wie fett und schwer es ist, es nützt ihm alles nichts. Der ganze, in Körbe gepackte Geflügelhof wird gemustert.

Sie haben längst keine Kraft mehr, die unglücklichen Bewohner einsamer Bauerngärten, der Hahn und die Henne Kratzefuß. Apathisch, mit zuklappenden Augendeckeln oder schon erstarrenden Blicken liegen sie erschöpft auf den Kisten, die Schnäbel vor Durst weit aufgesperrt. Die Kaninchen sind keineswegs besser dran. Sie hängen jetzt schon eine halbe Stunde in der Hand ihrer Verkäuferin an den Hinterbeinen. Erst waren sie noch versucht, mit den Vorderpfötchen Boden zu fassen, nun aber baumeln sie reglos wie Säcke.

Es ist etwas sehr Eigentümliches um diesen Tiermarkt. Die Sklavenmentalität hat von der Tierseele Besitz ergriffen. Dort der junge Hahn könnte gehen, fliegen, wenn ihn die Laune ankäme. Er ist frei, ledig jeder Fessel. Aber er geht nicht. Er steht ganz unter dem Bann einer uralten Hühnererfahrung, die da heißt: verkauft und geschlachtet zu werden.

Das große Paukenspiel

León, in deinen Mauern brieten wir, in deinen Mauern litten wir. Ein allzu zeitiger Sommer war über die Stadt gekommen, ehe noch richtig Sommer war. Irgendwie gehörte es freilich dazu; León feierte rund einen Monat lang die Feste seiner Patrone, unter denen San Juan Bautista, Johannes der Täufer, der Vornehmste ist. Es feierte mit Ansprachen und Ausstellungen, mit Wettkämpfen, Turnieren, Radrennen und Feuerwerk. Gelegentlich sah man, wie rührend, in der kühlen Morgenfrühe einer dunklen Kirche einen schlanken Reiter versunken um seinen Sieg beten. Die Fronleichnamsprozession fiel in die Zeit. Es gab Gratis-Kinovorstellungen, die Leute absolvierten ihre Hochzeiten, und fünfmal am Tag krachten an irgendeinem Ende der Stadt die Böllerschüsse. Wenigstens die Hälfte der jungen Frauen befand sich in froher Erwartung. Die Männer aber saßen in den Kneipen, in den Cafés, hatten Zeit und begrüßten sich mit Umarmung und Schulterklopfen. Der Leonese ist von anderem Schlag als der Kastilianer, aufgeschlossener, zum Lachen geneigter, liebenswürdiger.

Der beliebteste Ort dieser Zeit war das *Teatro Principal*, gelegen am Park der Plaza S. Marcelo mit seinen Brünnlein und Bänken voll winziger Kinder. Vor dem Eingang stets eine Traube von Menschen. Tag um Tag und von früh bis spät. Warum? Man mußte nur auf die Plakate schauen: El Cordobes kam, auch der noble El Viti trat auf. Denn den Höhepunkt der Fiestas bildeten natürlich auch hier die Stierkämpfe.

Wir genossen diese Zeit der Vorbereitung auf das Fest fast so wie die Leonesen. Dann kam Fronleichnam; es wurde ernst. Selbst die Radrennfahrer im kleinen Etagenhotel gegenüber, die unermüdlich an ihren geschwinden, blitzenden Stahlrössern putzten und schraubten, ehe sie sich zu vielbewunderten Probespurts herbeiließen – selbst diese Heroen der Straßen, die sonst sogar im Rennfahrerdreß zu schlafen schienen, kreuzten im Sonntagsanzug auf. Fronleichnam, was wäre das schon? Die Bruderschaft des Viertels, in dem du grad wohnst, wird es dir zeigen. Da kommen sie bereits durch die Gassen gezogen. Ein Haufen Leute, die Schultern beladen mit einer Trage, auf der in einem ganzen Beet von Blumengestecken ihre, ihre eigene Madonna steht, schöner, mächtiger, liebreicher als alle andern Madonnen der Welt. Käme die Gottesmutter leibhaftig vom Himmel hernieder, man würde ihr sagen: Du, glaubst Du es etwa mit unserer, mit Nuestra Señora del Mercado aufnehmen zu können? Nichts da! – Vor dem Bild gehen ein paar Buben im Chorhemd mit dem Vortragekreuz, es folgen ein Trommler, ein Schalmeienbläser oder Klarinettist. Ganz vornean aber schreitet die Hauptperson, ein Mann mit einem langen Stab, an den er unaufhörlich Raketen steckt und anzündet. Alle fünfundzwanzig Schritt jagt er solch ein Ding in die Luft, das mit ohrenbetäubendem Krach explodiert und ein weißes Wölkchen am Himmel hinterläßt.

Natürlich ist dies nicht die eigentliche Prozession. Die sammelt sich unterdessen erst um die Kathedrale, schiebt sich schrittweise vor, marschiert wieder ein wenig. Vornean drei Reiter von der Guardia Civil auf schönen, schlanken Pferden, am Sattel die Plempe und an Stulpen und Roz, dem Flügelhelm, die gelben Abzeichen der Berittenen. Es erscheint die Klerisei, die Kommunionkinder ziehen auf, eine Bande von Trompetern und Trommlern mit ihrem unruhigen, fordernden Rhythmus, wobei sie in einem breitgegrätschten, gespreizten Schritt aus der Hüfte heraus gehen, wie ihn alle spanischen Prozessionen haben, damit sie im Rhythmus der Träger bleiben, welche auf Tragen eine Unsumme von Standbildern mitschleppen. Fahnen kommen so groß, daß die Schwenker unter der Last ächzen. Domherren marschieren schweißbeperlt und wallend mit weinroten Ärmelaufschlägen, üppigen Goldbrokatgewändern, goldene Stäbe in Händen. Ein winziges Englein in einem ganz blauen Gewand erscheint, an den nackten Füßen Goldsandalen, unten am Kleid einen Stern, auf dem Rücken zwei zuckrige Flügel.

Selbstverständlich ist alles aus den Amtsstuben hervorgekrochen, was Würden und Ränge besitzt, alle Gehrock- und Uniformbeamten, Offiziere mit weinroten Schärpen und mächtigem Ordensgeklimper auf der Brust, die Generalität, endlich auch das Stadtregiment, angeführt von Stadtbütteln, sorgfältig im Gänsemarsch hintereinander die obersten Vier, damit man nicht übersieht, wer das meiste zu sagen hat. Schließlich zieht das Allerheiligste heran. Der Erzbischof hebt die segnende Hand, alles fällt ins Knie. Bumm, bumm machen die Pauken, bumm, bumm, bumm, und ich bestehe darauf, daß es die Atabales von Clavijo waren.

In San Isidoro

Das Wort von der ›Rose aus Asche‹ ist wie jenes andere von der ›Pulchra Leonina‹ erst angesichts der großen künstlerischen Schöpfungen dieser Stadt richtig am Platz: der Colegiata S. Isidoro und der gotischen Kathedrale. Daß S. Isidoro dabei den Vortritt hat, versteht sich; seine Gründung ist innerster Ausdruck der Leoneser Vergangenheit.

Da liegt es also an der sichersten Position, der Nordwestecke der alten Römerumwallung, aufgebaut »im Beginn des Mittelalters«, ein Termin, der in Nordspanien fast immer gleichbedeutend ist mit der Zerstörung durch Almanzur. In León blieben damals nur einige Stücke der Mauern, in Breschen verwandelte Tore, die Klöster S. Pelayo, Sta. Marina y Santiago, sowie Teile von S. Claudio extramuros und der alten Kathedrale erhalten, in deren Resten Alfonso v. 999 seine Krönung feiern konnte. Die verwüstete Stadt verdankt dem König ihre Repoblación oder Wiederbevölkerung und erneute Befestigung. Außerdem aber stiftete er etliche Einrichtungen, die das bürgerliche Leben erst wieder möglich machten. Am 25. Juli 1020 verkündete er im Verlauf einer feierlichen Kirchenzeremonie vor Adel und Volk die ›Buenos Fueros‹, das ›Gute Recht‹ von León, das im wesentlichen eine Wiederbelebung alter gotischer Gesetze, der Lex Visigothorum also, war und die Voraussetzung für eine geregelte Verwaltung schuf. Vor allem ließ der König in der Stadt einige bedeutende Bauten wiedererstehen, die von Almanzur zerstört worden waren, darunter die Kirche S. Juan Bautista – Johannes der Täufer –, die heutige S. Isidor-Basilika. Man findet die Gestalt ihres ursprünglichen Patrons seitwärts des Hauptportals auf einer Konsole.

S. Isidoro ist nicht nur zum Herzstück von León geworden, weil die Kirche eine alte Tradition vermittelt, die des Klosters S. Juan y S. Pelayo, das ursprünglich einer Nonnengemeinschaft gehörte. Vielmehr sollte die wiedererrichtete Kirche zum Markstein der Epoche eines andern Königs, König Ferdinands I. und der Doña Sancha werden, die das Zeitalter der Kämpfe zwischen Kastilien und León abschloß. Ferdinand nämlich ersetzte nach kurzer Zeit den Ziegelbau seines Vorgängers durch ein in Haustein aufgeführtes Gotteshaus, mit dessen Bau 1054 begonnen wurde. Es bestand aus zwei Teilen, einem Portikus, der gleichzeitig als Totenkapelle oder Pantheon dienen sollte – es wird davon später die Rede sein – und einer dreischiffigen, tonnengewölbten Kirche ähnlich der Kathedrale von Jaca und S. Martin zu Frómista. Sie ist Ende des gleichen Jahrhunderts abgerissen worden, um Platz für jenen Bau zu machen, der am 6. März 1149, unter Assistenz der Erzbischöfe von Toledo und Compostela und einer ganzen Suite weiterer Prälaten, in Gegenwart von Alfons VII., dem ›Emperador‹, und seiner Familie geweiht wurde. Er steht heute noch. Wiederum war der Kirchenraum dreischiffig samt drei Apsiden. Ein Querschiff verleiht ihm die Form eines lateinischen Kreuzes. Die Breite beträgt allerdings das Doppelte der alten Kirche, was offenbar macht, daß der Neubau mit seinen wunderschönen, hochgezogenen Arkaden zum Seitenschiff einer gesteigerten Bedeutung der Kirche entsprach. Wenn die Vierung zu den Querschiffsarmen durch gelappte Bögen begrenzt wurde, wenn ferner die Seitenapsiden vor dem mächtigen Querschiff breiter als die Seitenschiffe sind, läßt das klar erkennen, daß alles Gewicht der Kirche in ihren dem Klerus und dem Hof dienenden Teilen lag, sie also allein durch ihre Bestimmung einen bedeutenden Rang besaß.

Dem entspricht sowohl der plastische Schmuck an den Kapitellen, der Verwandtschaft mit Frómista verrät, vor allem aber an den Portalen, die nicht dem 12. Jahrhundert angehören, sondern vom Kirchenbau Ferdinands I. erhalten geblieben sind und um 1064 entstanden: die Portada del

Perdón, ein aus bestimmten Gründen durch das südliche Querschiff führendes Portal mit weichem Steinschnitt, der die Hand eines eigenen Meisters verrät, und die Portada del Cordero, über der die Renaissance einen Giebel mit dem Wappen Karls v. und dem Bildnis des schwertschwingenden und berittenen S. Isidoro aufführte, der gleichsam in Konkurenz zu dem Maurentöter Santiago auftritt. Darunter ziehen sich die romanischen Teile von 1064 hin, auf die alles ankommt. Außer einem herrlichen Fries von Tierkreiszeichen finden sich Spielmannsfiguren mit jenen gekreuzten Beinen, die als Motiv des Sitzens von hier aus nicht nur in den Nordwesten Spaniens ausstrahlten, sondern bis weit nach Frankreich hinein Schule machten. Wir erblicken ferner zur Linken das Bild des hl. Isidor und zur Rechten das S. Pelayos. Es sind – welch ein Ereignis – die Ahnen des herrlichen David von der Puerta de las Platerias an der Compostelaner Kathedrale, des segnenden Christus und Gottvaters, der Adam erschafft, also der Hauptereignisse der spanischen Skulptur im 11. Jahrhundert.

Natürlich gab es Ursachen für solch eine großartige Ausstattung in S. Isidoro. Um der Kirche eine besondere Anziehungskraft zu verleihen und sie zu einer Heilsstätte zu erheben, hatte sich Ferdinand I. die Reliquien seines neuen Kirchenpatrons von Sevilla verschafft. Jedenfalls heißt es so. In Wirklichkeit waren die Vorgänge verwickelter, und auch die Hintergründe erwiesen sich komplexer als erwartet. Die Geschichte der gesamten asturisch-leonesischen Dynastie und der Beginn der spanischen Reconquista standen dahinter. Weswegen wir uns auf den Weg nach Oviedo machten, um gleichsam an die Quelle jener erstaunlichen Ereignisse der mittelalterlichen spanischen Geschichte zu kommen, für die S. Isidoro so etwas wie ein Symbol bildet.

Oviedo – Camera Santa

Es gab immer Wallfahrer, die nicht dem allgemeinen Strom nach Westen folgten, sondern von León nach Norden zogen, endlos über Gebirge zum Santo Cristo, dem Christusbild der Camera Santa in Oviedo. Die Pilger des Mittelalters benutzten allerdings nicht die heute von León nach Oviedo verlaufende Straße, sondern blieben für die ersten Stunden im fruchtbaren Grund der Bernesga, wo es Schatten, Kühle und frisches Wasser gab. Dann versickerte es plötzlich, das Flußbett war ein trockener Steinstrom, und die Straße warf sich kurz hinter S. Lorenzo rigoros in die Höhen, zielstrebig, schattenlos. Sie näherten sich einem ersten Heiligtum, das derzeit in Trümmern lag. Ein früher Bau des 9. Jahrhunderts war im 12. Jahrhundert von den Mauren zerstört worden und ist erst im 16. Jahrhundert wieder aufgebaut worden, eine einfache Kirche im rauhen Höhengelände der ›Llanuras‹, wo die Wege pulvertrockener Staub sind und sich ausgedarbte Felder weit über die Bergrücken ziehen. Der Ort nennt sich *Campo Sagrado*. Hier hatte Don Pelayo, von dem gleich zu reden sein wird, dem Vernehmen nach einen Sieg gegen die Maurenheere erfochten, die von Süden heranzogen, um die Niederlage von Covadonga zu rächen. Ob das so stimmt? Die Historiker nennen dergleichen gern eine Überlieferung. Einerlei. Es ist schön zu denken, daß der westgotische Retter Spaniens, dessen Tochter die Stammutter einer ersten asturischen Dynastie war, hier einen seiner legendären Siege erfocht. Fern im Hintergrund steht die hohe Mauer der Gebirge, blau, schroff, eine Vision von Unübersteiglichkeit, aus der Pelayo gekommen war und in der sein erstes, kleines Reich, aus dem Spanien erwachsen sollte, eine geschützte Heimat hatte. – Die Pilger, die in Campo Sagrado ins Knie sanken, sahen es und erschauerten, wie wir annehmen dürfen.

Wirklich besaß der Weg, der vor ihnen lag, sein Furchtbares. An Länge betrug er von León aus insgesamt rund hundertzwanzig Kilometer, und es gibt mühselige Steilstrecken darunter, bis endlich der Puerto de Pajares erreicht ist, wo sich in über 1300 m Höhe ein königliches Kollegiatstift, *Sta. Maria de Arbas*, befindet, das gleichzeitig als Hospital gedient hat. Diese Stiftung stammt aus dem 11. Jahrhundert und geht möglicherweise auf Don Fruela, Bruder der Doña Jimena, zurück, Gattin des Cid. Hinter dem Paß geht es steil hinab. Die Pilger kamen nach *Sta. Cristina de Lena* aus dem 9. Jahrhundert, das eine mozarabische Ikonostase besaß, die im letzten Bürgerkriege zerstört wurde. Aber genug! Unmöglich, dem Auf und Ab dieses Weges zu folgen, bis die Pilger endlich nach Mieres kamen, in dem 1934 die kommunistische Revolte ausbrach.

Man kann noch heute Spuren des Aufstandes sehen. In Sta. Cristina de Lena eben, aber noch deutlicher in *Oviedo*. Wandert man den Naranco-Berg hinan, der sich zwischen die asturische Hauptstadt und die Küstenebene schiebt, erblickt man in halber Höhe ein großes, zerstört gebliebenes Hospital. Die schlimmsten Spuren im Stadtinnern hat man freilich getilgt. Denn das erste Opfer der Revolutionswut von 1934 war jenes Heiligtum, zu dem die Pilger gezogen kamen, die *Camera Santa*, die Stein um Stein wiedererrichtet worden ist.

Was es mit diesem der *Kathedrale* zugefügten Gemäuer, das ursprünglich einem älteren Bau angehörte, auf sich hat? In der Kathedrale steigt man über eine Treppe vom Seitenschiff bis zu einer kleinen, rundgewölbten Kapelle mit einer apsisartigen Schatzkammer hinan. Sie war das ersehnte Ziel der Pilger. Man unternimmt noch heute Wallfahrten dahin, und es sind nicht nur die Frommen, die sich voller Andacht nahen. Die Camera Santa ist die Herzkammer Spaniens. Auf beiden Seiten des frühromanischen Innenraumes mit dem Tonnengewölbe stehen sechs schlanke, zierliche Apostelpaare, die als Säulenheilige ausgebildet und von außerordentlicher Schönheit sind. Sie dürften um 1165 entstanden sein. In der Tat, ihre Spiritualität, ihre künstlerische Ausdruckskraft, ihre Delikatesse ist so groß, daß erst wieder der Portico de la Gloria von Santiago diese Höhe erreicht. Er übernimmt auch das Motiv des ›Apostolado‹, der Gruppendarstellung von Aposteln. Was noch mehr anrührt, ist die einander zugewandte Haltung der Paare, die den Vergleich mit den Bamberger Chorschranken zwingend macht. Die freilich sind erst ein halbes Jahrhundert später entstanden. In der Camera Santa spricht also ureigenstes spanisches Genie.

Über der Portalseite finden sich drei romanische Köpfe in die Wand gelassen, Christus, Maria, Johannes, die früher in Verbindung mit den untergegangenen Fresken dieser Kapelle standen. Insbesondere der Christuskopf mutet als erster Höhepunkt psychologischer Vertiefung an und ist von ergreifender Schönheit. Das eigenartige System der plastisch herausgearbeiteten Köpfe dürfte der Schreinkunst entlehnt sein.

In der Apsis findet sich sodann, was man eigentlich sucht. Ein schreinartiger Altarkasten mit Platten aus getriebenem Silber, die berühmte ›Arca Santa‹, gestiftet 1075 von König Alfons VI. und seiner Schwester Urraca. Auf der Stirnplatte der thronende Christus, die Mandorla gehalten von vier Engeln in jener heftigen Gebärde, wie dergleichen aus dem Brionnais bekannt ist. Szenen der Heilsgeschichte überziehen die Flanken. Der Deckel trägt ebenfalls Silberplatten, diesmal graviert. Am schönsten wirkt das Paar der weihrauchspendenden Engel, welche die Seele des guten Schächers entgegennehmen.

Die größte Anziehungskraft dürfte für die Pilger allerdings von üppigen Vortragekreuzen, Elfenbeinplatten und Kruzifixen, von Reliquiaren sowie zwei berühmten Kreuzen,

ANGE
LVS
7 PAS
TORES

Verkündigung an die Hirten

Fresko im Pantheon der Könige
Léon, San Isidoro.
Anonymer Meister, 2. Hälfte 12. Jahrh.

dem Engel- und dem Siegeskreuz, ausgegangen sein, die sich mit den frühesten Namen der spanischen Geschichte verknüpfen. Vor allem natürlich vom ›Santo Cristo‹, einem heute auf roten Brokat gelegten, spanngroßen Christusbild mit einem Kreuzespartikel darunter. Die Verbindung dieser Reliquie und der grandiosen Dokumentation spanischer Geschichte, die sich im Cruz de la Victoria Don Pelayos und dem Engelkreuz Don Alfonsos manifestieren, übte auf sie eine magische Wirkung aus. Sie umgibt auch für uns die Santiago-Pilgerfahrt mit dem mystischen Glanz des abendländischen Auftrags. Hier in Oviedo verkörperte sich, was man im übrigen Europa zu sehen begierig war: der sichtbar gemachte Siegeswille über die Ungläubigen.

Abstecher auf den Naranco-Berg

Sollten die Pilger bar jeden Empfindens für die anderen Kostbarkeiten Asturiens gewesen sein? Wir reden nicht von prerromanischen Gotteshäusern Asturiens wie S. Julian de los Prados mit seinen unglaublichen Wandmalereien, Bendones, S. Tirso, S. Juan, Tuñon oder endlich Valdedios, wo Alfons III., der Große, seinen Lebensabend verbrachte. Bauten, die ein ganz eigenes Kapitel hochinteressanter Überleitung von der Kunst der Westgoten zur Romanik bedeuten. Vielmehr, wer nach Oviedo kommt, wird vor allem zu den königlichen Bauten im Naranco-Berg wandern, die im 9. Jahrhundert entstanden. Da ist das schmal und hoch gebaute Kirchlein *S. Miguel de Liño*, eine hochgezogene, von westgotischem Geist inspirierte kleine Kirchenanlage mit einem überaus köstlichen Steinfiligran über den Säulenöffnungen der Fensterdurchbrüche. Der erhalten gebliebene Bau stellt freilich nur den Westteil der ursprünglichen Anlage dar. Da ist ferner die kurz ›Naranco‹ genannte *Aula Regia* oder Königshalle Don Ramiros I. Das ist eine auf einem

Sockel mit Bädern errichtete Halle nebst zwei loggienartigen Vorhallen, tal- und bergwärts, die aus Säulenstellungen gebildet sind, Säulenstellungen umziehen auch den einfach gewölbten Innenraum mit seinen Gurtbögen. Allerdings Säulen besonderer Art, die aus grätenartigem Halbrundmuster geschlagen sind und ganz graphisch empfundene Kapitelle tragen. Das Interessanteste sind die gleichsam schwindenden Volumen. Diese von der Ritzzeichnung her empfundene Bildhauerkunst, die sich auch in winzigen Medaillon-Figürchen ausgedrückt hat, besitzt eine ganz eigene Spiritualität. Man sieht Naranco gewöhnlich sehr monumental aufgenommen. Das ist wirkungsvoll und wird von der Hanglage über der Talweite von Oviedo geradezu herausgefordert. Aber es führt irre. Naranco ist kein monumentaler Bau, sondern von empfindlicher Zartheit. Es ist ein hochgezüchteter Bau von edelster Rasse, dessen grau gewordenen Stein man an der Vorderseite neuerdings aufgefrischt hat, so daß er wieder im Goldton leuchtet. Man muß dazu bedenken, daß die Königshalle auch keinerlei Verteidigungsabsichten diente, sondern ein Sommerhaus darstellte. Es ist gleichsam der hellenische Augenblick von Asturien. Wie, so fragen wir uns verblüfft, gab es dergleichen wirklich während der eben beginnenden Wiedereroberung Spaniens? – Was uns betraf, so waren wir eben, um der erstaunlichen Gleichzeitigkeit von hoher Kunst und politischer Drangsal ansichtig zu werden, nach hierher gekommen. Um allerdings die Geisteshaltung zu verstehen, aus der Spaniens Wiedergeburt entstand, mußten wir erst ostwärts fahren. Bis an den Westrand der Picos de Europa.

Die Stunde von Covadonga

Covadonga ist ein kleiner Ort in den Vorbergen der Picos de Europa, Spaniens imposantestem Gebirgssockel an der Kantabrischen Küste, die für die asturischen Berge typisch sind. Sie erheben sich hinter blauen Abgründen, ganz wie erträumt, oder noch schöner: ungeheure Wände himmelstürmender Felsen im rosenfarbenen Licht des Nachmittags! Schwer zugänglich, reich an Erzen, wachsen sie aus engen Talschluchten. Nur was ihre Höhe, ihre elementare Gewalt betrifft, bleiben die Picos ohne Beispiel. Über zweitausendfünfhundert Meter stoßen die Kalkgipfel empor. Von einigen tropfen die Schmelzwässer ewigen Schnees, züngeln Gletscher gleich Eisflammen hinab. Die andern besitzen in verborgenen Hängen und Tälern eine so urtümliche Tierwelt wie höchstens Ural oder Kaukasus. Selbst Bären gibt es hier noch. Wenigstens im westlichen der Massive. Denn die Picos de Europa, diese Krone des Kantabrischen Gebirges, bestehen aus drei gewaltigen Blöcken. Der Andara oder Ostkette, die man am besten durch die Felsklamm von La Hermida erreicht. Den ›Urrieles‹ genannten Zentralbergen, deren machtvollster, schwierigster Gipfel der Naranjo de Bulnes ist, und der Westkette, dem Gebirge von Covadonga mit der Peña Santa, in deren Vorbergen Covadonga liegt. Man erreicht es von der Küste aus. Hinter Cangas de Onis werden die Hänge steil, die Täler eng. Am Ende des Deva-Grundes, wo das Bachbett zur Schlucht, die Schlucht unpassierbar geworden ist und sich das Sträßlein in einer Steilkurve zu einem Felssockel hinanwirft, liegt es. Berauschend schön. Daran ändert auch die ein wenig fragwürdige Basilika nichts, die man im 19. Jahrhundert auf den äußersten Vorsprung des Felsens gebaut hat. Es gibt dort oben ferner einen weitläufigen Klostertrakt und, in den Fels gerammt, einen großen Glokkenstuhl, den ›Campana del Angelus‹. Von hier aus kann man durch einen Tunnel direkt zur berühmten *Grotte von Covadonga* gelangen. Ihr Name bedeutet soviel wie ›Cava Dominica‹ – Höhle der Gottesmutter; sie öffnet sich inmitten einer senkrechten Felswand, aus der in wasserreichen Zeiten der Deva hervorbricht und tief in ein Becken stürzt. Die Besucherströme reißen nicht ab. Aber der Touristenbetrieb stört keineswegs die tiefe Frömmigkeit und inbrünstige Andacht der Gläubigen in der Höhle, die gekommen sind, um mit weit geöffneten Armen die ›Virgen de la Batalla‹ – die Jungfrau der Schlachten – mit dem alten asturischen Volksgebet anzurufen:

Santa Maria, en el cielo
hay una estrella . . .

Im Hintergrund der Höhle finden sich etliche Sarkophage, und in einem davon ruht der Mann, dem Covadonga seinen Ruhm verdankt, König Pelayo, der von hier aus Anno 722 mit einem Häuflein Getreuer zu seinem kühnen Unternehmen aufbrach, das die Reconquista, die Wiedereroberung Spaniens, einleitete. Wobei ihm nach der Legende die Gottesmutter zur Seite stand. Dies in einem Satz, was Covadonga für die Geschichte Spaniens bedeutet. Um das in seinem ganzen Ausmaß zu verstehen, muß man freilich sehr viel weiter ausholen.

Das Mittelfeld des spanischen Staatswappens nimmt ein schlankes, an seinen Enden leicht verbreitertes und dreipaßförmig ausgewölbtes Kreuz ein, das Emblem von Asturien. Es existiert wirklich. Ursprünglich bestand es nur aus Eichenholz; seit ungefähr dem Jahre 900 besitzt es seinen Silberbeschlag und den herrlichen Edelsteinschmuck. Dieses Kreuz, das berühmte ›Cruz de la Victoria‹ ist ein spanisches Heiltum, von dem magische Kräfte ausgehen, ähnlich den Insignien des Heiligen Römischen Reiches, und wird in der Camera Santa, einer Kapelle der Kathedrale von Oviedo, aufbewahrt. Der Legende nach erschien es, sozusagen als Idee, König Pelayo, dem ersten der asturischen Regenten, vor seiner denkwürdigen Schlacht, von der gleich zu reden sein wird, im Traume. Worauf er es eiligst anfertigen und im nachfolgenden Treffen seinen Truppen vorantragen ließ. Nach einer anderen Version, die eigentlich mehr für sich hat, gab es ein Einsiedler, der die Höhle von Covadonga behauste, dem König als Ersatz für die bei Guadalete verlorengegangene rote Reiterstandarte der Westgoten.

Wie dem auch sei, das Kreuz ist da, sein Alter verbürgt, und auch mit König Pelayo hat es seine Richtigkeit. Allerdings muß man bei ihm mit einigen der schrecklichen Simplifizierungen aufräumen, die uns das 19. Jahrhundert beschert hat. Auf zahllosen Phantasie-Abbildungen sieht man Pelayo von wildem Bartwuchs umzottelt dargestellt wie Arminius oder Vercingetorix. Das vorige Säkulum in seinem halb romantisch nach rückwärts gewandten, halb fortschrittlichen Denken konnte sich unmöglich vorstellen, daß eine frühere Epoche keineswegs primitiv gewesen sein muß. Lassen wir die wenigen überkommenen Dokumente der westgotischen Ära Zeugnis ablegen, war sie alles andere als das. Bauten des 7. oder 8. Jahrhunderts wie Quintanilla de las Viñas südlich Burgos oder S. Pedro de la Nave nördlich Zamora bekunden, daß das westgotische Spanien das antike Formenerbe sehr eindrücklich umzusetzen verstand.

Die muselmanische Eroberung und Zerstörung des westgotischen Spaniens hat also ganz offenbar eine bedeutende Kultur zugrunde gerichtet, deren Hochblüte in der Epoche der Könige Recceswind und Wamba lag, also zwischen 650 und 680. Schon 711 brandet der Arabersturm herein und vernichtet alles, was die Westgoten seit 415 aufgebaut haben, in einer einzigen Flutwelle, die bis zu den Pyrenäen schäumt.

Was war geschehen? Den großen Westgotenkönigen folgten etliche bedeutungslose Herrscher, deren letzter, König Vitiza, um 700 die Szene betritt. Er stirbt nach zehn Jahren, ohne einen Nachfolger ernannt zu haben. Zwischen seinen vier Söhnen kommt es sofort zu heftigen Auseinandersetzungen um die Nachfolge. Die sogenannte Partei der Vitizaner betreibt die Aufteilung des Reiches. Ihr gehören drei Söhne des Toten an, Akhila, schon zu Lebzeiten des Vaters Herzog von Tarragona, sowie Olmundo und Ardabasto; ferner zwei Brüder Vitizas, die eine etwas makabre Rolle spielen, Oppa, Metropolit von Sevilla, und Sisberto. Roderich, der präsumtive Thronerbe des Gesamtkönigreiches, das auch Südgallien mit Narbonne umschließt, scheint anfänglich wenig Aussicht gehabt zu haben. Akhila hält seine Wahl zum Teilkönig für so gesichert, daß er bereits in Narbonne und Tarragona neue Münze schlägt. Doch erweisen sich die tatsächlichen Hilfsmittel der Vitizaner als äußerst gering. Sie wenden sich daher um Unterstützung an einen alten Vasallen König Vitizas, einen gewissen Julian. Wer er war, ob Berber, Gote oder Byzantiner, wissen wir nicht genau. Die arabische Literatur verzeichnet ihn als Ulban oder Bulian. Julian, den die christlichen Quellen ›Conde Don Julian‹ nennen, gebietet unter westgotischer Oberhoheit über einen bescheidenen Zipfel der nordafrikanischen Küste, die Landzunge von Ceuta, die freilich bald zur Schlüsselstellung werden sollte. Schon einmal, im Jahre 682, hat dieser undurchsichtige Mann dem Islam einen Dienst erwiesen, der die Westgoten hätte warnen sollen. Er führte damals einen ersten Emissär der Muselmanen unter Umgehung des Rifgebirges an den Atlantik. Jetzt nutzt Julian die Thronstreitigkeiten der Lehnsherren auf seine Weise. Wie eine wenig glaubhafte Überlieferung will, auf Grund einer Schändung, die seiner Tochter Cava durch die Westgotenkönige widerfahren war. Bereits hatte der Wali des islamischen Afrika seinen Feldherrn Tariq nach Tanger vorgeschoben. Julian setzt sich sofort mit ihm in Verbindung.

So stehen die Dinge, als die sogenannten Primaten, will sagen der westgotische Adel und Klerus, in rechtlich unantastbarer Prozedur Roderich zum König wählen. Leider ohne daß die Schwierigkeiten damit zu Ende sind. Während Roderich nach Norden eilt, um die Parteigänger Akhilas zu schlagen und einen baskischen Aufstand niederzuwerfen, empfiehlt Julian dem islamischen Wali Afrikas, Musa, die Gelegenheit, in Spanien zugunsten der Vitizaner zu intervenieren. Ein verhängnisvoller Rat, der mehr als ein halbes Jahrtausend spanischer Geschichte bestimmt! Musa läßt einen Berber namens Tarif Ben Malluk, von dem das heutige Tarifa seinen Namen hat, samt einer Abteilung über die Meerenge setzen und das Gelände erkunden. Wir dürfen ihn nicht mit dem schon erwähnten Tariq aus Tanger verwechseln, dem jetzt die Durchführung der Invasion übertragen wird.

Es gelingt ihm, mit vier Schiffen im Pendelverkehr ein ganzes Heer überzusetzen und sich auf dem Vorgebirge von Calpe zu verschanzen, das später nach ihm Berg des Tariq, arabisch Chabal-Tariq oder Gibraltar genannt wurde. Die Nachricht davon erreicht Roderich vor Pamplona. Während Musa Tariqs Truppen verstärkt, wirft sich Roderich in höchster Eile nach Süden, kreuzt Cordoba und begegnet dem Feind am Ufer des Guadalete, nahe Arcos de la Frontera. König Roderich hat die Flügel seiner aufmarschierten Armee seinen inzwischen in Gnaden aufgenommenen Oheimen Oppa und Sisberto anvertraut. Sie gehen während der Schlacht zum Gegner über, womit eine Katastrophe unabwendbar geworden ist. Die von Roderich befehligte Mitte der Goten hält sich mehrere Tage heroisch, bis am 26. Juli 711 alles zu Ende ist. Über das Schicksal König Roderichs weiß man nichts Genaues. Gewisse Anzeichen deuten darauf, daß er noch während des Kampfes ermordet wurde, sich also in seiner nächsten Umgebung Verräter befanden.

Den Leichnam scheinen einige Getreue beiseite gebracht zu haben. Nach verbürgten Nachrichten konnte man im 9. Jahrhundert in der nahen Kirche von Viseo ein Grab mit der lateinischen Inschrift sehen: »Hier ruht Roderich, letzter König der Goten.« Das gesamte Spanien bis zu den Pyrenäen ist jetzt dem maurischen Zugriff ausgeliefert; die Epoche der ›Perdida de España‹, des Verlustes oder, pathetischer gesprochen, des verlorenen Spaniens hebt an. Erst 1492 wird die arabische Herrschaft mit dem Fall der Alhambra von Granada zu Ende gehen. Also nach siebenhunderteinundachtzig Jahren Dauer.

Man muß sich solche Geschehnisse, Daten und Zeiträume vor Augen führen, wenn man auf eine der Mode gewordenen Glorifizierungen des Islams stößt. Der Spanier sieht es anders. Er besitzt ein durch jahrhundertelange Unterdrückung verhärtetes ›Frontbewußtsein‹. Der Hinweis auf die Vielzahl der islamischen Züge im spanischen Leben stößt bei ihm leicht auf verstimmtes Schweigen oder herrischen Widerspruch. Das Wort ›ungläubig‹ besitzt für ihn einen bestimmten politischen Charakter, wie ja alle Kriege Spaniens seit der muselmanischen Epoche heilige Kriege sind. Dergleichen hat wenig mit einem übersteigerten Nationalismus zu tun, sondern rührt an ein nationales Trauma.

Tatsächlich war ja der blinde Zorn gegen alles Muselmanische, der nach Zeiten der Integration und Koexistenz im christlichen Spanien inmer wieder aufbrach, keineswegs unberechtigt. Die Sarazenenreiter des frühen Mittelalters erschienen wirklich als Geißel Gottes. Sie brachten nicht nur das Ende der westgotischen Epoche, sondern ließen alles Leben südlich des nordspanischen Gebirgssaumes ersterben. Jahrhundertelang haben tapfere Menschen den verzweifelten Versuch, ihr Leben nicht wie Tiere fristen zu müssen, sondern sich um ihrer Kinder willen südlich des Kantabrischen Gebirges in der Ebene anzusiedeln, ihr Korn zu bauen, ihr Vieh zu weiden, mit dem Leben bezahlt. Unvorstellbar das Elend ganzer Generationen. Halb verhungert verdämmern sie ihr Leben in Höhlen, elenden Steinhütten, gejagt von der

Furcht vor den muselmanischen Würgeengeln, die überall umherstreifen, wo der Huf ihrer Pferde Raum zum Auftreten findet, ungestraft alles plündern, jeden Mann niedermachen, jede Frau, jedes Mädchen verschleppen.

Das Vordringen der Muselmanen vollzog sich seit der Schlacht von Guadalete mühelos. Auf die Unterwerfung folgte zwangläufig die Islamisierung. Wie es einst in Nordafrika ein blühendes Frühchristentum gab, gehörte nun auch das ebenso erleuchtete wie erlauchte Christentum Isidors von Sevilla oder des Konzils von Toledo der Vergangenheit an. Gewiß zeigen sich die neuen Herren in der Religionsausübung gelegentlich als tolerant. Vornehmlich aus politischen Gründen. Man nennt die unter arabischer Oberhoheit fortlebenden Christen nach dem Worte ›Mustarib‹ Mozaraber und gesteht ihnen eigene Kirchen zu. In Toledo, Sevilla und Merida gibt es sogar christliche Metropoliten. Einen ähnlichen Status besitzen die Juden.

Welche Toleranz! konstatiert man heute gern. Aber tatsächlich bleibt gar keine andere Lösung übrig. Der Großteil der Bevölkerung im islamischen Teil Spaniens ist fremdstämmiger Herkunft, wenn auch nicht immer christlich. In Massen strömen Berber aus Mauretanien ins Land. Die dünne arabische Erobererschicht ist nicht einmal in sich selbst konform, sondert sich vielmehr eifersüchtig nach Stammesherkünften. Unangefochten besitzen darin die Nachfolger des Propheten oder ›Tabíes‹ den vornehmsten Rang. Sie bilden gleichsam den Adel und setzen sich in den Städten von El-Andalus – so der Name des islamisch beherrschten Spaniens – fest, um als Funktionäre oder Beamte zu walten und zu verwalten, was andere erarbeiten. Denn den Ackerbau überläßt man der hispano-gotischen Restbevölkerung, das Hirtenamt den Berbern, Handel und Handwerk den Juden. Übrigens genügt es den Kalifen in Damaskus wie ihren Statthaltern, den Walis von Spanien, keineswegs, nur die Iberische Halbinsel unterworfen zu haben. Sie versuchen, sich des ganzen Westgotenreiches zu bemächtigen. Die ›Gallia gotica‹ mit Narbonne wird ihr nächstes Ziel. Trotz einiger im Rücken drohender Gefahren überschreiten sie die Pyrenäen – ungeachtet aller Niederlagen gibt es ja immer noch einzelne westgotische Widerstandsnester. Aber damit hebt die Geschichte der Reconquista an!

Um 717 regiert in Gegione oder Jejone, dem heutigen Gijon, der Berber Munusa als islamischer Gouverneur. Er steht in gewissen Verbindungen zu einem Goten fürstlichen Blutes, einem Waffengefährten der toten Könige Vitiza und Roderich, der nach Asturien geflüchtet ist. Dieser Don Pelayo besitzt eine schöne Schwester, der sich Munusa alsbald zu bemächtigen trachtet. Mag sich Pelayo nun dieser Werbung widersetzt haben, mag Munusa nach einer wirksamen Garantie für die Ruhe in dem von ihm beherrschten Landstrich gesucht haben, er läßt Pelayo als Geisel festnehmen und nach Cordoba bringen. Pelayo flieht bei erster Gelegenheit und kehrt in verzweifelten Tagemärschen zurück, gejagt von einem ganzen Aufgebot von Verfolgern. Er verschwindet im unzugänglichen Wälderdickicht auf den Hängen der Picos de Europa, findet unter der Bergbevölkerung bald Gefolgsleute und wird zum ›Caudillo‹ oder Anführer ausgerufen.

Man schreibt Ende Mai 722. Etwas Erregendes liegt in der Luft. Schon ist es zu ersten Zusammenstößen gekommen; Asturien hat mit einer islamischen Strafexpedition zu rechnen. Daß der Frühling bereits halb vergangen ist, bedeutet wenig. Allgemein zieht man in dieser Epoche für Waffengänge die Erntezeit vor, weil sie die Versorgung aus dem Lande gestattet. Tatsächlich befindet sich eine Strafexpedition aus dem Süden unterwegs. Sie wird von einem gewissen Alqama befehligt und von dem unrühmlichen Bischof Oppa begleitet. Die erste Begegnung zwischen Muselmanen und Asturern verläuft für die Bergbewohner recht entmutigend.

Im Handumdrehen sind sie abgeschlagen. Pelayo flieht, verbirgt sich mit dreihundert seiner Getreuen in einer Höhle des Deva-Tales, von der bereits die Rede ging. Die Enge der Örtlichkeit, die Steilhänge, die felsige Abriegelung der Schlucht lassen hier jeden Angriff als Wahnwitz erscheinen.

Dennoch, die Muselmanen kommen. Wir dürfen annehmen, daß Alqama, der von Norden, also von Cangas de Onis in das Deva-Tal einbrechen muß, die Asturer erst höher im Gebirge vermutet hat, und daß er von ihnen überrascht wurde. Trotz der legendären Ausschmückung durch spätere Chronisten bleibt lediglich gewiß, daß sich die Auseinandersetzung unter dem Felsen von Covadonga zutrug, und daß der blutige Überfall der Asturer vollkommen gelang. Wenn wir in der Chronik des Sebastian von Salamanca lesen, daß sich die Asturer und Kantabrer Pelayos rings um Covadonga auf den beherrschenden Punkten festgesetzt hatten und von dort Felsbrocken und Baumstrünke in den Grund wälzten, während sie den Feind gleichzeitig mit Bogen und Schleudern unter Beschuß nahmen, bedarf es keines großen Scharfsinnes, um zu erkennen, daß sich das Unternehmen kaum anders abgespielt haben kann. Anders steht es schon mit der Behauptung, zu allem Überfluß habe sich ein wütender Sturm erhoben und den Gegner entmutigt; während vieltausend Muselmanen samt Alqama gefallen seien, wäre der Rest in panischer Flucht ins Gebirge gestiegen, sei aber im Gebiet von Liébana beim Überschreiten einer Berghöhe durch einen Bergrutsch umgekommen. Nur das Wunder im Roten Meer lasse sich damit vergleichen. Leider bleibt dergleichen legendäre Übertreibung nicht ausschließlich belustigend, sondern hat ebenso wie der Bericht der 754 entstandenen ›Cronica Mozárabe‹ bewirkt, daß die kritische Geschichtsschreibung die Ereignisse von Covadonga unterbewertete. Doch steht fest, daß mit der Schlacht der lähmende Bann gebrochen war.

Die Muselmanen reagierten sehr eigenartig auf die Niederlage, vielleicht, weil sie die Eroberung der ›Gallia gotica‹ zu sehr in Anspruch nahm. Beamte und Truppen zogen aus Asturien ab. Wenn man auch später eine Wiedereroberung versuchte, für den Augenblick überließ man Pelayo das Feld, der alsbald Cangas de Onis als Residenz wählte. Er starb 737. Sein Sohn Favila regierte nur zwei Jahre; er wurde auf einem Jagdzug von einem Bären überfallen und getötet. Das asturische Königreich oder Fürstentum fiel jetzt an den Gatten von Pelayos Tochter Ermesinda, Alfonso I., einen Sohn des ehemaligen westgotischen Herzogs von Kantabrien. Er vermochte sein asturisches Königreich auf Galicia auszudehnen und seinen militärischen Einflußbereich bis zum Duero vorzuschieben. Er ist damit der eigentliche Gründer der asturischen Monarchie geworden.

Im engen Tal von Covadonga, das heute spanisches Nationalheiligtum ist, hat diese Entwicklung begonnen. Mögen ernsthafte Einwände die Geschehnisse des 28. Mai 722 bagatellisieren, womit sie in einem faktischen Sinn vielleicht recht haben – hier wurzelt doch das spanische Sendungsbewußtsein, und mit ihm sind die Leitbilder entstanden, die sich stets stärker als die kritische Geschichtsschreibung erweisen. Es sei daher die Behauptung gewagt, daß auch die Ereignisse von Covadonga eine Wirksamkeit sui generis besitzen, die weit über alles hinausgeht, was Fakten bedeuten können. Sie waren der zündende Funke in einer Entwicklung, die Spanien für das Abendland wiedergewann.

Genealogischer Versuch

Die asturische Dynastie verlegte ihre Residenz alsbald von Cangas de Onis nach Oviedo, das Fruela I., der Grausame, Sohn Alfonsos I., 761 gegründet hatte. Nach ihm betraten die ›Faulenzerkönige‹ die Szene, eine Reihe unfähiger Herrscher mit Namen Aurelio, Silo, Mauregato und Bermudo, der Diakon. Erst mit Alfonso II., dem Keuschen, erscheint wieder eine starke Persönlichkeit. Wiewohl das Emirat von El-Andalus in Cordoba auf der Höhe seiner Macht steht, gelingt es ihm, die starken Angriffe der Araber abzuschlagen und sogar Lissabon zu erobern. Als erster spanischer König nimmt er Beziehung zur Mitte Europas, zu Karl dem Großen und Ludwig dem Frommen, auf.

Es ist die Zeit, die zu Compostela das Grab des Apostels wiederentdeckt. Alfonso II. beeilt sich, dort ein kleines Heiligtum oder Oratorium anzulegen. Dergleichen trägt eigene Frucht; schon Alfonsos Nachfolger Ramiro I., derselbe, der die köstliche Aula Regia von Naranco gebaut hat, siegt der Legende nach in der Schlacht von Clavijo vorgeblich mit Hilfe des Apostels, worauf sich die Pilgerströme nach Compostela ins Ungemessene mehren. Sein Sohn Ordoño I. hat alles zu tun, die errungene Position zu wahren; neben den Arabern melden sich die Normannen. Sein Nachfolger und Leibeserbe, Alfonso III., der Große, der von 866 bis 910 regiert und als erster den Titel eines spanischen Kaisers annehmen wird – gewiß ein phantastisches Unterfangen, das indessen vortrefflich geeignet ist, den Missionierungs- und Führungsanspruch der asturischen Krone zu illustrieren –, Alfonso gelingt es in hartnäckigen Kämpfen, die Duero-Linie zur festen Grenze zu machen. Die asturisch-galicischen Heere steigen von den Bergen herab und konzentrieren sich nördlich des Flusses in der Ebene, was ihre Schlagkraft beträchtlich erhöht. Uneinigkeit und Wirren im arabischen Lager haben Alfonso entscheidend geholfen. Als der asturische Kaiser 910 durch seine drei Söhne zur Abdankung und Reichsteilung gezwungen wird und sich nach Valdedios zurückzieht, erhält García León, Ordoño II. Galicia, Fruela II. Asturien. García stirbt unvermittelt und Ordoño übernimmt auch die leonesische Krone, womit León ein eigenes Königtum erhält. 924 wird die Stadt zur Residenz erhoben. Eine schwere Epoche zieht herauf. 917 siegt Ordoño zwar westlich Soría über Abd al Rahman III., drei Jahre später wird er von diesem bei Valdejunquera geschlagen.

Dem leonesischen König folgt sein Bruder, der schwache Fruela II., bisher asturischer Statthalter. Er stirbt schon im Folgejahr an der Lepra. Es scheint, daß ihm sein Sohn Alfonso Froilaz, zubenannt der Bucklige, gefolgt ist, den seine Vettern Sancho und Alfonso, die Söhne Ordoños II., nicht anerkennen und mit Hilfe des mächtigen Sancho I. Garcés von Navarra vertreiben. Möglicherweise geht es auf diese Hilfe zurück, wenn Alfonso, der Schwiegersohn des Navarresen, als Alfonso IV. den bedeutsamer gewordenen leonesischen Thron erhält, während sich sein Bruder Sancho mit der Krone von Galicia begnügen muß. Nach Sanchez Albornoz, dem großen Kenner der asturischen Geschichte, nahm übrigens auch der jüngste Sohn Ordoños, der nachmalige König Ramiro II., an der Revolte gegen Alfonso Froilaz teil. Jedenfalls ist Ramiro II. der Mann der Stunde, als sein Bruder 930 nach dem Tod seiner Frau Onneca die Mönchskutte anzieht und hinter den Mauern von S. Benito zu Sahagún verschwindet. Ramiro erweist sich als kompromißloser, kämpferischer Herrscher; er stößt über die Sierra da Guadarrama nach Süden vor, setzt sich zeitweilig in den Besitz von Majerit, dem nachmaligen Madrid. Der Erfolg ist keineswegs nachhaltig. Unbedeutende Söhne, Ordoño III. und Sancho I., der Dicke, verspielen das Erbe des Vaters. Das stolze neogotische Königreich gerät in Abhängigkeit vom Kalifat von Cordoba, genauer gesagt vom Kalifen Abd al Rahman III. 958 wird Sancho vertrieben; gemäß der neuen Erbregelung tritt sein Bruder Ordoño IV., der Böse, die Nachfolge an, doch vermag er sich nur bis zum Anfang des Jahres 960 zu halten, worauf Sancho I. triumphierend zurückkehrt. Freilich, zu welchem Triumph! Die Sieger der Zeit sitzen in Cordoba.

Die Schwierigkeiten wachsen noch, als Sanchos Sohn

Ramiro III. 967 kaum fünfjährig auf den Thron kommt und nachmals, seit 984, sein Vetter Bermudo II., der bis 999 regiert. Feinde drohen von allen Seiten. Dänische Normannen erscheinen an der Iberischen Westküste, schlagen sich in Lissabon mit muselmanischen Truppen, dringen sodann in die Ria de Arosa ein, kommen bis Junquera, wo Bischof Sisnando von Santiago de Compostela im Kampf fällt. Kastilien, bis dahin eine unbedeutende, abhängige Grafschaft, ist unter Fernando Gonzales erstarkt und macht sich selbständig, wird gefährlich. Eine unheimliche Gefahr wächst schließlich im Süden. Hier steigt der Favorit der Aurora Ssobech, Witwe des friedliebenden Kalifen Al Hakam II., zum Reichsverweser und Heerführer auf. Es ist kein anderer als der schreckliche Almanzur oder Almansor, der Alpdruck seines Zeitalters, die Geißel der Christenheit, der von Sieg zu Sieg eilt, León wie Compostela brandschatzt, bis er 1002 bei Calatañazor unweit Medinaceli vernichtend geschlagen wird, nachdem er eben noch S. Millan de Cogolla in Asche gelegt hat. Er ist der letzte bedeutende Feldherr und Staatsmann der Omaijaden, deren Kalifat nach 1010 zersplittert, bis es sich in eine Reihe von Taifate auflöst.

León übersteht diese gefährlichste Stunde seiner Geschichte, vermag unter dem weitblickenden Alfonso V. sogar wieder aufzusteigen. Die Stadt ersteht aufs neue. Allerdings schlägt unter seinem Sohn Bermudo III. die Schicksalsstunde. 1037 fällt er achtundzwanzigjährig auf dem Schlachtfeld von Támara im Kampf gegen Kastilien. Seine Nachfolge wird der Sieger, Fernando I., der Große, Sohn des mächtigen Sancho Garcés von Navarra antreten. Mit der drei Jahrhunderte alten Dynastie, die sich immer als Fortsetzerin des westgotischen Königtums betrachtet hatte, ist es zu Ende.

Um der neuerworbenen Krone größere Legitimität zu sichern, heiratet Fernando I., der sich selber König von León und Kastilien nennt, Doña Sancha, die Schwester des gefallenen Bermudo. Ungeachtet aller bösen Erfahrungen, teilt er sein Reich unter seine Kinder auf, worauf sofort blutige Thronstreitigkeiten einsetzen, bei denen Sancho II., der Starke, die Oberhand behält. 1072 ist er bei der Belagerung des von seiner Schwester Urraca heroisch gegen ihn verteidigten Zamora gefallen. Sein Bruder Alfonso VI. tritt die Nachfolge an, wird zum mächtigsten Fürsten der Iberischen Halbinsel, dem sich sogar die arabischen Landesteile beugen. 1085 fällt Toledo in seine Hand, ein wichtiges Datum. Mit einem Teil des Beutegeldes wird Cluny III erbaut – Alfonso ist vermählt mit Constance von Burgund, Tochter Herzog Roberts von Burgund und Witwe des Grafen Hugo II. von Chalons. Sie öffnet Spanien für die cluniazensische Reform.

Es ist die strahlende, heroische Epoche des Cid, die freilich auch von schweren Niederlagen durch die Almorawiden- und Almohaden-Invasion in die maurischen Landesteile erschüttert wird. Jahrhundertelang haben dort Mohammedaner und arabisierte Christen, die Mozaraber, nebeneinander gelebt. Wie umgekehrt Mauren als Vasallen unter christlicher Oberhoheit lebten, sogenannte Mudéjares, die man später Moriscos nennen wird. Die spanische Welt verdankt ihnen herrliche Baudenkmäler. Daneben gab es noch Muladíes, zum Islam übergetretene Christen und Tornadizos, was Windbeutel heißt, zum Christentum bekehrte Mauren. Beide Sorten von Renegaten führten ein schweres, verachtetes Dasein und verloren meist Leben und Besitz, sofern sie gefaßt wurden. Schließlich kannte man noch eine Gruppe von »Pendlern zwischen beiden Religionen«, wie Amerigo Castro es ausdrückt, die meist zu Spionagezwecken verwendeten Enaciados. Anläßlich der Almohaden-Invasion kommt es wie nach den mozarabischen Aufständen des 9. Jahrhunderts zu Massenemigrationen, so 1102 von Valencia, 1125 von Granada, wo zehntausend Menschen ihre Heimat verließen, 1146 von Sevilla.

Unterdessen waren die Bindungen zwischen der leonesisch-kastilischen Krone und Burgund noch enger geworden. Alfonsos VI. und der Constance von Burgund Tochter Urraca hatte 1077 Ramon oder Raimund von Burgund geheiratet, der in Santiago begraben liegt, Teresa, eine natürliche Tochter des Königs, Enrique oder Heinrich von Burgund, den Begründer einer ersten portugiesischen Dynastie. Urracas Ehe, die sie als Zehnjährige schloß, entstammt Alfonso Raimundez, der spätere Alfonso VII., der 1135 in León zum Emperador, zum Kaiser, gekrönt worden ist. Mit Recht beanspruchte er die Oberhoheit über die ganze Halbinsel. Selbst das islamische Spanien beugte sich ihm. Als er 1157 starb, erbte sein Sohn Sancho III. Kastilien, Fernando II. León. Es war die letzte Teilung vor der endgültigen Vereinigung. Noch einmal kam es zu schweren Krisen, als Sancho III. von Kastilien nach einem einzigen Regierungsjahr starb. Sein Sohn Alfonso VIII. von Kastilien nahm den Kampf gegen die Almohaden mit neuer Unternehmungskraft auf, drang sogar bis Sevilla vor, wurde aber in der Mancha umzingelt und schwer geschlagen. Das leonesische Schwesterreich hatte ebenso wie Navarra geglaubt, aus einem Bündnis mit den Almohaden Nutzen ziehen zu können. Am Ende triumphierte lediglich der Islam durch die Wiedereinnahme von Calatrava. Dem Erzbischof von Toledo ist es zu danken, wenn die christliche Sache gerettet wurde. Es gelang ihm, Aragon, Navarra und Kastilien zu einem Frieden zu bewegen, Kreuzfahrer, Ritter aus Frankreich herbeizuziehen, während Alfonso IX. von León weiter beiseite blieb. Am 16. Juli 1212 gelang der entscheidende Sieg über die Muselmanen. Bei Navas de Tolosa schlug Alfonso VIII. von Kastilien die wütend anstürmenden Almohadenheere so vollständig, daß kaum einer der Mauren mit dem Leben davonkam.

Alfonso IX. von León versuchte noch einmal mit den Almohaden gegen Alfonso VIII. von Kastilien zu konspirieren, als der Kastilier 1214 starb. Sein Erbsohn Enrique zählte derzeit erst neun Jahre, war also zu jung für eine Herrschaft. Kastilien hätte somit an eine schon 1171 geborene Tochter Alfonsos VIII., Berenguela, fallen müssen, die ausgerechnet mit Alfonso IX. von León verheiratet war. Sie verzichtete zugunsten ihres Sohnes Fernando, der 1217 die Thronfolge von Kastilien antrat. Als Alfonso IX. von León 1230 starb, verweigerte der leonesische Adel den testamentarischen Nachfolgebestimmungen den Gehorsam und erkannte Fernando III. als Gesamtkönig an. Er ist als Fernando el Santo, der Heilige, in die Geschichte eingegangen. Sein Erbe wurde Alfonso X., den die Geschichte ›el Sabio‹, den Weisen, nennt; er entstammte Fernandos Ehe mit Beatrix von Schwaben, Tochter des deutschen Königs Philipp von Schwaben und der byzantinischen Prinzessin Eirene. Alfonso X. trug neben dem Titel eines Königs von Kastilien und León auch den eines deutschen Königs, wiewohl er Deutschland nie aufgesucht hat. Als Literat und Förderer der Kultur spielte er eine ebensogroße Rolle wie als Staatsmann. Von ihm stammen die ›Cantigas de Sta. Maria‹, die ›Cronica General‹, die ›General Estoria‹ und die ›Siete Partidas‹.

Um diese Zeit war der großartige, heldische Schwung früherer Jahrhunderte freilich verlorengegangen. Wütend widersetzten sich die Cortes allen Versuchen Alfonsos X., seinem Reich Sizilien einzuverleiben. Offensichtlich hatte man zuviel Kraft, zuviel Willensanstrengungen verbraucht, um zu überleben und zu siegen. Man muß um dergleichen wissen, wenn man die Pilgerstraße und León besucht. Der Wallfahrtsweg wie die Stadt gaben dieser Entwicklung entscheidende Impulse.

Kehren wir daher in das León der Zeit kurz nach 1000, der Epoche Fernandos I. zurück, der König Bermudo III. besiegt, seine Schwester Doña Sancha geheiratet und León mit Kastilien vereinigt hatte. Jenes großen Fernando, der S. Isidoro und das Pantheon der Könige aufführen und aus Sevilla die Gebeine des westgotischen Erzbischofs und nachmaligen Heiligen wie Kirchenlehrers San Isidoro holen ließ.

Der heilige Isidor

Daß König Fernando I. in den Besitz der Isidor-Reliquien gelangte, mutet als barer Zufall an. Nachdem es jedoch geschehen war, bekamen die Überbleibsel des großen Kirchenlehrers ein Schwergewicht eigener Art. Letztlich wahrscheinlich, weil sich die asturisch-leonesische Dynastie und deren Fortsetzer als legitime Erben der westgotischen Welt betrachteten, was sie auch waren. Anscheinend aber auch, weil sich mit der Gestalt Isidors gewisse Vorstellungen von Legitimität, Rechtgläubigkeit und einer ›Romania‹ verbanden, in der alle spanischen Herrscher wurzelten.

Der hl. Isidor, erst 1598 kanonisiert und 1722 zum Kirchenlehrer erhoben, ist eine der interessantesten Gestalten der westgotischen Epoche Spaniens. Sicherlich war er kein so origineller und tiefschürfender Geist, wie ihn das Mittelalter sah, aber als Polyhistor und Kompilator hat er den gesamten Wissensstoff der römischen Antike zusammengefaßt in seinen zwanzig Bänden der ›Etymologiae‹ und den drei Büchern der ›Sentenzen‹, eines ersten moralisch-dogmatischen Kompendiums. Er hat auch Geschichtsbücher geschrieben. Für die westgotische Welt bedeutete die Vermittlung des Geistes an sich schon eine Art religiöser Betätigung. In der Tat läßt sich der Geisteshunger dieser Germanen aus dem hohen Norden nicht hoch genug einschätzen. Isidor begegnete also einem tiefen Bedürfnis seiner Epoche. Er war 560 zu Cartagena als Sohn des Stadtpräfekten Severian und einer Mutter geboren, die vorgeblich eine Tochter des Ostgotenkönigs Theoderich war, was wenig wahrscheinlich anmutet. Von seinen Geschwistern kennen wir den nachmaligen Erzbischof

Leander von Sevilla, dem Isidor im Amt folgen sollte, einen Bischof Fulgentius und die hl. Florentina.

Man muß Isidor eng mit den Traditionen seines Landes und den Bestrebungen seines Zeitalters verflochten sehen, um gewisse Eigenheiten und auch Widersprüche seiner Person zu begreifen. In seine Jugend fallen wichtige Entscheidungen der Kirche. Gewiß war das Bekenntnis der Arianer, wonach Christus Gott nicht wesensgleich sein sollte, schon 325 auf dem Konzil von Nicäa verworfen und in das Credo der Messe die von Osio von Cordoba stammende griechische Version ›Omousion‹ für das spätere ›Consubstantialis‹ der römischen Meßform aufgenommen worden. Diese westgotische Eigenart hat sich, nebenbei gesagt, in der mozarabischen Messe erhalten. In den Jugendjahren Isidors beschäftigte sich das zweite und dritte Konzil von Toledo 581 und 589 erneut mit der Arianerfrage, weil sich König Leovigild, der bis 586 regierte, hartnäckig weigerte, die Entscheidung von Nicäa anzuerkennen und gleich der Mehrzahl der Westgoten Arianer blieb. Anlaß genug für einen rechtgläubigen, schreibgewandten Theologen, zur Feder zu greifen. Als sich andererseits der katholisch gewordene Prinz Hermenegild, vorgeblich aus Glaubensgründen, gegen seinen Vater Leovigild auflehnte, ergriffen die katholischen Prälaten, voran Isidor, sofort für Leovigild Partei und verurteilten den Sohn als Rebellen. Das offenbart, wie tief das Gefühl für Legitimität in den Westgoten verankert war.

Es scheint, daß diese Haltung im späteren Spanien ein lebhaftes Interesse an der Gestalt Isidors, des Vielschreibers und Polyhistors, weckte, des Mannes, der das Mönchswesen seiner Zeit durch die Einführung der Regel des hl. Augustin reformiert hatte. Übrigens kaum ein Wunder, daß der Verfasser der ›Confessiones‹, dem der Auftrag des ›tolle, lege – nimm und lies‹ zum Anlaß der inneren Umkehr geworden war, Isidor so beeindruckte.

Daß dieser gelehrte Kirchenfürst, der 636, auf zwei Diakone gestützt, an den Stufen des Altars gestorben war, durch baren Zufall der Patron Leóns wurde, trug sich folgendermaßen zu. 1063 sandte Fernando I. die Bischöfe Alvito von León und Ordoño von Astorga mit dem Grafen Muño nach Sevilla, um Reste der hl. Justa zu holen, die sie jedoch nirgends entdeckten. Zufolge der ›Cronica Silense‹ erschien darauf die Seele Isidors dem Alvito im Traum und forderte ihn auf, seine Gebeine nach León zu bringen. Der sogenannte Rey des derzeitigen muselmanischen Taifates von Sevilla, Abbad ben Abu-al-QasimMuhammad, kurz Abbad al Mu'tadid genannt, gab nicht nur sein Einverständnis. Er warf vielmehr einen gestickten Seidenmantel über die Gebeine des großen Schriftstellers, oder was davon noch vorhanden war, wobei er in jener luziden Form der Erkenntnis von der Gemeinsamkeit der Konfessionen, die schon der Prophet angedeutet hatte, den schönen Satz prägte: »Wisse, daß deine Sache auch meine ist.«

Das bewahrheitete sich später in einer etwas pikanten Form. Abbad al Mu'tadids Tochter Zaida wurde die Geliebte und später unter dem Namen Isabella die vierte Gemahlin von Alfonso VI., dem Sohn Fernandos I., und die Mutter Don Sanchos. Umgekehrt holten sich auch die Muselmanen gelegentlich ihre Frauen aus dem christlichen Lager. Allein, dergleichen stand natürlich nicht zur Diskussion, als die Reliquien Isidors in León anlangten, um feierlich eingeholt zu werden.

Panteón de los Reyes

Die Abbad al Mu'tadid durch Fernando I. abgeforderten und von demselben mit großer Geste herausgegebenen Reliquien waren Teil einer vereinbarten Tributzahlung. Man tut daher gut daran, die Geschehnisse nicht unter romantischem Aspekt zu betrachten. Andererseits ergriff Fernando I. die Gelegenheit beim Schopf, um seinem ureigenen Gotteshaus in León den Schutz wirksamer Patrone zu sichern. Wenn wir auch das, was S. Isidoro in dynastischer Hinsicht für León wurde, nämlich ein Ruhmestempel seiner Herrscher, der Königin Sancha verdanken. Fernando selbst hatte in S. Pedro de Arlanza bei Sto. Domingo de Silos beigesetzt werden wollen. Daß er sich zu León verstand, geschah auf Bitten der Königin.

Als Fernando 1065, kurz nach der Einweihung der von ihm gebauten Kirche verschied, dürfte dieses *Panteón de los Reyes*, von dem schon die Rede ging, im Bau gewesen sein. Die Steinsarkophage, die darin stehen, sind meist schlicht, nur etliche von Schriftzeichen überzogen. Darüber muldet sich ein Raum aus oblongen Kreuzgratgewölben empor, die durch Gurtbögen voneinander getrennt und von Rundpfeilern oder Pfeilerbündeln getragen werden. Die Gewölbe sind eng, gedrungen, schmal und lasten auf reich ornamentierten Kapitellen, die zwischen 1054 und 1067 entstanden und für die Entwicklung der romanischen Plastik ebenso entscheidend sind wie die Figuren der Portada del Cordero, urwüchsig, elementar und von expressiver Kraft. Themen mit Pflanzen- und Tierornamenten oder Szenen, die auf ein Gnadengeschehen anspielen: die Auferweckung des Lazarus, Balaam mit dem Esel oder Tobias mit dem Fisch und die Heilung des Aussätzigen. Diese Wahl ist sehr aufschlußreich. Der stumme, drangvolle Ernst der Erzählung kann ebensowenig übersehen werden wie die eigenartige Gewandbehandlung, in der die Reliefs von Silos vorweggenommen scheinen. Dennoch wird das Auge unaufhörlich abgelenkt, angezogen von Decken- und Wandmalereien aus der Zeit Fernandos II., wobei die Datierung auf Grund eines rudimentären, nicht mehr eindeutig festzulegenden Namenshinweises in die sechziger Jahre des 12. Jahrhunderts oder nach 1180 fallen muß. Die Malereien verwandeln das Pantheon in einen einzigen Schrein. Dabei sind die Jochbögen meist mit dekorativen Ornamenten überzogen, allerdings findet sich auch eine herrliche Schilderung der Tierkreiszeichen darunter. Bogenfelder und Gewölbeflächen besitzen dagegen Darstellungen von höchstem Reiz, die eine deutliche Beziehung zur Buchmalerei verraten. Hier sind Szenen wie das Abendmahl entstanden, bei dem der Künstler nur etliche Jünger hinter dem Tisch und neben dem Herrn unterzubringen vermochte. Unter der Tafel weg lugen die Beine, und in einem Zwickel ist ein köstlicher Hahn mit der Aufschrift Gallus gemalt, neben Isidor und dem Löwen sozusagen das dritte Wahrzeichen der alten Königsstadt. Da wäre ferner der Bethlehemitische Kindermord, die Kreuzigung, Christgeburt, Flucht, allesamt so gesehen, wie es der Platz gestattet hat. Die dominierenden Farben bleiben Blaugrau und Rot; gelegentlich wird ein goldenes Gelb darunter gemischt und das Weiß des Grundes benutzt. Natürlich entgeht der Künstler keineswegs der Schwierigkeit aller Gewölbemaler, die in der Anordnung der Figuren besteht. Aber wie hat er das gemacht! Betrachtet man das beherrschende Bild, den Pantokrator im hinteren Mittelgewölbe, auf doppeltem Bogen, in mehrfach wellenförmig eingefaßter Mandorla, dazu in den vier Zwickeln die merkwürdigen Flügelwesen mit den Köpfen des Tetramorphes – eine Variante der Ezechiel-Vision –, sieht man dieses wundervolle Werk in seiner souveränen Ausnutzung der Längung in den Zwickeln, dem Verweben der Flügelspitzen zu einer Art zweiter Aura um den Herrn, gewahrt man ferner die Grundierung, die zwei gegenüberliegenden Evangelistengestalten, Johannes und Lukas, unterlegt ist und gleich einem Riß im Himmelsgewölbe klafft, darin der Herr erscheint, so spürt man eine Geisteshaltung, der das Numinose nicht zufällig gelingt, sondern immerwährende Gedankensphäre bleibt. Es liegt nahe, an einen Künstlermönch zu denken. Die andern Gewölbeflächen werden von einer Darstellung der Apokalypse, einem Lieblingsthema der spanischen Buchmalerei seit den 786 entstandenen Offenbarungskommentaren des Beato de Liébana, und einer Hirtenverkündigung eingenommen. Sie ist das meistbewunderte Stück des Pantheons und eine der großartigsten Malereien der Romanik überhaupt. In lockerer Szenenfolge erblickt man drei Hirten über das Gewölbe verteilt, sieht man Ochsen davonziehen, Ziegenböcke miteinander kämpfen, weidende Geißen und Schafe auf sparsam angedeuteten Berghalden. Ein Hirte reicht einer nicht genau identifizierbaren Kreatur das Salzschaff. Ein anderer Hirte sitzt mit dem Alphorn da, der Chirimia, wie man sie heute noch in Santiago hören kann, während aus einer Ecke heraus der Engel erscheint und auf das Geschehen von Bethlehem hinweist.

Alles in allem ist die Szene von jener Genialität, die spanische Kunst so oft besitzt, einer ungewöhnlichen poetischen Kraft eben. Zwanglos und doch in äußerst glücklichem Spiel sind die Figuren über die Fläche verteilt. Wer der Urheber war, ist unbekannt, aber warum es ein Franzose, wie eine gängige Meinung will, warum ein Katalane gewesen sein soll, wo die Buchmalerei der engsten Umgebung soviel Parallelen bietet, bleibt unerfindlich.

Steigt man von diesem Pantheon, dieser Toten- und Ruhmeskapelle, eine Treppe empor, gelangt man zu den Gemächern des ersten Stockwerkes, zur sogenannten Camera der Doña Sancha, einem tonnengewölbten Raum mit einer Wandmalerei des 16. Jahrhunderts. Hier ist das *Museum von S. Isidoro* eingerichtet, das viel mehr einer Schatzkammer gleicht: 1059 entstand in León der Holzschrein, in dem man die Reliquien Johannes des Täufers und des Kindermärtyrers von Cordoba, S. Pelayos, bewahrte. Eine erste Nachricht über ihn findet sich bereits sechs Jahre nach seiner Anfertigung, als Ferdinand I. die Reste von S. Vicente von Avila nach León übertragen ließ. Heute sind von dem

Schrein nur noch die Elfenbeinplatten erhalten und auf einem neuen Schrein angebracht. Das göttliche Lamm und die Evangelistensymbole, Cherubim und Engel und vier dreieckförmige Platten, welche die Paradiesesströme symbolisieren. Unten umziehen je vier Platten die Längsseiten, je zwei die Schmalseiten, auf denen die zwölf Apostel dargestellt sind. Alle stehen sie unter dem hufeisenförmigen Bogen der romanischen Zeit, hinter dem Kopf Nimben, jedes der Apostelbilder sechs Zentimeter breit und vierzehn Zentimeter hoch. Vor allem steht hier der Schrein des hl. Isidor, der über und über mit Silberplatten in getriebener Arbeit benagelt ist, die teilweise Figuren, gelegentlich mit vollplastisch vorstehenden Köpfen, tragen, teils Tiermuster und pflanzliche Ornamente. Allerdings finden wir von der Vita des Heiligen nichts, was keineswegs erstaunlich anmutet, da Isidor derzeit noch nicht kanonisiert war, also sein Leben keinen exemplarischen Wert besaß. Dafür werden Adam und Eva aus dem Paradies vertrieben, steht Noah vor einem Altar, über dem Tauben schweben, ist Abraham im Begriff Isaak zu opfern und ringt Jakob mit dem Engel. Ungeachtet des archaischen Ernstes und der starken Ausdrucksgebärde gehören Szenen wie die Bekleidung des sündigen ersten Menschenpaares durch den Herrn mit Eva, der eben das Hemd übergestreift wird, zu den köstlichsten Beobachtungen der Bildhauerei.

Damit hat es keineswegs sein Bewenden. Aus solch alten Schreinen stammen die kostbaren Stoffe des Museums. Sie haben zum Bekleiden der Innenseiten gedient. Textilien hispano-arabischer Herkunft liegen in einer Glasvitrine. Ein mächtiges rotes ›Pendon‹, eine Fahne, zeigt das in Brokatstickerei applizierte Bildnis S. Isidors aus romanischer Zeit, der hier gleich Santiago, das Kreuz in der Linken, das Schwert in der Rechten, gegen die Mauren sprengt. Oder da wäre das Pergament-Manuskript des hl. Martin, des ›Peregrino

Universal‹, im 12. Jahrhundert Domherr zu León, der die Welt durchzog. Ferner eine illuminierte, besser illustrierte Bibel des 10. Jahrhunderts, eine andere des 12. Jahrhunderts, in der David soeben Goliath den Kopf abschlägt und die erschreckten Midianiter sich zur Flucht wenden. Es bleibt von liturgischem Gerät, Kreuzen und dem Achatkelch zu reden, den Doña Urraca, Tochter Fernandos I., im 11. Jahrhundert der Colegiata schenkte. Vor allem schließlich von dem unvergleichlichen, ovalen Elfenbeinbildnis des thronenden Herrn, das dem Marmorrelief im Chorumgang von St-Sernin zu Toulouse nahe kommt. Aber wo anfangen, wo enden? Wer das Museum gesehen hat, versteht, was dieses Begräbnis-Gotteshaus der Könige von León für Stadt, Land und Menschen bedeutet. Seine Geschichte ist ihre Geschichte, sein Reichtum der ihre, seine Größe die ihre.

Kathedrale von León

Heute verkörpert natürlich die *Kathedrale Sta. Maria la Regla*, für deren Madonnenfigur der Name der ›Pulchra Leonina‹ eigentlich ersonnen wurde, das Zentrum von León. Das bewirkt ihre herausgehobene Lage, sozusagen am höchsten Punkt der Altstadt und wenn nicht im Blickfang, so doch in genauer Richtung der großen Achse, welche das gegenwärtige, weit über seine alten Mauern hinausgewachsene León vom Bernesga-Ufer über die Glorieta de Guzman, die Avenida de Ordoño II., die Plaza Sto. Domingo und Calle Generalisimo Franco bis zur Puerta Obispo durchfurcht.

Man wird sich bald eingestehen, diese frühgotische Kathedrale, die um 1205 begonnen wurde und mit der sich der Name Meister Enriques innig verbindet, desselben, der auch in Burgos arbeitete, sei weniger erbaut, als erschaffen worden. In der Tat ist es schwer, über sie anders als in gehobener Sprache zu berichten. Eine kunsthistorische Registrierung wird ihr niemals gerecht. Sie ist so sinnfällig angelegt, daß voreilige Geister leicht auf den Gedanken verfallen, ihre Eindeutigkeit mit Vordergründigkeit zu verwechseln und sich daran genug tun, auf französische Vorbilder wie Reims, Chartres oder Amiens zu verweisen. Als wäre es dem Baumeister nicht vielmehr gelungen, den Geist eines Zeitalters vollkommen sichtbar zu machen. Auch in einem Architektenleben geschieht das nur einmal. Als Meister Enrique später in Burgos arbeitete, mit fast gleichlautendem Auftrag, hat er, weil seiner Mittel ganz sicher, versucht, noch mehr zu erreichen, indem er seine Ausdruckssprache erhöhte und steigerte. Aber die Kathedrale von León ist der überzeugendere Wurf. Man spürt das. So, wie jemand nur ein einziges Mal in seinem Leben ein ganz bestimmtes Buch schreibt. Die Schrift des Meisters Enrique in León ist knapper und spröder. Trotz aller Herbheiten eben größer.

Man hat gesagt, der große Moment dieser Kathedrale sei ihr Südportal. Der Aufbau ist schön, der Aufbau ist groß, wie sich die Wand in dreifachem Durchbruch bis zur Rose steigert, aber kaum originell. Tritt man hingegen von Westen auf die Hauptfassade zu, spürt man einen viel härteren, einfacheren, aber auch überzeugenderen Duktus. Zuunterst ein quergelagerter Portikus oder Portalbau, flach und etwas vor der Front liegend, was seine Gründe hat. Neben dem Portalbau in sechs Geschossen die beiden erst oben gegliederten Fassadentürme, der Campano mit der einfachen steinernen Haube und der Reloy mit einem den Türmen von Burgos ähnlichen Steinfiligran. Als zweites architektonisches Element, das ganz bewußt angewandt ist, ragt als eigentlicher Baukörper über der Mitte des flachen Portikus schmal, schlank und nach der Seite durch Strebepfeiler abgestützt, das hochgestellte Rechteck des Mittelschiffs auf. Das ist fast modern empfunden. Zuunterst besitzt es vier Fensterdurchbrüche, in der Mitte eine große Fensterrose, oben eine Zierbalustrade und am Giebel, neben dem zwei wimperggeschmückte Türmchen stehen, eine Blendrose. Die Christusfigur auf der Spitze ist nicht ursprünglich, sondern neuzeitliche Zutat. Das wäre, äußerlich betrachtet, fast alles.

Indessen, die Schönheit dieses Bauwerkes beruht nicht in der Fassade, wenn sie auch voller Adel ist. Es will, daß sich die Aufmerksamkeit auf den Portikus konzentriert. Man spricht bei diesem Torbau gelegentlich von fünf Portalen, was natürlich Unsinn ist. Zwischen die drei großen Zugänge sind lediglich winzige Schmalbögen geschlitzt, die den Portikus auf geistreiche Weise beleben. Unter den Portalen wiederum zeigt sich das mittlere am reichsten geschmückt, was selbstverständlich anmutet. Sein Parteluz, der Halbteiler, die Türsäule also, trägt ein bekanntes Bildwerk, beziehungsweise das Ersatzstück davon; das Original, die berühmte ›Virgen Blanca‹ von León, die das Werk eines unbekannten Meisters um 1250 ist, befindet sich heute in der Radialkapelle hinter dem Chor sicher vor Wetter und Verwitterung. Das Datum ihrer Entstehung gibt einen ungefähren Anhalt für die Anlage des gesamten Portales. Es erwuchs also noch zu Zeiten von Meister Enrique, der 1277 starb. Beziehungen zu den französischen Kathedralen von Chartres und Amiens sind unübersehbar. Auf dem Mittelportal ist ein mächtiges Weltgericht dargestellt, über dem Christus als Weltenrichter thront, zu Seiten knien fürbittend seine Mutter und Johannes. Darunter finden sich sehr eigentümliche Gruppen Auferstehender, die drüben von Teufeln aus den Gräbern in die Hölle gezerrt werden, hüben unter Orgelbegleitung den großen Lobgesang anstimmen – eine Gruppe sich höfisch gebärdender, sich zierlich bewegender Figuren, die den gleichen ritterlichen Geist atmen, der uns an dieser Kathedrale immer wieder begegnet,

Das linke der beiden anderen Portale steht unter der Obhut von San Juan, das rechte unter der von San Francisco, was bemerkenswert ist, da Franz von Assisi 1228 heiliggesprochen wurde, und seine Reise nach Santiago, 1213, noch gewiß in so frischer Erinnerung lag, um dem Portal eine gewisse Aktualität zu sichern. Das erste ist das Portal der Musik, denn auf ihm sind die Archivolten von musizierenden Königen überzogen. Auch die am Tympanon dargestellte Szene der Geburt des Herrn wird von einem Engelskonzert begleitet. Auf dem Franziskus-Portal treten im Gewände zwei besonders schöne Prophetengestalten auf. Das Tympanon stellt Mariens Krönung dar. Auch hier ist auf den Archivolten etwas ungewöhnlich Reizvolles gelungen. Neben Engeln und Seraphim präsentieren sich die klugen Jungfrauen in köstlichen Posen. Das Programm bleibt also allenthalben übersichtlich und einfach.

Aufmerksamkeit gebührt einer sitzenden Königsfigur, die auf einem mit Löwenköpfen geschmückten Thron durch den linken der Schmalschlitze sichtbar wird. Ihre Haltung, ihr Lächeln, die Gestik sind wiederum von einer vollkommenen Courtoisie, die das höfische Element in der Skulptur Nordspaniens so anziehend macht. Es hat mit dieser Figur und an dieser Stelle, wie eine Inschrift kundtut, eine besondere Bewandtnis, die vielleicht die starke Akzentuierung dieses Portalbaues erst erklärt. Er war der ›Ort der Berufung‹, einer Berufung auf das Recht, wie zwei Figuren mit Buch und Spieß unter dem König andeuten. Anders gesprochen, hier tagte in jenen frühen Zeiten das leonesische Gericht im Namen des Königs. »Locus appellationis«, lesen wir. Also eine Berufungsinstanz? Deutet das heitere Lächeln des präsidierenden Herrschers gar darauf hin, daß hier frei, los oder ledig gesprochen, rehabiliert wurde? Aber es ist ganz einfach und nüchtern so, daß an dieser Stelle die Rechtshändel abgeurteilt wurden. Im Namen des lächelnden Königs . . .

Viel bedeutungsvoller, als dergleichen nachzuforschen, wäre es freilich gewesen, die Hände der drei Meister zu identifizieren, die hier gearbeitet haben und in denen sich der französische Geist immer mehr verstärkte. Immerhin, ihre Namen wußten wir: Pedro Cibriañez im Anfang, sodann Meister Enrique, endlich Johan Perez, der bis zum Ende des 13. Jahrhunderts lebte. Wenigstens behauptet der Guia artistica, daß sie so hießen ...

Im Kreuzgang
oder
Einsicht und Meditation

Es gibt einen Platz in der Kathedrale, wenig begangen, gar nicht zu den Berühmtheiten der Aspekte gehörig und doch der schönste Punkt, den man sich denken kann. Eine Stelle im *Kreuzgang*. An der Innenseite zwischen der Kapelle Rebodelo und Sta. Catalina gelegen. Setzt man sich hierhin, um auf die Kathedrale zu blicken, wird man sie im Handumdrehen ganz erobert haben. Beziehungsweise ihr von nun an verfallen sein, was nicht ohne weiteres zu erwarten steht. Diese Kathedrale gehört keineswegs zu den gängigen Schönheiten, die den Betrachter gleich überrumpeln.

Da lehnt man also an der Rückwand des spätgotischen Kreuzgangs, dessen Innenfelder von verblaßten Fresken des Nicolas Francés aus dem 15. Jahrhundert überzogen sind, fühlt die gelinde Kühle oder Wärme des Steines und muß zugeben, es ist schön, daß die Bilder nicht mehr so laut sprechen. Eine ganz eigentümliche Erfahrung stellt sich ein, die man öfter in Spanien macht: Bilder sind nicht das Äußerste. Der körperhafte, dingliche Stein besitzt mehr Evidenz. Auch im Theologischen, was seltsam anmutet. Bilder tun nur so, es haftet ihnen leicht etwas Spiegelfechterisches an, aber im Stein wird geglaubt. Man durchwandert also den weiten Innenhof des Kreuzgangs mit den Augen, sieht vor sich ganz beiläufig auf die Brüstung gelegt eine Steinfratze, welche die Zunge bleckt, daneben ein Engelsgesicht. Der

Hof ist recht geräumig. In ihm stehen zwei herrliche alte, gedrehte Turmspitzen voller Masken und kriechenden Ungetiers, auf deren Spitze zwei Apostel Wache halten. Die Türme nehmen sich so legitim, so am Platz aus, als wären sie eigens dafür geschaffen. Erkennt man das, ist man dem Geheimnis von León bereits auf der Spur. Der vom Kreuzgang umzogene Platz gleicht einer Steinebene, einer Bodenfläche, aber dieser Anschein trügt. Darunter müssen doch in verdeckten Gründen Kirchen aufragen, deren Spitzen durch den Boden wachsen! Genau das ist es, auf das es ankommt. Es gibt im Kathedralbereich keine natürliche Ebene in Gestalt des Erdbodens, sondern jegliche Waagerechte ist eine Annahme, eine Setzung. Darin liegt das räumliche Geheimnis von León. Es schafft sich selbst seine Ebenen, ja es benutzt dergleichen, um mittels solcher räumlichen Stufung Rangordnungen aufzustellen. Es transponiert das Leben auf verschiedene Höhenlagen, und es ist ihm ganz gleichgültig, ob wir uns noch auf dem Boden der Realität befinden oder nicht.

Soviel ich sehe, findet man den irrationalen Charakter der Gotik selten betonter als hier. Das Wunderbare der Gotik von León bleibt es dabei, daß sie solche Aspekte gar nicht bewußt fördert, sondern ihre neuen Welten gleichsam spontan hervorzaubert. Sie schafft also Ränge, Gott ferner, Gott näher, höher, niederer, auf jeden Fall aber Dimensionen, die den Menschen, diesem Fußwesen, nicht selbstverständlich sind. Er sollte sich seiner Landstraßenerfahrung begeben, müßte Flügel besitzen. Tatsächlich ist ja die Gotik ein Stil, der Engel voraussetzt. Die Umgänge der Obergaden, die Figuren auf Türmen und Türmchen sind doch nicht zur Belustigung oder Erhebung der Küster und Dachdecker geschaffen. Die Kathedrale rechnet also mit einem imaginären Betrachter oder sie rechnet wenigstens mit der Phantasie sowie ihrem Engelsfittich, die in der Lage ist, die ver-

14 *Vorhalle von S. Miguel de Escalada bei León, geweiht 913.*

15 *Evangelist. Elfenbeinplatte von der ›Arca de los Marfiles‹, nach 1065, León, S. Isidoro.*

16 *León, Panteón de los Reyes. Kapitell mit der Erweckung des Lazarus, 1054–1067.* ←

17

17 *Der Herr bekleidet das erste Menschenpaar. León, Isidor-Schrein. Gestiftet 1063.*

19 *León, Portikus der Kathedrale, 1. Hälfte 13.*

18 *León, S. Isidoro, Panteón de los Reyes, 1054–1067.*

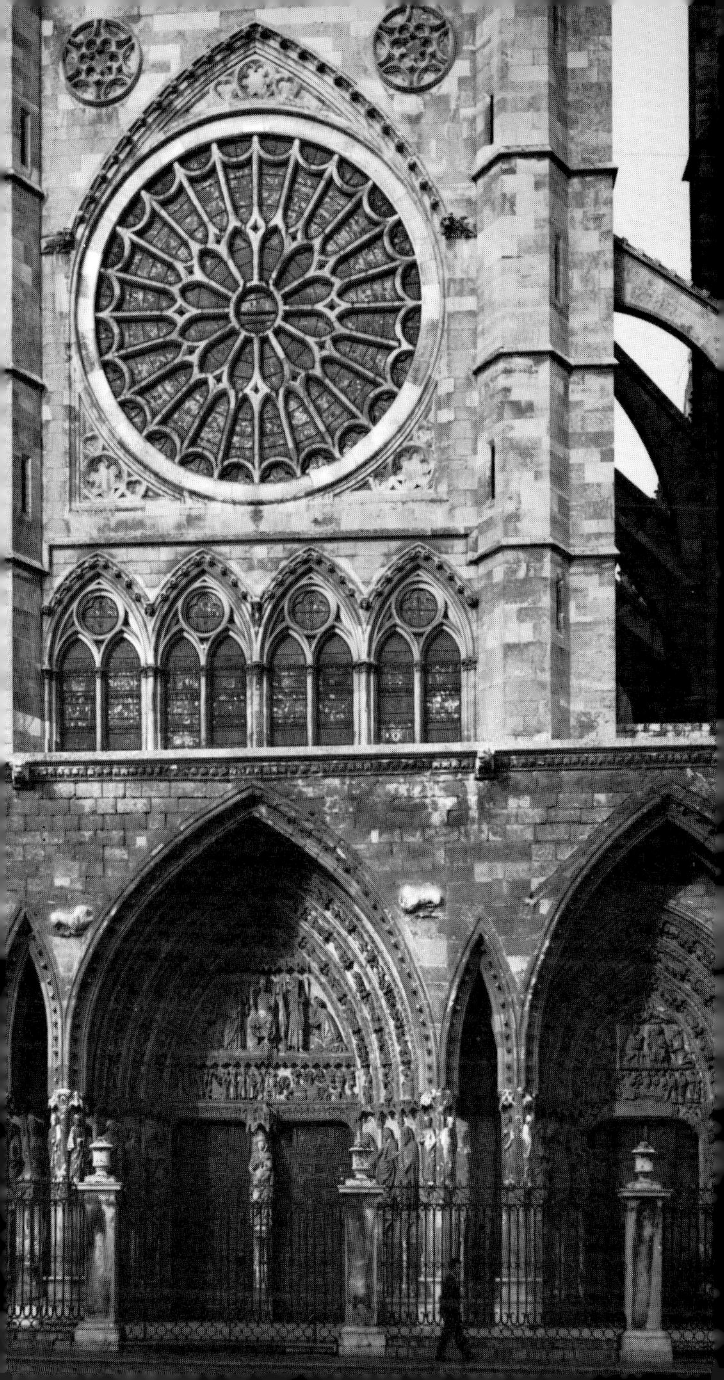

schiedenen Ebenen leichten Flügelschlages zu überwinden. Sie bezieht noch etwas anderes ein. Sie weiß um die Spannweite der Welt, kennt Teufel wie Engel. Sie kultiviert keinen frömmelnden Devotionalienstil im Sinne prüder Betbrüder, sondern umschließt das Wissen um die Abgründe. Auch das muß man sich vor Augen führen, wenn man in diesem Kreuzgang sitzt. Er bekundet den entschiedenen Willen, trotz solcher Doppelbödigkeit des Daseins ein Leben im Geiste zu versuchen. Die gesamte Gotik beschwört diesen Gedanken unaufhörlich durch immer neue Formulierungen und formale Einfälle, von denen jeder in Gestalt eines Wanddurchbruchs, eines hochgeführten Schiffes, eines spitz geknickten Bogens eine ganz bestimmte Richtung, eben die nach oben, erhält.

Betrachtet man dergestalt die verschiedenen Ebenen, die Zwiegesichtigkeit, das energische Emporstoßen der Form, ist man bei der Kathedrale von León. Sie stellt kein beunruhigendes Kompositum von Raumeindrücken dar wie die von Burgos, sondern bleibt, im Großen betrachtet, ganz klar und übersichtlich, ist nichts als eine Kreuzanlage mit einer schlichten Fassade und zwei imposanten Türmen sowie einem angehängten Kreuzgang. Der Plan könnte nicht einfacher sein. Allein Pläne bedeuten eben keineswegs das Entscheidende. Die Instrumentierung ist nicht identisch mit der Symphonie. Hockt man im Kreuzgang und blickt auf die Fensterrose des Querschiffes, auf seine Seitenstreben, auf den Giebeldurchbruch, wird es deutlich, wieviel Magie sich durch ein paar einfache Formen hervorzaubern läßt. Das Raumspiel wird auf einmal zur Behausung des Heiligen. Man blickt durch einen der Bögen auf Balustraden und Türme, auf Wimperge und Galerien; man blickt durch einen anderen nach links auf vielfach sich überschneidende Ebenen und Waagerechte; man hat neben sich Balustraden und man blickt gradeaus auf den quergelagerten Gegen-

20 *Apostelpaar im Vorraum zur Camera Santa, Oviedo, 1165–1175.*

trakt des Kreuzgangs, über dem sich der Seitenschiffsflügel mit der Fensterrose erhebt. Allüberall ein lautloses Geschehen, ein Wandeln und Walten des Geistes. Warum wäre das sonst gebaut, wenn nicht, um für etwas zu dienen. Die da glauben, es sei um ästhetischer Wirkungen willen geschaffen, begreifen gar nichts. Alles ist fortwährend von unsichtbaren Gestalten bevölkert. Für sie hat man den Raum, die Terrassen, die Balustraden geschaffen.

Übrigens befindet sich unter der Fensterrose ein berühmtes Portal mit Darstellungen der Heilsgeschichte. Dabei bleiben freilich die höfischen Herrscherfigürchen der Archivolten das Köstlichste. Dahinter ein Vorraum mit einem Innenportal. Man nennt ihn die *Capilla del Dado*. Hier steht auf der Mittelsäule in der ursprünglichen Farbfassung eine Madonna, die eigentlich viel schöner als die Madonna Blanca vom Hauptportal ist. Auf dem Tympanon thront Christus in einer von Engeln gehaltenen Mandorla. Es mag cluniazensischer Einfluß mitgespielt haben. In den Zwickeln des Tympanons finden sich die Evangelistensymbole und als seitliche Gewändefiguren des Portales sechs Apostel, darunter als Innengestalt der linken Seite ein wunderschöner Santiago. Kann man zum guten Ende den einen, einzigen Engel vergessen, der links an der Wand kniet? Er besitzt die Gebärde aller Engel. Er ist hier wirklich zu Hause, und sofort empfindet man wieder den eigentümlichen Zauber dieser formklaren Kathedrale: sie bedarf der Engel, sie denkt den Engel mit.

Es muß von einer bereits erwähnten Kleinigkeit an der Archivolte dieser Außenpforte die Rede sein, von den Königsfiguren in ihrem courtoisen Stil. Er ist wichtig, weil er an der Innenseite der Capilla del Dado ein Echo findet. Dort ist, wie in Villalcazar de Sirga, wie in Santiago ein Relief mit einem Reiter in Siegesgebärde zu sehen, der einer grüßenden Dame entgegensprengt. Unter dem Huf seines Pferdes krümmt sich eine Gestalt. Die Anekdote will, dieser Reiter sei der Cid, die Dame Doña Jimena und die Gestalt unter dem Pferdehuf König Alfons VI., der den Cid bekanntlich verbannte. Aber das entspricht ganz und gar nicht dem Geist dieses Bildes. Es vereint mit der höfischen Gebärde des Siegers den Lebensstil und Geist der Troubadourzeit. Ein heldischer Kämpe grüßt nach dem Sieg seine Dame. Die nämliche Haltung taucht im Kreuzgang noch einmal auf, in einem Wandgrab an der turmwärts gelegenen Ecke, darin der Deán Martin Fernandez begraben liegt oder lag. Wie dort die drei Magier oder Könige stehen, sich wenden, schreiten, wie sie der Gottesmutter ihre Huldigung darbringen, wie sie selbst sich in vollkommener Grazie wendet, das ist die Mentalität der Ritterepoche, die an der Pilgerstraße immer von neuem durchbricht! In León leuchtet sie verblüffend oft auf, beispielsweise in andern Kapellen des Kreuzgangs wie der *Capilla de Sta. Catalina*, so benannt nach einer sehr schönen Katharinenfigur des 15. Jahrhunderts, die starke burgundische Einflüsse verrät. Nebenbei gesagt findet man hier sehr berühmte Rudimente aus Leóns frühester Zeit, gestempelte Steine mit dem Zeichen der siebten Legion oder der Minerva-Inschrift von einem römischen Stadttor. Wir suchten sie auf, weil es in dem langgestreckten Raum eine ganz höfisch empfundene, aus dem 13. Jahrhundert stammende Figur König Alfons X. zu sehen gibt, zubenannt der Weise oder ›el Sabio‹. Desselben, der die Cantigas an die Heilige Jungfrau schrieb. Sie muß zu seinen Lebzeiten entstanden sein.

Das also sind einige Stimmen aus dem großen Konzert der Skulptur und Architektur im Kreuzgang der Kathedrale von León. Die Spätgotik hat darin die meisten Orchesterplätze besetzt. Aber die Oberstimmen, die Leitmotive über diesem wogenden Meer von Formen und Ideen, kommen aus anderem Bereich. Sie entziehen sich der Ratio, sind im selben Geheimnisdunkel angesiedelt, aus dem das Charisma des Glaubens wie allen Lebens strömt. Man vermag das alles natürlich auch anders zu sehen, man vermag unendlich viel mehr aufzuführen. Aber was tut das? Die ritterlichen Stimmen bleiben, der herrliche reife Klang aus der Capilla del Dado bleibt, die Engel bleiben und schließlich der wunderbare Bau des Meisters Enrique ...

Natürlich wäre im selben Kreuzgang in der *Capilla S. Juan de Regla* noch von dem gewaltigen Bibliotheksschrank des 12. Jahrhunderts im Mudejar-Stil Kenntnis zu nehmen, oder von einem Crucifixus des Juan de Juni, von einem herrlichen, gemalten Marientod des 17. Jahrhunderts oder dem edlen Renaissance-Treppenhaus, das zum Kapitelsaal führt. Übergehen wir die Malereien des Nicolas Francés, lassen wir die Masken und Bildnisse der Renaissance, die als Schlußsteine unter den üppigen, vielverschlungenen Gewölberippen hängen, auf sich beruhen! Denn schon wird man von neuem gepackt: da sind die schriftlichen Zeugnisse im *Dommuseum*. Ein Brief des Francesco de Borja von 1571, ein Diplom des Königs Ordoño II. und seiner Frau Elvira von 920; ein prächtiges, mozarabisches Antiphonar des 10. Jahrhunderts oder ein Palimpsest, das die ›Lex Romana Visigothorum‹ in gotischen Lettern aufzeichnet. Ein leonesisches Misal oder Missale des 15. Jahrhunderts und eine Ausgabe des Thomas a Kempis in Arabisch. Schließlich liegt hier sogar das älteste schriftliche Dokument Spaniens, ein 775 vom König Silo von Asturien ausgestelltes Diplom in einer bestechenden, fast musikalischen Faktur der Handschrift. Kurz, es breitet sich abermals die Fülle der Jahrhunderte aus, und es ist gut, dies alles vor dem eigentlichen Studium der Kathedrale in sich zu trinken, um von ihr ganz erfüllt zu sein, die da nebenan aus der Flut der Jahrhunderte auftaucht wie der Leviathan der Sage.

Die Komposition von Kreuzgang und Hof ist das Werk eines Steinmetzen der Renaissance, der zwischen 1533 und 1541 an der Fassade von S. Marcos arbeitete, des Juan de Badajoz. Man muß sagen, daß er es auf eine geniale Weise verstand, die Stilmittel verschiedener Zeitalter zusammenzubinden. Ganz anders *das Innere* von Leóns Kathedrale. Hier fährt das Mittelschiff einheitlich und voller Energie empor. Diese Bewegung wird kaum unterbrochen. Eine schmale Triforienempore, die gelegentlich von der Seite etwas Licht einströmen läßt, bedeutet nur einen Taktstrich. Diese Triforien bestehen in jedem Joch aus sechs Öffnungen, von denen die vier mittleren zu zweit mittels Vierpässen zusammengefaßt sind. Darüber öffnen sich entsprechende Obergadenfenster mit Gläsern von königlicher Schönheit, und zwar in vier breiteren Mittel- und zwei schmaleren Seitenbahnen. Sie werden wiederum von drei Vierpässen überfangen und bekrönt. Die Fenster stoßen so energisch in die Gewölbe vor, daß sich diese, um überhaupt Rippen bilden zu können, nach innen verschmalen müssen. Daher gleichen sie dem vorm vollen Wind sich bauchenden Spinnaker eines Segelbootes. Das Spiel der Gewölbe, ihrer Rippen und Zwickel ist von äußerster Kühnheit und Schönheit. Sie sind tatsächlich ein leichtes, vom Gebetsatem geschwelltes Zelt, und die wundervolle, durch die farbigen Fenster verursachte rötliche Färbung des Grausteins, die unter der Vierung dumpf und schwer wird, um sodann im Chor wieder hell aufzuleuchten – diese Färbung tut ein übriges, um dem Raum seine spirituelle Größe zu geben. Neben ihr wird alles andere unbedeutsam. Tatsächlich würde nichts in dieser Kirche so unangebracht wirken wie Bauschmuck. Man läßt das Renaissance-Portal des Gegenchores mit seinen Reliefs, seinen Apostel-, Bischofsgestalten, seiner Madonna und seinem

Gekreuzigten zuoberst passieren, aber recht eigentlich nur, um festzustellen, daß die Architektur derlei Krimskrams der Bildhauerei unendlich überstrahlt.

Dieses Langhaus wird begleitet von zwei halbhohen, freilich viel niedriger scheinenden Seitenschiffen, deren Gewölbescheitel im höchsten Punkt der Arkaden liegt. Man hat also aufgelichtet, so weit man konnte, es ist alles vollkommen klar. An sich bedeuten die Pfeilerbündel mit den vorgelegten Diensten nicht viel. Erst die Perspektive verhilft dem Detail zu seiner Bedeutung. Der Triumphbogen springt etwas vor; er verstärkt, krönt, akzentuiert die Fluchten der Blicke. Das macht die Kathedrale auch an dieser Stelle zur Verkörperung dessen, was sie bereits in ihrem Äußeren besagt. Sie wird ›engelhaft‹, ein Raum, der über die greifbare Realität weit hinausgeht und den unsäglich spirituellen Gedanken, der sich beim Betrachten der Capilla del Dado aufzwingt, auf eigene Weise wiederholt, zielgerechter, konsequenter, überwältigender. Was der Kreuzgang und der Blick auf die Querschiffsrose mit andern architektonischen Mitteln zu erreichen suchte, wird hier so deutlich vernehmbar wie ein Glockenschlag. Man darf wiederum keineswegs von einem Rezept der Gotik sprechen. Was besticht, was überwältigt, ist nicht die Anwendung der Mittel. Das hat man anderwärts konsequenter gemacht. Es ist vielmehr die Gestimmtheit des Raumes, der das, was er sagen will, durch ein Höchstmaß in Harmonie gebrachter Formenspiele erreicht. Versteht man, um was es in dieser Kathedrale zu tun ist? Um eine Flucht zu etwas hin, um einen schwellenden Raum ohne jede Caprice. Um heilige Nüchternheit. Man kann es nicht anders sagen. Es gibt nichts zu begaffen. Jedes Detail für sich genommen wäre abwegig und unnütz. Der Raum will in vollen Zügen getrunken sein. Hat man das erst erkannt, wird man Fenster und Stein ganz anders empfinden. Dieses wundervolle Fleisch der Kirche, das asketischen Figuren Donatellos gleicht, ist an sich die Erfüllung. Nur Säule, nur Rippe gelten. Man kann Spiel dazu sagen, aber es ist das vollkommene Gesetz. Welche Schönheit darin beruht, bemerkt man in den königlichen Querschiffsabschlüssen unter dem unvergleichlichen Chor, der den großen Kathedralen der Ile de France am nächsten kommt. Die Gewölbezwickel und ihre Rippen sind hier zu dünnen Lamellen geworden.

Die Kirche besitzt natürlich ihre Ausstattung, wie könnte es anders sein. Da wären vor allem die herrlichen *Fenster* des 13. Jahrhunderts zu nennen, die laut alten Rechnungen von Adam und Fernan Arnol, Pedro Guillermo und Juan Perez stammen. Von den Fenstern des 14. Jahrhunderts gibt es keine schriftlichen Zeugnisse, doch lassen sich verschiedene Künstlerhände unterscheiden. Das 15. Jahrhundert kennt den burgalesischen Meister Johan, Meister Lope, den berühmten Valdovin, Meister Aneguin, dessen Name so klingt, als habe er Hannequin geheißen und entstamme dem flämischen Raum, den Maler Nicolas Francés und andere. Wir erkannten den großen Scheiben aus dem 13. Jahrhundert mit ihrer wundervollen Glut eines dichten Farbgewebes den Preis zu. Sie sind es, die dem Innern der Kirche die Hochgestimmtheit verleihen.

Eine spätere Zeit hat dem Schmuckbedürfnis und den liturgischen Wünschen des Domkapitels Rechnung getragen und den ›Coro‹ eingebaut, an dessen Gestühl vier Meister des ausgehenden 15. Jahrhunderts, Jusquin, Juan de Malinas, Diego Copin de Holanda und Alfonso Ramos gearbeitet haben, deren Namen uns vermuten lassen, daß wenigstens ein Teil der Künstler Niederländer war. Mit dem Chor entstand der reich mit Reliefs geschmückte ›Trascoro‹, das will sagen, die dem Portal zugewandte Außenwand des Chores, welche der Andacht der Laien dient. Man bewundert noch mancherlei, einen Reliquienschrein des Bischofs San Froilan in der Capilla Mayor; Grabmäler, die sich in den Wänden öffnen, insbesondere das von König Ordoño II. im Chorumgang, ein großmächtiges, edles Werk; die Gemälde an der Außenseite des Chores, Malereien des Hochaltares, die Nicolas Francés, ein burgundisch beeinflußter Künstler, schuf. Ferner eine Gruppe in der Kalvarienkapelle, das Seitenschiff mit den Reliquien von S. Pelayo, die Santiago-Kapelle, weitere Wandgräber . . . Aber dies alles, gewiß hohe Kunst, vermag doch das Auge kaum von dem herrlichen, hohen Raum abzulenken, der ringsum emporwächst. Noch ein Blick in die Vierung und ihre Rose, ein Blick zurück in den Chor, ein Blick in das Langhaus, das in wanderndem Farbenspiel erglüht – ja, er, der Raum ist es, der alles beherrscht, alles bedeutet. Wir kamen an allen Stunden des Tages hierhin und erlebten eine Art Wunder.

Morgens, da glühten im bunten Schmelz die Farbteppiche der Chorfenster gleich magischen Fackeln. Mittags strömte das Licht durch die Fensterrose des Südportales ein, ein grau überfangenes Hellsein, das rot und blau umleuchtet war. Zugleich erglomm die nach Süden zeigende Fensterfront des Langschiffes in allen Tönen der Skala. Im Nachmittag begann die Westrose über dem Hauptportal aufzuleuchten. Ganze Farbenbündel von Licht ließ sie einströmen. Alle anderen Seiten schwiegen jetzt. Das Bild hatte sich völlig gewandelt, sie war es, die gleich einer strahlenden Krone das Dämmerdunkel mit den Farben bunten Geschmeides durchdringt. Allmählich sinkt die Abendstunde; etwas sehr Schönes begibt sich, wenn das Jahr seine langen Tage hat und die Sonne sehr weit ausholt, ehe sie untergeht. Die Fenster des nördlichen Querschiffes glühen auf, nein, sie erblühen. Alle diese Wandlungen, die der Raum mittels der Sonne auf ihrer Wanderung durchmacht, bedeuten hier wirklich ein Blühen des Lichtes. Abend also! Sogar die nördliche Fensterrose fängt die scheidenden Strahlen auf, und jetzt ist das Licht der

Kirche nicht mehr blühend bunt, nicht mehr reif und voll, nicht mehr von Geschmeide funkelnd, sondern vom kühlen, strahlenden Blau nächtiger Töne beherrscht.

Abschied in San Marcos

Wenn die Pilger León verließen, um in Richtung Astorga davonzuziehen, wanderten sie nach Norden zur Bernesga-Brücke hinaus. Sofern sie dort nicht gleich Herberge gesucht hatten. Denn hier lag eine der berühmtesten Raststätten des Pilgerweges, wenigstens seiner Spätzeit. Genauer genommen der *Konvent der Santiago-Ritter*, der im 16. Jahrhundert vom König ein prachtvolles Ordensgebäude erhielt, das Pedro de Larria entwarf. Ein langgestrecktes Bauwerk von zwei Geschossen, Pilastern mit reicher Ornamentik, vorgelegten Renaissance-Säulen, Porträtmedaillons, Girlanden und schließlich einer Galerie mit aufgesetzten Dachobelisken, die die Akzente geben. Ein ganzes Arsenal von Gestalten der Sage und Geschichte, von Paris, Herkules und Alexander bis zu Isabella der Katholischen und Philipp v., hat die Modelle für die Büsten geliefert. Der Bau liegt am Fluß; daher schließt ihn nach dieser Seite ein mächtiger Flügelturm ab. Ungefähr in zwei Dritteln der Länge unterbricht ein üppiger Torbau die Front, flankiert von jonischen Säulen. Zwischen ihnen sind Figuren aufgestellt. Man erkennt deutlich, es sollte hier eine Ahnengalerie der spanischen Welt entstehen, doch ist es dazu nicht gekommen. Über dem Torbogen prangt das Bild des siegreich in der Schlacht voranstürmenden ›Santiago Matamoros‹. In der ersten Etage finden sich reiche Ornamente, Wappenarrangements, Simse. Darüber schließlich ein erhöhter Blendgiebel, der zwischen zwei schwungvollen Voluten das Wappen von León unter der Königskrone zeigt. Wieder darüber, abermals erhöht, eine Rose von Maßwerk, flankiert von Putten, die links die Santiago-Muschel, rechts das Santiagoschwert tragen. Zu alleroberst, wo nur noch der Wind zu Haus ist, wird dieser Giebel von der Gestalt des Apostels gekrönt. Ein Renaissance-Aufbau, dem die Lust, ein Theatrum orbis hispanicae zu sein, anzumerken ist. Natürlich ermüdet das eigentümlich summierende Prinzip der Renaissance, die endlose Wiederholung der Motive.

Man darf nicht die Kirche vergessen, die der Anlage den eigentlichen Schwerpunkt geben sollte. Ihre Fassade ist ein gewaltiger Torso geblieben. Auch die Türme blieben Ansätze. Wohl ragt ein mächtiger Portalbogen auf, wohl sehen wir den Bau mit zahlreichen Muscheln, den Santiago-Emblemen, überzogen, aber fertig geworden ist nichts. Im Innern besitzt die Kirche, die heute versperrt bleibt, reiche Netzgewölbe über einem einfachen Langhaus mit schönem Gestühl und einem Chor voller Sentenzen: »Omnia nova placet – Alles Neue gefällt« und »Omnia pulchra placet – Alles Schöne gefällt.« In der Tat war die Verwandlung der Glaubensinhalte ins Ästhetisch-Gefällige das Anliegen der Meister, die hier gearbeitet haben, so Juan de Badajoz und Guillelmo Donzel. Wie gesagt, man kann das nicht mehr sehen. Man kann ebensowenig von den vielfältigen Schätzen profitieren, die einst in dem zum Museum verwandelten Pilgerkloster untergebracht waren. Was da ist, wird sozusagen nach Lust und Laune gewährt. Und wieviel gab es doch hier! Römische Stelen, westgotische Vasen, romanische Skulpturen von Corullon und Sahagún, ein kostbarer Cruzifixus des 12. Jahrhunderts und alte Sarkophage, Reliefs des Juan de Juni und hispano-arabische Stoffe. Von alledem sieht man nur noch wenig. Was ist was und wo steht es? Der Bau ist heute in ein Luxushotel verwandelt, die Kirche verschlossen, die einst vermauerte obere Galerie des Kreuzgangs wieder aufgebrochen. Unter der kostbaren Artesonado-Decke aus Carracedo im Bierzo flackern blaulichtig die Fernsehapparate, fünf nebeneinander.

Aber den Kreuzgang, der im inneren Winkel der Kirche liegt, den kann man noch flüchtig besuchen. Wer das Glück hat, über genug Geld zu verfügen, kann in angrenzenden Appartements wohnen. Kann müßig im Frieden der Galerien, im süßen Nichtstun der Zeitlosigkeit ruhen und von den müden Pilgern träumen, denen der Orden von Santiago einst Zutritt gewährte. Die neuerliche Verwandlung des Bauwerkes in ein Luxushotel scheint somit nicht einmal unzutreffend. Auch der höchst exklusive Santiago-Orden dürfte nicht jedermann in seine Mauern gelassen haben.

Adios León! Wir zogen über die Brücke von S. Marcos mit dem Hospital der Santiago-Ritter davon, unter uns einen weiten, steinigen Flußgrund, durch dessen Kieslabyrinthe der Saumpfad der Eseltreiber traversierte. Sie ziehen von einer Flußseite zur andern, eine ganze Reihe von Eseln im Gänsemarsch hintereinander, jeder zwei Säcke, hüben einen wie drüben, auf dem Buckel. Der Treiber der Kolonne sitzt auf dem letzten und döst. Die Tiere brauchen ihn nicht. Sie kennen ihren Weg genau, wissen, wie sie gehen müssen. Vom jenseitigen Ufer bis in die Mitte der Geröllwüste, wo schon das Wasser beginnt. Dann ein Stück auf einem sandigen Pfad zurück, nun links ab, mitten ins Wasser hinein, das hier breit und flach rieselt. Sie gehen ohne jegliches Zögern.

Von den Jardines de Papalaguinda scholl unterdessen eine Musik herüber. Bumm, bumm machte es. Adios León!

NACH GALICIA

Der tapfere Quiñones

Einen Tag später. Erneut rasselte es wie Trommelgedröhn, wenigstens durch unsere Vorstellungen. Wir standen dort, wo sich der ›Paso honroso‹ abgespielt hatte. Am Ufer des Orbigo also. Der ›ehrenvolle Waffengang‹, der sich hier zutrug, schien sowohl ein Teil Donquichoterie wie ein Stück dreister Wegelagerei gewesen zu sein. Dennoch, der Vorfall, der sich mit der Brücke über den Orbigo verbindet, besitzt ein erstaunliches Ansehen. Der Mann, der ihn verursacht hatte, galt seither für einen so ausgemachten Recken, daß er in die Geschichte einging. Die Kathedrale von Santiago de Compostela bewahrt ein Geschenk von ihm, ein Collier oder Halsband, das dem Kopfreliquiar des jüngeren Jakobus umgelegt ist. Einerlei also, ob wir an der Affäre nun etwas fanden oder nicht, sie zwang uns, von ihr Notiz zu nehmen.

Wir hatten den Vorort *Trobajo* von León jenseits der Bernesga-Brücke längst hinter uns. Desgleichen *Nuestra Señora del Camino*, wo sich die ›Virgen del Camino‹ befindet, ein vielverehrtes Jungfrauenbild, genauer genommen eine Pietá, um die man ein Pilgerzentrum gebaut hat, eine nagelneue Zementkirche mit einem Aufmarschfeld dahinter. An der Westseite dieser Kirche ein lichtspendendes Glasmosaik von enormen Ausmaßen, davor zwölf Apostel und inmitten die Gottesmutter, überdimensionierte Gestalten in einer Art zernagter, angefressener Gußeisentechnik, der statt der Körpervolumen mehr ihr Schwinden am Herzen lag. Dabei ein Dominikaner-Konvent, der für den Gottesdienst sorgt. Die Patres intonierten grade ihren herrlichen Chorgesang.

Nunmehr war weites Land gekommen, schien kein Ende zu nehmen. Gelegentlich eine Erdfalte, darin ein frischgrüner Grund. Einmal fand sich ein Ort, *Valverde del Camino*. Die Hochfläche wurde trist, wenn sie auch keineswegs trocken war. Der tonige Boden ließ das Wasser nicht fortsickern. Viehherden grasten am Weg, ein ungewohnter Anblick. So ging es hin bis zum *Rio Orbigo*.

Da lag er nun, der strömende, grüne Fluß, der Schauplatz des ›Paso honroso‹. Hüben ein Nest, *Puente del Orbigo*, jenseits *Hospital del Orbigo*, beide verbunden durch eine gewundene Brücke über das gesamte Flußbett, ebenso schmal wie hochgestelzt. Auf dieser Brücke hatte 1434 der Caballero Suero de Quiñones erpresserisch einen Reitertrupp angefallen, um Brückenzoll zu erzwingen. Nach einigen Versionen, weil er selbst Lösegeld für eine Gefängnisstrafe brauchte, die seine Obrigkeit über ihn verhängt hatte. Nach einer andern, zu Ehren Santiagos, was ihm bei Cervantes die Bewunderung Don Quichotes aus der Mancha eintrug. Mit neun Gefährten, deren Namen auf der Brücke eingemeißelt stehen, und durch ihre Lanzen hielt er ein großes Aufgebot von Edelleuten aus Frankreich, Spanien, England, Italien und Deutschland auf. Wiederum variieren die Angaben. Die einen Quellen sprechen von sechzig, die anderen von dreihundert Gegnern, die offenbar für die Pilgerfahrt nur mit leichten Waffen versehen waren. Man kann die spektakuläre Angelegenheit, die sich über mehrere Tage hinzog, nur unter dem Aspekt ritterlicher Gepflogenheiten verstehen. Von einem wirklichen Sperren des Weges konnte kaum die Rede sein, sieht man die Örtlichkeit an. Es wäre den wallfahrenden Edelleuten leicht gewesen, den Fluß abseits der Brücke zu durchreiten. Aber es galt offenbar nicht für rittermäßig, einem Feind auszuweichen. Gleichwohl, die ein wenig verrückte Geschichte vom ›Paso honroso‹ ist so hübsch und spiegelt so trefflich die überzüchtete Mentalität des Adels, daß man sie beim Anblick der endlos dahinstelzenden, holprigen und gelegentlich ausgebuchteten Brücke über den Orbigo nicht missen möchte.

Astorga

Daß sich der Name ›Hospital‹ auf dieser Wegstrecke so oft einstellt, besitzt Gründe. In *Astorga*, das hinter einer letzten Erdfalte folgt, hat die Zahl solcher Pilgerherbergen weit das Dutzend überschritten. Weder Kathedrale noch Kirchenschatz, weder römische Mauern noch antikes Verlies, weder Casa Consistorial oder Maragatos-Turm drücken historisch genommen aus, was diese Stadt bedeutet, vielmehr einzig die alten Hospitäler, wenn sie auch fast alle untergegangen sind. Sogar der hl. Franz nahm nach einer Überlieferung die Gastfreundschaft der Stadt in Anspruch. Erwiesen ist es nicht. Doch hat eine kluge Schriftstellerin des 19. Jahrhunderts aus Galicia, Emilia Pardo Bazán, die Reise des Heiligen erforscht und darüber in einem Buch ›San Francisco de Asis‹ berichtet. Danach kam der hl. Franz Ende 1212 von Italien, um nach ›Afrika‹ zu gehen, wo er den Mohammedanern predigen wollte. Jenem Afrika, das damals in Spanien lag. Er weilte ein ganzes Jahr lang in Navas de Tolosa, in dem soeben der Vernichtungskampf gegen die Almohaden stattgefunden hatte. Dort verfocht er die noch immer gültige These, die Zukunft Spaniens bedeute die der abendländischen Christenheit.

Der Chronistin zufolge betrat Franziskus damals in Navarra spanischen Boden und machte erhebliche Umwege. Nach einem Aufenthalt in Vitoria gründete er Ordensgemeinschaften in Logroño und Burgos, darauf wanderte er weiter nach León und Compostela, wobei er unterwegs Schüler aufnahm. Auf dieser Fahrt der Demut, die ein Triumph seiner Idee war, soll der Heilige auch in Astorga geweilt haben. An dieser Stelle setzt die Condesa Emilia Pardo Bazán mit ihren Überlegungen ein. Es gibt Grund zu der Annahme. Zuvor, welchen Weg hätte er wählen sollen, wenn nicht den über Astorga? Außerdem lag er einen Monat in Burgos und hernach einen Monat in Compostela krank. Nichts scheint logischer, als die Vermutung, er habe seinen Aufenthalt in der Stadt am Beginn der letzten, anstrengendsten Etappe nach Santiago zu einer Rast genutzt. Die Vielzahl der Spitäler zu Astorga erklärt sich doch einfach daraus, daß jeder Pilger hier bleiben und warten mußte, bis er den Strapazen der bevorstehenden Bergwanderung gewachsen war. Astorga diente als Etappe.

Um dieser Aufgabe Herr zu werden, besaß es eine ganze Reihe von Bruderschaften und Vereinigungen, die sich der Wallfahrer annahmen. Die von Sta. Maria, S. Feliz und S. Esteban aus dem 11. Jahrhundert, das von Brimeda nach Astorga verlegt worden war, scheinen die größten und ältesten gewesen zu sein. Außer erhaltenen Rechnungen wissen wir von den Hinterlassenschaften einer ganzen Reihe von Pilgern, die hier gegen Ende des 15. Jahrhunderts starben. In das Hospital S. Juan trat 1499 sogar ein französisch sprechender ›Capellan‹ ein mit der Aufgabe, den letzten Willen oder die Beichte Sterbender anhören zu können. Das offenbart eine erhebliche Zahl von Todesfällen ausländischer Pilger, aber logischerweise auch einen unendlich größeren Zustrom solcher Besucher. Wo diese Herbergen lagen? Eine zwischen 1062 und 1065 erteilte Baugenehmigung für ein Hospital an der Puerta Sol, einem heute noch häufig benutzten Zugang in die Stadt, verrät etwas davon. Nur beim Hospital S. Juan Bautista, das erstmalig 1187 erwähnt ist, wissen wir ganz genau Bescheid. Es existiert noch heute, wenn auch als Krankenhaus innerhalb von Mauern, die nach einem Brand von 1756 wiedererrichtet sind. Es steht gleich neben der Kathedrale.

Übrigens ist es müßig, im einzelnen auf weitere Hospitäler einzugehen, wie das dem hl. Thomas von Canterbury geweihte, das von S. Martin, Sta. Marta, das der Märtyrerbruderschaft, das der ›Palmeros‹, das von Rocamadour, das von Santiago. Sie wurden von Angehörigen bestimmter Berufsgruppen unterhalten und besorgt, das letztgenannte beispielsweise von den Kürschnern. Es gab ferner Hospitäler der ›Prestes‹ oder Priester, von S. Roman, S. Lazaro. S. Nicolas, dem ›Corpus Christi‹, S. Andres und S. Roque oder Rochus. Allesamt dienten diese Unterkünfte und Pflegestätten während der goldenen Zeit der Pilgerschaft, im 13. und 14. Jahrhundert, dazu, den nach Santiago flutenden Menschenstrom zu beherbergen, zu beköstigen, seine Kranken zu pflegen und endlich auch seine Toten zu bestatten. Wobei es Brauch war, daß von der Hinterlassenschaft eines Verstorbenen die Begräbniskosten bezahlt und seine überschüssige Habe der pflegenden Bruderschaft vermacht wurde. Ungefähr so, wie man es auch in Frómista hielt.

Astorga über der Ebene. Daß es den Paßweg ins Gebirge sperrt, wird bereits aus der Ferne erkenntlich. Die machtvolle Mauer mit den vorgelegten Halbrundtürmen spricht vernehmlich genug. Damit ist man beim Generalthema der Stadt, ihren Vergangenheiten. Einer römischen, in der die Asturica Augusta ein schwer befestigtes Bollwerk am Weg zu den Goldminen von Carrucedo und ein Rückhalt für das Verteidigungssystem in Asturien und Galicia bedeutete. Steine wie Inschriften belegen das, übrigens auch ein römischer Kerker. Hier saß das Gericht, hier residierten die Präfekten. Die kaiserlich-römische Stadt dürfte nicht sonderlich groß gewesen sein, besaß aber hohe Bedeutung.

Die frühchristliche Zeit leitet die zweite große Epoche ein. Aus der Umgebung der Stadt stammt eine ganze Anzahl von Heiligen, darunter Santo Toribio, San Genadio, San Valerio und San Fructuoso, der später unter den Westgoten außerordentliche Verehrung genoß. Schon im 4. Jahrhundert ist ein Bischof von Astorga verbürgt. Als die Westgoten das Land überfluten, führen sie den Klerus samt Bischof Toribio, Frauen, Kindern und Kranken in die Gefangenschaft. Zwar unternimmt der Kirchenfürst, heimgekehrt, alles zum Wiederaufbau der Stadt. Eine reguläre Wiederbesiedlung dauert indessen bis zur Epoche König Ordoños I., also bis 850. Damals entsteht die mittelalterliche Stadt, wird bald gräfliche Residenz, Bischofssitz und das Zentrum des Maragatos-Landes. Von dieser wie von der Römer-Epoche hat sich nichts Nennenswertes erhalten.

Was heute steht? Die herrliche *Mauerbastion aus Römertagen*, grün überlaubt, von der man weit ins Land sieht, und eine etwas verwirrende Kathedrale, von der noch die Rede gehen wird. Daneben ein *Rathaus* des 17. Jahrhunderts am winzigen Marktplatz mit einer Schauwand, die eine regelrechte Theaterkulisse ist. Einer der Türme, der ›Reloj de los Maragatos‹, ist besonders beliebt. Er trägt die Figuren eines Maragato oder Bauern aus hiesiger Gegend und einer Bäuerin. Freilich, das Bauwerk mit seinen Balustraden und seinem rundum geführten Balkon der ersten Etage ist hübsch und nichts weiter. Es bliebe der *Palacio Episcopal* zu nennen, ein neogotisches Werk von Gaudí, das ungeachtet des berühmten Architektennamens ein wenig skurril unter dem blauen Himmel steht. Es hat Ecktürme mit schartenförmigen Fenstern, die von Dreipässen überfangen sind; im Innern finden sich Kapitelle nach alten Rezepten und Wandmalereien im Stil Schnorr von Carolsfelds. Man erträgt diese Form von Geistreichelei und Historismus nur schwer. Ein mächtiges Arsenal von Formen, ein ganzes Heerlager von Gedanken ist aufgeboten, um etwas zu erwecken, das allzu lange tot ist. Man holt es nicht wieder aus den Grabkammern.

Nebenan die *Kathedrale* aus dem 16. Jahrhundert. Die Datierung betrifft nur die Fassade. Schön strömen die Pfeilerbündel im Innern empor, heben sich Netzgewölbe über schmalen, gotischen Schiffen. Man tritt ein, noch geblendet vom Sonnenlicht, tappt halbblind im Düstern herum, hört sonores Singen und weiß nicht woher. Doch da kommen sie schon, Chorherren im schwarzen Birett mit rotem Pompon, als Zeichen ihrer Amtswürde Stäbe in Händen. Sie ziehen um das, was so verwirrt, nämlich den Bau im Bau, einen völlig massiv emporgezogenen Chor, der die Sicht der gesamten Kirche versperrt. Für die Gläubigen bleiben nur ein paar Gänge. Es scheint völlig gleichgültig, wer außer den Kanonikern an den religiösen Handlungen teilnimmt. Niemals empfindet man die Ablehnung der Gemeinde und die Erwähltheit des Klerus so stark betont wie hier.

Drei Herren im Meßornat schreiten jetzt vorwärts zum mächtigen Retabel mit seiner Überfülle gewaltiger Reliefs, einem Werk von Becerra, um die Messe zu zelebrieren. Die übrigen Kanoniker haben sich in den reich geschnitzten Chorstühlen niedergelassen, die seit 1547 von Thomas Mitata und Roberto Momorency, vielleicht unter Beistand des Nicolas de Colonia und Pedro del Camino geschnitzt worden sind. Es gibt hier im Innern vieles zu bewundern: eine Gottesmutter des 12. Jahrhunderts oder jenen Teil des großartigen *Kirchenschatzes* an uralten Kelchen, Meßgewändern, Steinen und Bildwerken, der im Gebrauche geblieben ist. Man kann auch den Kirchenschatz, soweit er magaziniert ist, besichtigen, wenn auch nicht mehr in jener Fülle, die er einmal besaß. Ein Brand des Bischofspalastes vor rund achtzig Jahren hat vieles vernichtet, vor allem eine unschätzbare Bibliothek. Damit ist man wieder beim alten Schicksalsthema von Astorga.

Betrachtet man den Außenbau der Kathedrale mit den mächtigen Türmen der Renaissance, die dem Bau von 1371 vorgelegt wurden, sowie die üppige, platereske Fassade, bemerkt man bei allem Glanz etwas Befremdliches. Es geht einmal von der Themenstellung der Kirche aus. Als skulptierter Schmuck des gleichsam zur Eingangshalle eingemuschelten Portales dient ein verwunderliches, plattereskes Relief: die Austreibung der Wechsler aus dem Tempel. Wie? fragt man sich, diese höchst verständliche, notwendige Tat der Entrüstung als Empfangsgebärde eines Gotteshauses? Dann fragt man weiter. Wer mag auf jenen unseligen Einfall verfallen sein, als Baumaterial dieser in ihrer Form so üppigen, kostbaren Fassade den rosafarbenen, dunkelgestreiften Stein, und zwar in senkrechter Stellung des Streifenmusters, zu verwenden? Durch die vertikale Maserung, die von Stein zu Stein abbricht, erneut anhebt, verwandelt sich der gesamte Kirchenleib in ein unruhiges, züngelndes Spiel krauser, überall abgebrochener Zeichen. Man bringt es mit der Form der Kathedrale nicht überein. Denn wie könnten wir die Fassadentürme, den kräftigen Kirchenleib, seine dingliche Herzhaftigkeit, selbst seine Freude am Schmuck und dem Wechslertheater an der Fassade anders als ein Ansprechen der Sinne empfinden? Oder war dergleichen sinnverwirrendes Dekor vielleicht gewollt und versagt lediglich die Empfindungsfähigkeit des Nordländers? Kommt diese erstaunliche Lust am flirrenden Muster gar aus Blutestiefen? – An den flachen Ausläufern des Manzanal, der Heidelandschaft der Maragatería, die mit Astorga beginnt und sechsunddreißig Ortschaften umfaßt, hat sich aus Maurenzeiten ziemlich unvermischt ein Menschenschlag von Berbern erhalten. Mit alten Sitten und Gepflogenheiten, in denen die verlassene, verlorene Wüstenheimat nachlebt.

Sie bewohnen jenen Landstrich, den jeder queren muß, der dem alten Pilgerweg ins Gebirge folgt. Dem Weg, den auch wir zu nehmen gedachten und vor dem uns ein klein wenig angst war.

Übers Gebirge

Früh um fünf Uhr zogen wir los. Den üblichen ›bollo suizo‹, das Milchbrötchen, schenkten wir uns, ein Trunk Wasser genügte. Die Berge hinan ging es sich ohnehin besser mit leerem Magen. Anfangs kam eine öde Ebene. In den Dörfern wie *Santa Catalina, El Ganso* zeigten Holzkreuze den Pilgerweg an. Nun hob sich die Straße, stieg merklich, während die Sonne über den Horizont kippte und erste Landleute, gleich uns in eine mächtige Staubwolke gehüllt, zum Feld ritten.

Das nächste Dorf, *Rabanal*, wirkte ganz ungewohnt nach den Steinbutiken von El Ganso. Es gab heile Fenster, richtiges Mauerwerk, wiewohl es so entfernt von jeder Verbindungsstraße liegt, als lebe man hier auf einem anderen Stern. Die richtige Einsamkeit beginnt freilich erst hinter dem Ort. Eine Wegstunde weit kann man im Berg *Foncebadon* liegen sehen. Wirklich läßt sich der Weiler sehr lange bitten, ehe der Fuß endlich das einzige Sträßchen betreten kann. Welch ein Nest! Die Steine der Hütten klobige Schieferbrocken, die Dächer vielfach eingesunken, mit Gras oder Heidekraut bedeckt, alle Katen dicht verrammelt. Ein paar Hühner, ein Köter, eine elende Kirche sind die Sensationen dieses prachtvollen Ensembles von Elendshütten. So die letzte Station vor der Gebirgshöhe, welche die Pilger einst querten; man möchte annehmen, daß Foncebadon zu ihrer Zeit besser aussah, da es immerhin einen berühmten Namen führt; er ist entstanden aus Ponce Abbad und spielt auf Abt Ponce de Melgueil von Cluny an, einst Freund des Papstes Calixtus II., hinterher um so tiefer gestürzt und in den Kerkern des Vatikans als desperater Mann des Unglücks gestorben.

Hinter Foncebadon beginnt ein wundervolles Höhenland. Mächtig und schwer wogen die dunkelgrünen Berge, die Buckel gelegentlich von einem Hauch des eben erblühenden

Heidekrautes getönt, das wir schon vor zwei Monaten im Tal vergilben sahen. Der Sommer von Spanien ist groß und weit; er besitzt die Poesie der Dauer. Auch die Landschaft hier oben ist groß und weit und vermittelt Nietzsche-Gefühle, in der endlosen Weite allein zu sein: »Nur dein Auge, ungeheuer blickt mich's an, Unendlichkeit!«

Bevor König Karl III. die Straße von Madrid nach La Coruña über den Manzanal-Paß bahnte, war der Weg über den Monte Irago die einzige Verbindung von Kastilien nach Galicia und ins Bierzo. Man kann dieser Tatsache nicht genügend Gewicht beimessen. Im Altertum ist ein Teil der Goldausbeute von Carrucedo, die für Rom bestimmt war, über diesen Weg gegangen. Heute gilt die Route für unbefahrbar. Tatsächlich ist sie es nur an gewissen Stellen.

Hinter Foncebadon mähte ein Bauer mit rotverschwollenem Gesicht und rüsselartiger Unterlippe Gras. Welche grauenhaften, unbekannten Krankheiten sie hier oben noch haben! Der Fleißige war so entstellt, daß er kaum noch als Mensch zählen konnte. Eine verfallene Kapelle blieb zurück, desgleichen zur Rechten drei Viehtränken mit einer braunen Lake von Regenwasser, in der die Frösche quakten. Der Wind strich frisch, die Lerchen sangen, und Raubvögel gaukelten in sechzehnhundert Meter Höhe. Es ging noch immer hinan. Wo mochte das berühmte Eisenkreuz, das *Croz de Ferro*, liegen? Nach dem Durchklimmen einer ausgewaschenen Erdfalte wurde es endlich erspäht. Wenig später standen wir aufatmend dort, wo der Weg, den unzählige Füße gegangen sind, an jenem Steinhügel vorbeistreicht, auf dem sich an langer Stange das kleine, eiserne Santiago-Kreuz erhebt. Der Hügel, zwanzig Meter lang, rund fünf Meter breit und einige Meter hoch, mochte Millionen von Steinen zählen, deren jeder nach alter Sitte von einem Santiago-Pilger hier niedergelegt war.

Vom Croz de Ferro erschaut man fern, fern zum ersten

Mal das Bierzo. Wie das Gelobte Land. Hohe Bergzüge umsäumen den Horizont. Drüben die letzten mit den Schneefeldern müssen die Hänge vom Kloster Santiago de Peñalba sein, wohin man will. Das Licht verwandelt die Höhen in ein opalenes Spiel von Blau, Violett und grünen Tupfen, über dem sich ein makelloser Azur wölbt. Neun Uhr früh. Im Rücken steht die Sonne im Dunst über Astorga. Brechen wir auf ins spanische Kanaan! Was tun uns die Wege, wären sie noch so weit, wenn die Höhe erklommen ist?

Aber so einfach war es denn doch nicht. Die Spur schnürte endlos durch das wogende, grüne Heidekrautmeer des Gebirgskamms. *Manjarín* kam, ein Weiler im Berg. Je weiter man vordrang, desto lockender, greifbarer hoben sich die zweitausend Meter hohen Gebirgswälle der Montes Aquilianos hinter gewaltigen Gründen, in denen die sogenannte ›Thebais von León‹ liegt. Erst gegen Mittag senkte sich der Weg an Hängen vorbei, glitt in ein Tälchen, klomm über Felsbuckel, in die eine endlose Zahl von Wanderern und sogar Karren Spuren genarbt hatten, erneut bergan. Zur Linken stürzte eine mächtige Schlucht in den Grund. Es war heiß. So oft ein windstiller Winkel kam, surrte es bösartig von Fliegen. Lazerten glitten über die brennendheißen Steine, Falter gaukelten. Häuser wurden sichtbar. Der Weg fiel mitten hinein in ein grauschwarzes Dorf, *Acebo* geheißen, eng und zusammengedrückt. Durch die Mitte der Dorfstraße rann ein Wässerlein, schwätzte sich fort, trübte sich mit dem Abfluß von Ställen, wurde zur Schmutzgosse. Rechts und links dicht an dicht, wie eine einzige Mauer, die Häuser, die allesamt einen schmalen Balkon unter dem vorspringenden Dach besaßen. Zwei kleine Mädelchen spielten am Weg, sahen erstaunt auf. Bewohner waren nicht zu erblicken, aber in den Ställen schnaubte das Vieh, hier und dort rief eine Glucke ihre Küken zusammen. Das Heu war schon eingefahren; das Schmutzwasser murmelte unter einer dicken

Schicht von ausgefallenem Heusamen dahin. Es ging sich weich. Die Lust, um einen Trunk Wasser zu bitten, war uns vergangen. Das erbärmliche Kirchlein mit dem Vorraum und der kühlen Bank, die zur Rast lockte, zeigte sich vergittert. Einmal, vor unvordenklichen Zeiten hat hier oben, man vermag es fast nicht zu glauben, ein Konzil stattgefunden. – Wir sind gleich weitergewandert den schwarzen Schatten von Molinaseca entgegen.

Manchmal gewährte ein Hohlweg etwas wie Schutz vor der Sonne. Der Bergrücken war ganz schmal geworden. Von rechts zog sich ein schluchttief eingeschnittenes Tal heran mit einem Band grüner Wiesen im Bachgrunde. Voraus öffnete sich breit das Bierzo. In den Feldern standen Männer und schwarzverhüllte Frauen beim Kornschneiden und Garbenbinden, ließen sich lange Strahlen aus ihren tönernen Krügen in den Mund rinnen, und die Esel, die sie hierhin getragen hatten, sahen hinüber zu ihnen und schrien. Aus Talfalten, Schluchten quollen und wuchsen die Laubkaskaden quellgrüner Maronenbäume. Es wirkte um so ergreifender, als sich der Weg anschickte, in diese Schluchten hinabzustürzen. Er drehte, wand sich, glitt an Abgründen vorbei, stieß manchmal pfeilgrad neben der Tiefe hin, kehrte sich wiederum, führte eine letzte Pirouette auf und war da, war am Ziel, übersprang in äußerster Anstrengung ein Wasser und drang in Molinaseca ein.

Molinaseca ist ein sehr malerisches Nest. In der schmalen Calle Mayor herrscht der beizende Geruch eines zoologischen Gartens. Wirklich, man kann nicht verschweigen, es stinkt. Der Unrat liegt, wo er grad hingefallen ist. Dazwischen hupfen die Kinder, sauber und mit frischgebügelten Kleidern, in ihre Schule, watscheln die riesigen, schwarzbraunen Ochsen, deren Gemütsruhe durch nichts zu erschüttern ist, ihren Ställen zu. Das Leben scheint fröhlich animalisch. Aber es bleibt ebensowenig zweifelhaft, die Calle Mayor, dieser dreckige

Pfad von Abraum zwischen den Häusern, an dem der Blaufärber auf dem schmalen Steinsteg seine Farbsalze mit dem Hammer im Sack zerschlug, in dem die Köter dösten, die Alten herumlungerten, die Kleinsten plärrten, diese Calle Mayor, immer wieder durchsetzt von Adelshäusern, war schön. Schön wie Zigeunerinnen hierzulande. Man mußte sie waschen und eine Beauté kam zum Vorschein. Verzauberung überfiel uns, die Erkenntnis, im Mittelalter gelandet zu sein.

In der Calle Mayor gibt es ein Haus, in dem sich eine Schießscharte befindet. Dies, so versicherte ein Alter, hat einmal der Königin Urraca zum Nachtquartier gedient, als sie nach Santiago zog. Derselben, die in zweiter Ehe mit dem Grafen Ramon de Borgoña verheiratet war und ihm einen Sohn gebar, der später als Alfonso VII., el Emperador, Geschichte gemacht hat. Das Mittelalter von Molinaseca hieß also: das Große gleich neben dem Animalischen. Hier lernt man, wie es gewesen ist. Es hat gestunken, gewiß. Man soll die Augen davor nicht verschließen. Daß es trotzdem soviel Herrliches hervorbrachte, muß wundernehmen. Freilich wäre bei Molinaseca noch eines weiteren Umstandes Erwähnung zu tun. Im hier beginnenden und bis zum Paß von Piedrafita reichenden Bierzo findet man plötzlich Frauen, Geschöpfe, die gertenschlank und mit Knabenfiguren durchs Leben gehen; sie können die Augen aufschlagen, daß es jeden Mann heiß überläuft. Wirklich, es ist etwas an ihnen, das sich niemals in Worte fassen läßt. Sie verfügen gleichzeitig über eine selbstsichere Art, eine Überlegenheit, die das Zeichen einer mir unbekannten Rassenmischung sein muß. Wenn diese Frauen oder Mädchen, die im Mittelalter genauso gepflegt gewesen sein dürften wie heute, hinaustraten auf die Balkone der Gassen, befanden sie sich im Dunstkreis eines Lebens, das mit allem Unrat getränkt war, der zum Dasein gehört. Erkennt man das, sieht man ein, was diese Menschen aus sich gemacht haben, und man begreift, daß die

Vergangenheit keineswegs nur aus großen Augenblicken bestand, daß sie aber genügend Momente hervorbrachte, die zu den unverlierbaren Bildern der Menschheit gehören. Wir hingegen besitzen die Hygiene, die Wasserleitung, natürlich, kein Zweifel. Bleibt die Frage, ob sich die unterdrückte Animalität nicht irgendwo anders eingenistet hat. Von Zeit zu Zeit braucht die Menschheit ihren Rückfall. Davon sind wir eigentlich gar nicht so weit entfernt. Wenn er sich auch verfeinerter, geruchloser, artifizieller ausnimmt. Läßt die angelegentliche Beschäftigung mit dem körperlichen Souterrain nicht den Rückschluß zu, daß wir abermals in Molinaseca angelangt sind?

Hinter dem Ort beginnt also das Bierzo. Zu den Maronenbäumen kommen die weiten Traubenquartiere. Alles scheint auf einmal friedlich und südlich gestimmt. Man glaubt den Sinnen nach der unerhörten Anstrengung der Gebirgswanderung und dem letzten, gleichsam tumultuarischen Abstieg nicht recht zu trauen. Hüben ein mageres Kirchlein mit armer Glockenfassade, drüben ein mächtiges Gotteshaus, eine behagliche Pfründe, man sieht das gleich. Die Häuser gut im Stand. Die Leute hier haben nicht viel zu klagen. Es war längst Nachmittag geworden. Durch Weinhügel ging es fort, durch Weinhügel hinab. Ein mächtiges Tal öffnete sich, ganz von Weinhängen durchwallt. In dem Tal lag vorm jenseitigen Gebirge eine Zinnenburg, ein Kirchturm dabei. Wir wußten, daß es Sta. Maria Encina, daß die Burg die Templerfeste und daß der Ort *Ponferrada* war. So geheißen nach einer alten Brücke, Pons ferrata, die man in frühesten Zeiten der Pilgerschaft für die Wallfahrer über den Sil geschlagen hatte. Vorher aber mußten wir noch ein anderes Wasser queren, den Rio Boeza. Von jenseits wehte es kühl aus einem Pappelwäldchen. Ein großer Anger öffnete sich, auf dem die Frauen aus der Vorstadt S. Blas ihre Wäsche bleichten.

Dann aber waren wir endgültig da. Das schwerste Stück

der Wanderschaft seit dem Pyrenäendurchstieg von Valcarlos nach Roncesvalles war geschafft. Wir zogen müde, schleppenden Fußes ein und fühlten uns dennoch sehr glücklich. Über die bewältigte Leistung geht eben nichts.

In der leonesischen Thebais

Das Erregendste an der Landschaft des Bierzo, die sich als mächtige Oase in die Gebirgswildnis zwischen Kastilien und Galicia senkt, sind ihre Klöster. Vor allem die Bergklöster, von denen die berühmten zur sogenannten ›leonesischen Thebais‹ rechnen. Gewiß, ihre Gründungszeit liegt neunhundert Jahre zurück, aber sie bestehen immer noch, wenigstens den Mauern nach; sie verdienen es, unsterblich genannt zu werden.

Um vom Rande von Ponferrada ins Gebiet der ältesten dieser Klöster zu gelangen, der ›Tebaida Leonesa‹ eben, die gleich S. Miguel de Escalada von Mönchen aus Cordoba angelegt ist, muß man nach Süden und ins Gebirge hinaus. Zuerst zum Kirchlein *Otero de Ponferrada*, sodann nach *S. Lorenzo*, darauf nach *S. Esteban*. Von hier geht es ins Valdueza, das einen eigenen ›Concejo‹, eine eigene Gemeinde, bildet. Die letzte Ortschaft ist *San Clemente*. Nunmehr folgt der äußerste Posten der Flachlandswelt, der Weiler *Las Herrerias de Montes*, wo uns die Maultiere erwarteten. Der Weg, der bislang im Tal des Rio Oza entlangführte, hob sich und wurde steil.

Mit einigem Seufzen über das Unvermeidliche saßen wir auf. Maultiere sind nicht jedermanns Sache. Das Lederzeug war speckig und knarrte von Alter. Die Mulis stanken. Aber wir konnten nicht mehr zurück; ein letzter Schnalzer des Führers, die kleine Karawane setze sich in Bewegung. Wir hielten uns links auf Santiago de Peñalba zu. Wolken von Fliegen umschwirrten uns jetzt schon, wiewohl es noch Morgen war, Fliegen von einer kleinen, heimtückischen Art, die sich mit Vorliebe am Halskragen und unter der Brille ansiedelten. Es ging langsam, ganz langsam nach Maultierart fort. Der Blick nach rechts fiel ins Steile. Der Bachgrund des Oza rückte immer ferner, tiefer. Auf dem Maultierrücken schwebte man halb ins Freie hinaus; die Tiere hatten die lästige Angewohnheit, am äußersten Rand des Weges entlangzutrotten. Die Hitze ließ sich nur schwer ertragen. Wenn wir auf Hangwind gehofft hatten, wurden wir bitter enttäuscht. Ich dachte an alle Pferde, die ich geritten hatte, ehe mir der Krieg die Glieder zerschlug; die herrliche ›Stiftung‹, auf der ich in die Geheimnisse des Springens eingeweiht worden war, die zarte ›Mohnblume‹, die schnell wie der Wind über die Vahrenwalder Heide stob, die großmächtig ausgreifende ›Sandale‹, die keine Pferdenase vor sich litt und immer die erste sein mußte, die launische ›Sascha‹ mit Araberblut, all die anderen schließlich ... jetzt also hockte ich gleich Don Quichote auf seinem Rosinante auf dieser hochgestelzten Mähre. Dennoch, sie ging, wenn auch eher wie ein Apparat. Es war zehn Uhr früh. Wir hatten längst keine Gedanken mehr, sondern lebten zwischen Traumbenommenheit und atemloser Beklemmung und lobten die breitrandigen Hüte, welche den einzigen Schatten in der ungeheuren Sonnenweite gewährten. Es ging immer noch aufwärts.

Einmal indessen begab es sich doch, als wir grad schwindelnd hoch über der Tiefe um den Bergsockel zogen und das Blut in unseren Ohren rauschte, daß wir ein Bauwerk erspähten. Der erste Stock kragte weit vor, war auf drei Pfeiler gesetzt, die aus dem nämlichen weißen Marmor bestanden wie die Gebirgswände über uns. Nahebei hob sich ein Maronenbaum, der tausend Jahre alt sein sollte. Traf das zu, mußte er in den Anfangszeiten des Klosters Peñalba gepflanzt sein. Drüben lugte aus einer Bergfalte ein Dorf, grau in grau, eine Kirche. Dahinter wurde ein Gipfel, der Pico Tuerto, ein Zweitausender, sichtbar. Ein frischer Wind kam jetzt auf, die

Fliegen verschwanden. Wir waren da, saßen ab, streckten die starren Glieder. Durch die krummen, ›Corredores‹ genannten Gassen des winzigen Nestes, das von dem einstigen Dorf um das Kloster erhalten blieb, sah man hinüber zum Guiana, dem anderen Bergriesen der Gegend. Darunter wußten wir, halb verwuchert von Grün, Klosterruine und Kirche von S. Pedro de Montes. Nach Süden schloß sich, eher Kar als Hochtal, das Val del Silenzio an, in dessen Wänden die Höhlen jener Eremiten lagen, die der Bergeinsamkeit zum Namen einer Thebais verhalfen. Darunter auch die des hl. Genadio, der hier kurz nach 900 ein Oratorium und sodann ein Cenobium, mit anderen Worten Kirche und Klostersiedlung, erbaut hatte. Wir haben die Höhle, in der er inbrünstig betete und fastete, in beschwerlichem Marsch durch den Grund des Silenzio-Baches aufgesucht: ein Loch unter der Felswand, heute vergittert, darin ein Altar und eine Statue zu Ehren des einstigen Bewohners.

Die ehemalige Klosterkirche *Santiago de Peñalba* dient gegenwärtig als Gotteshaus eines kleinen Bergdorfes, dessen Häuser nur aus Bruchsteinen, vom Wetter ausgelaugten Brettern, Altanen und Treppen bestehen und für das Hoch-Bierzo typisch sind. Über den Querstangen der Balkone hängen Viehhäute und in den Ecken stehen Hacken, Feldgerät, liegt ein Bündel Stroh. Der Erdrücken, der sich neben dem Dorf emporbuckelt, bietet etlichen Platz für Getreidefelder; von ihnen leben die Menschen. Maronen gibt es am Bergfuß. Nur den Wein muß man sich aus der Ebene holen. Wenn man ihn trinkt. Es geschieht nicht oft.

Die *Klosterkirche* von Peñalba ist im 10. Jahrhundert der geistige Mittelpunkt der gesamten Bergwelt des Bierzo gewesen. Das Erstaunlichste an ihr bleibt keineswegs der gestufte Außenbau, der sich aus rauhem Bruchstein von der Vorhalle bis zum Vierungsdach emportreppt und dahinter zum kleinen Chor wieder auf die Hälfte der Höhe zurückfällt. Das Wunderbare begibt sich erst im Innern. Seinetwegen unternimmt man den Weg. Die Unterschiede sind hier noch jäher, betragen eins zu drei; hoch wölbt sich die Vierungskuppel, umschließt das erste der Langhausjoche. Die Altarapsis ihrerseits besitzt eine kleine Gegenkapelle am anderen Ende der Kirche, einen Gegenchor also. Aber was schön ist, beide werden überfangen von gleichsam geblähten Halbrund-Gewölben aus acht Segmenten und öffnen sich durch Hufeisenbögen zum Schiff. Auch das Langhaus wird von solchen arabischen Hufeisenbögen skandiert und sozusagen in Zellen gegliedert. Noch eindeutiger ist das Querschiff in voneinander getrennte Kapellen hüben und drüben der Vierung verwandelt. Der Zugang endlich geschieht von der Seite des Langhauses durch einen doppelten Herradura-Bogen von erlesener Schönheit, der im Innern von einer einzigen, hohen Hufeisenarkade überfangen wird. Die Mönche, die vor tausend Jahren die Kirche bauten, sind vor der islamischen Glaubensverfolgung in die unzugängliche Bergwelt geflohen, wo ihnen kein Reiter Allahs etwas anhaben konnte. Aber sie haben die Vorstellungswelt des Islams mitgebracht. In der rauhen Bergwelt ist ein kleiner Abglanz des Märchens aus Tausendundeiner Nacht zu finden.

Innen ist also alles leicht und edel in der Form. Außen zeigt sich das Mauerwerk hingegen höchst derb gefügt. Da besitzt die gesamte Kirche etwas Hartes, Auswegloses. Man hat eben zu denken, daß sie der Treffpunkt der Eremiten aus den Höhlen des Val del Silenzio war und erst in dieser Beziehung ›Klosterkirche‹ genannt werden darf. Gefälliges scheint nicht erlaubt gewesen. Dennoch ist hier oben eine eigene Kultur entstanden. Wir kennen noch gewisse Titel der Klosterbibliothek, welche die Meditation vollkommen gemacht haben dürfte. Die Heilige Schrift natürlich, die moralischen Manuskripte des hl. Gregor, das Buch Hiob, den Pentateuch mit dem Buch Ruth, das Leben der Kirchenväter, die Visionen des Ezechiel, die Etymologiae des hl. Isidor, der den Eremiten besonders viel bedeuten mußte, die Werke von San Julian Climaco, aber auch Glossare, Bücher über bedeutende Menschen, selbst erheiternde Schriften wie ein ›Libro comico‹. Es gab daneben herrliche Kultgegenstände, so die Patena von Peñalba oder den Kelch des Abtes Pelayo, beide heute im Louvre; ferner Elfenbeinbüchsen mit Reliquien, vor allem das berühmte, edelsteinbesetzte Kreuz von Peñalba. Seine Arme tragen an den Rändern Gravierungen, denen Schmucksteine aufgesetzt sind, und in der Mitte eine runde Platte mit einem Rubin, umgeben von vier Smaragden. An den Seitenarmen hängen ein Alpha und ein Omega. Das Kloster war in späteren Zeiten keineswegs arm. Als Doña Sancha in Carracedo residierte, von der noch die Rede sein wird, besaß Santiago de Peñalba reiche Liegenschaften im Bierzo und in der Landschaft der Maragatos, dem Raum von Astorga.

Von alledem ist heute nur noch ein winziges Dorf mit der als Gotteshaus der Gemeinde dienenden Klosterkirche der Eremiten vorhanden, vollgestopft mit Krimskrams. Warum nicht? Die Heiligenbilder an den Wänden bedeuten der Handvoll Leute, die hier oben wohnen, durchaus soviel wie der schöne Santiago über dem Altar – den alten Weibern mit dem schwarzen Kopftuch, aber auch den lachenden jungen Mädchen, den Männern und Kindern, die das Leben in Bergeshöhen, in der vollkommenen Einsamkeit fern der Welt so gewohnt sind, daß sie sich keineswegs vorzustellen vermögen, es könne sich anders als im Schatten des Pico Tuerto abspielen.

Ponferrada

Lobet Gott, die ihr heil wieder in *Ponferrada* seid! Wir jedenfalls taten es, arg zerschlagen und arg durchgerüttelt. Natürlich verstanden wir unter Ponferrada nur die hübsche, alte

Stadt, die traumverloren auf den Höhen über dem Sil um die langgestreckte Templerburg liegt. Gleichsam, als wisse sie nichts davon, was zu ihren Füßen geschieht und sich auch unter dem Namen Ponferrada versteckt: eine von der Industrie geschändete Neustadt. Oder besser, ein Fremdkörper, eine Straße, wenige Querstraßen, Geratter auf welligem Asphalt, schüttelndes Aufbäumen der Fahrzeuge in Schlaglöchern. Betonfassaden links und rechts, klinkerverblendet. Dann eine Art Verkehrskarussell, das die Fahrzeuge in alle Richtungen der Windrose speit. Hochhäuser und Gossendreck. Scheppernde Lastwagen mit Ladungen von Stein und Kohle. Oh, diese tödlichen, brütenden Sommerabende mit ihrer verzweifelten Monotonie!

Die erkrankte Zelle dieser krebsartigen Wucherung zu Füßen des alten, schönen Ponferrada ist eine Kohlengrube mit gewaltiger Halde, die unaufhörlich den Staub und die Abgase ihrer Erzeugnisse in den Wind bläst. Lassen wir sie, kehren wir eilig unter die hübschen Arkadengänge um den alten Marktplatz der Oberstadt zurück, freuen wir uns der Casa Consistorial, ähnlich der von Astorga, nur einfacher, würdiger, nicht soviel Theaterkulisse; die Türme links und rechts solide geschiefert. Schreiten wir über den Platz dahinter mit seinen Laubengängen, an dem die Renaissance-Kirche *Sta. Maria Encina* mit der berühmten Gottesmutter des Bierzo steht. Vergessen wir den schönen Vorplatz mit seinem kühlen Schatten oder die süßen, verträumten Winkel dahinter nicht. Nehmen wir endlich vor einer kühlen Fonda Platz, um eine Sangria zu trinken. Das ist ein köstliches Elixier an warmen Tagen: Rotwein, Eisstückchen, Mineralwasser, eine mit spiralig geschälter Schale aufgeschnittene Orange, eine ebenso tranchierte Zitrone, das Ganze ein wenig gesüßt und tüchtig mit dem Löffel geschlagen. Das Alexandriner-Versmaß unseres Maultierrittes ins Gebirge, diese Anabasis in die leonesische Thebais, verwandelte sich in anakreontische Trochäen, in ein munteres Allegretto, um es musikalisch zu sagen. Warum nicht gleich ein Sträßchen weiter, vorüber an einem Palacio, die Templerburg besuchen, und dies ungeachtet der Hitze? Vielleicht gibt das Anlaß zu einer neuen Sangria?

Die *Templerfeste* von Ponferrada ist ein riesiger Baukomplex mit zinnenbekrönten Türmen, die hinter Wall und Graben gradewegs aus dem Boden wachsen. Über ein Treppchen geht es hinan, mitten in eine andere Welt, ruiniert zwar, aber die Mauern wuchern noch hoch, wenn auch die Geschosse fehlen. Hier vorn lag der Zwinger, dort der Burghof. Dies war der Wachtturm, jenes der Wehrgang. Hier schließlich öffneten sich hohe Festsäle, Wohnräume und dahinter im dritten Stock die Kapelle. Man erkannte in der robusten Festungsarchitektur die kirchlichen Bögen. Verliese, Keller, es fehlte an nichts. Auf zwei von den sieben oder acht erhaltenen Türmen nisteten Störche, sperrten in der glühenden Hitze hechelnd die Schnäbel auf. Welch einen prachtvollen Blick hatte man auf das Bierzo im Bogen des Sil!

Die Templer waren die Schutzpatrone der Wallfahrer in dieser Stadt, deren Herberge freilich keineswegs nahe der Burg, sondern rückwärts im Vorort Otero de Ponferrada lag. Man sieht nichts mehr davon. Aber das dazugehörige Kirchlein, *Santiago de Otero*, ist da, durch den Dreck jener Vorstadt zu erreichen, die wir schon kannten. Die armen Frauen der Proletarierhäuser müssen ihre Wäsche im Schlammwasser eines so erbärmlichen Rinnsals waschen, daß sogar die Kinder, welch ein Sakrileg für Spanien, schmutzig einhergehen. Das kleine Gotteshaus, mehr eine Kapelle, liegt abseits, erhöht. Man kommt schwierig hin. Der Bau besitzt wenig Bemerkenswertes, Lediglich wäre von seinem Apsisfenster zu reden, dem ›Ventanal‹, dessen Umrandung nebst Mittelsäule aus einem einzigen Stein geschlagen sind. Freilich, das mutet eher kurios an ...

Nein, die Templerburg wies uns nicht zum Kirchlein zurück, sondern voraus ins Land, ins Silbecken oder Bierzo, an dessen Säumen die Goldbergwerke von Carrucedo liegen, und in dessen grünem, wasserdurchrauschten Schoß sich Carracedo verbirgt. Kurz, das alte Ponferrada wurde von hier gesehen zur Ouvertüre des Bierzo. Wir nahmen's als Anlaß, um etwas anderes zu tun. Um uns vorerst noch einmal nach rückwärts, in Richtung des Manzanal-Passes mit seinen kleinen Kohlengruben zu wenden, der die andere Verbindung von Astorga nach Ponferrada darstellt, die eigentliche.

Am Manzanal-Paß

Wir waren in anderen Jahren und zu anderen Jahreszeiten oft genug über den Manzanal-Paß gefahren, der von Astorga in lauter Kehren durchs Gebirge nach Bembibre und Ponferrada verläuft. Immer entlang an Schluchten und oft aus dem Felsen gesprengt. Er stellt heute die reguläre Verbindung dar, auf der die Tanker einherdonnern, die von Madrid nach La Coruña fahren. Bei *Bembibre* führt dieser Paß durch eine Landschaft kleiner Kohlengruben, die im Hang der Berge liegen. Wir hatten uns in einem Dorf dort oben, aus dem Paco, unser kleiner Führer von Tordesillas, stammte, regelrecht Freunde gemacht. Nennen wir es Fuenteroja; es heißt ein wenig anders, aber so ist es am besten.

Fuenteroja ist also ein Bergarbeiterdorf. Natürlich viel kleiner als Ponferrada mit dem spitzen Kegel seiner Abraumhalde und selbst gegen Bembibre winzig. Kurzum, Fuenteroja hoch im Gebirge ist ein Nichts, zudem ein Drecknest. Wenigstens in der Regenzeit. Ich habe niemand kennengelernt, der es schön fand. Ausgenommen Paco natürlich, der uns eines Tages vor unserer Abreise von Tordesillas fragte: »Morgen abend werden Sie schon in Madrid sein?«

»In La Coruña«, widersprach ich.

»Ah«, er blieb stehen. Seine Augen bekamen einen verfänglichen Glanz, und er schluckte.

»Aber was ist denn, Paco?«

»Dann fahren Sie über Ponferrada und weiter nach Lugo ins Gebirge?« Ich nickte. »Sie kommen durch Fuenteroja ... Dagegen ist Tordesillas gar nichts ... Vielleicht steht Onkel Geronimo grade bei der Farmacía ... abends ist er dort immer zu finden ... jedes Kind kann ihn zeigen ...« Dies alles mit überaus hektischer Stimme!

»Aber ist Onkel Geronimo denn der Alcálde, der Bürgermeister, daß jeder ihn kennt?«

Er schüttelte den Kopf. »No, dinamitero«, flüsterte er hastig, drehte sich um und war weg. Einfach verschwunden. Ich sollte nicht sehen, daß er vor innerem Elend und Heimweh heulte – nach Vater und Mutter, die in der kühlen Erde der Berge ruhten, und nach Fuenteroja. Paco war ein sehr tapferer und ein sehr spanischer Junge.

Zwei Tage später war es, und es verlief genauso, wie es Paco geschildert hatte. Abend in Fuenteroja; ich stand mit Tio Geronimo, einem ernsten Mann an die Fünfzig, unter dem Eingang der Farmacía, der Apotheke. Es goß in Strömen. Alles, was in Fuenteroja Hosen trägt, stand an der Straße. Im Abgrund der Nacht rieselte es unaufhörlich. Man sah in der Dunkelheit nichts davon; nur wenn auf der anderen Talseite am Rand der Klippe ein grelles Paar Lichtaugen erschien, wurden die Pfeile des niederschauernden Regens sichtbar; eine Wand silberner Wassernadeln, hinter deren Vorhang die Lichtaugen abdrehten, die Bergflanke hinabtasteten. Bis die von flatternden Planen umhüllten, dröhnenden Lastwagen in einer Wolke öligen Schlammdunstes die Steilstrecke nach Fuenteroja hinankrochen. Der Manzanal führt durch Gebirge, die mehr Klippe als Berghang und mehr zackiger Grat als Kuppe sind, Picos oder Bulnos geheißen. Die Dörfer klammern sich meist auf halber Höhe fest, weil die Täler zu eng sind. Gewöhnlich speit ein Stollenmund seine von Regen verwaschene, zerfaserte Schwärze in ihre Hinterhöfe; es ist die Region kaum rentabler, kleiner Gruben. – Es gibt größere hierzulande, ergiebigere, moderne Kohlenzechen bei Ponferrada, aber grade die kleinen Gruben mit ihrer Handvoll Bergleute lockten mich an. Doch Tio Geronimo, der ein Dinamitero, genauer gesagt nicht nur Sprengmeister, sondern eine Art Steiger unter den Mineros, den Bergleuten, war, biß auf meine werbenden Fragen nicht an.

Aus der Farmacía mit ihren langen, staubigen Regalen fiel der Lichtschein über uns und draußen wuchs die Schwärze der Nacht. Die flache, etwas knappe Baskenmütze zurückgeschoben, auf dem Rücken als Regenschutz einen Sack, hockten die Männer von Fuenteroja als schwarze Pilze unter dem fahlen Licht ihrer Hauseingänge. Es war ihr Abendvergnügen, den heranheulenden Lastwagen entgegenzuschauen, die dreckumwabert durch die Pässe des Gebirges krochen.

Kein Mensch sagte etwas. Weder Pablo, der Zapatero, der Schuhmacher, noch Ugarte, der tagsüber den Lastwagen mit Kohlen ins Tal fuhr, oder Pepe, der eine kleine Tankstelle betrieb. Tio Geronimo schwieg erst recht. Nur die Apothekerin sprach gelegentlich. Als Studierte galt sie bei den Männern etwas, wiewohl sie unehelich geboren war – sie stammte aus dem Hirtengebiet der Traspeñas. Sie hieß Concepción, aber alle nannten sie einfach ›La Cancerosa‹, die Krebskranke, weil sie an einem Schilddrüsenkrebs litt. Irgendwann würde sie daran sterben.

Welch ein Volk von Dickschädeln, welch ein prachtvolles Volk, diese Gebirgler! Weder die Araber noch Napoleon sind mit ihnen fertig geworden. Niemand zwang dieses hartnäckige Geschlecht von Bauern und Mineros in die Knie, die doch voller Zuverlässigkeit sind, hat man ihr Herz erst gewonnen. Ein paar Schritt weiter hockte ein alter Mann mit zerknittertem Gesicht vor einem kleinen Haus und sang. Er trug die rote Boina, die Baskenmütze der Straßenwärter. Am nächsten Tag sah ich ihn genauso vor einem Steinhaufen hocken und Schotter schlagen, den er in einem Schleifkorb zu den Schlaglöchern der Straße schleppte und feststampfte.

»Singt er immer, der Peón Caminero?« fragte ich. Vielleicht war es eine ungebührliche Frage, aber an diesem kalten Abend des strömenden Regens schien nichts absurder, als daß einer da hockte und sang.

»Er lebt davon!« antwortete Geronimo, der sich für mich verantwortlich fühlte. »Er ist ein alter Peón, der seit dem Bürgerkrieg niemand mehr hat. Darum singt er.«

Der Peón Caminero sang in die Nacht. Er sang keineswegs laut; eher war es eine Art Trällern, manchmal nur ein Flüstergesang. Er sang eine Copla nach der andern, jene kurzen Strophen, von denen man sagt, jeder Spanier sei ihrer mächtig, ehe er gehen könne. Einige davon kannte ich schon aus Walter Lenz' schönem Buch ›Wind von der Sierra‹. Es klang nicht grade froh gestimmt, sondern eher wie ein rhapsodischer Monolog voll verborgener Traurigkeit, was der Peón Caminero sang.

»Warum ist man so traurig hierzulande?« fragte ich Geronimo. Seine Miene verschloß sich. »Fragen Sie Pablo, den Zapatero, der so reich ist, daß er seine Hose mit Bindfaden umgürtet«, antwortete er.

»Warum nicht La Cancerosa, die krank ist?« fiel der Scherenschleifer ein, bei dem ich den schwersten Stand hatte.

Aber auch die Apothekerin lehnte ab. »Mag er gleich zum Peón mit dem glücklichen Familienleben gehen!«

Ich begriff. Man fragte dergleichen nicht. Man begnügte sich mit der Mauer des Schweigens. Das Schweigen war die Klagemauer von zweitausend Jahren Bitternis.

»Vielleicht sollte der Fremde in einem der Hotels von Ponferrada oder Villafranca absteigen, die ein paar Sterne haben, wenn er Freude will«, merkte der Zapatero an.

»Ich will die Hotels nicht«, widersprach ich. Nein, ich wollte die Hotels mit den üppigen Mahlzeiten und dem Gelächter der Herrenpartien nicht, wenn die Leute von Fuenteroja vor ihren höhlenartigen Hauseingängen hockten und in die Schwärze der Nacht starrten. Mir schien die Nacht dieser Berge groß, heilig und alt wie das Leid der Erde.

»Ich verzichte auf die Herrlichkeit der Hotels«, sagte ich zum Zapatero.

»Gut«, bemerkte Geronimo, »das gefällt mir!« Wir schwiegen und sahen hinaus. Einmal nur sprach Geronimo noch; es war sehr spät, er schickte sich eben zum Heimgehen an. »Wenn du willst, sei morgen früh um sechs an der Grube.« – ›Du‹ hatte er gesagt. Ich war angenommen.

Sechs Uhr also. Es dunkelte noch. Der Pfad kroch am Abbruch einer Laderampe entlang. Geronimo kam mir bereits aus dem Stollen entgegen, das offene Grubenlicht in der Hand. Das Licht zischte und knallte, sobald ein Tropfen des Sprühregens die Karbidflamme traf. Wir stolperten über Schienen und Schwellen verborgener Lorengleise in die Nacht der Berge. Es wehte kalt durch die tropfende, zugige Schwärze des Stollens. Das Schiefergestein stand kaum abgestützt, rostig und hart. Geronimo lächelte bitter. »Es gibt wenig Holz.« Keine Klage, nur eine Feststellung. Er klagte niemals; niemand klagte hier oben.

Wir krochen an einer Haspel vorbei; Stürze von Tropfen entluden sich in meinen Nacken, über uns hing brüchiger Fels. »Hier hat es vor zwei Jahren den Bruder des Afiladero erwischt. Suerte – Schicksal«, merkte Geronimo an. Es ging jetzt eine Leiter empor, einen kurzen Querschlag entlang; wir hörten bereits das Picken der Hacken und das Poltern von Kohle. Rechts saß jemand zusammengekrümmt in einer Nische des Stollens. Geronimo stutzte: »Was ist los, Esteban?«

Der zusammengekauerte Mann in der Nische hielt ihm eine schwärzliche, halb zerquetschte Pfote mit rötlich-wässerigen Rinnspuren von Blut entgegen. Sie sprachen nichts. Geronimo prüfte die Finger auf ihre Funktion, schob dann die Hand zurück: »Geh nach Hause, laß es verbinden; wir legen zusammen für dich!« Esteban stand mühselig auf und ging schmerzgequält durch die Dunkelheit des Stollens davon, seine Jacke halb über die Schulter gehängt. Wir waren vor Ort. Die Kohle stand nicht grade hoch; nach der Seite verschmächtigte sich das Flöz sogar auf Handbreite. Die Hauer pickten beim mageren Schein ihrer Funzeln die schwarzen Brocken aus dem Schiefergestein, und die Handlanger schleiften sie in Körben zu einer Rutsche, um sie in die Loren des Stollens hinabzukippen.

Bei Ponferrada sollten sie Grubenmaschinen, Preßluft und Laufbänder haben. Aber hier in den Gruben sah es höchst ärmlich aus. Geronimo sagte, als hätte er mich erraten: »Wir leben wie der angebundene Burro, der Esel; einen Meter weiter das saftigste Gras, aber er kommt niemals hin . . .«

Abends standen wir wieder vorm Eingang der Farmacía. Über den Rand der Klippe gegenüber glitten die grellen Scheinwerfer von Wasserdunst umwaberter Lastwagen, und der Regen fiel in die Nacht. »Welch ein Leben«, sagte La Cancerosa, und »hat er verstanden, der Fremde, warum wir traurig sind?« Geronimo nickte. Nebenan sang der Peón Caminero. Es war seltsam, daß dieser alte, ledergesichtige Bursche es heute mit der Liebe hatte. Kaum jemand, der hierzulande leichthin davon spricht. Aber der Copla, dieser Gitarre des spanischen Herzens, darf man sogar das Verborgenste anvertrauen.

El alba nos mira,
el dia amanece.
Antes que te vean
levantate y vete . . .

sang der Peón.

Ach, sogar das blieb überschattet von merkwürdiger Traurigkeit, wenn auch auf wundervolle Weise durchhaucht und erfrischt vom Tau der jungen Liebe, und zwar auf so unverwechselbar herbe und poetische Art, daß gànz Spanien darin aufleuchtete. Denn so sprach das Mädchen zu seinem Liebhaber in der Copla des Peón Caminero:

Die Dämmerung sieht uns,
der Tag hebt an.
Ehe dich jemand entdeckt,
steh auf und geh.

Carracedo

Das Bierzo ist das Vorzimmer von Galicia. Tatsächlich besitzt die Tallandschaft inmitten der hohen Bergzüge, die Kastilien und Galicia trennen, mit dem Lande Santiagos volkstumsmäßige und sprachliche Verwandtschaften. Durch Landrücken in verschiedene Gebiete unterteilt, reicht das Bierzo ungefähr vom Monte Irago bis zum Monte Cebrero, wenn man die alte Längenausdehnung der Pilgerstraße als Maßstab nimmt, oder vom Val S. Lorenzo bis zum Valcarce. Sein größter Vorzug ist der Reichtum an Wasser; hier rinnt gut ein halbes Dutzend kleiner Flüsse zusammen, um im Sil weiterzufließen. »Der Miño hat den Ruhm, der Sil das Wasser«, sagt der Volksmund. Allein, der Sil hat es nicht nur, er schenkt es dem Land zurück. Tausendfach abgeleitet durchströmen die Flußwässer die niedrig gelegenen Auen und lassen kleine Paradiese entstehen. Nach den Weiten der Campos, der Rauheit der Berghöhen, die hüben zu Ende gegangen sind und drüben wieder beginnen, mutet es daher wie eine einzige Oase an. Die Schönheit seiner Weingärten erinnert an die lebhafte Bewegung der Toskana, aber die mächtigen Höhen ringsum unterstreichen und rahmen dieses Bild ungleich eindrucksvoller. Schatten und Grün sind in

Fülle da, die Erträge der Felder üppig. Gewiß hat der Wein, der hier reift, nicht jene interessante Note wie die Weine der Rioja, aber er ist von einer berauschenden, schweren Fülle. Felder sieht man nur auf den Höhen, vor allem, weil die Talsenken für sie zu schade sind. In ihnen ziehen sich Gärten, Gemüse- und Maisplantagen sowie saftige Wiesen für schwere, schwarzbraune, breitgehörnte Rinder hin. Kulturgärten, in denen der Eigentümer morgens und abends mit dem Spaten umherwandert. Denn seine tägliche Hauptpflicht besteht darin, die Furchen der Gemüsereihen zu öffnen, die Gräben der saftigen Grünflächen zu durchstechen, damit der Wasserstrom, den man überall aus den Flüssen ableitet, hindurchschwemmen kann.

Herrliches Bierzo! Schon für die lateinische Welt besaß es eine magische Anziehungskraft. Freilich aus leicht erklärlichen Gründen. An der nach Orense hinausführenden Straße liegt hinter abenteuerlich aufgetürmten Felskegeln der Ort Carrucedo; im Hochland hinter Carrucedo wiederum ragen merkwürdige Steilpyramiden auf, schmal wie Obelisken. Das sind die Medulas, Abraumhalden aus der Antike, zu denen man rund eine Stunde weit durch Weingärten, Hecken und Felder wandert. Hier unterhielt Rom, wie schon Plinius der Ältere berichtet, die größte Goldausbeute Spaniens und beschäftigte darin ganze Heere von Sklaven. Das Gold ging durch das Bierzo und über den Monte Irago, von da nach Astorga und weiter über die Paßstraßen entlang der portugiesischen Grenze auf der berühmten Silberstraße oder Rua de la Plata nach Salamanca und Sevilla.

Ohne das Bierzo also kein römisches Weltreich. Mit den gefundenen Edelmetallen wurden die römischen Kriege finanziert. Diesen Ruhm besitzt das Bierzo immerhin auch. Allein, seine größte Kostbarkeit und seine köstlichste Erinnerung trägt nicht den Namen Carrucedo, sondern heißt *Carracedo*. Man darf es nicht verwechseln mit jenem Car-

21 *Aula regia Ramiros I., 842–850, Oviedo, Naranco-Berg.*

22 *Alte Pilgerbrücke zu Cangas de Onis.*

23 *Oviedo, Camera Santa, Siegeskreuz Don Pelayos von 722, mit Edelsteinen und Zellenschmelz belegt, 908.*

→

racedo, das man bereits von den Höhen des Monte Irago aus mit einem Umweg über Labor del Rey erreicht. Vielmehr verbirgt es sich ganz nahe der mittelalterlichen Pilgerstraße nach Santiago, die von Ponferrada nach Villafranca verläuft, zwei Kilometer südlich Cacabelos. Carracedo war die wichtigste Abtei im Bierzo und ist tausend Jahre alt. Anfangs hausten hier Benediktiner, später gehörte sie zum Zisterzienserorden. Als König Bermudo II. 990 die Anlage gründete suchte er eine Zuflucht vor dem islamischen Feldherrn Almanzur und seinen Horden in der Verlorenheit des Bierzo, dessen Zugänge für die muselmanischen Reiterheere nicht leicht zu überwinden waren. Später, als König Bermudo II. im halbvergessenen Pantheon von Carracedo längst den ewigen Schlaf tat, seit 1138 also, besaß die Abtei sogar einen kaiserlichen Betreuer. Alfonso VII. von León, der sich ›Emperador‹, Kaiser, nannte, ließ sie erneuern und als Wohnsitz seiner Schwester Doña Sancha herrichten.

Abseits Cacabelos liegt es tief im Land. Das Grün wird bald so dicht, daß man von den hohen Bergkulissen ringsum nichts mehr ahnt. Rinder trotten entlang des Weges, Silberpappeln rascheln mit ihren Blättern. Das grüngefilterte Licht ist eine ungewohnte Wohltat für die Augen. Frauen traben auf kleinen Eseln durchs Wiesengrün. Tipp, tipp, tipp machen die Grauchen, und die Gesichter der Reiterinnen lachen. Überall aber strömt Wasser. Wasser, das plötzlich eine Entenfamilie samt einer ganzen Flottille von Kücken ins Bild zaubert. Da ist schon das Dorf, das man sucht! Ein Kirchenbau hebt sich massig, groß, schwer aus dichtem Laubwerk, ein Produkt des 18. Jahrhunderts. Daran Teile, die man vom alten Bau übernahm, ein Tympanon mit Christus inmitten des ›Tetramorph‹ – im Viergetier –, seitlich auf Konsolen gestellt die wichtigsten Gestalten aus Carracedos Frühgeschichte, der hl. Abt San Florencio und Alfonso VII. Um die Ecke läßt sich der Rest der mächtigen, wundervollen Fensterrose der Westfassade mit zerstörtem Maßwerk erkennen.

Es ist eine Tragödie. Verkommen, halb durchgeregnet liegt der geborstene Kirchenraum da. Vergeblich wölben sich zu Emporen aufgemauerte Bögen. Dort sollte ein Raum für die Laienbrüder entstehen; er ist nie fertig geworden. Reste aus romanischer Zeit oder Unvollendetes überall. Dennoch spürt man schon hier das Große. Wenn man auch erst vom Kreuzgang her begreift, was den Zauber von Carracedo ausmacht. Da gibt es köstliches Filigran von Rosetten, biforienartige Durchlässe, schön wie Geschmeide geschnitten, Räume, die ins Dunkel gehen, einen Kapitelsaal für den Abtsthron, eine Kapelle mit dem aufgebrochenen Wandgrab, in dem der hl. Abt Florencio lange Jahrhunderte in Frieden geruht hat. Auf dem Deckel eingemeißelt der Krummstab. Eine prachtvolle gotische, von Gewölben überfangene Treppe führt ins Obergeschoß. Auf ihr ist Doña Sancha zu ihren Gemächern hinaufgeschritten, Räumen, die nach Osten, zur Gartenseite, eine wunderschöne Freitreppe mit einem Rundbogenportal besaßen.

Vom inneren Treppenhaus geht es in einen Vorraum, der als fürstliche Privatkapelle gedacht war. Durch eine reich skulptierte Pforte mit dem Tod König Bermudos im Tympanon tritt man in die sogenannte Camera oder Cochina der Doña Sancha. So benannt wegen des mächtigen Kamines in der Ecke. In Wirklichkeit ist der Raum mit seinen Auslugnischen und Fensterrosetten sowie einer Terrasse nach Westen ein spätromanisches Gemach von erlesener Schönheit. Säulenstellungen mit schmalen, fast blattdünn wirkenden Arkaden sondern Mittel- und Seitengemächer. Ungeachtet seines Zerfalls ist der Raum noch jetzt so edel und klingt so königlich wie ein Meisterlied der Minnesängerepoche. Dieser einzige Palacio, der sich aus dem leonesischen Königreich erhalten hat, besitzt den großen Schnitt des goldenen Zeitalters der Höfe.

Kloster von Carracedo! Wir beschwören das Andenken an dieses Heiligtum der Benediktiner, weil es uns scheint, als sei hier ein einzigartiges Kunstwerk zugrunde gegangen. Die Artesonado-Decke aus dem Gemach der Prinzessin Sancha, dieses köstliche Meisterwerk mozarabisch inspirierter Kunst, ist nach León gebracht und dort im alten Kloster S. Marcos verbaut worden. Den Leichnam des hl. Florencio haben sie aus seinem Grab geholt und in Astorga beigesetzt. Der alte Klosterbrunnen, von dem das Wasserspiel in vier Strahlen sprang, wurde aus dem Patio des Kreuzgangs gerissen und im Jardin von Villafranca aufgebaut. Das Wunderwerk von Carracedo, dessen Baumeister wir nicht kennen, dessen Erinnerungen uns dennoch unvergleichlich anmuten, hat als Steinbruch gedient. Gewiß hat man begonnen, einen Teil des Kreuzgangs wieder herzurichten. Ach, warum nicht einige Generationen früher! Nach seinen Resten zu urteilen, dürfte er ein spätgotisches Kleinod aus Ziegelsteinen mit kräftigen Rippengewölben gewesen sein. Wie weiträumig zudem dieses Atrium des Himmels, in dessen gleißender Leere nun Dill und Mäusegerste wuchern, während in der Mitte das Loch klafft, aus dem einst der Brunnen wuchs . . .

Villafranca

Das andere Ereignis im Bierzo ist *Villafranca*. Durchströmt vom Rio Burbia, der aus dem Gebirge kommt. Am Ende des Tales und dort gelegen, wo es durch das Valcarce zum Paß von Piedrafita hinaufgeht; eine fränkisch-französische Gründung des 11. Jahrhunderts. Im Gegensatz zu den Bergnestern sind die Talorte und -dörfchen des Bierzo hell und freundlich gestrichen; auch Villafranca. Die Menschen sind von anderem Schlag als der mißtrauische Gebirgler. Das leichtere, reichere Dasein hat sie freundlicher gemacht. Man lebt in Gottes eigenem Land.

Ah, abends auf der Terrasse des Hotelzimmers zu sitzen und gegen die Berge zu schauen, die sich als schattenhafte Umrisse Kuppe nach Kuppe hintereinander staffeln! Mag der Tag noch so heiß gewesen sein, jeden Abend kommt der erquickende Wind von den Bergen, jeden Abend stürzt er herab; man muß sich erst an seine Wildheit gewöhnen, so faucht er durch den Windkanal des Valcarce in die Talgründe, deren in der Mittagshitze emporgestiegene, dünn gewordene Atmosphäre den frischen Zustrom begierig aufnimmt. Aufatmend saßen wir im scheidenden Licht über der Landschaft vorm weißen Gitter, windgeschützt und doch vom Lufthauch umspült. Die rosafarbenen Blütenbüsche der Geranien schwankten in den Töpfen, das Weinlaub rauschte ebenso auf wie das der Silberpappeln im Grunde, und die jungen Störche schraubten sich ungeachtet der späten Stunde in Spiralen über dem Flußgrund hoch. Lang, anhaltend schrie der Esel in den Wiesen am Burbia-Ufer, und die Schatten wuchsen immer länger in das goldene Licht, bis ein anderer, größerer Schatten, der der Berge, über sie hinwischte und aus tausend Einzelschatten der Schatten der Nacht wurde.

Villafranca liegt also dort, wo sich die Talsenke mittels der Paßstraße des Valcarce zum Monte Cebrero hebt, hinter dem Galicia beginnt. Trotz seiner Hanglage ist es eine Ortschaft des Wassers. Entlang der schmalen, mit Steinplatten gedeckten Hauptstraße, der *Calle del Agua*, fließt teils sichtbar, teils verdeckt ein quickes Rinnsal, das aus dem Rio Burbia abgeleitet ist. Welch eine Straße, diese vom Wasser begleitete Lebensader des Ortes! Nebeneinander gereiht Palacios, großmächtige, prachtvolle Bauwerke mit gewaltigen Wappenschildern und dabei doch nicht großmäulig. Sind es keine Paläste, so wenigstens Bürgerhäuser, die durch ihre Herkunft von Rechteck und Kubus geadelt werden. Die Rundbogenfassung einer Kellerluke, eine abendliche Laterne in einem Straßenwinkel machen die Straße zur Szene. Hinter den Scheiben aber sitzt Gevatter Zapatero, der Schuhmacher, stichelt Gevatter Sastro, der Schneider – was, einen Anzug von der Stange? Dergleichen Unkorrektheiten leistet sich ein Caballero nicht. Zu welcher Stunde man auch kommt, das Bild der Calle del Agua ist ob der weißgekalkten Gemäuer, des edlen Hausteines der Palacios, der dunkelbraun vorspringenden Dächer oder der Balkone von unübersehbarer Noblesse. Ihre Kinder gehen gesitteter zur Schule als anderwärts. Die Freundlichkeit der Menschen ist von ruhiger Würde.

Ganz anders die Weberstadt in den Hängen des Valcarcel auf der anderen Burbia-Seite! Die kleinbürgerliche Bauweise des Bierzo bleibt immer dem ländlichen Empfinden nahe. Und die Bewohner? Kein Bürschlein, das sich die Gelegenheit zu einem kleinen Raufhandel entgehen ließe, keine ›Rapaciña‹, welche spöttisch dem Panadero, dem Bäcker, zuzurufen unterließe, er habe sich seinen Arbeitskittel weiß gemacht. Gleichzeitig war dieses Villafranca, an das wir unser Herz verloren hatten, adelig, hochadelig sogar, und zwar auf ganz besondere Weise. Es ist die Stadt der mächtigen Marqueses von Villafranca, deren erster aus königlichem Blut stammte. Sie besaßen das heute vom Grafen Peñarramiro bewohnte Schloß und »haben ihren Namen in ganz Europa und auf allen Meeren bekannt gemacht«. Sie waren es, welche im 16. Jahrhundert die *Colegiata Sta. Maria* erneuern ließen, eine Kirche, die auf den Fundamenten des alten cluniazensischen Sta. Maria de Cluny errichtet wurde, im Volksmund ›Cruniego‹ genannt.

Natürlich, es konnte nicht fehlen, selbst diese Colegiata mit ihrem mächtigen, völlig geschlossenen, nur dem Altar zu offenen Chor war, von bescheidenen Schmuckformen abgesehen, durch das Weiß der Tünche als Landkirche gestempelt. Außen allerdings zeigte sie ein sprühendes Feuerwerk von Formen. Sie liegt gleich neben dem Markt und dem Jardin, aber es ficht ihre Grandezza keineswegs an, daß hier die kleinen, an Geländerstangen gebundenen Esel zuweilen herzzerreißend schreien. Daß gefesselte Zicklein ihr jämmerliches Geplärr ertönen lassen. An dieser Stelle nämlich findet der Viehmarkt statt. Grade das ist es. Villafranca kennt königliche Grafen und die frechen Rapaciñas der Webervorstadt, es kennt Handwerker und Hidalgos, aber Unterschiede im Menschlichen kennt es nicht.

Überhaupt Villafranca! Es gibt so hübsche kleine Plätze in dieser Stadt. An einem davon kann man sogar unter Arkaden sitzen, seinen Kaffee trinken und zuschauen, wie die Busse anlangen und ihre Menschen- oder Kistenfracht ausspeien oder neue Ladung nehmen. Welch ein Schauspiel! Ein Chauffeur käme schön an, der sich nach deutschem Vorbild einfach an seinen Fahrplan hielte und abführe. Sein spanischer Kollege muß auf das Dach klettern und ganze Berge von Gepäck verstauen. Die letzten Reservekammern seines Gefährtes müssen herhalten, damit alles unterkommt, vom aufgeplatztem Koffer über Ballen von Kohl bis zu regelrechtem Stückgut. Welch ein begeistertes Begrüßen, kommt solch ein Gefährt an! Welch ein gerührtes, schluchzendes Abschiednehmen, welch Küssen, Umarmen der ganzen Verwandtschaft, wenn man davonzieht! Der gesamte Kreis spanischen Gefühlslebens wird ausgemessen. Ist der Autobus endlich bis auf den letzten Quadratzentimeter besetzt, rollt er keineswegs gleich davon. Jetzt tritt der Chauffeur als Amtsperson in Funktion. Er verhandelt noch einmal mit dem Feldgrauen von der Guardia civil, der ihm wichtige Briefe anvertraut. Er wiegt noch einmal abschätzend eine eingeschriebene Sendung in der Hand, die ihm Gevatter Apotheker überreicht. Macht nichts, daß die Fahrgäste unterdessen dicht an dicht zusammengedrückt schmoren. Es kommt alles ans Ziel.

Die Apotheke übrigens nennt sich Otéro del Palacio. Tatsächlich, es gibt hier einen veritablen Palast, eben die mächtige, von runden Ecktürmen bewehrte, zum Teil verfallene, in einem Pavillon noch bewohnbare *Burg des Marques von Villafranca.* Ein Schloß des 15. Jahrhunderts mit Park und fürstlicher Terrasse. Die Dohlen kreisen darüber. Sie führen an durchblasenen Tagen ganz eigene Spiele auf. Sie kreisen, schreien, der Schwarm teilt sich, findet sich wieder, und das ist ebenso hübsch anzusehen wie das Kreisen und Schweben der jungen Störche im Talgrund.

Die Pilger des Mittelalters betraten die Stadt nicht auf der heutigen Carretera, sondern kamen über die Höhe, wanderten sodann vorbei an der Burg bis zu einer großen Linde und bogen nach rechts in ein kurzes Sträßchen oberhalb eines kleinen Tales ab. Es furcht sich zwischen den zwei ältesten Kirchen von Villafranca in den Berg. Drüben liegt *S. Juan*, das ursprünglich den Tempelherren als Kirche diente – es besitzt eine schöne Artesonado-Decke, auch finden sich in den Wänden etliche Nischengräber, in deren einem der erste Marques von Villafranca, natürlicher Sohn Don Pedros von Toledo, ruht.

Die Pilger allerdings hielten sich an ein anderes Gotteshaus, an die *Santiago-Kirche* am Ende des Sträßchens. Vor einer Seitentür, der Puerta del Perdon, blieb ihr Zug stehen. Wer hier die Messe hörte, dem war ein Jahr Ablaß verheißen. Dieses Seitenportal konnte bei so hoher Gnadenbestimmung nicht ungeschmückt bleiben. Auf den Kapitellen sieht man daher die Legende der Drei Könige aus Morgenland, deren Geschichte offenbar eine Anspielung auf die Wanderschaft der Santiago-Pilger war.

Santiago-Kirche im Licht, bemooster, oliv übertönter Graustein aus Urtagen! Hatten die Pilger ihre Messe gehört, zogen sie in die Stadt hinab. Die Herberge lag nahe dem heutigen Jardin. Sie ist immer noch da, leider in den zwanziger Jahren völlig umgebaut. Sonst hätte man alles wie einst gehabt. Hier also schliefen sie nach glorreichen Tagen im Bierzo, schliefen in einen neuen Morgen der Anstrengung hinein, der sie empor zum Monte Cebrero führen sollte. Wir freilich zogen es vor, zuvor einen kleinen Abstecher zum nahen *Corullon* zu machen, das vier Kilometer nach Süden jenseits des Rio Burbia liegt. Am Nordwestausgang des Ortes eine kleine, alte *Kirche* im Hang, von der es heißt, sie besitze enge Verwandtschaft zum Kathedralbau von Santiago de Compostela. Mag sein. Sie ist alt, ein wenig krumm, man kann nicht hinein. Allein, sie trägt an der Seite ein schönes Schauportal, das von einem mächtigen Bogen überfangen wird. Darüber eine Etage mit Blendarkaden. Weil dies so gut gelungen ist, hat man links des Portales eine weitere Blendarkade vorgelegt. Rechts vom Portal setzen durch Säulen flankierte Bogenfenster den Zierat fort. Wo das Dach aufliegt, läßt sich eine kleine Reihe alter, torsenhafter Säulenstümpfe erkennen. Kleine Masken sind allenthalben verstreut. Die kleine Hangkirche prunkt geradezu in ihrer Verzückung über sich selbst: seht mich doch an, wie schön ich bin! Wirklich, sie atmet einen eigenen Zauber. Ganz Corullon unter seiner Burgruine hat ihn. Übrigens auch der Weg von Villafranca nach hier, der zwischen unendlich alten Maronenhainen einherläuft. Da hat man das ganze Bierzo! Maronen, Wein, Getreide, Wasser, Grün, Schatten und schöne Frauen. Was kann ein Mensch mehr vom Leben begehren?

Kloster von Samos

Von Villafranca ging es durchs Valcarcel ins Gebirge. Immer neben einem rauschenden Bach her; gelegentlich kamen ein paar in den Hang gewürfelte Häuser, *Ruitelan*, dann die ›Schmiede‹ oder ›Herreria‹, wo unser Weg die Straße verließ und nach links ins Hochtal bog. Allerdings, wie das in den Bergen so geht, das Wetter spielte uns einen Streich. Schatten wuchsen. Wolken schoben sich bedrohlich zusammen, plötzlich zuckten Blitze herab. Es schien ratsam, Zuflucht zu suchen, bis das Wetter vorüber war. Aber es tat uns nicht den Gefallen, vielmehr gingen die peitschenden Güsse in gleichmäßiges Rauschen über. Während wir uns entschlossen, auch diese Art der Wanderschaft als zugehörig hinzunehmen, hinaustraten, davonzogen, hob sich der Weg erneut, verwandelte sich gelegentlich in einen Wildbach. Geröll waberte über die Spur, die Füße fanden weder auf den Steinen noch auf dem glitschigen Boden Halt.

Der Aufstieg zum Monte Cebrero ist immer mühselig. An diesem Tag war er es doppelt. Dunstschleier rauchten links und rechts. Was sich dann auf der Kuppe abspielte, überstieg das Maß des Gewohnten. Der Wind fauchte über die Höhen und orgelte um die Ecken des Sanktuariums, das auf dem Gipfel errichtet ist. Die ersten ›Palozzas‹ tauchten auf, runde, niedrige Hütten mit einem Kegeldach aus Ginster oder Heidekraut, die keltischen Ursprungs sind. So oft der Nebel riß, packte uns ebenso jäher Schwindel wie heftiges Entzücken. Wir blickten in Hochtäler von enormer Ausdehnung. Tief unten lag Piedrafita, durch das der Paß nach Lugo führt. Der Weg, den wir nach Hospital zu nehmen hatten, kräuselte sich wie ein Saum um den Berg. Alles war anders, als man es vom Monte Irago her kannte. *El Pojo* stellte sich in über dreizehnhundert Meter Höhe ein. Der Abstieg nach *Triacastela*, in das sich am 25. Oktober 1113 Erzbischof Gelmirez auf dem Weg zum Konzil nach Palencia geflüchtet hatte, um den Anschlägen des Königs von Aragon zu entgehen, öffnete sich voller Großartigkeit. Der gratige, felsige Monte Seiro, an dem die Wolken festhingen, umschloß den Kessel fast ganz. Von den drei Kastellen oder Burgen, die dem breitgelagerten Dorf den Namen gaben, sah man nichts mehr.

Von Triacastela ging es elf Kilometer an Talgründen entlang nach *Samos*. Welch ein Paradies der Maronen! Ihre beigefarbenen Fruchtstände verdickten sich eben. Gelegentlich zeigten sich Walnüsse oder sogar ein Mandelbaum. Doch die Marone siegte über alles. Ihr durch den Fruchtstand aufgehelltes, leuchtkräftiges Grün verlieh der Landschaft einen unsäglichen Zauber. Die Felder auf den Höhen waren längst reif und vergilbt. Aber das triumphale Kastaniengrün machte das wett. Man war in Galicia, das ein grünes Land ist, grün im Herbst, grün noch im Winter. Sein Grün wird nicht müde.

Unvermittelt fiel der Weg in ein Tal, in dessen Mitte auf einem Podest ein mächtiges *Kloster* lag. Da war eine Kuppel, eine Renaissance-Kirche, dehnten sich lange Wohntrakte. Türme freilich fehlten. Der graue Konvent inmitten des vollkommenen Friedens, der Wiesen und der Maronen, die ›Real Abadia‹ von Samos, ist 1951 fast ausgebrannt, wenn auch inzwischen wieder errichtet. Am rauchgeschwärzten Taubenturm im Hühnerhof erkannte man, wie das aussah, als die Flammen den Stein ausgeglüht und lange Rußfahnen über die Mauern gezogen hatten. Nur die Kirche blieb bis auf den Dachstuhl verschont. Die große Form der Bögen und Kassetten in der gewaltigen Vierungskuppel sind das Schönste darin. Durch den Chor-Einbau wird allerdings auch dieser Raum um seine Wirkung gebracht. Jung-Patres und Novizen waren eben dabei, den einfachen, strengen Hochaltar für eine sonntägliche Zeremonie zu schmücken. Ein steinalter, winziger Pater schlurfte mühselig zum Altar seines Lieblingsheiligen, sank ins Knie. Der weite, helle Raum besaß etwas ungemein Festliches.

Es ist der Kirche auch äußerlich eigen. Eine Asphaltstraße umschwingt den noblen Klosterbau, dessen Kirchenfassade durch zwei dem Portal links und rechts vorgelagerte Halbsäulen gegliedert wird. Über dem Portal steht in einer Nische

Sankt Benediktus und seitlich der Fensterrose ein Herrscherpaar. Zwei Fassadentürme werden nur durch vorgelegte Lisenen angedeutet; sie tragen in Höhe des Obergeschosses eine Balustrade, sind aber am Ansatz des Dachstuhls nicht weitergeführt. Der Vernichtungsbrand hat ihnen die Turmhelme genommen, seither stehen sie degradiert als Fassadenteile und ein wenig beziehungslos herum, Generäle in Zivil, denen der Anzug nicht sitzen will.

Um die Kirche waren junge Bürschlein der Klosterschule dabei, Gras aus den Fugen zu kratzen; auch diese Sorgfalt mutete benediktinisch an. Einer bemalte hingebungsvoll ein Hinweisschild. Hier in Samos wird noch heute, wie einst überall, die Pilgerkarte, die Compostelana, gesichtet und gestempelt. Abermals: man war in Galicia. Im Jakobsland ist das Wallfahren noch eine ernsthafte Angelegenheit, die man verbrieft haben möchte. Am Jüngsten Tag muß man darüber Rechnung legen.

Die große Erwartung

Erstaunlich, wie sehr die Zeugnisse der Kunst oder des Glaubens auf der letzten Wegstrecke schwinden, statt sich zu steigern. Vielleicht, weil Galicia ein Bauernland ist. Zwei Stunden waren wir über Samos hinaus. *Sarria* kam, ein romanisches Kirchlein *Sta. Maria*, ein Ort, der sich über einen Landrücken zog, der Rest eines Schlosses, Residenz einer Grafschaft, die später an das Haus Berwick und Alba fiel, kurz, ein Relikt, nichts weiter. Dann ging es in endlosen Kurven höher. Aus den Zäunen der Gärten und Wiesen waren Mauern geworden, aus den geschichteten Mauern aufrecht gestellte Steinplatten, ein untrügliches Zeichen dafür, daß man sich in einem Keltenlande befand. Die Männer trugen immer den Regenschirm bei sich, die Krücke gewöhnlich hinten in den Rockkragen gehängt. In den frühen Stunden des Nachmittags fiel der Weg in den Talgrund des Miño.

Hier hatte früher ein malerisches Dorf gelegen, *Puertomarin*. Heute ist aus der schluchttiefen Senke eine Talsperre geworden, gewunden, voll mit Wasser, zweifellos ein Segen des Landes. Gelegentlich tauchen noch Trümmer aus der Flut; über ein Stück schlammige Insel zogen sich Häuserscherben. Dies der stolze Ort, in dem es eine berühmte Brücke, Reste der Stadtbefestigung, Hospitäler, dazu zwei romanische Kirchen, Sta. Maria und Santiago oder S. Juan, gegeben hatte, mit denen sich der Name des Baumeisters Pedro und seines Sohnes Mateo verknüpft.

Das Dorf hat man in einer Kollektivsiedlung unweit neu aufgebaut. Behördlich uniformiert, wie dergleichen in aller Welt aussieht. An der höchsten Stelle des neuen Ortes wiedererbaut das *Kirchlein Santiago*. Die Steine tragen noch die Nummern, mit denen man sie beim Abbruch versah. Die Kirche ist ein kastenförmiger Wehrbau mit einem kleinen, vorgezogenen Chor. Eine Rosette hier, die andere über dem Hauptportal. Beide ein wenig grob. Das Ereignis bedeuten die Portale. Ein Verkündigungstympanon mit einem Engel, dessen Flügel beide gleichsam auf der linken Schulter sitzen; das andere Tympanon mit einem Bischofsbild. Schließlich das Herzstück, das Hauptportal zur Plaza Mayor mit seiner Doppelreihe von Spielmannskönigen in der äußeren Archivolte und dem Weltenherrscher im Tympanon. Schwer, gedrungen und massig hocken sie da und verströmen Weissagung oder Verkündigung. Daß sie wirklich ein Werk des Meisters Mateo von Santiago sein sollten, vermochten wir nicht zu glauben.

Darauf verlor sich der Weg in die Heide. Seine Spur wurde undeutlich. Die phantastische Flora Galicias hob an, die man freilich früher im Jahr, gegen Ende April, sehen sollte, wenn die mannshohen Heidekrautsträucher mit Blütendolden, so groß und rot wie Flieder, in Glut stehen. Schon aber öffnete sich von der Höhe des Monte del Rosario oder des Rosenkranzberges der Blick ins Weite. Dann schnürte die Spur nach *Palas del Rey.* Am Eingang des Ortes rann noch immer die Quelle, an der sich vor tausend Jahren die Pilger erfrischt hatten. Hier begann die letzte Etappe, welche der Codex Calixtinus für die berittenen Pilger vorsah. *Sta. Maria de Libureiro,* dessen Name von ›Campus leporarius‹, Hasenfeld, abgeleitet ist, blieb südlich liegen. Bäche strömten unter uns fort, der Rio Pambre, Seco, Furelos. Freilich, wir hatten dessen längst nicht mehr acht.

Es ging uns eigenartig. Seit die Grenze von Galicia überschritten war und die Strecke von Kilometer zu Kilometer spürbar an Gewicht verlor, klammerte sich unsere Phantasie nur noch an das Ziel Santiago. Sie wollte nichts anderes mehr. In uns sang etwas und dieses Etwas begehrte nach Erfüllung. *Mellid* kam hinter einem kahlen Höhenrücken. Am Eingang die kleine *Petrus- und St. Rochuskirche,* daneben ein bäuerliches Pilgerkreuz. Nicht fern gab es einen alten Konvent, schräg gegenüber ein Adelshaus nebst einem einfachen Bau, der alten Pilgerherberge. Über die Straße zogen die Kühe zu zweit, die Schafe folgten, alles in gebührender Hierarchie. Mellid am Morgen.

Mellid am Mittag; am Westausgang des kleinen Ortes ein Mimosenhügel, darauf von Pappeln umstanden die andere Kirche, ein wenig barock zurechtgemacht. Ein Schwarm Kleriker, teils im Chorhemd, teils in schweren Ornaten oder in der Soutane umzog das Gotteshaus unter Geraun und Episteln. Etwas Merkwürdiges rührte uns an. Galicia, Keltenland. Beschwörungen. Magische Riten. Die Erde schien aufgebrochen und ganz versunkene Zeitalter wiedererstanden. Man stand auf dem Boden uralter Besiedlung; Dolmen und Keramiken konnte man reichlich sehen, dazu alte ›Castros‹ prähistorischer Zeit.

Wir haben den ganzen letzten Abschnitt des Weges in solcher Achtlosigkeit hingebracht, die doch Spannung auf etwas Anderes, Fernes war. Der Eukalyptus duftete heftig und der

Kirschlorbeer bleckte mit grünen Zungen in den Wind. Schon zeigte sich hinter *Boente, Castañeda, Villanova* der Ort *Arzua*. Man hätte nordwärts ins Land fahren können zur ehemaligen Abtei Mezonzo, dem alten Kloster Mesontio, in dem einst San Pedro de Mezonzo, Bischof von Santiago, Verfasser des berühmten ›Salve Regina‹, geboren war. Aber Compostela selber lockte. Den Pilgern des Mittelalters dürfte es ähnlich ergangen sein. Wir sahen nichts mehr. Nichts in *Ferreiros, Cercedo*. Der Geist wollte nicht mehr angehalten sein. Schon war der Pico Sacro, der heilige Berg, am Horizont zu erkennen. In *Labacolla* floß ein klares, munteres Wasser, in dem sich die Pilger nach altem Brauch wuschen, damit sie nicht verschwitzt in die Stadt der Verheißung traten. Der Monte del Gozo kam, dessen Name die überströmende Freude anklingen läßt, welche die Pilger einst überkam. Von hier aus sahen sie fern und filigranartig die erlauchteste Kostbarkeit, welche das Abendland für sie besaß, die Kathedrale von Santiago de Compostela, und sanken ins Knie ...

Man muß sich vorstellen, was solch ein Augenblick für Menschen bedeutet. Freudentränen traten in ihre Augen. Was tat es, daß noch *San Lazaro* zu queren war. Plötzlich das erste Pilgerkreuz der unvergleichlichen Metropole. Das zweite Pilgerkreuz stand bereits an der Puerta del Camino, also am Stadttor. Der Fuß wurde schneller, hastete, eilte, bog in die Calle de las Casas Reales ein, ungestüm, lachend, schwatzend und plötzlich die uralten Verse des Pilgerliedes, des ›Ultreya‹, singend zogen sie ein:

Dum Pater familias,
Rex universorum
donaret provincias
jus apostolorum
Jacobus Hispanias
lux illustrat morum.
Primus ex apostolis
Martyr Jerosolimis

Jacobus egregio
sacer est martyrio.
Herru Sanctiagu,
got Sanctiagu,
e ultreya,
e sus eya,
Deus aia nos.

VENIANT OMNES GENTES
oder
SANTIAGO DE COMPOSTELA

Ankunft und Einkehr

Santiago in der Sonne, Santiago im Regen – am schönsten schien uns immer der Blick vom Eichenpark der Herradura jenseits des Sarela-Grundes. Daß es einen noch schöneren gab, erfuhren wir erst am vorletzten Tag langer Aufenthalte. Aber das war ein Abschiedsblick und setzte genaue Kenntnis aller Details voraus; er umfaßte und evozierte lauter Gewußtes. Den Ankunftsblick auf Santiago muß man von der rund um den Park laufenden Promenade, dem Paseo de la Herradura aus tun, wiewohl man dort keineswegs ankommt und auch hier einige Erfahrung vorangegangen sein sollte. Da die Herradura im Westen liegt, ist es gut, den Weg im Abend zu nehmen, damit das Licht auf die Stadt fällt. Im Mittelpunkt der leicht aufgewölbten Metropole die Kathedrale; ihr berühmtes Westwerk, das Obradoiro mit den enormen Türmen, hat alles Opernhafte verloren, das ihm aus der Nähe gelegentlich anhaftet. Der scheidende Tagesschein färbt den grauen, mit bräunlicher Flechte bemoosten Granit, macht ihn spirituell, wie er, freilich auf andere Weise, nur an gewissen Regentagen zu sein vermag, und verwandelt das machtvolle Bauwerk in ein Kleinod. Dies trotz seiner Maße, und das ist eigentlich das Ergreifendste. Die Kathedrale rückt, von hier aus gesehen, in eine überschaubare, das Herz zur Zärtlichkeit stimmende Dimension und bleibt dennoch gewaltig. Ihre Türme sind die Säulen, auf denen der Himmel ruht, ihr Dach ist das Dach der Welt, und jedes Wort, das man anstimmt, um sie zu erklären oder zu schildern, wird auf seine Weise zum Hohenliede.

Santiago wurde über Hügel gebaut, besser über Hügel gespannt. Noch heute ist nichts gewuchert, alles bleibt vielmehr seinem gewachsenen Organismus eingebunden. Die Apsiden, die Kuppeln der Kirchen zirkeln musterhafte Rundungen in die Mischungen aus Steinkuben und Glaswänden, die Santiago ob der galicischen Gepflogenheit besitzt, alle Häuser mit Balkonen zu umziehen und diese schmalen Altane zu verglasen. Hier und dort wiegt eine Palme in einem Gärtchen die Wedel. Dies ist die Stunde einer eigentlichen Ankunft in Compostela, einer Einkehr, die sich aus Träumen zusammenwebt. Santiago bleibt immer eine Begegnung mit Träumen, eine geträumte Begegnung. Man hat die Stadt lange zuvor in sich geahnt oder erfahren und findet nun eine Vision erfüllt.

In Wirklichkeit vollzog sich übrigens meine erste Ankunft vor langen Jahren bei starkem Regen. Das war das Typische. Man sollte immer bei Regen in Santiago eintreffen. Die Lampen müssen brennen, die Menschen unter den Arkaden hinhuschen, die Lichter sich in den Pfützen der Steine spiegeln, die Schauer auf die Plaza de la Quintana prasseln. Unterdessen schwindet das Obradoiro über der Plaza de España im Himmelsdunst. Dann kommt Santiago auf andere Art zu sich selber. Niemals verbinden sich seine mythische Größe und seine bergende Kraft so innig wie in solchen Stunden. Es sind die Stunden des Atlantik. Santiagos Seele bleibt der See verschwistert. Es ist der Luftlinie nach gar nicht so weit bis Kap Finisterre, dem Ende der Alten Welt. Gleichzeitig wirkt Santiago niemals so steinern wie dann und dies legitim. Wenn der Ozean seine Seele bedeutet, ist der Stein sein Element. Der Stein der schön gemauerten Häuser, der Stein der Arkaden, welche die Straßen begleiten, der Stein, der in mächtigen Platten alle Gassen und Straßen der gesamten

Stadt bedeckt. Der Stein der Kirchen, der Stein der Skulpturen, der Stein der Plätze. Was bei einem Gemeinwesen, das so viele Plätze zählt, einiges besagt. Denn da wäre die Plaza Immaculada zwischen der Kathedrale und S. Martin Pinario, die Plaza S. Martin nahebei, die Plaza Cervantes, über die man einzieht, die Plaza de la Quintana oder Plaza de los Literarios vor der Puerta Santa, übereck die Plaza de las Platerias, die Plaza del Obradoiro oder Plaza España an der anderen Seite. Ferner die Plaza Fonseca, die Plaza Universidad, die Plaza de Vigo, die Plaza Toral, die Plaza Feijóo, die Plaza de S. Felix oder S. Fiz und noch weitere. Alles in allem genommen eine erhebliche Summe von Plätzen, die zahllose Gelegenheiten zum Errichten einzigartiger und schöner Baugruppen bieten. Urprünglich hat die Stadt nicht so ausgesehen. Die köstliche Melodieführung von heute, dieses An- und Abschwellen von Straßentrakten, das Verengen in Gassen, Verbreitern in Plätze, das Absinken in Gründe, das Ansteigen über Treppen ist im wesentlichen der Umgestaltung im 18. Jahrhundert zu verdanken. Was wir heute von dem mittelalterlichen Santiago wissen, sind alte Straßentrakte, darunter jene, die von der Puerta del Camino auf die Kathedrale zu, und jene, die von der Gegenseite, von der alten Puerta Mamoa, der heutigen Plaza de Vigo als Rua Nueva und Rua del Villar gleichfalls auf die Jakobsstätte zuwandern, die in Compostela die Quintessenz aller Dinge darstellt. Im ganzen genommen ist die Stadt keineswegs groß zu nennen, aber sie scheint es zu sein. Was sie zu dieser Wirkung kommen läßt, ist die eigentümliche Tatsache, daß einige Baugruppen in ihr Schwerpunkte mit immer wechselnden Aspekten formieren. Die Kathedrale bildet zusammen mit angrenzenden Architekturen allein deren vier, die völlig verschieden voneinander und doch von gleichem Geist durchhaucht sind. Schwerpunkte von unvergeßlicher Eindringlichkeit überdies. Nicht ganz so machtvoll, aber eindrücklich genug sind die Akzente. welche Klöster und Kirchen wie S. Martin Pinario, S. Payo, die alte Universität und eine Vielzahl anderer Bauwerke, Straßen und Plätze der Stadt verleihen.

Ein einigermaßen verwirrendes Bild! Die Kathedrale für sich genommen, vermöchte Bücher, das Colegio Fonseca, der Palacio Toral, der Convento de Ensenanza, das Hospital S. Roque, um wahllos einige herauszugreifen, lange Seiten zu füllen. Läßt man gar die Flut großer Erinnerungen zuströmen, weiß man kaum mehr wo beginnen, wo enden. Ziehen wir uns daher in die Nacht zurück, der in Santiago etwas unsäglich Feierliches innewohnt. Dann ist die Stadt allein mit sich, und die Gedanken vermögen ihr magisches Spiel der Verwandlung zu spinnen. Im Winkel der Via Sacra leuchtet die Ewige Lampe von Santiago, und die Schatten der gewaltigen Mauer von S. Payo liegen gleich Trümmern der Zeit auf dem Boden der Quintana. Beschwören wir den rauschenden Regen und den Herbst. Eine gewisse Melancholie gehört zu Santiago. Die Melancholie des Alters. Berufen wir uns auf solche Augenblicke der Kontemplation, um ungestört die Frühe erwarten und in den Morgen Santiagos, in seine Anfänge, zurückkehren zu können.

Ursprünge

Nach den Untersuchungen von Don Manuel Chamoso Lamas, dem bedeutendsten Kenner Santiagos unserer Tage, erhebt sich die Stadt an der Stelle von Nekropolen der römischen Periode vom 1. bis 4. Jahrhundert sowie des suebischen Zeitalters vom 5. bis 7. Jahrhundert. Tatsächlich sind eine Menge Grabstätten mit Skeletten, darunter solche riesenhafter Menschen, bei den Ausgrabungen von 1946 ans Licht gekommen, die man im Kirchenboden vornahm. Die Kathedrale erhebt sich also inmitten von Totenstätten. Mithin ist Compostela alt, sehr alt und keineswegs. wie uns die ›Historia Compostelana‹ glauben macht, erst mit dem Santiago-Kult entstanden. Auch müssen wir annehmen, daß sich der Name Compostela weniger in Anlehnung an die Auffindungslegende des Jakobusgrabes entwickelte, nicht von ›Campus Stellae‹ – Sternenfeld, herkommt, sondern sich von ›Compositum‹ – Begräbnisplatz, ableitet.

Die Auffindung des Apostelgrabes trug sich 812 zu, also kurz nach der Krönung Karls des Großen in Rom. Einige Forscher erblicken in der Gleichzeitigkeit der bedeutsamen Daten einen bezeichnenden Umstand. Tatsächlich hebt mit ihnen das Mittelalter an. Die Chronik Santiagos besitzt ebenso wie die Karlsgeschichte einen Aspekt, der weit über die Gedankenwelt der Antike und der in ihrem Geist weiterlebenden Jahrhunderte hinausgeht. Derzeit begab sich nach der Legende folgendes: Eines Nachts bemerkte der Eremit Pelagius, der den Bewohnern der heutigen Pfarre S. Fiz geistlichen Trost spendete und die Messe las, über einem Eichendickicht des sogenannten Berges Libredon einen hellen Lichtschein und Engelchöre. Diese Erscheinungen wiederholten sich, worauf der Eremit Bischof Theodomiro von Iria Flavia Meldung machte. Theodomiro begab sich unter Begleitung seiner Kanoniker alsbald zur Burg Solovio, die in der Nähe des Libredon lag, um hier die Nacht zu verbringen und den Erscheinungen beiwohnen zu können. Sie stellten sich pünktlich ein. Am nächsten Morgen las Theodomiro vor den Herren seines Kapitels die Messe, worauf er eine Schneise zum Platz der wunderbarlichen Begebenheiten schlagen ließ. Bei näherem Nachsuchen fand man dort eine Grabhöhle, ein Marmor-Mausoleum römischen Stiles, das unter der üppigen galicischen Vegetation verborgen und verwuchert stand. Es war von zwei Bögen überwölbt; unter einem kleinen Altar lag eine steinbedeckte Grabstätte. An den Seiten fanden sich zwei weitere Grüfte. Währenddessen ertönten himmlische Chöre, welche die Freude Gottes ausdrückten, daß sein Wille verstanden und befolgt worden war. Denn Bußübungen und meditative Versenkung machten es dem Kirchenfürsten im Verein mit den himmlischen Erscheinungen zur Gewißheit, daß es sich um das Grab des Apostels und die Ruhestätte seiner getreuen Schüler Theodorus und Athanasius handelte. Der Überlieferung zufolge hatten sie nach der Hinrichtung des Jakobus den Körper ihres Meisters in einen Nachen gelegt und von Jaffa in Palästina aus die Schiffsreise über das Mittelmeer durch die Säulen des Herkules und entlang der späteren portugiesischen Küste nach Galicia angetreten. Dort setzten sie den Leichnam des Apostels bei und wirkten in seinem Sinn weiter, indem sie die Menschen ihrer neuen Heimat zum Glauben bekehrten. Als sie den Tod nahe fühlten, baten sie Angehörige ihres Sprengels, sie an der Seite ihres Meisters zu bestatten ...

Der ursprüngliche Name des Auffindungsortes lautete galicisch ›Mámoa‹, was gleichbedeutend ist mit Arca marmorica, also Marmorbogen. Vicente Busco hat in seiner ›Geschichte von Galicia‹ die Zeugnisse der Auffindung und anschließenden Übertragung der Gebeine des Apostels gesammelt. Es sind ein Sendschreiben von 813, in dem Papst Leo III. die Entdeckung der Reliquien des »Amigo del Señor« der Christenheit mitteilt, man hat dem Ereignis also sofort äußerste Bedeutung beigemessen; sodann die Charta König Alfonsos III., des Großen, vom Jahre 906, gerichtet an den Klerus und das Volk von Tours; das Diplom Bischof Sisnandos I. von 914 für das Kloster S. Sebastian de Pico Sagro, der Bericht eines Mönches von Fleury, das erste Kapitel des dritten Buches im Codex Calixtinus, ferner das ›Rationale Divinorum Offiziorum‹ des Jean Beleth, Doktor zu Paris; ein klösterlicher Codex der Diözese Arras; Hymnen des 12. Jahrhunderts und alte Breviere von Braga, Lugo, Orense, Zamora Toledo, Burgos, Siguenza, Cuenca und Plasencia.

Wie durch die zeitlichen Abstände ihrer Folge deutlich

wird, handelte es sich bei den Dokumentationen um die Entfaltung eines und desselben Tatbestandes. Sie damit für überflüssig und abgetan zu erklären, hieße sich die Frage allzu einfach machen. Es waren von Autoritäten inspirierte Beweismittel, die dem Mittelalter mit seinem tiefen Vertrauen auf alles Verbriefte für unverbrüchlich galten. Schreiben hat einmal Dokumentation schlechthin bedeutet. Auch wäre es anmaßend, von einer anders denkenden Epoche die gleichen Belege wie von der unsern zu erwarten. Jede Ära bildet jene Beweismittel aus, deren sie wert ist.

Nach der Entdeckung kommt König Alfonso II. von Asturien dem Wunder unverzüglich zu Hilfe und erbaut über der Begräbnisstätte des Apostels eine erste Kirche, von der bei der großen Grabung von 1946 unter der ursprünglichen Kathedrale einige Reste zum Vorschein kamen. Es war ein Ort der Kasteiung, ein Bethaus, eine ›Thebais‹, um die recht bald die Stadt ins Größere wuchs, seit der Zustrom der Pilger einsetzte. Santiagos Kult begann. Den Hauptteil dieses ersten Gotteshauses bildete das Apostelgrab, das aus dem 1. oder 2. Jahrhundert stammte. Aufgeführt war die Kirche aus Felsbrocken und Feldstein, dazu auf Lehm gegründet; sie besaß nur ein Schiff, dessen Hauptteil durch das Grab in Anspruch genommen wurde. Der enorme Zustrom von Andächtigen aus der ganzen Christenheit machte dieses kleine und arme Gotteshaus bald zu eng. Unter Alfonso III. und während des Episkopates von Bischof Sisnando I. wurde daher 872 mit einem neuen Bauwerk begonnen, das der Kirchenfürst am 6. Mai 899 in Gegenwart des Königs und seiner Gattin Doña Jimena, ihrer vier Söhne und von siebzehn Amtsbrüdern weihen konnte. Es besaß drei Schiffe und drei Apsiden. Die Tumba des Apostels lag in seiner Mitte. Auch gab es eine nach dem asturischen, prerromanischen Typ angelegte und dem hl. Johannes geweihte Taufkapelle. Man hatte das Bauwerk sorgfältig mit Platten aus ägyptischem Porphyr verkleidet und zur Ausstattung Marmorsäulen sowie andere kostbare Materialien verwandt, die laut der ›Historia Compostelana‹ auf Befehl des Königs aus dem antiken Eabeca und aus Oporto herbeigeschafft wurden. Teile davon haben sich bei der Grabung von 1946 wiedergefunden, womit die Richtigkeit der Entstehungsgeschichte belegt ist.

Rund hundert Jahre gedieh der Jakobskult in Frieden, bis plötzlich Gefahr auftauchte. Argwöhnisch, weil sich hier ein christliches Mekka bildete, das entsprechende Nachwirkungen haben konnte, rührte sich die islamische Welt. Das tragische Datum des 11. August 997 dämmert herauf, als Almanzur, der große Heerführer des Kalifen von Cordoba, heranzieht, ausschließlich mit dem Ziel, Compostela zu vernichten. Er stößt über Viseo, Oporto nach Norden vor, verfolgt ein Verteidigungskontingent bis Vigo, quert sodann den Rio Ulla, brennt Padron nieder und langt am 10. August 997 vor der von ihren Einwohnern verlassenen Jakobsstadt an. Lediglich ein alter Mönch ist zurückgeblieben, um bei den Gebeinen des Apostels Wache zu halten, die offensichtlich nicht hatten weggeschafft werden können. Am Folgetag dringt Almanzur in die Kathedrale ein und tut etwas Erstaunliches. Er befiehlt, das Apostelgrab unangetastet zu lassen und seinen Wächter zu schonen. Die Kathedrale wird allerdings dem Erdboden gleichgemacht; im Verlauf einer einzigen Woche widerfährt der ganzen Stadt das nämliche Schicksal. Darauf stoßen die Muselmanen bis La Coruña nach Norden vor. Als sich Almanzur wenige Wochen später auf dem Rückzug nach Cordoba befindet, schleppt er außer zahlreichen Gefangenen die Glocken der Kathedrale von Santiago und ihre Türflügel mit, deren Holz zum Bau von Schiffsdächern dienen soll. Daß er die Glocken auf dem Rücken von Sklaven transportieren ließ, wird von der Geschichtsschreibung nicht ausdrücklich bestätigt, gehört indessen zu den Lieblingslegenden aus jener Epoche.

Die Zerstörung Santiagos war der härteste und auch der feindseligste Schlag unter den vielen Hieben Almanzurs. Er sollte die christliche Welt im Nerv treffen und lähmen. Erst in diesem Licht wird es verständlich, wenn die Gegenschläge der Christenheit, hinter denen die Mönche mit ihrer Beredsamkeit standen, bald ebenso erbarmungslos antworteten, sobald sich die christlichen Kräfte formiert hatten. Wenn auch König Bermudo II. von León vorerst um einen Waffenstillstand nachsuchen und seinen eigenen Bastardsohn Pelayo zu Verhandlungen nach Cordoba schicken mußte. Immerhin begann unter ihm der Bischof San Pedro Mezonzo, der mit allen Kirchenschätzen und Reliquien in die Berge geflohen war, alsbald mit der Wiedererrichtung der Kathedrale. Bereits drohte eine zweite, schreckliche Gefahr. Die Nordlandpiraten, die alle Küsten Europas verheerten, erschienen auch vor Santiago. Aus der Erlösungsbitte des Kirchengebetes »et libera nos ab ira leonis« wurde zu dieser Zeit »a furore normanorum libera nos, Domine«. Es ist wichtig, die furchtbaren Rückschläge im Auge zu behalten, wenn man die Wandlung der Jakobusgestalt vom Inbegriff frommen Pilgertums zum militanten Gottestreiter verstehen will.

Erst zur Zeit des Bischofs Diego Pelaez, unter König Alfonso VI., wird die Kirche neu aufgebaut; damit entsteht der heutige Bau. Eine Inschrift an der Capilla del Salvador nennt als Gründungsdatum das Jahr 1075. Der 1139 abgefaßte Codex Calixtinus verzeichnet einen drei Jahre späteren Termin, nämlich 1078. Zehn Jahre hernach werden die Arbeiten wegen des heftigen Streites zwischen Bischof und König unterbrochen. Alfonso kerkert den Kirchenfürsten wegen angeblicher Geheimbündelei mit Wilhelm dem Eroberer von England ein. Die Diözese bleibt jahrelang verwaist, bis 1093, darauf 1096 Don Diego Gelmirez die Administration übernimmt und schließlich 1101 zum Bischof geweiht wird. Mit erneutem Eifer geht man die Bauarbeiten an. 1102 kann der

Chor geschlossen werden, 1105 weiht Bischof Gelmirez acht Altäre darin. Nach Ansicht von Gomez Moreno dürfte 1128, nach anderen schon sechs Jahre früher, der Schlußstein des grandiosen Gotteshauses eingesetzt worden sein. Ungeachtet vieler späterer Veränderungen darf es als abgeschlossen gelten. Aber damit ist man bereits mitten in der Geschichte der Kathedrale.

Der Bischof mit dem Schwert

Es bleibt der Ruhm des unglücklichen Kirchenfürsten Diego Pelaez, der Kathedrale die Maße gesetzt zu haben. Sie sollte jedem Ansturm von Pilgern gewachsen sein. Zwar, Schwierigkeiten stellten sich hinreichend ein. Es fehlte immer wieder an Geld; der Bau konnte nur mit einer geringen Zahl von Arbeitern betrieben werden. Erst sollte eine eigene Lade für Schenkungen, die Arca operis Beati Jacobi, Abhilfe schaffen, dann erhielt der Bischof sogar eigenes Münzrecht. Dennoch wäre das Werk über sein Vermögen gegangen, hätten nicht Begeisterung und Schwung, jene Kräfte, die das Mittelalter so groß machen, am Ende weitergeholfen.

Auch als, nach Zeiten unsäglicher Verwirrung unter den Nachfolgern des Diego Pelaez, Bischof Diego Gelmirez den Bau fortsetzte, gab es Schwierigkeiten genug. Gelmirez indessen gehörte zu jenen Ausnahmemenschen, die an Widerständen nur wachsen. Er stammte aus Galicia und war der Sohn eines Ritters namens Gelmirio, der im Dienst von Bischof Pelaez die Herrschaftsbereiche von Iria und Umgebung, der Region La Mahia und der Postmarcos gesichert hatte, insbesondere die von den Normannen gefährdete Ulla-Mündung nahe Padron. Gelmirio residierte in den ›Torres de Oeste‹, deren Mauern noch heute stehen. Hier ist Diego Gelmirez zur Welt gekommen. Die Kathedralschule von Santiago vermittelte ihm die nötigen Grundkenntnisse,

Christus als Weltenherrscher

Aus dem Altarantependium der Klosterkirche Santo Domingo de Silos (Provinz Burgos). Anonymer Meister, 2. Hälfte 12. Jahrh. Burgos, Museo Arqueológico darauf studierte er ›Letras‹, Geisteswissenschaften, war also offenbar von vornherein für den geistlichen Beruf bestimmt. Frühzeitig rückte er zum Kanonikus auf. Ramon von Burgund, Graf von Galicia, wurde auf den jungen Kleriker aufmerksam und zog ihn mit Zustimmung des Kapitels zur Verwaltung der Staatsgeschäfte heran. In dieser Eigenschaft hat Diego Gelmirez 1093 den Zug Alfonsos VI. gegen die Mauren in Lissabon mitgemacht, bei dem er nur durch Glücksumstände mit heiler Haut davonkam.

Nach dem jähen Tod des Bischofs Vimara Diaz, der im Miño ertrank, stieg er auf Vorschlag des Klerus und Adels von Galicia zum Obermarschall der Grafschaft Santiago auf. 1101 ist er sodann durch päpstliche Bulle auf den vakanten Bischofssitz der Jakobs-Kathedrale berufen worden – ein Mann der Stunde, der unverzüglich begann, seinem Amt jenen Rang zu verleihen, den ihm politischer Ehrgeiz wie die Überzeugung von der weltumspannenden Bedeutung des Santiago-Kultes vorspiegelte. Gleichzeitig setzte der Bau einer großen Zahl von Kirchen ein, von Sta. Suzana in Compostela bis nach Bayona an der Ria von Vigo. Daneben organisierte Gelmirez die Verteidigung gegen die Normannen, brachte eine Menge von ihnen auf, zwang sie, beim Kirchenbau mitzuhelfen. Staatsrechtliche Aktionen großen Stiles lösten sich ab mit kriegerischen Unternehmungen, klerikale Ausweitungsversuche, wachsender Einfluß in Rom während der Pontifikate von Paschalis II., Gelasius II. und besonders Calixtus II. wechselten mit erstaunlichen kulturellen Leistungen. Gar nicht zu reden von der Erneuerung der Kirchenzucht. Gelmirez war der Mann, der alles angriff, dem alles gelang. Er hat es sogar durchgesetzt, daß nach der erzwungenen Eheschließung Doña Urracas, der Witwe Don Ramons von Burgund, mit Alfonso I. el Batallador von Aragon der erst sechsjährige Thronprätendent Alfonso Raimundez, Sohn Ramons von Burgund und später als Alfonso VII. el Emperador eine der bedeutendsten Gestalten der mittelalterlichen spanischen Geschichte, zum König von Galicia gewählt wurde, das somit von Aragon unabhängig blieb. 1126 übernahm Alfonso VII. auch die Krone von Kastilien und León.

Hinter dieser Entwicklung stand der Kirchenfürst von Compostela, der seit 1124 den Rang eines Erzbischofs von Santiago innehatte. Zweifellos hat der unbedenkliche Mann zeitweilig mit dem Gedanken gespielt, Rom die Führung der Christenheit zu entwinden und den Stuhl Petri zu einem Thron Santiagos zu machen. Es war für ihn eine große Stunde, als im Zusammenhang mit der Kaiserkrönung Alfonsos VII. von 1135 dem erzbischöflichen Sitz von Santiago nicht nur das Erzkanzleramt, sondern auch das Recht verliehen wurde, in allen Jahren, in denen der Jakobstag, der 25. Juli, auf einen Sonntag fiel, ein Heiliges Jahr zu begehen. Rom wurde dieses Privileg erst unter Papst Bonifaz VIII. im Jahre 1300 zuteil.

1149 ist Diego Gelmirez gestorben, ein Mann, der die Gewalt nicht scheute und die Spannungen der römischen Kurie genauso zu nutzen verstand wie seine Rolle als Mentor des jungen Alfonso VII. Der allerdings auch den Bogen gelegentlich überspannte. Die zeitweilige Exkommunikation oder der Aufstand der Santiagueser Bürger von 1117 gegen ihn wie Doña Urraca, bei dem die Puerta de la Azabacheria in Flammen aufging, sprechen ebenso deutlich wie sein machtvoller Palast unmittelbar neben der Kathedrale.

Der *Palacio* gehört zu den großartigsten Wohnbauten Spaniens aus romanischer Zeit. Das Interessanteste der Wohnburg ist ihre innere Anordnung, die ahnen läßt, daß sich der Kirchenfürst in seiner Stadt keineswegs immer sicher gefühlt hat. Einer großen Eingangshalle im Erdgeschoß folgen, über eine steile Treppe zu erreichen, kleine Kammern, offenbar Küche und Schlafgemächer, im Zwischenstock. Erst darüber liegt im Obergeschoß der prachtvolle Festsaal, ein langgestreckter weiträumiger Remter. Die Gewölbe werden von reichverzierten Kreuzrippen in der Art des Portico de la Gloria getragen; sie ruhen ihrerseits auf schönen Kapitellen mit Szenen aus dem täglichen Leben, die Anspielungen auf Alfonso VII. enthalten. Von hier oben fällt der Blick durch ein kleines Fenster hüben auf die Azabacheria. Drüben, von den Sitzsteinen an den Fenstern der Vorderfront sieht man auf die Weite der Plaza de España. Aber wiewohl es ein überaus repräsentativer Raum ist, man muß nach unten zurück, um das Bauwerk des Gelmirez in seinem Kern zu verstehen. Dieser um 1120 errichtete Palacio ist im Grunde eine wehrhafte Burg geblieben. Die schmalen Fensterschlitze der gegen jede Überrumpelung sicheren Eingangshalle im Erdgeschoß verraten es, und nach allem, was wir von Diego Gelmirez wissen, mochte diese Vorsicht angebracht gewesen sein.

Dach der Welt

Auch die *Kathedrale* ist also weitgehend des Gelmirez' Werk. Wer sie in ihrem alten Zustand kennenlernen will, darf allerdings nicht nur das Innere im südlichen Querschiff betrachten, wo es sich unverändert bis heute erhielt. Er muß auf die Emporen und durch ein Turmgeschoß hinaufsteigen aufs Dach. Im Schutz der alten Zinnen führt ein Laufsteg an der Seite des Langschiffes bis zum Querhaus und der großen Barockkuppel. Indessen darf man getrost über die Dächer wandern; sie sind wie vor alters mit Steinplatten gedeckt. Rechts fällt der Blick auf die Giebelfigur eines kauernden Widders aus dem 12. Jahrhundert über der Puerta de las Platerias, und hier erkennt man, daß der romanische Bau des Pelaez und des Gelmirez etwas knapper als jener gehalten war, den man heute in seiner Verbrämung durch gewisse Barockzutaten erblickt. Es läßt sich hier oben auch anderes studieren. Als Rückseite des Obradoiro sind unverbaut die romanischen Fassadentürme zu sehen, die sich nach vorn in einer Barockverkleidung verstecken. In herrlicher Klarheit und Harmonie öffnen sich die alten Rundbogenfenster der Türme dem Dach zu. Ähnliches ist an der Chorhaube zu finden, die von schön gedrechselten, freilich verwitterten romanischen Säulen getragen wird. Wird die Kirche im Innern vom lauteren Wohlklang strenger Architektur beherrscht, hier oben waltet ein freies, fast fröhliches Spiel der Formen. Wie köstlich, von der Brüstung der Chorhaube hinabzuschauen in den Zwischengang der Puerta Santa! Die romanische Santiago-Kathedrale dürfte ohne ihre spätere Ummantelung mit Barockgemäuer ein erlesen schönes Bauwerk gewesen sein.

Ob diese Verfremdung wirklich eine Erhöhung war? Unzweifelhaft, die herrliche Kuppel, der Trakt der Puerta Real an der Quintana, der Kreuzgang nebst den Sakristeibauten von Rodrigo Gil de Hontañon, die zugehörigen Türme leisten das ihre. Das Obradoiro und der Reloj oder Uhrenturm, im 17. Jahrhundert von Domingo d'Andrade erbaut, steigern diese Wirkung ins Großartige. Aber der Einblick in die romanische Rezeptur, den Plan des Bauwerkes, läßt die Größe der Epoche des Diego Pelaez wie des Diego Gelmirez ungeschminkt aufsteigen; sie war vielleicht hart und unbedenklich in der Wahl der Mittel, aber zutiefst erfüllt von einem elementaren Drängen nach einer höheren Welt.

Vor der Kuppel am Ansatz des Chordaches befindet sich ein einzigartiges Monument der Pilgerschaft. Über einem roh gearbeiteten romanischen Widder hebt sich ein Bronzekreuz ungefähr anderthalb Meter hoch. Es ist das *Croz de Farapos*, das Kreuz der Lumpen. Davor auf den Dachplatten ein offenes, gemauertes Becken. Darin wurden die Kleider jener Pilger verbrannt, die allzu abgerissen, schmutzig und vielleicht auch von Ungeziefer befallen anlangten. Die Jakobus-Kathedrale pflegte Wallfahrer, die zu arm waren, um sich ein Gewand zu kaufen, neu einzukleiden. Befand sich diese kirchliche ›Kammer‹ hier oben in einem der Turmgeschosse? So wäre alles gut beieinander gewesen. Die Pilger nämlich logierten in frühen Epochen, ehe es genügend Hospitäler gab, auf den Emporen der Kathedrale. Sie waren Gäste des großen Apostels und schliefen ein mit dem Blick auf sein Bildnis.

Auch das zu wissen ist wichtig, um diese Kirche zu verstehen. Die Wallfahrer hatten nicht weit, ihr zerlumptes Reisezeug bis zum luftigen Ofen am Croz de Farapos hoch über der Plaza de Quintana zu bringen, und man kann sich gut ausmalen, wie das zu romanischen Zeiten aussah: das Dach überkrochen von halbnackten, vergnügten Gestalten, die ihre Körper in den Wind hielten.

Die Kathedrale

Die Neben- und Umbauten späterer Zeitalter, vornehmlich des Barock, ummanteln also die Kathedrale völlig. Am entschiedensten von der Südseite, der Rua del Cabildo, wo sich der spätgotische Kreuzgang mit den 1527 begonnenen Kapitelbauten des Rodrigo Gil de Hontañon vor das Bauwerk legt. Sie schließen den zur Plaza de las Platerias gelegenen Trakt der Sakristeien nebst seinen exotischen, pagodenförmigen Türmen ein. Nach Westen zu erhebt sich das um 1750 vollendete *Obradoiro* und setzt dem gesamten Baukomplex den großartigsten aller Akzente auf. Man stelle sich eine spanische Altarwand mit ihren Nischen, Durchbrüchen, ihrem ins Enorme vergrößerten Zierat vor, und man versteht, was hier von Casas y Novoa gewollt war: die Schauseite verwandelt sich in einen grandiosen Retabel, dem zuunterst die festliche, gegenläufige Freitreppe vorliegt. Portikus und Obergeschoß sind von machtvollen kannelierten Säulen mit korinthischen Kapitellen flankiert, zwischen denen sich Nischen bilden, geschwungene Fenster öffnen, Scheinarchitekturen ihr Spiel entfalten, bis der hohe Blendgiebel, stark von galicischen Formen beeinflußt, mit der Apostelfigur über alles triumphiert; noch höher, gleich einem letzten Luftholen des Überschwangs, ragt die laternenartige Spitze auf. Begleitet wird dieses Mittelstück an beiden Seiten von Türmen, deren Untergeschosse in einladender Empfangsgeste vorgeschoben sind, bis auf eine malerische Mittelzone und zwei strengere Obergeschosse eine noch triumphaler empfundene Spitzenarchitektur folgt. Sie enthält ein ganzes Arsenal galicischer Barockvorstellungen: Galerien, Erker, Voluten, Zierat ohne Ende; zuoberst bekrönen, ebenso entschieden wie beruhigt, zwei schlanke Hauben das Werk. Ein schwelgerisches Gemälde? Doch wohl nicht. Dafür ist die Ordnung zu subtil empfunden. Fast widerwillig erkennt man die Großartigkeit dieser Fassade an. Sie setzt jeden, der sie verwirft, ins Unrecht.

Nach Norden andererseits, zur Calle de la Azabacheria, wo früher die Wechsler und Kaufleute ihre Stände hatten und ein 1122 von Meister Bernardo angelegter Brunnen stand, an dem die anlangenden Pilger ihren Durst löschten, zeigt sich ein gegensätzliches Bild. Da liegt die 1757 neu entworfene, aus neoklassischem Geist geprägte *Puerta de la Azabacheria*, ein Bekenntnis zur Würde und Größe des Irdischen. Tatsächlich läßt sich eher von einer Theater- oder Palaisfront als von einem Kirchenportal reden. Nach Osten zu riegelt eine geschlossene Renaissancewand mit der *Puerta Santa* oder del Perdon von 1611, die nur am 25. Juli jeden Jahres und während der Heiligen Jahre geöffnet ist, den Kathedralbau gegen die Quintana ab. Das ist sehr klug gemacht: hüben der Plaza der machtvolle Kubus des Klosters S. Payo mit seinen schwer vergitterten Fenstern der Nonnenklausur, drüben ebenso raumbildend, aber gefälliger, zum Gebirge der Kathedraltürme hinüberleitend die Außenwand des Kirchenbezirkes. Wiederum im Süden der Kathedrale folgt das *Querschiffsportal der Platerias*, das als einziges Außenportal noch aus dem 12. Jahrhundert stammt. Es sind also fast alle Epochen mit ihren Formen vertreten, wobei das churriguereske Barock des Obradoiro unzweifelhaft dominiert. Erstaunlicherweise wirkt die Kathedrale dennoch wie aus einem Wurf. Ihre Stilformen ergänzen sich. Doch kommt noch mehr hinzu, das ohnehin faszinierende Bild zu steigern.

Westwerk und Puerta de las Platerias liegen hoch über den umgebenden Plätzen. Zur Puerta de la Azabacheria hingegen muß man hinabsteigen. Die Puerta Santa schließlich ist von der Quintana ebenerdig zu erreichen. Diese Plätze sind keineswegs ursprünglich. Das mittelalterliche Gotteshaus stak genauso inmitten eines Häusergewirres wie alle alten Kirchen. Lediglich an Stelle der oberen Quintana befand sich ein freier Platz, ein Friedhof, den die Pilger längst verschollener Zeiten durchschritten, wenn sie von der Via Sacra kamen, um zur Heiligen Pforte zu gelangen. Weswegen dieser Teil Quintana de los Muertos genannt wird. Von hier kann man gelegentlich noch die unverbaute romanische Kathedrale erblicken, denn es gibt eine Nebenpforte, die manchmal zu Reparaturzwecken geöffnet wird. Dann entzückt sich der Blick an dem romanischen Bauleib, er fällt auf Chorpartien, gepunzte Leisten, hoheitsvolle Fenster sowie eine herrliche Gliederung, gegen welche die üppigen Barockbalustraden der Dächer und des Chorhauptes reich, indessen schwächlich anmuten. Daß überhaupt ein gewisser Luxus im Spiel ist, schadet der Kathedrale wenig. Die strenge Großartigkeit ihres Innern, das zum Vorbild einer ganzen Reihe französischer Kathedralen von St-Sernin zu Toulouse bis zum zerstörten St-Martin von Tours wurde, macht alles wett. Treten wir also ein, um vom heilsamen Atem der Romanik eingefangen zu werden, die es mit dem Bauen noch ernst nahm und keine Ästhetik kannte, deren Schönheit vielmehr identisch mit der Aussage war!

Vier Baumeister nennt der Codex Calixtinus, die am Werk gewesen sein müssen, ehe der große Schöpfer des *Portico de la Gloria*, Meister Mateo, auftrat. Aber vielleicht waren es mehr. Wir kennen die Namen von Maestro Bernardo dem Älteren, in merkwürdiger Voranstellung des Adjektivs genannt ›mirabilis magister‹, was vielleicht das Wunderbarliche seines Schaffens unterstreichen sollte. Noch zu seinen Lebzeiten wirkte ein Meister Roberto mit, dessen Name auf französische Herkunft schließen läßt; gewisse Eigenheiten der Kathedrale könnten so zu erklären sein. Ihm folgte Meister Esteban, der 1101 »unter ehrenden Umständen« zum Bau der romanischen Kathedrale von Pamplona berufen wurde, die längst untergegangen ist, 1109 hören wir von einem Maestro Bernardo el joven, dem Jüngeren, der Gomez Moreno zufolge ein Enkel oder Urenkel des älteren Bernardo gewesen sein könnte. Der ursprüngliche Plan von Bischof Diego Pelaez wurde zu allen Zeiten sorgfältig eingehalten. Was auf diese Weise entstand, ist von ungleich geschlossenerer Wirkung als das Äußere.

Das in Form eines lateinischen Kreuzes angelegte *Innere* stellt sozusagen den Archetyp einer Wallfahrts- und Prozessionskirche mit drei Schiffen dar, wobei sich über den Seitenschiffen Emporen wölben. Alle Aufmerksamkeit konzentriert sich auf das Mittelschiff mit seinen rund vierundneunzig Metern Innenlänge und einer Gewölbehöhe von vierundzwanzig Metern. Die *Kuppel*, das Zimborium also, ersetzte im 15. Jahrhundert die nach dem Muster von Jaca und Frómista angelegte, ursprüngliche Laternenkonstruktion und strebt dreiundreißig Meter hoch auf. Die Kirche nimmt sich im Innern so einfach aus, daß man von Simplizität reden könnte, wäre nicht Erhabenheit im Spiel. Zu jedem der Joche strebt ein Pfeilerbündel hinan; ihm liegen Dienste vor, die in Höhe der Kapitelle nur durch einen Kämpfer unterbrochen sind und bis zu den Gurtbögen aufwärts wallen. Als Gewölbe dient die übliche spanische Halbtonne, seit den Westgoten ein Kennzeichen der iberischen Architektur. Dies der sonore Grundklang, über dem die wundervolle Harmonie der Maße gleich einer Melodie erblüht.

Das Schema ist ersichtlich einfach, aber von sehr hohem Adel. Wenn St-Sernin zu Toulouse gewaltig wirkt, diese Kirche bleibt stets dem Herzen nahe. Ihre Pfeilerbündel sind schlank, ihre Arkaden schmal und hoch. Man ist geneigt zu sagen, abermals trete ein der spanischen Romanik eigener Zug zutage, der sich aus westgotischen Erinnerungen herleitet. Denn ihre eigentliche Wirkung bezieht die Kathedrale aus der schmalen, wohlproportionierten Höhung der Arkaden und den herrlichen Emporen mit ihren Biforiendurchbrüchen der ältesten Teile, der Querschiffe. Den Chor umschwingt eine Girola, ein Chorumgang nach französischer Sitte, der zu vielen Spekulationen Anlaß gab, so lange es für selbstverständlich galt, eine französische Priorität des Bauens anzunehmen. War das Ei eher als die Henne? Tatsächlich besitzt nur St-Etienne in Nevers ein früheres Deambulatoire. Bereits Maestro Bernardo der Ältere müßte also Nevers gekannt haben. Ein wenig wird die Wirkung des Langhauses durch die vor der Vierung eingebaute Barockorgel mit ihren ins Schiff vorstehenden Unterpfeifen beeinträchtigt. Allein, macht es noch etwas? Schon hat sich das Auge des *Altares* bemächtigt, um ihn nicht mehr loszulassen.

Wir sahen, besuchten ihn zu allen Stunden des Tages. Wann immer wir konnten. Am Nachmittag zwischen fünf und halb sechs kam sein größter Moment. Dann tasteten lange Finger stäubenden Sonnenlichtes durch die Fenster des Zimboriums, streiften die mächtige, thronende Gestalt des hl. Jakobus, eine romanische Schnitzfigur von hieratischer Großartigkeit, die in einer Hand den Bordon oder Pilgerstab, in der anderen eine Schriftrolle trägt. Aus den Seitenschiffen wuchsen unterdessen bereits die Schatten ins Mittelschiff, und Dämmerdunkel webte in den Emporen. Der Holzleib des Apostelbildes ist um 1700 mit getriebenen Silberplatten bekleidet worden. Das Haupt wird von goldenem Nimbus umstrahlt. Über ihm, seitlich, vor ihm lauter Silbernes. Auf diese leuchtende Figur mit den Emailfarben des Gesichtes fällt also zur genannten Nachmittagsstunde des Hochsommers das Licht. Jetzt ist eigentlich nur noch sie in der Kirche vorhanden und nichts anderes mehr wichtig. Es war unsere Gepflogenheit, sodann hinabzusteigen unter den Altar, wo in einer Nische die Reste des Heiligen und seiner Schüler in einem Silberschrein ruhen. Gelegentlich kletterten wir auf einem kleinen Treppchen hinter dem Altar zur mächtigen Jakobusfigur hinan, um von hinten die Schultern zu umfassen und die Lippen aufs Metall zu drücken, wie es zum Programm eines Santiago-Besuches gehört. Doch alsbald saßen wir erneut im Raum und wünschten, dieser Blick möchte uns noch fünfzig oder hundert Mal im Leben beschieden sein. Worauf wir durch eines der Querschiffe davonwanderten.

Dieses Wandern ist in Santiago legitim; es gehört dazu. Selbst bei Gottesdiensten wandert ein Teil der Gläubigen. Völlig falsch, dies als Achtungslosigkeit zu werten! Die Kathedrale ist keine Gemeindekirche im üblichen Sinne, sondern das Haus des Apostels, ein Versammlungshaus derer, die zu seiner Gefolgschaft gehören. Jakobus stellt eine Mittlerfigur dar, deren Heilstaten man sich mit geheimer Rührung, sozusagen als fromme Anekdote, aber niemals mit devotem Erschauern erzählt. Verherrlichungen, wie sie jünger eingeführte Kulte lieben, sind nicht am Platz. Dennoch hat keine Gestalt aus dem Umkreis oder der Nachfolge Christi solche Wallfahrten evoziert wie der Sohn des Zebedäus! Warum?

Wir saßen erneut in den Bänken des Mittelschiffes, fühlten, wie unsere eigene Existenz gering und geringer wurde, während langsam in uns die Ahnung wuchs, was sich hier eigentlich zugetragen hatte.

»Sagt es niemand, nur den Weisen«

Schließlich erkannten wir, daß es eines Umdenkens bedurfte, um zu verstehen, warum soviel Menschen nach Santiago de Compostela gezogen waren. Keineswegs galt es, die Frage nach der geschichtlichen Realität des Apostels Jakobus und seines Martyriums aufzuwerfen, sondern einzig die nach seiner geschichtlichen Wirksamkeit, was etwas anderes ist. Man mußte die Geschehnisse und den ihnen gewidmeten Kult von der ›inneren Linie‹ her betrachten, so, wie man im Mittelalter Geschichte schrieb. Die kritischen Methoden unseres Zeitalters versagten.

Im Codex Calixtinus findet sich ein rätselhaft anmutendes Wort. Durch Santiago, heißt es im ›Sermon des Papstes Calixtus‹, sei der Erzfeind endgültig besiegt, Gott verherrlicht und die christliche Welt erleuchtet worden. Das entsprach durchaus dem Glaubensbewußtsein in der großen Epoche der Pilgerschaft. Aber es nimmt sich dennoch verzweifelt wie Ruhmredigkeit aus. Demnach hatte der Apostel Herodes vernichtet und dafür den Himmel, den königlichen Wohnsitz des ewigen Vaters, erworben; er war unter die Fürsten des Himmels aufgestiegen und nahm einen Thron in der Glorie ein. Herodes bedeutete dabei offenbar eine Gleichsetzung mit dem Heidentum schlechthin.

Überlegte man sich diese Formulierungen in der Kathedrale von Santiago, wollte es nicht mehr stimmen, daß hier eine leere Glorifizierung vorlag. Man erkannte, es waren Bilder und Feststellungen, genauer gesagt Ortungen. Der Sermon des Papstes Calixtus II. enthält noch aufschlußreichere Partien. Es findet sich der Satz, durch Santiago sei der Teufel in seinem Membrum oder Glied Herodes getroffen, Christus dagegen habe in seinem Glied Santiago gesiegt. Da leuchtete plötzlich ein Licht auf, das die Abgründe endloser Zeitalter durchdrang. Es wurde eine Teilhaberschaft angedeutet, die wir mystisch zu nennen geneigt sind, und die doch etwas anderes, eine verschollene Denkweise ist. Der Gedanke der Inkarnation eines und desselben Wesens in verschiedenen Gliedern und Gestalten deutete sich an. Will man das Mittelalter verstehen, muß man zuerst lernen, daß es nichts von einem sich selbst verantwortlichen, auf sich selbst bezogenen Individuum wußte, wie es die Renaissance in Mode brachte.

Abermals: warum starrte diese Epoche so gebannt auf Santiago, warum unternahmen Millionen von Menschen eine Wallfahrt, die über alle sportlichen Rekorde hinausging? In Compostela wurde nicht geheilt wie in Lourdes, es knüpften sich an den Besuch keinerlei Tröstungen wie in Kevelaer, wo man zur ›Consolatrix afflictorum‹ zieht. Es fehlte also an greifbaren Zielsetzungen, die der Mensch von heute braucht, um etwas zu verstehen oder sich vorzumachen, er verstünde es. Das Mittelalter handelte in unserm Sprachgebrauch keineswegs sinn-bezogen. Das so sehr abgesunkene und zur Zwangsvorstellung des Tourismus degradierte ›Da-gewesen-sein‹ hat zu seiner Zeit noch den Charakter des Teilhabens und Teilnehmens besessen. Man nahm sogar einen Teil der besuchten Stätte, des besuchten Patrones mit sich; man partizipierte seither an seinem Dasein, an der Existenz und in späteren Zeiten, die schon Begründungen brauchten, an der vorgestellten unaufhörlichen Gnadenemanation des heiligen Ortes oder der heiligen Reliquie. Man lebte fortan in der Strahlenaura der Begnadung weiter, die von dem Heiligenbild ausgegangen war. Darin liegt einer der größten und ältesten Gedankenzusammenhänge der Menschheit. Die durch Leibesmühe, Gefahr,

Opfer, inneren Aufschwung vollzogene und errungene Teilhaberschaft an etwas Höherem ist unverlierbar und bewirkt Rettung und Gnade.

Gleichgültig, ob man dieses Teilhaben als Relikt einer alten Gesellschaftsordnung deutet oder nicht, es kann kein Zweifel sein, daß es den Menschen aus seiner individuellen Ohnmacht löste und ihn mit Kräften begabte, die weit über seine natürlichen Anlagen hinausgingen. Das Mittelalter mit seiner Neigung zu Rangordnungen hat eine ganze Hierarchie oder Deszendenz des Teilhabens gekannt: Christi Jünger wachsen durch ihr Teilhaben am Meister. Wer dem Herrn am nächsten sitzt, partizipiert am meisten. Dem ›Ältesten‹ der Getreuen teilt sich der Gnadenstrom am intensivsten mit. Erst in diesem Licht gewinnt der von Santiago de Compostela an die Christenheit gerichtete Appell, Jakobus Major sei der älteste der Jünger, seine außerordentliche Bedeutung. Christus selber war auferstanden und gen Himmel gefahren. Volk und Land, die im Besitz der Reste seines vornehmsten Apostels blieben, mußten besonders begnadet sein. Da die Gnaden-Teilhaberschaft nicht auf eine bestimmte Person begrenzt war, sondern sich gleich einem aufgefächerten Strom immer weiter mitteilte, bedeutete die Wallfahrt nach Santiago de Compostela, in den Stand einer Gnade und Erhebung ohnegleichen zu gelangen.

Machte man sich's richtig klar, unterlag sogar die Kunst, allen voran die Architektur, diesem Gesetz. Denn was hatte durch das Prinzip seiner Maße mehr teil an der Entfaltung des einen, obersten Wesens, als die romanische Baukunst? Was unter allen ihren Werken mehr, als die Harmonie dieser Kathedrale, in der wir nun saßen, um beunruhigt und erregt erneut aufzustehen und durch das Querschiffsportal hinauszuwandern zur Plaza de las Platerias.

Puerta de las Platerias

Eine mächtige Freitreppe. Darunter ein tiefer gelegener Platz samt einem Brunnen von springenden Pferden, der Fuente de los Caballos. Der Platz flankiert von der Casa de la Conga hüben, den Sakristeibauten Hontañons drüben. Im Rücken begrenzt ihn die prächtige Front der Casa del Cabildo, die Stirn überragt der barocke Uhrenturm Domingo d'Andrades und einer jener Flankentürme des Kreuzgangs, die wie Pagoden aussehen. Alles in allem einer der schönsten Winkel von Santiago de Compostela. Vornehmlich seines Kleinodes willen, das eines der seltsamsten der Kunst ist. Der *Puerta de las Platerias* der Kathedrale, ihres ältesten erhaltenen Eingangstores, fertiggestellt im wesentlichen 1103. Wenn einige der Figuren jüngeren Datums sind, so stammen andere aus um so früheren Zeiten und lassen plötzlich erstaunliche Zusammenhänge erkennen. Aber das ist es nicht, auf das es ankommt. Vielmehr das seltsam Rudimentäre, Zusammengestückelte. Allerdings, welcher Rudimente, welcher Flicken!

Zwei Rundbogenportale mit reich skulptierten Gewändesäulen, je drei rechts und links, fünf in der Mitte bilden einen Portikus, bei dem sowohl die Tympana von 1103 wie die Zone bis zum Sims mit Reliefs überzogen sind. Möglich, daß hier einmal ein Schutzdach aufliegen sollte. Es ist genauso wenig fertig geworden wie die mächtigen Bögen, deren Ansätze aus den flankierenden Wänden brechen; abbrechen. Ersichtlich war es die Absicht, mit ihrer Hilfe die gesamte Szenerie zu überfangen.

Betrachtet man die Tympana der Portale, offenbart sich, daß es mit den angedeuteten Schwierigkeiten keineswegs sein Bewenden hat. Zwar, rechts ist eine urtümliche Passion samt einer Anbetung der Könige im Oberfeld dargestellt. Ein niederfahrender Engel bringt Christus die Krone. Die

Erzählung holpert so hin. Links ist sie keineswegs flüssiger, eher werden die Details mit der Versuchung des Herrn noch bruchstückhafter nebeneinander gefügt. Lemurisches Gewürm geifert von links gegen schützende Engel an, von rechts suchen höllische Monstren in Affengestalt den Herrn zu verwirren. Aufrecht erhobene Löwen mögen in gewisser Beziehung zu der üppigen Luxuria oder Ehebrecherin im rechten Zwickel stehen, die einen Totenkopf im Schoß trägt. Auch wenn das Tympanon besser erhalten wäre, dürfte sich der Sinn nicht mehr voll erschließen.

Dafür scheint auf dem Mittelpfeiler und dem Gewände anfänglich alles klar. Herrliche Prophetendarstellungen überziehen die vorgelegten Säulen; darüber kommen Kapitelle und abermals höher setzen erneut die Bilderrätsel oder Rätselbildnisse ein. Zwei Löwen tragen ein Speichenrad, das die griechischen Zeichen Christi mit dem Kreuz verbindet, ein Dämon lugt aus einem Fenster, Weingerank verschlingt sich mit Tierleibern, Abraham entsteigt dem Grab; ein Relief, das stilistisch eines der jüngsten Details ist. In den Zwickeln zu den Tympanen blasen Engel zum Jüngsten Gericht wie in Conques.

Folgt das freie Feld über dem Portal bis zum Sims mit seinen zwei Reihen von Darstellungen. Etliche stammen von der 1117 zerstörten romanischen Puerta de la Azabacheria. Es ist müßig, die Szenen zu erzählen, denn sie enthalten kein Programm, aber es ist unerläßlich, sich mit ihnen im einzelnen zu beschäftigen: dem schuldbeladenen Menschenpaar, das der Herr aus dem Paradiesgarten weist, Engels- und Apostelgestalten, Tierkreiszeichen, vor allem der oberen Reihe mit den eigentlichen Aposteldarstellungen. Endlich wird in der Mitte Santiago sichtbar, der wahrscheinlich 1109 entstand, eingerahmt von Zypressen, die den Berg Sion symbolisieren. Genau über dem Abrahamsrelief erscheint Christus, offensichtlich eine der jüngsten Skulpturen, indessen eine von höchstem Wert. Einen ähnlichen Rang besitzt nur noch die leider sehr verwitterte Gestalt des Apostels Andreas. Das Relief einer Jungfrau mit Kind soll nach einigen Forschern eine Madonna lactans darstellen. Es wäre die älteste europäische Fassung dieses Motives.

Das wäre fast alles; das Portal, wie gesagt, ist zusammengestückt. Zieht man den Codex Calixtinus und seine sehr genaue Beschreibung zu Rate, läßt sich feststellen, daß die Tympana, die Prophetensäulen, der Aufbau des Mittelteiles, die Abrahamsdarstellung ausgenommen, dazu die Apostel San Pedro, Santiago, San Juan mit dem Herrn in der Mitte ursprünglich sind. Daß sich an dieser Stelle weitere Apostelbilder befanden, wird angedeutet. Wir haben es also mit einem regelrechten Apostelportal zu tun. Schade, daß man es nicht so bezeichnet, sondern nach dem Platz der Silberschmiede nennt. Der Hinweis könnte manche Ratlosigkeit bannen.

Man muß sich eingestehen, daß die starke Betonung der Apostel in merkwürdiger Korrespondenz zu dem späteren Portico de la Gloria steht, wo das Brüderpaar Jakobus und Johannes das Mittelportal gleichsam instrumentiert. An der Puerta de las Platerias findet diese ›Instrumentierung‹ auf andere Weise statt, und zwar durch nachträglich zugefügte Reliefs von der Azabacheria, die heute links vom Portal in die flankierende Wand eingelassen sind. Zuoberst ein segnender Christus, eine herrliche Arbeit, deutlich als Bindeglied zwischen der Portada del Cordero zu León und Compostela kenntlich, darunter die wundervolle Gruppe von Gottvater, der Adam erschafft, eines der schönsten Stücke romanischer Plastik schlechthin. Schließlich der berühmte König David. Allesamt sind sie lange vor 1103 entstanden. Da springt also der Flammenbogen über, befindet man sich mitten im Strom spanischer Plastik, der aus den Brunnen des 11. Jahrhunderts quillt und dem Portico de la Gloria zufließt!

Nimmt man den David genauer unter die Lupe, leuchtet plötzlich etwas sehr Interessantes auf. Gut, er kreuzt die Beine, wie wir das von späteren Sitzbildern bis nach Frankreich hinein kennen, hat also ungemein Schule gemacht und ist zum kunsthistorischen Meilenstein geworden. Aber darum geht es nicht. Sein Blick ist weggewandt, als riefe ihn etwas fort. Das verleiht seiner Haltung keineswegs einen episodischen Zug, sondern vielmehr eine repräsentative Würde, was in der Tat gemeint ist. Dieser jugendliche König mit dem Kräuselbart, dieser ›Juglar‹, Spielmann, hält mit der Linken, die auf das Knie gestützt ist, den Hals seiner Geige, in der Rechten den Bogen. Die Architektur des Thrones, auf dem er sitzt, deutet die Stadt Jerusalem an. Unter den in Klauen verwandelten Füßen des Thrones winden sich Monstren; ebenfalls unter den Beinen des Spielmann-Königs. Der Kopf eines dieser zartgliedrigen Unholde biegt sich in schmerzhafter Gebärde zurück, die zierlichen Händchen strecken sich flehend hervor. Wir begegnen dem höllischen Personal an dieser Kathedrale nicht so oft wie an anderen Kirchen. Warum also hier? Der Spielmann hat die unlauteren Geister offenbar durch die Macht seiner Musik bezwungen. Das läßt einige Folgerungen zu. Wir finden dem Geist der Musik eine ungemeine Rolle zubemessen und, was mehr ist, wir dürfen ihn gleichsetzen mit der Poesie.

Da wäre er doch, der cantus firmus, den der Portico de la Gloria so unüberhörbar ertönen läßt: die merkwürdige poetische Grundhaltung der spanischen Romanik im allgemeinen und die ›festliche Gestimmtheit‹ von Santiago im besonderen, die sich als sanfte Schönheit der Apostel und Propheten, als Lächeln des Johannes und Milde des thronenden Christus manifestiert. Natürlich. Der Portico de la Gloria stimmt das bezwingende Spiel, das dem David der Puerta de las Platerias fast den Charakter eines Orpheus verleiht, nur noch ungleich volltöniger an.

Vorm *Portico de la Gloria* bestätigt sich dann alles, was man vor der Davidfigur empfand. Er liegt über der *Krypta* oder alten Kathedrale, in der die Pilger die erste Nacht ihres Aufenthalts im Gebet verbrachten, einem Raum, der von Meister Mateo aus statischen Gründen entscheidend umgestaltet wurde und die Form einer kreuzförmig angelegten Kirche erhielt. Die Gewölbe werden von drei dicken Pfeilern getragen. Man muß die Krypta hinzurechnen, wenn vom Portico die Rede geht, der ebenfalls für die ankommenden Pilger gedacht war.

In dieser nach innen zweimal durch eine Stufe langsam ansteigenden Unterkirche nistet die Sage unendlich vergessener Wallfahrerschicksale. Wer hat hier nicht alles auf den Knien gelegen! Gelegentlich ist der geheiligte Boden den Jakobuswanderern sogar zur ewigen Ruhestätte geworden.

Die von außen begehbare Krypta war notwendig, um das Gefälle des Bodens auszugleichen. Über ihr folgt in Höhe der Schiffe der eigentliche Portikus oder Portico, an dem Meister Mateo seit 1168 gearbeitet hat. Auf Grund urkundlicher Belege mutet es sicher an, daß die Arbeiten anläßlich eines Besuches von König Fernando II. von Galicia und León begannen. Jedenfalls übertrug der Monarch an diesem 23. Februar 1168 die Bauleitung an Meister Mateo, der übrigens schon seit 1161 ›Ponteador‹ oder leitender Brückenbaumeister von Galicia war. Auch setzte er ihm eine Rente von einhundert Goldmaravedis auf Lebenszeit aus. Die Arbeiten an dem neuen Portal zogen sich zwanzig Jahre hin. Wie auf den Schlußsteinen des Portikus eingemeißelt steht, vollendete Mateo sein Werk am 1. April 1188. 1217 haben wir letzte Nachricht von ihm. Der Portico, dieses an Gestalten reichste Bildwerk Spaniens, sichert ihm einen Platz unter den großen Genies des Abendlandes.

Wer er war? Wo er seine Ausbildung erhielt? Zweifellos kannte der Baumeister und Steinmetz die großen Neuerungen der französischen Gotik in der Ile de France und vielleicht auch Pontigny. Was freilich nicht voraussetzt, daß er dort gewesen sein muß. Ernst Buschbeck hat in seiner klugen Monographie auf eine gewisse Stilverwandtschaft zwischen einigen skulptierten Partien des Portico und Arbeiten des Languedoc oder Burgunds hingewiesen. Andere Forschungen lassen es möglich erscheinen, daß Mateo als Schüler des in Avila an S. Vicente und anderen Kirchen wirkenden Meisters Fruchel tätig war. Auch existieren Ähnlichkeiten mit dem Tympanon der Kirche S. Nicolas zu Tudela. Wichtiger als solche Stilverwandtschaften scheint uns freilich die innere Gestimmtheit seines figurenreichen Portico. Tatsächlich geht Meister Mateo in dieser Darstellung über alles Bekannte und alle Vorbilder oder Anregungen wie Vézelay, St-Gilles und Moissac weit hinaus. Die unverwechselbare Eigenart seines Schaffens läßt ihn als einen Meister von ungewöhnlicher geistiger Konzentration, aber noch genialerer Ausdruckskraft erscheinen. Möglich, daß er in seiner Jugend nach Art seiner Zunftkollegen viel gewandert ist. Warum nicht? Es war der Brauch. Doch müßte es in recht frühen Jahren geschehen sein. Mateo wird schon als junger Mann mit bedeutenden Aufgaben betraut.

Daß er aus Galicia stammte, steht außer Frage. Sein Vater, Meister Petrus, der Brückenbauer von Puertomarin, war mit Sicherheit in Lugo ansässig; man kennt sogar die Namen von Mateos Geschwistern. Seine Arbeit an der Kathedrale von Santiago de Compostela beschränkte sich übrigens keineswegs auf den Portico, sondern er baute auch einen steinernen Chor in das Mittelschiff, der als der schönste Spaniens galt. Er ist später trotz des Protestes der Sachkundigen niedergerissen worden. Einige Reste der Schranken wurden bei der Anlage der Puerta Santa wiederverwandt, andere kamen bei den Ausgrabungen des Jahres 1946 ans Licht. Ebenso hat Mateo einen Teil der Arbeiten am alten Kreuzgang geleitet, der im 16. Jahrhundert einem neuen weichen mußte. Der Höhepunkt seines Schaffens manifestiert sich indessen in dem schmalen Raum zwischen Außentür und Innentür des Hauptzugangs der Kathedrale, in jenem Narthex von siebzehn Meter fünfzig Breite, vier Meter fünfzig Tiefe und neun Meter fünfzig Gewölbehöhe, welcher dem Schiff nach Westen zu vorliegt. Auf eine gewisse Verstümmelung des Werkes ist aufmerksam zu machen, wiewohl wir nicht wissen, worin sie besteht. Die churrigentereske Fassade, die Fernando Casas y Novoa 1738 schuf, hat einiges verändert. Ähnliches mag sich bereits ereignet haben, als dem Bau 1606 die doppelte Freitreppe vorgelegt wurde. Schließlich fehlen die Tympana der beiden Seitenportale; wie es heißt, wurden sie im 18. Jahrhundert weggeschlagen, um mehr Licht in den Innenraum einzulassen. Unsere Kenntnis der Vorgänge bleibt daher auf die Innenzone des Portikus, mit anderen Worten auf den wesentlichen Teil des Portalbaus beschränkt, der die Jahrhunderte unversehrt überstand, wiewohl er bis zum Anfang des 17. Jahrhunderts nach außen offen, die üppige Figurenwand der drei Innenportale also den Wettern ausgesetzt war.

Am Portico de la Gloria

Eines Tages sprach uns jemand in makellosem Deutsch an. Wir seien ihm aufgefallen, weil wir schon seit Tagen am *Portico de la Gloria* weilten. Er stellte sich vor: Schotborgh, Pal Schotborgh. Ob er uns führen dürfe? Au pair, oder wie sagte man deutsch? Nein, er wollte, würde nichts nehmen. Es sei ein Anliegen für ihn. Er fand den Sinn seines Lebens darin, der Verdeutlichung von Mateos Meisterwerk zu dienen und nahm Armut wie Leiden auf sich, um nur hier im

Bannkreis des Gnadenlächelns Santiagos bleiben zu können.

Auch wir hatten ihn bereits bei der Führung von Gruppen durchreisender Amerikaner, Schweden oder Briten gesehen. Er lebte von dem, was die Besichtigungen in der Kathedrale abwarfen. Das war bitter wenig. Die beamteten Fremdenführer überließen ihm nur die schwierigsten Fälle. Wurde der Hunger zu groß, blieb Schotborgh einfach im Bett und kam erst nach Tagen mit fiebrigem Glanz im Gesicht zum Vorschein, wenn der Hunger sich ausgetobt hatte. Der ellenlang aufgeschossene Wikinger war in Batavia geboren, norwegischer Abstammung, aber holländischer Nationalität und sprach »was man so spricht«, wie er sagte; jedes bräuchliche Idiom. Seine einzige Klage lautete, daß er ob seiner Länge nie etwas Passendes fand, nicht Betten, Röcke, Hosen, Wäsche. Doch konnte das in Hinsicht auf die Textilien auch Tarnung sein; er besaß nur einen Anzug. Mit dem Kragen ging es auf andere Weise nicht besser. Sein Vogelhälschen war so dünn geworden, daß er die kleinste Nummer brauchte, und die war ebenso rar.

Es war Schotborghs Lieblingsidee, daß man die Figuren des Portikus einfach um ihrer selbst willen nehmen müsse; sie seien von einer Größe und Eindringlichkeit wie die Gestalten der Göttlichen Komödie, die Werke Vergils oder die Statuen der französischen Kathedrale. Das ließ sich hören, schien nicht zu hoch gegriffen. Die Apostelpfeiler des Portales, die Gestalt Santiagos vor dem Mittelpfeiler oder Parteluz des Mittelportals, schließlich die feierlich-ernsten Engel, die himmlischen Jubelchöre, der absichtlich in zurückhaltender Weise charakterisierte Herr offenbarten eine Schönheit von unvergleichlichem Zauber.

Aber auch das biblische Personal gehörte in diese Betrachtung, sowohl die kleineren Propheten der Seitenportale wie am Gewände des Mittelportals die vier Propheten- oder Apostelfiguren: hüben der Moses in hohem Ernst, gedankenschwer Jesaias, Jeremias voller Vertrauen, Daniel in lächelnder Hochstimmung; drüben erdfest der Petrus, Paulus der neubekehrte, höchst sensitiv Jakobus, unbeschwert heiter Johannes. Verstanden wir, was er meinte? Wir sahen! Wir erblickten im Tympanon dieses Mittelportals thronend den Herrn in Gesellschaft von vier Engeln mit den Evangelistensymbolen; flankiert von vier weiteren Engelsgestalten hüben und drüben mit den Zeichen der Passion, sowie vierzig gekrönten Figürchen im Hintergrund, den Sängern der Cantiga nueva. Für Schotborgh besaß die Vierzahl an diesem Bildwerk eine geheimnisvolle kabbalistische Bedeutung, die sich nur den Eingeweihten mitteilte. Über dem Herrn wölbte sich die Archivolte, auf der im frommen Eifer des Musizierens die vierundzwanzig Alten der Apokalypse hockten. Erkannten wir weiter, daß der rechte Eingangsbogen ein Weltgericht andeutete, während auf der Linken unter Blumengerank die Gerechten ruhten? Daß ferner der gleich Elfenbein schimmernde Mittelpfeiler des Hauptportales den Schlüssel zum Ganzen bildete? Denn er hatte die Wurzel Jesse zu verkörpern, stellte also den Stammbaum Christi dar und erhob sich, wie übrigens alle Pfeiler dieses Portikus, auf einem Sockel von Ungeheuern.

Damit sei das Generalthema angeschlagen; es ging bei diesem Portal um eine Glorifizierung des Herrn. Nicht um eine Schilderung seiner göttlichen Allgewalt, sondern um eine hymnisch untermalte Dokumentierung seines Opferwegs für die Menschheit, dessen Leidensinstrumente als Symbole nebeneinander vorgeführt wurden: Kreuz, Martersäule, Dornenkrone. Der tiefe, hoheitsvolle Ernst dieses Teiles minderte allerdings keineswegs den Jubel über das Erlösungsgeschehen. Auch bedeutete Christus auf diesem Tympanon sowohl Gottvater wie Sohn, identifiziert als Gottkönig. Die Gnadenstimmung zu verströmen, lag hingegen Santiago ob, der vor der Mittelsäule saß. Damit die enge Verknüpfung zum Menschlichen nicht fehlte, kniete an der inneren Seite des Mittelpfeilers, dem Hauptaltar zugewandt, eine Figur, in der man ein Selbstporträt Meister Mateos erblickte. Ebenso wie die Pilger oder Gallegos seit alter Zeit gläubig die Hand an eine bestimmte Stelle der Wurzel Jesse legen, um betend ihr Anliegen vorzubringen, stoßen Väter und Mütter hierzulande die Köpfe ihrer Kleinen leicht gegen die Stirn der Figur, damit etwas von Mateos Ingenium in sie überströme. Weswegen die kniende Gestalt auch der Heilige der Kopfnüsse, galicisch ›Santo d'os croques‹ genannt wird. Was das Ganze sollte? Warum soviel Kopfzerbrechen! Ein hoher, himmlischer Empfang, der den anlangenden Pilgern zuteil wurde. So Schotborgh.

Tatsächlich, zog man die Vielfalt der angeschlagenen Motive samt dem nicht ganz geklärten Inhalt des linken Bogens in Betracht, sowohl die nach aquitanischer Sitte in den Ansätzen der Gewölbebögen posauneblasenden Engel wie die herrliche Königin Esther oder die Fülle biblischer Gestalten, den Blumenschmuck der Kapitelle, der schweren Kreuzrippen, kurzum, versenkte man sich in diese berükkende Zusammenschau der christlichen Glaubenssymbole, so schien nichts weniger angebracht, als der unzählig oft wiederholte Versuch, dieses durch und durch kontemplative Werk als Weltgericht zu charakterisieren. Auch andere Interpretationen, nach denen man am linken Bogen die Synagoge, am mittleren die Kirche und am rechten die ›Kirche der Abtrünnigen‹, nämlich die Hölle, zu erblicken hatte, bedeuten im Grunde nichts. Allein, die Suche nach dem Motiv bleibt bezeichnend für die Unsicherheit der Experten. Dies ging über das Fachliche hinaus. Vorgeblich hat der Aufbau des Obradoiro, der in barocker Zeit dem Portico vorgelegten Westfassade, Wichtiges zerstört. Warum eigentlich? Die ›Summa‹ aller geistlichen Bezüge seiner Entstehungsepoche ist in dem Bildwerk erhalten, und darauf kommt es an.

Natürlich bleibt die Frage berechtigt, was Meister Mateo, der so Unerhörtes darzustellen unternahm, eigentlich sagen wollte. Vor keiner Plastik der romanischen oder anhebenden gotischen Epoche sind wir so eindeutig mit dem Herzen bei der Sache, bei keiner ist uns die ikonographische Identifizierung unwichtiger. Tritt man dem Mitteltor gegenüber, so steht man, abgesehen von aller Verblüffung und Faszination, die den Betrachter befällt, vor einer Gruppe sich eben formierender Menschen. Sie stehen im Begriff, sich auf ein besonderes Ereignis vorzubereiten. Schon haben der Herr des Himmels und der Erden sowie sein treuer Mentor unter ihm Platz genommen. Die Engelschöre sind dabei, ihr Halleluja zu intonieren. Die Propheten an den Gewänden des Portales, sozusagen die Würdenträger, dürfen sich noch einen Seitenblick, eine kleine Zwanglosigkeit erlauben. Im übrigen ist nichts Aktion, alles vielmehr Sein, Zustand, Beharren, kontemplatives Beisichsein. Die überaus beredten Apostelbilder, die Propheten, die ein wenig unschlüssige, fast tänzerische Pose, wie sie dem hl. Paulus eigen ist, verraten die nämliche, auf etwas hinzielende Unruhe. Gleichzeitig bleibt das Bildwerk von einer statuarischen Ruhe durchwaltet, die nur das Genie Meister Mateos beredt zu machen vermochte. Das gilt sogar für die zurückhaltendere, ins Himmlische entrückte Figurenwelt um den Herrn. Schotborgh charakterisierte das rätselvolle Bildwerk mit seinen zahllosen Personen in diesem Zusammenhang gern als mächtiges Oratorium, wobei den menschlich belebtesten Partien, den Aposteln und Propheten sowie den musizierenden Königen der Apokalypse, die schöne Rolle zufiel, als Solisten aufzutreten. Hatte er nicht recht? Die Mittel des Ausdrucks waren derartig gesteigert, das Lächeln des Johannes blühte soviel mehr als auf allen andern Bildwerken der Pilgerstraße, gab gleichsam den Oberton für die erhöhte, überhöhte Freudenstimmung des Empfanges an, der gleich den Pilgern zuteil werden sollte. Hier waren sie am Ziel, waren angekommen. Getragen vom milden Ernst des thronenden Herrn und der sanften Güte der Santiago-Gestalt, hat dies fraglos den eigentlichen Sinn des Portales ausgemacht. Christus in der Glorie erwartete sie. Dabei genügen die beiden Figuren, auf denen der Hauptakzent des gesamten Portico liegt, der von Freude erfüllte Daniel – oh, dieses Erwachen der Menschlichkeit im Lachen der Gotik! – und der von innen durchwärmte Johannes, um das ungeheure Oratorium so zu instrumentieren, wie man einen Notenschlüssel setzt. Denkt man sie fort, ist alles gleich anders. Gewiß bliebe noch immer ein geniales Werk, aber es würde nicht singen. Übrigens geht das mit den anderen Prophetengestalten ähnlich. Keineswegs wäre auf das beiläufige Kopfwenden des Jesaias zu verzichten. Durch dergleichen empfängt die feierlich-freudige Erwartung der Empfangshalle genaue Akzente. Die Gestimmtheit wird sowohl erhöht wie humanisiert, die Getragenheit des Tympanons, die überirdische Schönheit des Jakobus interpretiert durch die in einladender Geste lachenden, redenden Apostel und Propheten des Gewändes. Spruchbänder in ihren Händen besagen ein übriges.

Wir hatten es nie anders empfunden, als daß dieser Portico de la Gloria kein Einzelstück, sondern der Abschluß von unendlichen Kilometern der Mühe und einer Unzahl von Kunstwerken am Wege war. Er erfüllte ihren Sinn, bedeutete ihre Quintessenz. Der eintretende Besucher wird nicht wie in St-Gilles mit der ungeheuren Spannung der Welt konfrontiert, nicht wie vor dem Leprosen-Portal von St-Lazare zu Autun mit Fäusten gepackt und geschüttelt. Hier singt vielmehr die Beglückung über die Bewältigung des Pilgerweges in Zauberklängen. Es hieße dem rechten Portal, der Höllendarstellung, zuviel Bedeutung beimessen, wollten wir es anders als den Basso ostinato der christlichen Weltbetrachtung werten. Allein, die Oberstimmen bleiben das Entscheidende. Ihr seid da, wird den Pilgern zugerufen. Was andern Menschen erst durch die Bewährung eines langen Lebensweges zuteil wird, die Teilhabe an der göttlichen Majestät und der himmlischen Herrlichkeit, ist euch Pilgern bereits durch die Vollendung eures Weges zugesichert. Schon winkt der Lohn. Zieht ein! Der Apostel empfängt euch nach der unsäglichen Mühe des Weges im Namen des Herrn, in den Händen eine Rolle mit den Worten: »Misit me Dominus – Gott hat mich gesandt.«

Kapellen

Dann war es Morgen. Die Stille eines frühen Tages. Die beste Stunde, um in der köstlichen, duftenden Kühle noch einmal den vielgeliebten Weg durch die Rua del Villar in die Kathedrale zu machen. Diesmal aus fast nebensächlichem Anlaß. Die Wanderung durch die Kapellen war anzutreten, von denen Ramon Otero Pedrayo in seinem kleinen Führer durch Santiago so hübsch gesagt hat, sie entfalteten sich um die Apsis gleich den Blütenblättern der Blume. Nimmt man den ursprünglichen Grundriß der Kathedrale zur Hand, wie ihn Kenneth J. Conant rekonstruiert hat, erkennt man das Treffende dieses Vergleiches.

In der Tat durfte man getrost die Kapellen auf der Evangelienseite des Langhauses liegen lassen, die des *Cristo de Burgos* und die der *Communion*. Aber die *Corticela* im Torwinkel des nördlichen Querschiffs zur Azabacheria mußte unweigerlich den Beginn darstellen. Wenigstens vom Pilgerstandpunkt aus gesehen. Hier sanken die Wallfahrer des Mittelalters zuerst ins Knie. Sie wanderten dreimal ein paar Stufen hinan, ließen links die Kapelle S. Andrés liegen, sahen das Tympanon mit der schweren, herrlichen Anbetung der Könige, ein Synonym ihrer Wanderschaft, und traten ein; die

Corticela ist die Kirche der Fremden, Wallfahrer und Basken gewesen. Ihre geistliche Betreuung lag den Benediktinern vom nahen Kloster S. Martin Pinario ob. Der von 1213 stammende Raum besitzt drei Schiffe, stellt also eine Kirche innerhalb der Kathedrale dar, und tatsächlich ist dies die Corticela auch. Im linken Schiff unter niedrigen Bögen ein Heiliges Grab. Der Altar der Evangelienseite besaß bis vor kurzem das Bild S. Estebans, des Patrons der nahebei wohnenden Azabacheros. In der rechten Altarnische steht in rotem Kleidchen ein kleiner Patron der ›Tecelanes‹ oder Weber wie ein bayerisches Christkindl aus dem Hochland. Man befand sich an der Wurzel aller Dinge, wozu das gotische Wandgrab des 1342 verstorbenen Kardinals Gonzalo Eans nicht übel paßte, weil es für die galicische Bildhauerei seiner Zeit charakteristisch ist.

Man muß in diesem Teil des nördlichen Querschiffs die *Capilla del Sancti Spiritus* mit dem vielverehrten Bild der schmerzensreichen Mutter besuchen. Sie ist eine der wichtigsten Grabstätten der Kathedrale. Hier liegen der Kantor Juan de Melgarejo beigesetzt, gestorben 1534, dessen Granitfigur eine der schönsten der Kathedrale ist, der Kardinal Pedro Verela, der im Prozessionshabit auf seinem Grab ruht, der Kaufmann Francisco de la Peña, angetan mit bequemem Übergewand, der Erzbischof Alonso Sanchez de Moscoso aus einer der bedeutendsten Familien Galicias, der Stifter Pedro Vidal und der 1564 gestorbene Regidor Frustuoso Gallego samt seiner Frau Isabel de Monteser. Da sieht man, was ein galicischer Meißel konnte! Die Steinmetzen haben noch heute eine Art, den Stein zu schlagen, als gingen sie mit einer gefügigen Modelliermasse um.

Es bleibt übrigens bei der Wanderschaft durch das Reich der Toten. Die letzte Kapelle des nördlichen Querschiffs, die der *Concepción* oder der Bruderschaft de Prima, das sind die Chorkleriker, besitzt wiederum ein prachtvolles Grabmal. In ihm liegt der Kanonikus Antonio Rodriguez Agustin begraben, und es stammt von der Hand des Cornielles de Hollanda aus dem ersten Drittel des 16. Jahrhunderts. Die liegende Figur des Verschiedenen gehört ebenfalls zu den schönsten Skulpturen im Gotteshaus.

Ach, allzu flüchtiger Rundgang! Schon beginnt der Chorumgang mit seinen Kapellen, und hier kehrt man alsbald ins Romanische zurück. 1102 hat Bischof Pedro von Pamplona die *Capilla S. Bartolomé* geweiht. Die Wand birgt gleich ein richtiges ›Mausoleum‹; der darin ruht, Don Diego de Castillo, war der Urenkel Don Pedros des Grausamen, gestorben 1521. Sein Grabmal, das der flämische Meister Arnao aus Brüssel schlug, hat sich in einen anmutig-schönen Traum verwandelt. Friedlich ruhend liegt der Tote gebettet, Putten halten sein Wappenschild, zarte Ornamente schmücken Pilaster, Archivolten und Kassetten. Es ist übrigens eines der wenigen Grabmäler, in deren Totenbildnissen wir ein Porträt sehen dürfen; die ganze Anlage durchgeführt in dem sonst nur für Steindruck benutzten, kostbaren Stein von Coimbra.

Als nächste öffnet sich die *Kapelle S. Juan Apostol*, ein romanisches Bauwerk mit einem köstlichen Bogendurchblick in die Gewölbe des Nachbarraums. Darauf schließt sich die *Capilla Nuestra Señora la Blanca* an, auch die der Spanier oder, noch verwirrender, S. Juan genannt, weil sie Ende des 13. Jahrhunderts durch Juan de España angelegt wurde. Sie entspricht dem an der anderen Seite der Radialkapelle gelegenen Durchlaß zur Puerta Santa. Schon ist die *Capilla del Salvador*, die Stirnkapelle der Apsis, erreicht, die ein wenig zum Kircheninnern geneigt scheint und in jener edlen Höhung der Arkaturen gehalten ist, der immer etwas Westgotisches anhaftet. Dieser Apsis wurde nachträglich der Name einer Kapelle der französischen Könige beigelegt, weil Karl v. von Valois der kastilischen Krone 1380 mit einer Summe von dreitausend Florin zu Hilfe kam. Übrigens ging von hier 1078 der Kathedralbau aus. Der streitbare Gelmirez hat das Bauwerk 1102 persönlich geweiht. Reste von Inschriften auf den Seitenmauern erinnern daran. Der Platz bleibt auch sonst höchst bedeutsam. Hier standen die Beichtstühle der ›Lenguajeros‹, der Sprachenkundigen für die fremden Pilger, hier gab man die ›Compostelana‹, das Zertifikat der Pilgerschaft, aus. Erst später fiel die Aufgabe der ›Veeduria‹ im Kreuzgang zu.

Aber was wäre hier nicht bedeutsam? Zwischen zwei romanischen Figuren mit Spruchbändern: ›veniant omnes gentes‹ öffnet sich nunmehr der Durchgang zur Puerta Santa. Es folgt die unscheinbare *Capilla de la Azucena*, in der Bischof Gelmirez die Gebeine des hl. Sylvester beisetzen ließ. Völlig anders nebenan die *Capilla de Mondragon* von 1521 mit ihrem herrlichen Netzgewölbe und einem veritablen Innenbalkon von feiner gotischer Arbeit. Die letzte der Chorumgangskapellen ist die am meisten besuchte, die *Capilla del Pilar* oder der Pfeilermadonna, auch die des Erzbischofs Monroy genannt; künstlerisch ein interessantes Beispiel des galicischen Frühbarock, das immer ein wenig eigene Wege geht.

Erst an der Epistelseite des Langhauses folgen neue Kapellen; zwei davon locken die Schaulust, aber sie um so dringlicher: die des Kirchenschatzes und die der Reliquien. In der ersten, der *Capilla de S. Fernando*, werden also die Kostbarkeiten der Kathedrale bewahrt. Darunter bleibt an erster Stelle die ›Custodia‹ des Juan de Arfe oder Hans von Harff von 1564 zu nennen, ein tempelartiger, mehrgeschossiger Aufbau zum Bewahren des Allerheiligsten, der von Goldsäulen umstanden wird und von zahlreichen Reliefszenen überzogen ist. Wenn man will, findet man hier noch einmal ein Kompendium der Jakobus-Welt, den wunderbaren Fischzug, die Transfiguration, die Einschiffung des toten Santiago, die Flucht seiner zwei Schüler aus dem Gefängnis, die Rettung durch einen Engel, den Bruch einer Brücke, wodurch sie ihre

Verfolger abzuschütteln vermögen. Am Schluß folgt die Legende vom Gehängten oder der Hühner von Sto. Domingo de la Calzada. Herrlich daneben die Goldschmiedearbeiten des salmantinischen Meisters Juan de Figueroa. Es gibt einen mit Edelsteinen übersäten Meßkelch von 1699 zu sehen, ferner zwei unglaublich kostbare Stücke von 1819, Kelch und Meßkännchen in Gold, umzogen von Brillantbändern. Tabletts in Muschelform aus getriebenem Silber wechseln mit einem Meßkelch, den die Herzöge von Montpensier stifteten, einem kostbaren Azabache-Jakobus und anderen Geschenken berühmter Pilger. Reden wir gar nicht erst von den Meßgewändern!

Die *Reliquienkapelle* nebenan birgt heute das ›königliche Pantheon‹, das früher in der Capilla Sta. Catalina neben dem Portal der Azabacheria aufgebaut stand. Ihr Reiz besteht in der Verschmelzung solcher historischen Erinnerungen mit künstlerischen. Die Heiltümer von Santiago sind, wie erklärlich, reich. Als Kapitalstück gilt das mit Edelsteinen besetzte Kopfreliquiar, in dem das Haupt des jüngeren Jakobus bewahrt wird, das ursprünglich ein Bischof Mauricio von Jerusalem nach Braga mitbrachte; von dort kam es nach Carrion de los Condes, wo sich Königin Urraca seiner bemächtigte und es an S. Isidoro in León schenkte. Erzbischof Gelmirez, der nicht von Skrupeln geplagt war, konnte sich auch dieser Reliquie versichern. Das Reliquiar aus dem 14. Jahrhundert trägt ein berühmtes Halsband aus vergoldetem Silber, jenes schon erwähnte Collier, das der Caballero Suero de Quiñones, der Sieger des ›Paso honroso‹ von 1430, hierhin geschenkt hat. Da wäre weiterhin ein Reliquiar der Sta. Paulina von 1526, eine Apostelstatuette in Pilgertracht aus französischer Werkstatt, andere Reliquiare, ein Jungfrauenbild, ein ›lignum crucis‹ von Carboeiro aus dem 12. Jahrhundert, kleine, kostbare Alabasterplatten von einem englischen Retabel, die John Goodyear, Priester von der Insel Wight, 1456 als Geschenk mitbrachte. So geht das fort. Wir verdanken den Pilgergeschenken in dieser Kathedrale viel. Vor allem die Kenntnis über die Pilger selbst.

Der vielleicht gewichtigste Teil der Reliquienkapelle sind ihre historischen Reminiszenzen. An der Evangelienseite liegt die jugendschöne Berenguela beigesetzt, Gattin Alfonsos VII., gestorben 1149, mit einer ›Crespina‹, einer Haube nach französischer Sitte, auf dem Kopf. »Ach, einmal wie eine Berenguela aussehen«, seufzen hierzulande die jungen Mädchen. Drüben hat man das Grab des Grafen Ramon von Burgund aufgebaut, ersten Gemahls der Doña Urraca. Auf der Epistelseite folgt ein schönes Ritterbildnis, die Tumba des Königs Fernando II. von León. Die Denkmäler König Alfonsos IX. und des Pedro Froilaz, Haushofmeister von Kaiser Alfonso VII., gesellen sich dazu. Schließlich folgt auf der Evangelienseite die Tumba der 1374 gestorbenen Juana de Castro, der unglücklichen Gattin Pedros I., des Grausamen von Kastilien, der ›Königin für eine Nacht‹. Sie war die Schwester der nicht minder unglücklichen Doña Ines de Castro, Gattin des Infanten Dom Pedro von Portugal, die ihr Schwiegervater ermorden ließ und die später in makabrer Zeremonie als Tote zur Königin gekrönt worden ist.

Da rinnen also Dinge und Namen gleich Geschmeide durch unsere Hände! Allzu kurz der Atem der Feder. Eines darf freilich niemals vergessen werden, der Sarkophag am Ende des Ganges zwischen beiden Kapellen. Die lateinische Inschrift darauf besagt, daß hier der Schüler Gottes, Theodomirus, Bischof des Stuhles von Iria, ruhte, der Mitte November 847 starb, der Entdecker des Apostelgrabes. Die Capilla S. Fernando und die Reliquienkapelle gehören zu einem Gebäudetrakt, der dem Codex Calixtinus des Aymeric Picaud von 1139 zufolge bereits 1124 als *Kreuzgang* angelegt wurde, wohl durch Meister Bernardo den Jüngeren. Meister Mateo übernahm die Abschlußarbeiten. 1266 begann die Anlage eines neuen Kreuzgangs. 1518 endlich fand sich ein Architektenteam aus Juan de Alava, Rodrigo Gil de Hontañon und anderen zusammen, um unter Benutzung der alten Trakte wiederum einen neuen Kreuzgang zu bauen. Anfänglich leitete Juan de Alava die Arbeiten; nach seinem Tod übernahm Hontañon die Aufgabe. Ihm gelang es, den Löwenanteil zu vollenden. Äußerlich ist aus dem Kreuzgang mit seinen anliegenden Gebäuden wie dem Sakristeienbau, dem Südtrakt für die Archive samt der ›Veeduria‹, dem Westteil für die Museen und die Bibliothek, dem Kapitelsaal ein palastähnliches Gebäude geworden, dessen friedvollen Innenhof einer der schönsten Kreuzgänge Spaniens umzieht. In seinem Boden tun die abgeschiedenen Kanoniker den ewigen Schlaf. Die Stille ist vollkommen. Im Zentrum der Anlage, dem Innenhof, erhebt sich die uralte Brunnenschale, die einst vor der Puerta de la Azabacheria den Pilgern den ersten Trunk spendete, der ihnen vorkam, als wäre er das Wasser des Lebens.

Wir hatten vor langen Jahren an dieser Stelle gestanden, als Don Robustiano Sandez Otero, der uralt gestorbene Diözesan-Konservator in den Boden gesenkt wurde und der Herbstregen rann. Jetzt standen wir abermals hier, wiederum rann der Regen, und es wurde uns deutlich, welche mythenbildende Kraft diese strömende Himmelsflut von Galicia besaß, welches Gefühl der Dauer sie zu verleihen vermochte!

Regenballade

Wie töricht, dem kostbaren Stadtbild an einem leuchtenden Sommertag seinen eigentlichen Zauber abgewinnen zu wollen! Sein Element ist der Granitstein, aus dem die festen Hausungen gebaut sind, der Granitstein, der die Platten liefert, mit denen alle Ruas statt einer Pflasterung bedeckt sind, der Granitstein, der Santiagos schützende Arkaden überwölbt.

24 *Kathedrale zu Compostela, Giebel des ›Obradoiro‹ von Casas y Novoa, 1738.*

NTIAGO
COMPOSTELA

ck in das Südquerschiff
Kathedrale,
ubeginn nach 1078.

26
Kathedrale,
erta de las Platerías,
g David, nach 1090.

27
Kathedrale, über
ı Dächern der Stadt.
→

26

28 *Kathedrale zu Compostela, Portico de la Gloria, Mittelportal und Tympanon, 1168–1188.*

29 *Portico de la Gloria, Apostelgruppe.*

Denn Compostela ist eine Stadt des Regens. Erst wenn dieses Kind der Meere, dieser Bote der in Santiago so ohnmächtigen Natur in der verlorenen Schwärze einer Nacht herniederprasselt, merkt man, was das Steinerne dieser Stadt bedeutet: Bergung, Behütung vorm Äußersten, Bewahrung. Santiago scheint dann so unvergänglich wie der Stil seiner Häuser unvergänglich romanisch anmutet, auch wenn er gar nicht romanisch ist. Keineswegs verdankt die Stadt ihr heutiges Aussehen so frühen Epochen, auch nicht den Übergangszeiten des Gelmirez und der Gotik. Wohl klingen hingegen noch allenthalben uralte Ahnungen nach. Da gibt es eine Puerta Faxeira, die Puerta de Mazarelos, die schon der Codex Calixtinus beschrieb, die Puerta Mámoa, und in solchen Namen hallt ein Echo keltischer Vergangenheit wider, sind Hinweise auf Opfer- oder Todesstätten und geschichtliche Zusammenhänge enthalten. Da finden sich ferner in dem nach Westen vorgeschobenen Wohnbereich des alten Hügels Libredon drei beinahe parallel laufende Straßen, die Rua Nueva, die Rua del Villar und die Rua Franco, welche die schönsten Teile des Wohnbaues einschließen und kundtun, daß auch die Neuzeit ihre Mythengespinste webt. Es findet sich das *Colegio Mayor de Fonseca* oder de Santiago Alfeo, gegründet 1525 durch Erzbischof Alonso II., mit einem prachtvollen Patio und einer Fassade, in deren Portal unschwer der stilistische Zusammenhang mit dem gleichnamigen Colegio de Fonseca oder de los Irlandeses in Salamanca wiederzuerkennen ist. Damit wird die Mythe schon wieder zur jambisch einherwogenden Mär Ossians. Zugehörig liegt nebenan als ehemaliger Bibliotheksbau des Kollegs der Sitz der heutigen Estudios Gallegos, errichtet 1717. Dieses Datum bezeichnet ziemlich genau die wichtigste Zeit für den Wohnhausbau und die barocke Umgestaltung Santiagos.

Damals entstand die *Quintana* mit dem wunderschönen Haus de la Parra oberhalb der Treppe an der Via Sacra, das

30 *Compostela, Kloster S. Pelayo, Mauer zur Quintana, Neubau des 17.–18. Jh.*

mit der Schmalseite zur Kirche S. Payo liegt. Ewig brennt hier die Laterne, eine Anmahnung aus apostolischem Geist, wenn auch alle andern Lichter der Stadt erloschen sind. Gegenüber an diesem Platz ruht breitgelagert die Casa de la Conga, was eigentlich Canonica heißt, der Kanonikerbau. In der Rua del Villar erhebt sich die Casa del Dean, die einst dem berühmten Bücherfreund Diego Juan de Ulloa gehörte. Am unsäglich schönen *Platz der Platerias* ragt mächtig die Renaissance-Fassade der Casa Cabildo auf. Auch sie fügt sich widerstandslos dem Bild vom Ende des 17. und der Mitte des 18. Jahrhunderts ein. Es wären der Palacio de Mondragon an der Rua del Villar, die Casa de las Pomas in der Rua Nueva, schließlich der *Palacio de Bendaña* an der Plaza del Toral zu nennen, das als schönstes Adelshaus von Santiago gilt. Hier freilich zeigen sich die Epochen breiter gestreut; es entstand nach der Mitte des 18. Jahrhunderts, einem Zeitraum, dem der pompöse Bau der alten Universität angehört. Genauso müßte von den wirklich königlichen Häusern in der Calle de las Casas Reales, dem Instituto Gelmirez und einer Fülle weiterer Bauwerke berichtet werden, um eine ganz spezifische Schönheit von Santiago, seine Architektur im Stile des galicischen Barocks, vorzustellen.

Das ist eine erstaunlich modern anmutende Variante des Kurvenstiles, die mit überdeutlichen, dem Kubismus zuneigenden Formen arbeitet. In solch harter, avantgardistischer Manier hat Maestro Pedro de Aren im letzten Drittel des 17. Jahrhunderts die Fassade der Kirche von *Sta. Clara* geformt, eines Neubaus der alten Stiftung der Doña Violante, Gattin Alfonsos x., des Weisen. Fast scheint es, als wirke hier noch der exotische Geist nach, der die Äbtissin Isabel de Granada beseelte, Tochter des Infanten Don Juan, Generalkapitäns von Galicia, die letztlich von einem berühmten Mauren, Muley Hacen und seiner Gemahlin Zoraya abstammte ... der also die fremdblütige Abadesa beseelt haben muß, die diesen Konvent mit überreichen Stiftungen bedachte. Was übrigens an seinem grandiosen Retabel zu sehen ist. Solcher Zuströme aus dem Orient und fernen Ländern muß man sich in Galicia immerfort versehen. Es ist ein Schicksalszug des Landes, auf keltischem Pflanzboden zu einem Mischtiegel der Rassen geworden zu sein. Wenn auch das galicische Element stets dominiert.

Nacht über der Quintana! Da steigen solche Gedanken auf. Freilich, wie abgedroschen wäre es, wollten wir jetzt die Gräber sich öffnen, die Toten der Quintana de los Muertos auferstehen, die Pilger in die Kathedrale strömen lassen wie einst, um das Bild in seinen erhabenen Urzustand zu versetzen. Grade das Heute und Hier empfindet man in Compostela so innig wie nie, weil es gleichbedeutend mit Dauer bleibt. Man braucht keine Vergangenheiten außer jenen, die ohnehin sichtbare Gegenwart sind. Es ist etwas unerhört Heiles und Unverletztes an dieser Stadt, sie vermittelt ein tiefes, beglückendes Gefühl des Fortbestehens, Beharrens, und dies geht gewiß von dem wundervollen Lächeln über dem Portico de la Gloria aus, von der Gebärde des mit aufgehobenen Händen thronenden Weltenherrschers, an dem die Paradiesesströme vorbeirinnen, und der da sagt, daß er nicht mehr von dieser Welt sei. Aber nicht weniger von dem flutenden Regen und den spiegelnden Lichtern in den Wasserpfützen der mit Steinplatten gedeckten Straßen. Der vergängliche, siebenmal am Tage strömende Regen von Santiago entwertet die steinerne Stadt nicht, sondern bringt sie erst zu sich selber, macht sie innerlicher. Gewiß, die Plaza España vor dem Obradoiro wurde für die Sonne gebaut. Hingegen die Quintana, noch besser die Straßen von der Plaza Cervantes bis hin zum Hospital de San Roque oder jene niedrige Senke hinter der Kathedrale, in welcher der hl. Franz von Assisi seine erste spanische Klostergründung ins Leben rief – dies alles beginnt erst im großen Regen des Meeres richtig zu leben, der Santiagos eigentliches Klima ist. Dann werden die Häuser zu Stätten der Gemeinsamkeit, verwandeln sich die Kirchen in Versammlungsplätze, in denen man sich trifft und in denen man zur Beichte ansteht.

Der zweimalige Gottesdienst am Tage ist für die Frauen nicht obligatorisch, aber selbstverständlich. Man versteht das. Es bedeutet Erhebung für sie, gewährt ihnen Trost, beieinander zu sein. Sie gehören zu einer gesellig lebenden Rasse. Gewiß, es gibt gegen Westen kurz vor dem Tal mit dem neuen Universitätsviertel den prächtigen Herradura-Park. Allein, der ist für Fremde, Zigeuner und Pilger geeignet. Es gibt prachtvolle Aussichtspunkte wie den Monte Sagrado in der Umgebung. Wer sucht sie schon auf? Man lebt in den steinernen Gassen unter den Arkaden, geschützt vorm Regen, vor oder in den Cafés; man liebt auch die Fondas mit ihren Auslagen von Mariscos, Meeresgetier wie Seeigel und Langusten, Tintenfischen oder Chipirones in den Fenstern. Man liebt es, seinen trockenen Jerez oder Wermut mit Gin zu trinken oder natürlich seinen Schluck Rioja. Vor allem aber muß man beieinander sein.

Die Menschen hocken in ihren Städten zusammen, als treibe eine ungeheure Arche Noah über die Sintflut des Lebens. Sie haben tausend Riten und Beschwörungsformeln ersonnen, sie haben den Glauben, um sich gegen die Fährnisse des Daseins zu wappnen. Wer da behauptet, daß Spanien zugrunde gehe, wenn es seine Religion verliert, trifft den Kern. Sie sind stets von Anarchie bedroht. Rings um sie breitet sich die Wüste des Lebens. Es ist das Afrikanische in der spanischen Seele. Man kann tausend Belege an einem einzigen Tag dafür finden. Ihre Lust am engen, tuchnahen Beieinanderleben, ihre Freude an jeder Lebensäußerung sind ein Ausdruck ihres Lebensgesetzes. Auch der Regen von Galicia, dieses machtvolle, strömende Rauschen aus dem Schoß der Ozeane, verwandelt das Land in eine Wüste. In die üppig grüne, vom Violett der Eukalyptuswälder und Stahlgrün der Palmwedel durchrauschte Wüste der Natur, die irgendwo hinter den Horizonten des Nordens und Westens in die Wüste der Meere übergeht. Da wird das Oasenleben, dessen höchster Ausdruck die spanischen Städte des Westens wie La Coruña, Vigo, Pontevedra oder Santiago de Compostela sind, zur einzig möglichen Daseinsform.

Wandlungen, Verwandlungen

Wie könnte es wundernehmen, daß in diesem Land die Romanik dem Empfinden so nahe blieb. Wirklich glaubt man noch heute allenthalben die romanische Substanz zu erkennen, auch wenn sich die Baustile längst verwandelt haben.

An den Straßen Santiagos, in Stein geschlagen, wechselnde Zeichen. Eine Muschel, wenn ein Haus zum Besitz der Kathedrale gehört hat, ein Pinienbaum, wenn es Eigentum des Klosters S. Martin Pinario gegenüber der Puerta de la Azabacheria war, hervorgegangen aus einem alten Oratorium, einer Andachtsstätte, die Bischof Sisnando I. von der Corticela an die Stelle eines kleinen Pinienwaldes verlegte. *S. Martin Pinario* macht etwas Charakteristisches im Bilde der Stadt offenbar. Es ist überarbeitet, umgestaltet, verwandelt worden. Es erhielt sein monumentales Aussehen gleichzeitig mit dem Obradoiro der Kathedrale. Es ist Barock, aber sein Zauber liegt darin, daß dieses Barock mit ganz ähnlichen Mitteln arbeitet wie die Romanik, mit Quader, Mauer, Kubus und Rundbogen. Sparsam angebrachte Schmuckornamente wirken wie die Erhöhung einer Grundstruktur, die sich nie gewandelt zu haben scheint. Dieser Vorgang ist einmalig. Er verschmilzt Compostela zu einer Geschlossenheit des Stadtbildes, in dem es keine Fremdkörper gibt. Gotisches fehlt fast völlig. Die Renaissance, ohnehin sparsam vertreten, ordnet ihre Fassaden willfährig ein.

Natürlich, im Innern der Kirchen, da prangt und prunkt die Sinnenfreude mit dem ganzen Pomp ihres Überschwanges. Ein lang hinwallendes Tonnengewölbe, in seinen Anfängen von einer Kassettendecke und dem Chor der Laienbrüder überfangen, deckt das Schiff der Klosterkirche von S. Martin ein. Links und rechts schweift das Auge durch Rundbögen in große Seitenkapellen. Aber auch das ist nicht genug; schon wird der Blick magisch zum Hochaltar gezogen, einer üppigen Retabelwand mit gedrehten Säulen und Figuren, dem Ordensheiligen zuoberst, sodann den Glaubensstreitern für Spaniens Sache, San Millan und Santiago, beide im Begriff, niedergesunkene Mauren abzuschlachten. Welch ein wilder Triumphgesang, überflutet von Strömen glühenden Sonnenlichtes! Gewiß, es tritt kein Augenblick des Erschauerns oder der Größe ein wie in der Kathedrale. Aber großartig ist S. Martin jederzeit.

Oder S. Payo, eigentlich *S. Pelayo de Ante-Altares* mit der enormen Mauer gegenüber der Puerta Santa der Kathedrale an der Quintana gelegen. Der Beiname Ante-Altares leitet sich davon her, daß dieses Kloster gleich gegenüber oder vor dem Sanktuarium des Apostels errichtet war. Benediktinermönche, die ersten Hüter des Heiligtums, haben bis zum letzten Viertel des 11. Jahrhunderts auch in der Kathedrale den Gottesdienst besorgt. Erst 1499, als die Klosterzucht arg verfallen war, sind ihnen die Benediktinerinnen gefolgt, die dort heute noch wohnen. Es ist schon so, neben der königlichen Mauer zur Quintana bedeutet die Klosterkirche an der Via Sacra trotz machtvoller Kuppel und goldstrotzendem Altar, bedeutet selbst der turmartig aufgestockte Torbau zur Plaza Feijóo nur wenig. Die Gewalt der durchaus romanisch empfundenen Mauer wiegt eben mehr.

Kirchen von Santiago, erst wenn sie sich aus dem heiligen Bereich der Jakobs-Kathedrale entfernen, dürfen sie auf die romanische Rezeptur verzichten. Dann können so großartig düstere Gebäude wie *Sta. Clara* an der Straße nach La Coruña mit dem wilden, expressiven Spiel der Fassade entstehen. Oder das mächtige *Kloster Belvis* gegenüber der Stadt an der anderen Seite des Sar-Tales, die Kirche der unbeschuhten Mercedarier, das kleine Gotteshaus der *Sta. Suzana* auf der Höhe der Herradura, die Kirche von *S. Lorenzo de Transouto*, zwei Kilometer vor der Stadt, die *Kirche des Colegio de la Compañia*. Dennoch ist es noch hier so: die Kathedrale setzt dem Bauen in Compostela die Maße; selbst in der weiteren Peripherie. In ihrem engeren Bannkreis läßt sie schon gar nichts Schwächliches aufkommen. Gefälliges darf erst in *S. Miguel de dos Agros* an der Plaza de Cervantes oder an der Fassade von *Las Angustias del Abaja* in der Tiefe des Sarela-Grundes auftauchen. Auf diese Weise ist die Stadt eine Art Legendarium des Apostels und der großen Pilgerzeit geworden. Das gilt selbst für kleinste Kirchen wie *Sta. Maria del Camino* an der sogenannten Traviesa, dem Weg, den einst die Pilger zur Azabacheria einschlugen, *S. Benito del Campo* nahe der Plaza de Cervantes, *S. Fiz* oder *Felix de Solovio* nahe den Markthallen, alle drei mit bäuerlich-tumben Tympanen, in denen der hohe Ernst der Frühe noch umgeht. Vor allem wäre da *Sta. Maria Salomé* an der von Arkaden gesäumten Rua Nueva in seiner frommen Einfalt zu nennen. Nichts, das falsch gemacht wäre, es ist alles richtig und echt. Der Geist ist derselbe geblieben wie einst, als man die Kathedrale baute.

Sogar außerhalb der Stadt! Im Bachgrund des Sar liegt die alte Templerkirche oder *Colegiata Sta. Maria de Sar*, in der alle Pfeiler ein wenig schief stehen. Am Altar sieht es sogar gefährlich aus. Aber welch ein köstlicher Augenblick, diese Nordseite des kleinen, schweren, romanischen Kreuzgangs mit den reichen Arkaden und einem winzigen Klosterhof, in dem die Schwalben schwärmen. Überall Wandlungen, Verwandlungen der nämlichen Grundidee des Bauens, die kein höheres Ziel kennt, als zu ihren Ausgängen zurückzukehren.

Nicht so glücklich ist Compostela mit den Hospitälern vergangener Zeit gewesen. Meist wissen wir nur noch den Namen: Altes Hospital, ›Zwischen den Türmen‹, Neues Hospital, S. Miguel, Sta. Maria del Camino, ›De la Cisterna‹, Sta. Ana, Hospital Mayor, S. Lazaro und Sta. Marta, S. Roque, S. Andres, das Hospital vom Heiligen Grab und so fort. Gelegentlich blieb eine Kapelle übrig. Nur der großartigste dieser Bauten Santiagos hat sich unversehrt erhalten, das *Hospital Real*, das heute als *Hostal de los Reyes Catolicos* ein Luxushotel ist und übers Eck zum Obradoiro der Kathedrale liegt.

Seit 1501 hat man im Auftrag der ›Gesamtkönige‹ Fernando und Isabella an dieser gewaltigen Pilgerherberge gearbeitet, die sich in vier Innenhöfe oder Kreuzgänge gliedert; die Mitte bildet eine Kapelle. Versehen mit einem von lauter Statuetten bekrönten Figurenportal im Isabellstil, prangt es in der ganzen Jugendfrische seiner Entstehungszeit. An den Pforten der Innenhöfe finden sich noch die wunderbar edlen Umrahmungen, und in der Vierung der Kapelle heben sich wohlbewahrt die spätgotischen Pilaster mit ihren Baldachinen und Figuren. Wie man sieht, ist hier nichts von Romanik, nichts von ihren Nachfolgestilen zu ahnen. Das Hostal de los Reyes Catolicos bildet die eine große Ausnahme in dieser Stadt. Aber, damit sie im Bilde bestehen konnte, eine königliche.

Eigentlich freilich fühlt man sich im Bannkreis des Romanischen besser behütet, wandert darum alsbald zurück zur Calle de las Casas Reales und entdeckt, daß die Zusammenhänge zwischen dem galicischen Barock und der Romanik innig und eng sind, geschwisterliche Grüße über die Zeitalter hin, geboren aus den Tiefen der Seele. Im Grunde ist wirklich noch alles wie einst, als die Pilger durch die Traviesa zur Azabacheria zogen. Gelegentlich kann man sogar noch einen der Azabacheros bei seiner Arbeit finden, deren Kunst fast so alt wie die Pilgerstraße ist. In diesem Augenblick spürt man, daß in Santiago weniger Tradition im Spiel ist als Kontinuität und daß jede Verwandlung eigentlich nur eine Variation des nämlichen Themas bedeutet.

Azabaches

Azabaches sind kleine Bildwerke aus Kohlenstein. Richtig verstanden, Kohlenstein, Lignit, nicht Steinkohle. Er entsteht, wenn Kohle zu lange dem Druck der Gebirge ausgesetzt ist, stellt also petrifizierte, versteinerte Kohle dar, die nicht mehr brennt. Das macht ihn indessen keineswegs hart, vielmehr läßt er sich mit dem Schnitzmesser gut bearbeiten. Allerdings bröckelt er leicht. Auch sind die Stücke, die man findet, gewöhnlich flach und klein, etwa handtellergroß.

Sie haben einmal in der Geschichte des Santiago-Kultes eine große Rolle gespielt. Damals, als die Pilger in Scharen kamen und Andenken mit nach Hause nehmen wollten. Nicht nur das ›pecten Jacobi‹, die Jakobsmuschel oder Vieira, sondern auch die kleinen, schwarzen Santiago-Figürchen oder nachgeschnitzte Muscheln. Im 13., 14. und 15. Jahrhundert, als die Wallfahrt nach Santiago blühte wie nie zuvor, gedieh daher auch das Handwerk der Azabacheros oder Kohlenstein-Schnitzer. Was die Arbeit betrifft, war der von ihnen geschaffene Schmuck sehr kostbar. Wie leicht sich die Azabaches auch schneiden lassen, die miniaturhafte Größe und eine gewisse Brüchigkeit des Materials können nach langen Stunden der Mühe beim letzten Schnitt alles verderben.

Man hat zu den Azabaches ›schwarzer Bernstein‹ gesagt; diese Version findet sich in verschiedenen Handbüchern. Natürlich stimmt das nicht. Was ein rechter Meister daraus macht, ist freilich viel kostbarer als Bernstein. Vereinzelt gibt es solche Künstler noch heute. Früher übten sie das Gewerbe in ganzen Zünften aus, die in bestimmten Stadtquartieren zusammenwohnten. Man kann sowohl in León eine Calle de la Azabacheria finden als auch in Compostela, wo die Azabacheria zu den berühmtesten Straßentrakten gehört. Durch sie nahmen die Pilger ihren Einzugsweg zur Kathedrale. Zur Puerta de la Azabacheria.

In früheren Epochen hat in León einmal ein Meister einen Zunftgenossen vor die Obrigkeit geschleppt, weil er es wagte, flämische Nachbildungen zu verkaufen. Das beweist deutlich, welch ein großes Geschäft die Lignit-Schnitzereien waren. Natürlich wurde der unlauteren Konkurrenz Einhalt geboten. Die Azabaches waren und blieben eine Sache von León und Galicia, eine Sache der Pilgerstädte, etwas, das man sich nicht nehmen ließ. Betrachtet man die Sammlung solcher Stücke in Madrid, stöbert man in dem hübschen kleinen Museum von Pontevedra den umfassenden Katalog aller bedeutenden Azabaches aus alter Zeit durch, schaut man gar einem Meister bei der Arbeit zu, bekommt man Hochachtung vor den kleinen Kunstwerken. Wie leicht, wie rasch das von der Hand geht! Da sitzt der Künstler über sein Arbeitstischchen gebeugt, das nicht größer als ein Taschentuch ist. In einem Regälchen an der Rückwand stecken einige zwanzig Schnitzmesser, alle kaum größer als die Instrumente eines Zahnarztes. Rundmesser, Skalpelle, Stößel, Stichel, und dies alles in verschiedener Größe und Stärke. Sonst gehören nur noch etliche Blätter Papier für die Vorzeichnung dazu und eine geübte Hand, die einen Jakobus, eine Muschel oder auch ein Christus- oder Madonnenbild entwerfen kann. Das Medaillon, Relief oder die kleine Plastik, die entsteht, muß eine glatte Führung der Falten und eine gute Modellierung der Rundflächen besitzen, dazu einen bestimmten Ausdruck, der von Meister zu Meister, aber auch nach der Mode wechselt. Ist die Sache zu einem guten Ende gediehen und ein Stück fertig, wird eine leimartige Politur darauf geschmiert und verrieben, um die Poren zu schließen, und sodann ein weißes Pulver darüber gestäubt, das sich beim Nachpolieren in eitel Hochglanz verwandelt. Nun noch eine Fassung vom Silberschmied darum oder darunter, schon ist der Anhänger, ist das kleine Standbild fertig. Wenigstens war dies die Art, wie sie der junge Azabachero in Compostela pflegte, dem ich bei der Arbeit zusah. Er hielt sich ans gefühlvolle Genre mit dem schmachtenden Blick. Bei einfachen Frauen steht das noch hoch im Kurs.

Es gibt allerdings einen anderen Meister in der Apostelstadt, der seine Werkstatt in der Casa del Conga, gleich an der Treppe zur Plaza de las Platerias hat. Er ist gleichzeitig Zeichner, Gravierer und lehrt an der Bildhauerakademie von Santiago Kunstgeschichte. Allein seiner Herkunft willen verdient er es, erwähnt zu werden. Denn er heißt Mayer, Enrique Mayer, deutsch-jüdischer Abkunft, was man dem schmalen, klugen Gesicht ansieht. Aber deutsch spricht er nicht mehr. Die Familie haust bereits in der vierten Generation neben der Kathedrale von Santiago. Ersten Auskünften nach stammte sie aus ›Friburgo‹. Bei genauerem Nachfragen stellte sich heraus, daß seine Sippe aus dem badischen Urach kam, wo der Urahn 1802 auswanderte, um in Spanien sein Glück zu versuchen. Was ihn trieb? Jedenfalls ist er in Santiago katholisch geworden und avancierte in Kürze zum wichtigsten Azabachero, zum Hofazabachero sozusagen.

Die Mayers von heute, Vater wie Sohn, betreiben ihr altes Familienhandwerk mit Erfolg. Als stolzeste Stücke wären die Jakobus-Figuren zu nennen, die Meister Enrique für die verstorbene Diktatorengattin Eva Duarte Peron schnitzte. Es gab ein Reliquiar aus Kristallglas mit Azabache-Figürchen sowie Metallfuß und Deckel zu sehen, das für den Erzbischof von Santiago entstand. Weiterhin fand sich ein Jakobus aus einem besonders erlesenen Lignit, der für die Gattin des Caudillo bestimmt war. Man durfte die kostbare Figur aus dem leichten Material in die Hand nehmen, sich am Wurf der Falten, der Einfalt und gutmütigen Größe des Apostelgesichtes, dem Pilgerhut mit der mächtigen Krempe freuen. Sie war noch nicht zugerichtet und wirkte ein wenig bräunlich. Bald würde sie im schwarzen Glanz auf der schon ziselierten Silberplatte prangen ...

Das waren sie also, die Azabaches, welche die Santiago-Pilger bei glücklicher Heimkehr mit nach Hause brachten. Azabaches, in denen sich meist die Erinnerung an das hieratische Apostelbild der Kathedrale spiegelte. Eine Erinnerung, die von nun an der ganzen Familie gehörte und sich durch Generationen forterbte. Man hat in ganz Europa von Pilgern mitgebrachte Azabaches gefunden.

Draußen, an der Scheibe der Auslagen der Mayers, drückten sich die Nasen platt, während Mayer Sohn fortfuhr, an einem neuen Werkstück zu schnitzeln. Die Stadt füllte sich täglich mit größeren Mengen von Menschen. In den Fondas ging es bereits am Morgen hoch her. Wenn es an der Innenseite der Puerta Santa hieß: ›veniant omnes gentes‹ – sie waren gekommen, die Völker. Das Stimmengewirr in den Straßen nahm sich aus wie das Summen von Bienenschwärmen. Der Menschenstrom schwoll an, stieg, versiegte und kehrte wieder, jeden Tag nahm die Flut um einige Pegelstriche zu. Alles wollte in diesem Año Santo, diesem Heiligen Jahr, beim Apostel gewesen sein: die Kongregationen, die Bruderschaften der Städte, die Kleriker, die jungen Mädchen, die Burschen, die Frauen, die Bauern von Ribadeo am Kantabrischen Meer bis Tuy an der portugiesischen Grenze. Die große Zeit des Apostels hatte begonnen.

Die tanzenden Mönche

Abends kam zu gewissen Stunden selbst in den Festtagen Ruhe über die Stadt. Dann konnte man an der Quintana auf der Steinbank entlang der Klostermauer von S. Payo sitzen. Der Stein hatte die Wärme des ganzen Tages in sich gespeichert, und die Fahnen an den Pagodentürmen des Kreuzgangs der Kathedrale knatterten, während ein frischer Wind ging. Darüber standen funkelnde Sterne in der schwarzblauen Nacht. Die Erde war so schön, wie sie niemals gewesen war. Denn da lag das unerhörte Bauwerk, die Kathedrale, durch viele Lichtarme der Finsternis entrissen. Die Türme, das Steinfiligran der Girlanden, Kartuschen, Lisenen, Figuren, Portale wie Fenster hoben sich doppelt scharf aus der Finsternis. Sanftes Dämmerlicht flutete unterdessen über die mächtige Freitreppe zwischen Quintana de los Vivos und Quintana de los Muertos, stieg aufglimmend an der Puerta Santa empor, bis droben in der gleißenden Helligkeit das Spiel der Türme gleich einer Orgel von Formen anhob. Man sah die Pagoden links, den Uhrenturm weit vorn, inmitten die Glocke der Vierungskuppel, daneben die kleinere Kuppel mit dem Sankt Jakobskreuz über der Puerta Real. Ganz im Hintergrund schließlich glühten, brausten die Türme des Obradoiro über alles empor. Von den anderen Plätzen war der Anblick kaum geringer. Vor allem von der Plaza de España nicht, welche die Scheinwerfer in ein magisches Rechteck erlauchter Gebäude verwandelt hatten, an dessen einer Breitseite die Kathedrale emporstieg und mitten in ihr, wie ein Aufschrei von Glück, über Krypta und gegenläufiger Freitreppe des Portales das Obradoiro.

Es schien, daß sich dergleichen auch andern mitteilte. An diesem Tag waren in Santiago die Mönche aus weiten Teilen des Landes zusammengeströmt, um den Heiligen zu feiern; sie hatten jetzt Freizeit, Ausgang, Rekreationsstunde. Anfangs standen inmitten des Platzes nur ein paar der jungen Kuttenträger, dann schwoll der Trupp an, öffnete sich zu einem Rund, in dem getanzt wurde, und schien es auch gänzlich unmöglich, so blieb es doch Wahrheit: Mönche wie Kleriker, jung allesamt, dazu die noch nicht eingekleideten Klosterschüler oder Seminaristen, standen beisammen und sangen. Sie sangen und klatschten in ihre Hände; die Freude lohte in ihnen. Es waren Schwarzröcke und Braunröcke mit weißen Kordeln und Weißröcke, und sie alle sangen, klatschten mit den Händen den Rhythmus, die Stimmen schwollen an und verebbten und begleiteten die Orgel des Lichtes mit der Orgel ihres Gesanges. Die Freude in ihnen war so unerhört, das Glück hier zu sein, auf dem Platz vor der Kathedrale Santiagos zu singen, so stark, daß sie kein Ende fanden. Gelegentlich blickten sie verstohlen auf ihre Armbanduhr und stellten aufatmend fest, daß der Zeiger noch nicht auf Zapfenstreich rückte, sie also noch singen durften. Sie sangen bis zum letzten Moment, der ihnen erlaubt war, ehe sie in ihre Quartiere zu gehen hatten.

Sie sangen die wundervollen, rhythmischen spanischen Lieder, in denen immer davon die Rede geht, wie gut dieses Land ist. Man verstand das in dieser Stunde. Ein junger Franziskaner-Mönch, der anfangs mit seinem Bart eher finster wirkte, tat sich besonders hervor und war unerschöpflich in Einfällen und im Aufspüren neuer Lieder. Ein Ordensbruder, ebenso jung, mit gestutztem Bart, der eine herrliche Stimme hatte, wechselte mit ihm ab. Während dieser ganzen Zeit schollen einzelne Stimmen, der volle Chor, der Rhythmus des Händeklatschens, schnippten die Finger der tanzenden Klosterschüler den Rhythmus der Kastagnetten unter der Lichtorgel. Eigentlich war dies die schönste Santiago-Feier, welche die Stadt erlebte. Noch als sie davonzogen, sangen sie durch die Straßen; es war Fröhlichkeit, Gitarrenklang darin, und niemand wäre so engherzig gewesen, den jungen Mönchen die reine Freude nachzutragen. Vielmehr sangen und spielten sie sich in das Herz aller Leute hinein, die unter die Türen getreten waren, um dem singenden, händeklatschenden, tanzenden Mönchszug, der da kurz vor der Geisterstunde in die Quartiere zurückkehrte, zuzuschauen.

Dann kam ein anderer Abend. Er stellte ein Wagnis dar und doch, er gelang. Man hatte in der Ecke der Casa de la Conga und des Klosters S. Payo auf der Quintana zu unserem heftigen Mißvergnügen eine Bühne errichtet. Die Weite des Platzes, auf die man Stühle stellte, diente als Parkett, die prachtvolle Freitreppe als Galerie. Man mußte zugeben, ein ideales Theater, dem die großartige Szenerie das Gepräge des Einzigartigen gab. Dennoch begehrte etwas in uns auf, weil die königliche Ruhe und Weite dieses wundervollen Raumgebildes gestört war. Das mächtige Podium aus Brettern, mit Grün besteckten Kulissen sowie endlosen Stuhlreihen störte. Es nahm der Kathedrale im Augenblick ihres größten Momentes die erhabene Makellosigkeit.

Dann aber genossen wir's doch. Auf den Pagodentürmen des Kreuzgangs knatterten wieder die Fahnen im Nachtwind; oben in der Spitze des Reloj brannte in der Laterne das für dieses Jahr installierte Licht hinter den rotgelben Scheiben und verwandelte den Punkt in ein nationales Monument. Was tat es! Auf der Bühne hob unterdessen die Vorstellung eines galicischen Ballettes aus La Coruña an mit den hübschen Trachten der einzelnen Gaue des Landes, der Bergbewohner aus den Ancares, der Fischer von der Todesküste, der Campesinos von Santiago wie der hübschen Mädchen von Orense, der Bauern von Lugo oder der jungen Menschen von Tuy an der portugiesischen Grenze. Die Mädchen trugen zu leuchtend buntem Habit schwarze, mit Jett bestickte Schürzen, die Männer hingegen, sofern sie nicht als Seeleute oder in Wetterkleidung auftraten, die schwarze Kniehose mit dem weißen Vorstoß, die rote Weste und die hahnenkammartige Mütze der Gaiteros. Troddeln, Bommeln, Umschlagtücher und hochgestelzte Holzschühchen nebst Gamaschen spielten eine wichtige Rolle.

Was die Truppe darbot, waren galicische Volkstänze, die oft genug auf keltische Inspiration zurückgingen und Themen wie den Garbengott oder die Hexen aus der Walpurgisnacht beschworen. Zugegeben, es mischte sich gelegentlich etwas Opernklimbim ins Spiel. Auch wandelte sich das Tanzspiel manchmal zur Szene. Der Pfarrer trat auf, der alles bekreuzigen wollte; die jungen Paare tanzten in den grünen Dämmer der Sommernacht; gleich Ochsengespannen zog es vorüber, und Binsenmänner, in den Regenkostümen der Bergbewohner aus den Montes de Cervantes höchst seltsam anzuschauen, tanzten das Lied ihres Alltags. Kirchweih und Wallfahrt fanden statt, Holzschuhmacher und Scherenschleifer traten auf. Dazu erscholl eine Musik aus Motiven des 17. wie 18. Jahrhunderts oder das Gepiepe der Dudelsäcke. Gleich einem Orchestrion und mit der Geschwindigkeit wie Unaufhaltsamkeit eines Automaten haspelten sich die Tonfolgen eines Tanzspieles aus dem 19. Jahrhundert herunter, wozu junge Mädchen in Stiftskleidern den mannigfachen Pflichten des Spinnens oblagen. Da war etwas von Hoffmanns Erzählungen und seiner schönen Gliederpuppe zu spüren. Der ganze Rausch von Farben, wirbelnden Beinen, hüpfenden, sich drehenden Körpern endete in einem herrlichen Fandango. Man spürte Galicia abermals von seiner heiteren, beschwingten Seite.

Die Stunde des Apostels

Bis zum Santiago-Fest blieb keine Woche mehr. Vorm Hochaltar der Kathedrale war bereits die Fahne der Seeschlacht von Lepanto aufgespannt, wie stets zum Jakobustage, eine dünne, vergilbte Stoffbahn von siebzehn Metern Länge, die einst am Mast des Admiralsschiffes durch den Pulverdampf wehte. Der Sieger, Don Juan d'Austria, hatte sie der Kathedrale geschenkt. Man verstand, daß sie hierhin gehörte. Auch Lepanto war eine Auseinandersetzung mit dem Islam.

Dann war der Vortag da. Am Morgen jagten sich in der

Kathedrale die Messen, so viele Geistliche aus aller Welt waren erschienen und hatten an die Reihe zu kommen. Immer wieder hastete einer der Meßbuben im Laufschritt zur Sakristei, um neuen Meßwein zu holen; kaum, daß er seinen Knicks vor dem Hochaltar fertigbrachte. Überm Mittagsläuten begann plötzlich ein ohrenzerreißendes Donnern. Der blaue Himmel betupfte sich mit den Sprengwölkchen der Raketen. Ganze Kisten voll jagten hoch. Vergeblich bimmelten die Glocken gegen die Kanonade an. Schon traten auf der Quintana zur Belustigung der Menschen, die sich in dichten Strömen durch alle Straßen ergossen, die ›Gigantones‹ in Aktion, Riesenpuppen, die täppische Tänze aufführten. Las cinco de la tarde, fünf Uhr nachmittags hob die erste der Vespern an. Durch die Puerta Santa zogen die Purpurträger ein, zuvor der Erzbischof, darauf die zu Gast gekommenen Kirchenfürsten, vierzig an der Zahl. Der Altarraum, kaum dem Publikum freigegeben, wurde hastig geräumt; schon dröhnte die Orgel, erklangen Chöre, folgten Lesungen und Gebete, wie sie bereits der Codex Calixtinus vorschreibt. Dann kam ein großer Moment. Zwei Sakristane schleppten das berühmte Butafumeiro, das riesige Räucherfaß, heran. Geschickte Hände knüpften es an ein mächtiges Tau, das von einer Rolle unter der Vierung herniederhing, und zündeten das Räucherwerk an. Worauf sechs Paar kräftige Männerarme das Faß zum Schwingen brachten. Zischend, wölkend, glühend sauste es in immer gewaltigeren Schwüngen durch Vierung und Querschiffe, holte aus, bis es fast an die hohen Gewölbe stieg. Wenn es mit der Gewalt eines Projektiles hernieder fuhr und über den Boden strich, um zur Gegenseite zu schwingen, beugten sich alle Köpfe erschreckt; die Kirche war vollgestopft mit Menschen. Es hätte in keinem andern Land der Welt stattfinden können, so gefährlich nahm es sich aus. Man vertraute indessen dem Apostel, und wirklich passierte nichts.

Es passierte auch abends gegen elf Uhr nichts, als Feuerwerk stattfand. Was Beine hatte, war auf die Plaza de España vor das Obradoiro geeilt. Ein heftiger Kampf um jeden Fußbreit Boden entbrannte. Ehe es begann, war man halbtot gequetscht; angstvolle Kinderaugen lugten aus tiefem Schacht zwischen den Menschen empor. Die jungen Burschen genossen es sichtlich. Eine dralle Frau warf sich entzückt auf die Menge in ihrem Rücken, ließ sich drücken, krähte vergnügt. An den Fenstern des Ayuntamiento, des Hostal de los Reyes Catolicos, des Colegio de S. Jeronimo saßen die Honoratioren und blickten amüsiert auf das Treiben. Erneut hob ein ohrenbetäubendes Knattern und Donnern an, diesmal so laut wie nie. Kanonenschläge detonierten in der Luft. Garben, Batterien von Raketen sprühten hoch, Sternenbündel zerplatzten, Kometen zischten mit Feuerstreifen durch die Nacht, während die Menge auf dem Platz ihre verbissenen Kämpfe führte. Wir standen mitten darunter. Als die Feuerwerker die Sonnenräder entzündeten, kam erst richtig Schwung in die Sache. Panikartig flutete die Masse aus dem Sprühkreis der wirbelnden Raketen. Unterdessen stiegen vom Ayuntamiento wunderbar leuchtende, mannshohe Montgolfieren in den nächtlichen Himmel, durch Wärmefeuer getragene Lichtgondeln, von denen eine Kette blauer Lichtfunken herniedertropfte.

Die Kathedraltürme waren tief und dicht in Rauch gehüllt von den unaufhörlichen Explosionen. Darüber blitzte und donnerte es, darunter wogte der verbissene, halb entzückte, halb verzweifelte Kampf der Menge, den es mit Knien, Fäusten und drückenden Schultern auszufechten galt. Man konnte sich vorstellen, daß es einst im Inferno so aussehen würde: eine in stummer Verzweiflung ringende Menschenmasse, über der die Hölle ihren Weltuntergangsdonner, ihren Gestank und ihre Gluten entlud. Mitternacht gingen die berühmten ›Fuegos artificiales‹, das Feuerwerk, mit neuen unerhörten Explosionen zu Ende. Wiederum stürmte das Menschenmeer in erregten Wogen gegeneinander, um Abgang zu finden, jeder in anderer Richtung, bis endlich, endlich alles entknäuelt, auseinandergerollt in den umliegenden Straßen verrann. Friede war. Vor dem Obradoiro türmten sich leere Kisten. Das Pulver stank immer noch. Was eben ein lichtsprühendes Sonnenrad gewesen war, ragte als halbverbrannter Balken über die Einsamkeit des Platzes, ein schräg ins Leere des Mondhimmels stechender Galgen.

Bis in den hellen Morgen hatten die fröhlichen Zecher gelärmt. Der 25. Juli, der Santiago-Tag, brach an und versprach gutes Wetter. Wenigstens für den Morgen der Aufmärsche und Einzüge. Auf der Plaza de España formierten sich die Fähnriche, die Abordnungen der Marine. Die Hauptfeierlichkeit des hl. Jakobus ist keine Sache der Gläubigen und der Wallfahrer mehr, sondern ein Staatsakt. Die Bänke der Kathedrale füllten sich mit Beamten, Frauen und ihren Kindern; Neugierige und alte Weiber, die es partout nicht lassen konnten, dabei zu sein, drängten sich auf dem schmalen Rand zwischen den Pfeilern zusammen. Wieder zogen Kardinäle, Legaten, Äbte, Bischöfe durch die Puerta Santa ins Schiff, zogen weiter zum Portico de la Gloria, holten den Staatschef unter prangendem Thronhimmel ein, zogen zurück zum Altar; Orgelspiel, Knabensoprane, Tenöre und Bässe setzten ein: das feierliche Hochamt begann.

Draußen waren die alten Fassaden in ihrer steinernen Schwere und schweigsamen Schönheit, die Kolonnaden der Rua del Villar und Rua Nueva zu dröhnenden Resonanzböden geworden. Denn abermals schoben sich Ströme von Menschen durch alle Straßen. Nein, sie hatten mit den Jakobsbrüdern des Mittelalters, den Wallfahrern aus aller Welt, nur noch wenig gemein. Das waren meist Männer in den besten Jahren gewesen, schon wegen der Strapazen, die es zu bestehen galt. Sie hatten zu Hause ihr Testament gemacht und mit ihrem alten Leben abgeschlossen, weil die Wahrscheinlichkeit, daß sie irgendeiner der Fährnisse dieser Strecke zum Opfer fielen, nicht eben gering war – der Erschöpfung, einer Krankheit, den Wegelagerern oder den Sarazenen. Heutzutage kamen Kinder, Alte, Dorffrauen aus der Weite Galicias, denen gelegentlich das Zopfschwänzchen unter dem schwarzen Kopftuch hinwegguckte. Das Zeitalter der Verkehrsmittel gab auch dem Santiago-Tag einen etwas anderen Akzent. Am Herradura-Park sangen die jungen Mädchen und tanzten.

Aber das andere, das man auch sah, dürfte wie einst gewesen sein: ein Lahmer hier, ein Siecher dort. Wallfahrtstag, das hat immer bedeutet, Musterung halten über das menschliche Leiden und Leid. Befand sich unter den Pilgern nicht jener kranke, in ungeheure Breite gegangene Mann, der sich mit Todesblässe im Antlitz Schritt um Schritt der Kathedrale entgegenquälte? Gab es nicht das ergreifende Bild des greisen Curé aus Frankreich zu sehen, der in seinen dörflichen Filzpantoffeln einherschlurfte und kaum noch die Füße voreinander zu setzen vermochte, mühselig von Schwester und Hausdame gestützt? Sie schienen gekommen, um im Angesicht des Apostels zu sterben. Eine tiefe Sorge befiel den Betrachter, der sie an der Plaza de las Platerias erblickte, es möchte noch vor dem Kircheneingang mit ihnen zu Ende gehen. Langsam hatten sie sich bis zur großen Freitreppe vorgekämpft. Man hätte sie tragen können, aber oh nein, nicht das, nicht das! Der Fuß ertastet die erste Stufe. Ach, kaum vermag der Körper zu folgen. Doch auch die nächste Stufe gelingt; gewiß, man muß stehen bleiben, aber ein Lächeln im schweißbeglänzten Gesicht sagt den Begleitern: vertraut mir, ich halte durch! Wirklich, sie bringen die Kraft auf, schleppen sich zu einem der Beichtstühle, sobald das Hochamt, die Prozession mit dem Kopfreliquiar des jüngeren Jakobus, dessen Haupt einst Bischof Gelmirez nach hierhin brachte, vorüber ist. Sie wandern zur Wegzehrung in die Kommunionskapelle, und es gelingt ihnen sogar, ins Quartier heimzukehren.

Wie man auch zum Santiago-Kult steht, diese äußerste Bemühung, mit dem Überirdischen in enge Berührung zu kommen, welche die letzten Tage der zum Tode verurteilten Kranken verklärte, adelte sie zugleich. Für sie war die Emanation von Gnadenströmen, die der Glaube vom Apostelgrab ausstrahlen fühlt, Wirklichkeit. Solche ergreifenden Bilder genügten, um mit allem zu versöhnen. Eine Pilgerfahrt ist keine Sache für Ästheten. Sie riecht nach Schweiß, Mühsal und dem Geschmack der Massen. Einzig der Portico de la Gloria blieb an diesem Tage zumeist allein. Lediglich einer war dort zu finden. Schotborgh. »Ich mußte nach ihm sehen«, flüsterte er, fiebrigen Hungerglanz im Gesicht. – »Kommen Sie essen!« – »Pah!« machte Schotborgh mit großer Abwehrgebärde, »heute?«

Dann aber feierte Santiago. Es feierte den ganzen Tag und die ganze Nacht, wenn auch der Schwerpunkt auf dem Nachmittag lag. Selbst Schotborgh feierte mit.

Im Herradura-Park

Zur nämlichen Stunde erreichte das Fest auch draußen seinen Höhepunkt. Das Fest der Bauern, der Händler und des Volkes. Begonnen hatte es freilich nicht erst im halben Vormittag, sondern im grauen Morgen, und nicht einmal in Santiago selbst, sondern überall im Lande, wo die Leute morgens an den Straßen stehen und auf die Autobusse warten. In Noya, Ordenes, Arzua, Lalin und zahllosen Dörfern. Was sie nicht alles bei sich führten! Bündel von Kohlblättern, Säcke mit Erbsen oder Kartoffeln, mit quietschenden Ferkeln und ratlosen Kaninchen. Duldende Lämmer und rundheraus verzweifelte Hühner. Ach, sie alle hatte man dem Frieden ihrer Ställe und des ländlichen Gegackers entrissen, und nun lagen sie mit zusammengebundenen Beinchen da und konnten kaum atmen. Ratterte der Bus heran, verstaute man sie, wo grade Platz war. Solch ein vom Lande kommendes Vehikel stellt in Galicia eine rollende Karawanserei dar. Aus dem mächtigen Kofferraum am Heck tönt ängstliches Lämmergeplärr. Aber das ist keineswegs etwas besonderes. Da sollte man erst einmal einen der richtigen Zubringer für die Viehmärkte sehen, die auf eigene Rechnung fahren! In der vorderen Hälfte sitzen die Menschen, in der hinteren stehen die schönen, hellbraunen Kühe mit den sanften Augen angebunden und machen eine Landpartie. Manchmal kommt sogar einer, der hinten an langen Eisenketten einen richtigen Schweinekoben trägt, in dem schwere, verdutzte Säue grunzen, während das Fahrzeug durch die Schlaglöcher holpert.

Alle diese Gefährte fuhren, schnauften, donnerten an diesem Tag also Santiago und dem *Herradura-Park* entgegen, wo wie seit alters Santiago-Markt stattfand. Am Eingang hockten Frauen mit bunten Flitterhüten für die Burschen, Zuckergußherzen für die Mädchen und ganzen Körben voll jener Zuckerkringel, die auf Stöcke gesteckt sind. Einer Spezialität hierzulande. Unter den ersten Bäumen kamen die Zelte, in denen man ›Futbol‹ oder ähnliches, natürlich an Tischen, spielen konnte oder sich einen genehmigte. Je weiter man die Allee hinaufging, die zu Sta. Suzana, dem uralten Kirchlein führt, desto lebhafter ging es zu. Hier lagen Bündel von Kohlpflanzen gestapelt, dort konnte man Sämereien und Stricke kaufen oder was solch ein Bäuerlein sonst braucht. Rechterhand standen die Rösser mit ihren Füllen, die ängstlich die Köpfe übereinander schoben, die Ponys und Esel; sie mußten sich befühlen, betrachten, betasten und die Lippen heben lassen. Links folgten der Schaf- und der Schweinemarkt. In ganzen Pferchen wimmelten die rosigen Lieblinge Galicias durcheinander. Eine große, am Fuß gefesselte Sau schlief behaglich am Boden, von zärtlichen Blicken gestreichelt. Halb Galicia war schon zur Stelle, und immer noch zogen Bauern ein. Die einen ritten heran, andere führten breitgehörnte Zugochsen mit sich. Schafe klagten ihre jämmerlichen Mährufe ohne allen Erfolg in die fühllose Welt, wehrten sich erbittert gegen den Abtransport. Ein Schafbock schlug Purzelbaum. Alte Bauersfrauen prüften Wolle und Fleisch der Tiere mit zusammengekniffenen Lidern, und aus jedem Männermund wehte eine kleine Weinfahne. Vor Sta. Suzana wirbelte eine Trommel. Ein Gaukler, akustisch untermalt von seiner Frau, schmauchte sich dort mit Spiritusflammen die Arme ab. Das tut niemandem weh und sieht imponierend aus. Er ließ eine kleine, dressierte Ziege eine Treppenleiter besteigen, auf einem Podest haltmachen, die Füßlein auf einen Pflock von Handtellergröße setzen, mit allen vier winzigen Hufen Posto fassen, sich langsam im Kreis drehen. Hopp! Sie stieg noch höher, auf einen noch schmaleren Pflock, und auch hier vermochte das kluge, tüchtige, goldwerte Ziegenfräulein zu rotieren, während das Kind des Gauklers weitertrommelte, denn die Frau mußte schnell einsammeln gehen, ehe sich die Leute drückten. Die Bauern machten bereits die ›Cara dura‹ – ein ganz hartes, abwehrendes Gesicht, wie die Bauern in aller Welt, wenn es ans Zahlen geht.

Wenig weiter hatten sich die Gaiteros postiert, die an diesem Tag nicht fehlen dürfen. Was wäre ein Jakobus-Markt schon ohne Dudelsack, Tamburil, Pauke? Heute blieb es nicht bei ihrer üblichen Muiñeira oder Ribeira, heute spielten sie, was das Zeug hielt, das ganze Repertoire herunter. Die Pasacalle, die auf der Variation der unaufhörlich wiederholten Baßmelodie, des Basso ostinato, beruht. Selbstverständlich durfte der Fandango nicht fehlen. Dann folgte eine

Foliada und schließlich die beliebte Jota ›Marica, si vas – Marika, wenn du gehst‹. Das ist im Grunde ein Volksgesang, dessen sich die Dudelsackspieler wegen der schwungvollen Melodieführung bemächtigt haben.

Liebenswertes, herrliches Galicia, Kohlsuppenland, Fischer- und Santiago-Land, das bis ans Ende der Welt reicht! In diesem Augenblick war es vollkommen und ursprünglich gegenwärtig.

Adios in Sto. Domingo

Dann feierten wir kurzen Abschied; keinen für immer, nur für diesmal, indem wir die lauten Straßen flohen und *Sto. Domingo* besuchten. Das liegt dort, wo die von S. Lazaro kommende Pilgerstraße in die Plaza del Camino einmündet. Hinter dem Pilgerkreuz, dem letzten Zeichen der Ruta Jacobea, winkelt sich das alte Dominikanerkloster um einen offenen Vorhof. Die Gebäude sind etwas im Unstand. Man hat darin ein *Museum* untergebracht und an den Wänden des Kreuzgangs Steine alter Adelshäuser oder Bruchstücke aufgehängt, die von Kirchenportalen stammen. Für Augen, die auf Entdeckungen aus sind, läßt sich einiges finden. Auch kann man im Klostertrakt die Wendeltreppe des 17. Jahrhunderts bewundern, die aus drei umeinander gedrehten Spiralen von Stiegen besteht, deren jede zu ihrer eigenen Etage führt. Eine davon klettert bis auf den Klosterturm. Von hier aus hat man den schönsten Blick über Santiago, den es gibt. Einen Abschiedsblick. Alles, was die unvergleichliche Stadt liebenswert macht, breitet sich in einer herrlichen Silhouette über die Hügel. Im Park unten wiegen sich die Palmenwedel im Abendwind. Ein Esel schreit in den Gärten des Sarela-Grundes.

In der übers Eck zum Klostertrakt gelagerten, weitläufigen *Kirche* in der linken Seitenkapelle einige Gräber. Künstlergräber. Darunter das von Rosalia de Castro, der Dichterin der ›Saudade‹. ›Galicias Stimme‹, sagen ihre Ruhmredner. In Padron stießen wir später auf die eigentlichen Reminiszenzen an sie. In Sto. Domingo hat sie ihr Grab gefunden und ruht unter einer in die Wand gelassenen Tumba mit galicischer Inschrift. »Es ist ihr Pantheon«, erklärte der Sakristan, sichtlich befriedigt, daß er einen so berühmten Namen vorzeigen konnte. Auf den Grabsteinen nebenan häuften sich Blumen, die Verehrer dort niedergelegt hatten. Auf Rosalias Grab fand sich nicht eine. Es war sehr traurig, nichts zur Hand zu haben. Man hätte der Dichterin wenigstens eine weiße Rose schenken mögen. Indessen, wenn sie noch lächeln könnte, mit dem kleinen Zug des Verzichtes in ihrem Gesicht, hätte sie unzweifelhaft angemerkt: »Was kommt es schon darauf an? Besser, Sie behalten Galicia im Herzen.«

Wir verstanden die stumme Anmahnung. Leider, unsere Hoffnung erfüllte sich nicht, den Aufenthalt in der Jakobsstadt mit diesem Besuch zu beschließen. Den Stunden der Ergriffenheit folgte eine kurze, eher triviale Burleske. Indessen gehörte auch sie dazu, damit wir auf der Erde blieben. Es gab noch jetzt, wo wir Abschied nehmend noch einmal den Turm bestiegen, um hinaus zu blicken, Augenblicke von solcher Schönheit, daß Anne mir zuflüsterte: »Drück meinen Arm ganz fest, damit ich weiß, es ist Wahrheit . . .«

AM ENDE DER ALTEN WELT

Preußischblaue Episode

Die Santiago-Feiern gingen eben zu Ende. Wir genossen lustwandelnd den still gewordenen Vormittag, als uns in der Rua del Villar jemand ansprach. Ein Berliner, der sich unserer mit der Hartnäckigkeit eines Verzweifelten bemächtigte, als er deutsch vernahm. Er war auf etwas banale Weise hierhin geraten: einfach per Reisebüro, da ihm der Name des angepriesenen Zieles zusagte und weil er nicht wußte, was sonst unternehmen. Jetzt wunderte er sich, daß niemand sein Spree-Chinesisch verstand. Aber das blieb nicht das Ärgste. Einige Stunden in Himmelshöhen hatten ihn gänzlich zermürbt. Als er endlich auf dem neuen Flugplatz vor der Stadt anlandete, ungefähr dort, wo früher die Fußpilger verzückt ins Knie brachen, weil sie plötzlich fern, fern die Kathedrale erkannten, gelobte er sich, nie mehr in ein Flugzeug zu steigen. Es schüttelte unsern braven Berliner, einen Werkmeister in den Fünfzigern, noch jetzt. »Mit det Ding da retour – nee, is nich drin.« Andererseits verlangte ihn dringlich nach Muttern und seiner friedenspendenden Molle; irgendeine Stammtischwette schien bei seiner Unternehmung im Spiel. »Meinen Sie, et jeht mit de olle ehrliche Eisenbahn?« Möglichst nicht über Madrid, was ihm zu nahe bei »die Negers« schien. Er hatte sich das bereits ausgemalt: immer am Kantabrischen Meer entlang, und er auf dem Fensterplatz bis Frankreich. Von da per Expreß nach Berlin. Der Arme! Die Linie hätte man erst noch bauen müssen.

Im ›Servicio del Turismo‹ versuchten wir, was sich da tun

ließ. Nicht über Madrid? Man überlegte, hieß ihn dann wiederkommen und bat uns, den Dolmetsch zu machen. »Mañana. A hora de mediodia.« Morgen Mittag also. Es gab im Augenblick wirklich sehr viel zu tun, Schwärme von Reisenden wollten auf den Weg gebracht sein. Andern Tags ging das Telefon lange vor der vereinbarten Zeit in unserm Hotel. Der Berliner war erneut im ›Turismo‹ aufgetaucht, diesmal laut lamentierend. In der verflossenen Nacht schien er in liederliche Gesellschaft geraten, was in Santiago etwas bedeutet. Brieftasche samt Paß und Finanzen blieben seitdem verschwunden. Der spanische Amtsschimmel bekam plötzlich flinke Beine; da mußte der Konsul oder die Botschaft her. Oder noch besser – gleich fuhr ein Zug nach Madrid! José Ballestreros, der immer vergnügte, sauste bereits heraus, ließ den Wagen an. Señor Proupine palaverte eifrig in die Telefonmuschel, lauschte sodann gespannt, palaverte wieder und hörte. Ja, man würde den ausgeplünderten Inselstädter am Madrider Nordbahnhof abholen, schon gut. Damit endete für uns die Geschichte; er rollte davon, und wir hörten nie wieder von ihm.

So konnte man's also auch machen – buchen, einsteigen, sich schütteln lassen und nach der Landung in Entrüstung ausbrechen, daß alles anders als zu Hause zuging. Es war die neueste Art zu reisen. Besser freilich, mit dem Schiff nach La Coruña, Villagarcía oder Vigo zu fahren. Galicia ist schließlich ein Seefahrer- und Küstenland. Am allerbesten selbstverständlich per Auto oder zu Fuß das Land zu queren. Darüber geht nichts, wie mühsam und zeitraubend es sein mag. Warum nicht in unendlichen Kehren die Straße an der Kantabrischen Küste nehmen? Darauf durch die asturischen Täler nach Castropol an der Ria von Ribadeo, nun ins herrliche Binnenland der verträumten, nordgalicischen Bauerneinsamkeit, wo die Friedhöfe mit hohen, gotischen Totenmalen wie von Palisadenzäunen umgeben sind. Bis man ins entzückende Betanzos, das Brigantium Flavium der Römer, an seiner versandeten Ria gelangt, um in S. Francisco dem Prunksarkophag des Grafen Fernan Perez d'Andrade seine Aufwartung zu machen, der auf Bär und Wildeber gestellt ist, die Wappentiere des alten Geschlechtes. Allenthalben sieht man in dieser Kirche den Keiler. Sogar auf dem Sarkophag. Dort ist die Sage von Meleager abgebildet, dem ein Eber den Schenkel zerfleischt.

Freilich, solche Umfahrten setzten voraus, daß man bereits so snobistisch war, den Herdenweg des Camino francés zu meiden und seitab durchs Land zu ziehen. Wir hatten die Wege allesamt gemacht. Selbst jene, die ein neues, völlig anderes Kapitel der Santiago-Fahrten aufblätterten. Die von Süden.

Camino real

Wirklich ist ja die ›Ruta francesa‹, dieser einst von Osten heranflutende Strom unzähliger verschollener Spuren, nur die wichtigste unter den vielen Pilgerstraßen, ihrer aller Inbegriff sozusagen. Selbst in romanischer Zeit konnte man durchaus schon von Süden kommen. Zeitweilig wenigstens. Die Menschen pilgerten vom islamischen El-Andalus zum großen Heiltum der spanischen Welt keineswegs bei Nacht und Nebel, unter Todesgefahren, wie man heute über die Zonengrenzen schleicht, sondern mit Billigung ihrer muselmanischen Herren. Die auf den Wallfahrerstraßen mitziehenden Handelsleute besaßen sogar regelrechte Ausweise. Selbstverständlich war dabei Politik im Spiel. Die eigentliche Gefahr des Islams lag für das christliche Spanien in Zeiten friedlicher Koexistenz weniger in der militärischen Bedrohung als in der Verführung durch die überlegene Kultur des andalusischen Südens.

Später nahm sich das Pilgern anders aus; es wurde zum Reisen, das Reisen gelegentlich sogar zur Besserwisserei, wie der Bericht des Giovanni Battista Gonfalonieri aus Rom bezeugt, der eben zum Priester geweiht war. Man muß auch dergleichen zur Kenntnis nehmen. Er reiste als Begleiter des Monsignore Biondo, Patriarchen von Jerusalem, nach Lusitanien; aber er kam eigentlich nur, um festzustellen, daß alles nicht so gut wie daheim war. Am 17. Dezember 1592 ging es von Genua über Savona, Nizza, Antibes und Marseille nach Barcelona. Dann führte der Weg über den Montserrat, Lérida, Zaragoza, Medinaceli und Alcalá nach Madrid. Von Madrid nach Lissabon. Am 11. März 1593 verzeichnet das Tagebuch die Ankunft in der portugiesischen Hauptstadt, wo es diplomatische Kommissionen zu erledigen gab; was rund ein Jahr in Anspruch nahm. Erst dann ist Gonfalonieri weiter nach Norden, nach Santiago gezogen. Über Santarem, Coimbra, Porto zur Grenze. Den Miño überquerte man in Tuy, worauf Gonfalonieri Pontevedra, Padron und schließlich am 3. Mai 1593 die Apostelstadt erreichte, die damals ungefähr fünfzehnhundert Haushaltungen zählte, also keineswegs klein war. Die Häuser erschienen dem jungen Kleriker »piccole, strette, basse e mal fatte – klein, eng, nieder und schlecht gebaut«. Bewunderung nötigte ihm lediglich der ortsansässige Graf Altamira ab, der in zwölf Jahren zwanzig Söhne in die Welt gesetzt hatte, die allesamt lebten, und deren ältester eine Apanage von vierzehntausend Scudi erhielt. Sonst blieb an den Gallegos kein gutes Haar. Das Brot war dürftig, der Landwein zu schwach, das Fleisch zu mager. O Galicia, Schinken-und Chorizoland, du Land des unübertrefflichen Caldo gallego, der galicischen Fleischbrühe mit Bohnen und Blattkohl, du Land des schweren Ribera-Weines und des wundervollen, vollmundigen Fefiñanes – Land der Mariscos, Langusten, Chipirones und Calamares, der Muscheln von Villagarcia, der Sardinen aus den Rias, der Bonitos und der Merluzas aus der Hochsee: es mußte ausgerechnet ein Nudelesser kommen, um deine Küche anzuprangern!

Niemals hatte er eine deiner berühmten Torten probiert, welche die Nonnen zu den Festtagen vorbereiten. Was wir ihm freilich verübeln, war die Medisance, mit der er sich über die einfachen Frauen ausließ. Offenbar war sein Blick nie auf die Marktweiber um Sta. Maria in Trastevere seiner Heimatstadt gefallen. Der ganze galicische Volksschlag schien ihm rund heraus verabscheuenswert und von Zigeunern, Morisken, Barbaren und Deutschen herzustammen. Hingegen stachen ihm die Einkünfte der Klöster bemerklich ins Auge; da schlug das Blut des Stiftskaplans durch. Dieser rechnerisch begabte Mensch hatte alle Joche, Säulen, Altäre der Kathedrale gezählt, sämtliche Canonici einschließlich ihrer Renten aufgeführt, aber das Weltwunder Meister Mateos, der Portico de la Gloria, war nicht bis an seine Netzhaut gedrungen. Wie sollte das auch? Genau einen Tag verbrachte er in Santiago, um sich sein umfassendes Urteil über Galicia zu bilden. Die Fähigkeit, sich zu entrüsten, scheint nicht allein den Deutschen vorbehalten. Übrigens erfreute sich die von ihm gewählte Route einigen Zuspruchs. Den gleichen Weg zog neben vielen anderen gute hundert Jahre später Cosimo de Medici. Die Peregrina-Kirche in Pontevedra ist, bezeichnenderweise, eine ausgesprochene Wallfahrerkirche.

Die wichtigste Straße aus dem Süden Spaniens führte freilich über Salamanca nach Norden. Es war der Weg, den der deutsche Ritter Stephan von Praun oder Braun gemacht hat, dessen Pilgerhabit im Germanischen Museum in Nürnberg bewahrt wird. Seine ›Compostelana‹ trägt das Datum vom 24. und 25. März 1571. Er kam von Madrid, zog über Avila und traf in Salamanca auf die berühmte römische ›Calzada de la plata‹, die alte Silberstraße, eine Route, die auch den Namen ›Camino viejo‹, alter Weg, trägt oder ›Camino real‹, königliche Straße. Sie verläuft von Sevilla über Cáceres nach Norden. Wir kehrten eben von San Jeronimo de Yuste, dem Hieronymitenkloster an den Hängen der Sierra de Gredos mit dem Altersitz Kaiser Karls v. zurück, das die Franzosen 1808 zerstört haben. Es schien uns sehr dringlich, auch diesen Weg zu machen, der Galicia und Santiago wie das Märchenland Orplid weit hinter den Bergen erscheinen ließ. Worauf wir in Salamanca eintrafen und blieben, sehr viel länger blieben als vorgesehen. Aber es gibt wohl niemand, der es freiwillig verließe. Gewiß, weil Salamanca einmal die vom heiligen König Ferdinand begründete und weltbekannte Universität des Königreiches León gewesen war. Aber vor allem, weil man niemals dem Geist des Apostels Santiago näher ist als im Innenhof der ›Catedral vieja‹, in dem früher die Pilger ausruhend gelagert hatten. Aber auch, weil man niemals tiefer als hier verstand, was Spaniens Geschichte bedeutet, und schließlich, weil uns Salamanca als ein Wunder erschien. Ein Wunder des Bauens. Die Inkarnation des spanischen Geistes. Alles das, was der Escorial nicht ist, Salamanca besitzt es. Es war Ende der Nacht, als wir anlangten, weil uns in den Bergen von Bejár ein Defekt am Wagen so lange aufhielt. Der Mond von Kastilien leuchtete und ein Stich durchfuhr unser Herz, als es plötzlich hinter einer Wegebiegung am Gegenufer des Tormes erschien.

Salmantinisches Stundenbuch

Da lag es unter der gewaltigen Glocke des Himmels. *Salamanca*, ein Name der Sage. Am Rio Tormes schliff der Wind wie immer über das goldene Sedimentgestein, auf das Mauern und Häuser gegründet sind, ließ es Korn nach Korn durch die trichterförmig zerklüfteten Steilufer rinnen – Sanduhren der Ewigkeit, während das Wasser strömte und die Brückenpfeiler des Puente Romano, der Römischen Brücke, genauso umspülte wie damals, vorgestern, vor zweitausend Jahren, als Hannibal mit einem Troß aufgebracht trompetender Elefanten darüber zog. – Salamanca, Tochter des Krieges!

Salamanca, Stadt der Palacios, Stadt der Kirchen, Stadt einer Kathedrale, die sich im Fluß spiegelt. Ihr Stein gleicht der rosigen Haut einer schlafenden Geliebten und füllt das Herz der Salmantiner mit Zärtlichkeit – sie, die nur die letzte Blüte an einem Stamm königlicher Gotteshäuser darstellt und eine ältere, noch erhaltene Schwester einschließt, die *Catedral vieja* oder alte Kathedrale, an der man seit 1152 rund einhundert Jahre lang gebaut hatte. Sie war ein Höhepunkt einer ganzen Gruppe von Kirchen wie S. Vicente zu Avila, Sta. Maria in Toro, der Kathedrale von Zamora bis hin zu La Magdalena von Ciudad Rodrigo mit dem herrlichen Figurenportal. Tritt man in Salamanca aus dem rechten Seitenschiff der neuen Kathedrale in die alte hinüber, beginnt der Atem schneller zu gehen. Welch eine Chorpartie, in der sich der mächtige Tafelaltar des Dello di Niccolo Delli aus Florenz mit seinen vierundfünfzig Bildtafeln voll naiver Poesie erhebt! Welch eine Krönung des Ganzen, das königliche Zimborium der Vierung! Man hat zu tun, mit seiner Beglückung hauszuhalten. Denn da wäre der romanische Kreuzgang mit seinen Grabmälern und Kapellen, von denen eine ein abendländisches Heiligtum bedeutet, die gotische Capilla Sta. Barbara mit dem Grab des Bischofs Juan Lucero inmitten. Sie ist die Keimzelle von Salamancas Universität. Hier schloß man die Doktoranden in der Nacht vor der Promotion zu meditativer Sammlung ein, bis morgens das Prüfungsgremium der Professoren einzog. Der Ruhm, ein Graduierter der weltberühmten Hochschule zu sein, ließ sich nicht leicht erringen und wurde durch ein überschäumendes Fest gefeiert, dessen Mittelpunkt selbstverständlich eine Stierhatz sein mußte. Worauf man mit dem Blut der getöteten Toros die sogenannten ›Vitores‹, die Initialen der Promovierten, als Siegeszeichen auf die Wände des Universitätsviertels um die ›Escuelas menores‹ malte. Denn vor allem andern ist Salamanca eine Stadt des Geistes, die mit unsterblichen Namen verbunden bleibt. Von den Scholastikern über Calderon und Cervantes bis Miguel de Unamuno.

Dann war es Morgen, goldener Vormittag. Das Gold darf nicht als schmückendes Beiwort verstanden werden, sondern als Lokalkolorit: Gold mit fliederfarbenen Schatten. Im Azur des Himmels kreisten die Störche, die von den Uferwiesen des Tormes zurückkehrten in ihr Nest auf dem Giebel des Colegio de Anaya. Die Anaya sind ein altes Geschlecht, aus dem viele Kirchenfürsten, Gelehrte, Kriegsleute und Politiker der Stadt hervorgingen. Genau wie die Fonseca, Bracamonte, Trastamara oder Maldonado.

Die Stadt am Ufer des Tormes lag so unversehrt im jungen Tag, daß es keiner Anstrengung der Vorstellungskraft bedurfte, um in die großen Epochen ihrer Geschichte zu tauchen. Salamancas Anfänge reichen in Urzeiten hinab. Zwar, vom Römischen blieb nicht viel, nimmt man die stadtwärts gelegenen fünfzehn der sechsundzwanzig Bögen des Puente Romano, der Römerbrücke, aus. Wie sollte das auch! Die Überflutung des alten Iberien durch Vandalen, Alanen, Sueben, Westgoten und endlich Araber hatte alles hinweggeschwemmt, alles Gewesene vernichtet. Salamanca hebt sich über Asche und Gräbern. Erst die Wiederbesiedlung im 11. Jahrhundert, die ›Repoblación‹ unter Graf Ramon de Borgoña, Raymund von Burgund also, hinterließ tiefe Spuren, lockte Menschen aus halb Europa auf die drei Hügel am Nordufer des Tormes. Das spanische Schicksal! Es kamen Franken oder Burgunder, Gebirgler aus Asturien, Portugiesen aus Toro und Braganz, Kastilier, germanische Einwanderer, Gallegos, arabisierte Christen oder Mozaraber und Juden. Letztere bauten sich ursprünglich in der Niederung am Fluß an, um sich allmählich in das Val de los Milagros oder Wundertal zurückzuziehen, wo die ›Mozas de soledad y fortuna‹, die Mädchen der Einsamkeit und Beglückung, hausten, wie man sie in der courtoisen Sprachgebärde der Araber nennt. – Die Struktur der Stadt war angelegt.

Morgen also. Gitarrenmorgen, goldfarbener Lichtmorgen, fliederfarbener Schattenmorgen von Salamanca. Morgen der Gassen, der trippelnden Eselsfüße, Weihrauchmorgen der Kirchen und Morgen der Stille. Dies war der Augenblick, das Schweigen alter Paläste mit ihrem erlesenen Schmuck der Fayencen von Talavera aufzusuchen, mit den blinkenden Wärmebecken aus Messing oder Kupfer, bemalten Sitzen, hübschen Bordüren und tausenderlei Kram. Ach, immer wieder würde es uns zu dieser Stunde an den taubenetzten Frieden des Patios der *Casa de las Conchas* erinnern, diesen größten Augenblick einer italienisch inspirierten, spanisch umgesetzten Renaissance! Ein Maldonado hat sich den Palast erbauen lassen. Was tut es, daß bare Prahlerei im Spiel war, als er die in aller Welt berühmte Fassade mit dem Santiago-Zeichen überziehen ließ: er hatte eine Tochter des Herzogs von Benavent geheiratet, der die Vieira, die Jakobsmuschel, im Wappen führte, und rühmte sich auf diese Weise seiner hochmögenden Verwandtschaft. Es ist zweierlei da, das zu Herzen geht: schlichte Würde und großer Zuschnitt. Freilich gibt es ähnliche Bauten in Salamanca in Fülle – die Palacios Solís, Alba oder Monterrey, den Gil de Hontañon um 1540 schuf, das Haus des Doktors Abarca, Leibarztes der Königin Isabella, ferner die Palacios Albaida, de Cuatro Torres, de Arias Corbelle, die Casas de la Salina, de las Muertas, das Colegio de los Irlandeses, das unter Karl v. und Philipp II. für die Söhne des irischen Adels erbaut wurde. Ferner Kirchen und Hospitäler, deren Türme Unamuno zufolge im 17. Jahrhundert einen ganzen Wald ausmachten. Indessen, in der Casa de las Conchas findet man Salamanca am klarsten verkörpert. Seine Quintessenz sozusagen. Schweigsame Größe und vollkommene Harmonie eben, über der man die Spannungen vergißt, die in dieser Stadt immer wieder durch die Sprache der Steine beschwichtigt werden. Denn auf kaum begreifliche Weise bleibt Salamanca stets etwas unterschwellig Drohendes beigemischt. Jedenfalls erschien es uns so beim Anblick der Gruft des Herzogs von Alba, der links vom Hochaltar in der Kirche des Dominikanerklosters S. Esteban ruht, in dem 1494 Kolumbus gewohnt hat.

Den Patio der Casa de las Conchas umziehen doppelstöckige Arkaden, deren obere Bogenspitze durch eine nach unten schwingende Schleife abgeschnitten ist – eine salmantinische Eigenart. Das ist der Platz, um aus dem Obergeschoß über das Dach hinweg auf die triumphal hochschießende Fassade des Jesuitenkollegs, die sogenannte *Clerecia*, zu schauen. Da hat man wieder ein neues Salamanca, das des Glaubens, in dessen Casa de los Ovallas die hl. Teresa von Avila, begleitet von der furchtsamen Schwester Maria del Sacramento, die Vision ihrer Ordensgründung erlebte. Die Clerecia mit dem grandiosen Innenhof, einst das ›Colegio del Espíritu Santo‹ der Jesuiten, dient heute als bischöflich-klerikale Hochschule, durch deren Gänge die jungen Kapläne und Patres aller Orden eilen. Nebenbei gesagt gibt oder gab es allenthalben in dieser Stadt Unterrichtsstätten. Kleine Binnenhöfe oder alte Toreinfahrten zumeist, die vor einem halben Jahrtausend als Colegios dienten. Damals, als es nicht weniger als neunundfünfzig solcher Hörsäle bedurfte, um die aus ganz Europa herbeiströmenden Studenten zu unterweisen. Man muß daher sagen, daß die neue Kathedrale und die Universität die eigentlichen Schwerpunkte der Stadt bedeuten, ihre geistliche und geistige Mitte. Salamanca ist eine Stadt der großen Gelehrten, der großen Baumeister und Künstler. Juan de Alava hat S. Esteban entworfen. José Churriguera dafür den Hochaltar geschaffen, Gil de Hontañon den Palacio Fonseca, den Palacio de Monterrey gebaut, Diego de Siloé das Portal am Colegio de los Irlandeses geformt. So geht das fort. Ganz Spanien lieh seine großen Künstler her, damit sie in Salamanca arbeiten konnten. Dennoch beherrscht *die Baugruppe der alten und neuen Kathedrale* das Bild architektonisch vollkommen. Das war durchaus gewollt. Philipp II. berief alle großen Meister des Landes und seiner Zeit, um der Stadt mit der neuen Kathedrale den Akzent zu verleihen. Die Kathedrale ist also die Schöpfung eines Teams von Architekten. Eine Kreuzanlage wird in der Mitte von einer mächtigen Kuppel, dem Zimborium, einem Lieblingsthema der spanischen Architektur, überwölbt, die das Zentrum aller künstlerischen und statischen Energien darstellt. Vier gewaltige Pfeilerbündel tragen die Vierung, nehmen die Spannungen auf und bringen sie mit dem übrigen Bau in Einklang. Das ist beinahe schon alles, und es läßt sich kaum ein größeres Lob für die Baumeister finden, als diese Bescheidung, die es den Pfeilerbündeln gestattet, sich ohne ablenkendes Beiwerk gleich den Blattschäften einer Palme zu entfalten und ihr Rippenwerk in Netzgewölbe aufzufächern. Das Eigentliche an diesem Gotteshaus tut der edle Stein und sein wundervoller Schnitt. Freilich gelangt er erst am Außenbau zu voller Wirkung. Die Portalzonen haben sich in ungeheure Bilderfolgen des ›churrigueresken‹ Stiles verwandelt, einer völlig malerischen Auffassung der Architektur, und werden allenthalben von einem Steinfiligran überrankt, das im Abendlicht die Schatten zarter Spitzen wirft.

Um den so überhöhten Eindruck und den Zauber der Bauten Salamancas zu verstehen, muß man sich klarmachen, daß die Stadt auf einem Plateau oder eben ›drei Hügeln‹ liegt, die einst durch Ablagerung des Tormes-Flusses geschaffen wurden. Ihr sedimentartiger Sandstein ist reich an Manganen und überall rot oder gold durchhaucht. Freilich, die geradezu mystisch anmutende Nuance der Kathedrale besitzt nur der Stein, der im nahen Villamayor gebrochen wurde. Ist ihm im Innern des gewaltigen Baues eine wunderbar zurückhaltende Noblesse eigen, hat er an der freien Luft eine rötliche Färbung angenommen. Tagsüber erscheint sie als Ocker, im Sonnenlicht erstrahlt sie als Goldton, um abends, im letzten Licht, als Rosenfarbe aufzublühen. Begünstigen Alter oder ein Wetterwinkel den Algenbewuchs, nimmt der Stein sogar die Farbe gestorbenen Fleisches an. Er verkörpert durch sein Kolorit bereits die Passsion. Da er sich zu allem Überfluß leicht bearbeiten läßt, sind seine Ornamente mit äußerster Zartheit und Delikatesse herausmodelliert. So, als seien riesige Pergamentflächen von den ebenmäßigen, köstlichen Minuskeln einer Mönchsschrift überzogen, in denen die Erregung des Schreibers wie Feuer knistert. Wenn das scheidende Licht den Bau rosenrot färbt und als Letztes den von unzähligen Schwalben umschwärmten Gekreuzigten grüßt, die pfeilschnell über die Abgründe und Schroffen der Dächer jagen, hat die Kathedrale ihre größte Stunde. Es ist der Augenblick, wo sich das klerikale Element Salamancas am innigsten mit seiner Geistigkeit verschwistert. Man sieht es am besten vom Patio der Universität aus, die gleich neben der Kathedrale liegt. Will sagen vom Aufgang zur Bibliothek, wo eine uralte Zeder ihre Zweige vor das Bild fächert. Unvergleichlich die Spiritualität des Blickes auf Kuppel und Dächer!

Heute zwar stehen die Hörsäle des alten *Universitätsbaus* im Parterre leer, die je nach der Fakultät andere Farben tragen: rot die Jurisprudenz, grün die Literatur, weiß die Theologie. Hier hörte Karl v. den großen Fray Vitoria. Unter den zahllosen in die Bänke geschnittenen Namen kann man den Lope de Vegas finden, der bereits als wohlbestallter Familienvater und Dichter im Dienst der Herzöge von Alba gelegentlich von Alba de Tormes herüberkam. Hier saßen Cervantes und Calderon, hier endlich, ehe er seine abenteuerliche Karriere in Übersee begann, der junge Cortés. Es ist, wenn man so will, eine Akademie der Unsterblichen. Da man derzeit noch nicht viel von Fenstern hielt, war der Raum nur durch Öllampen erhellt. Offensichtlich bedarf es gar keiner großartigen Installationen, um erleuchteten Geistes zu werden. Das ist eines der hübschesten, wenn nicht ernsthaftesten Symbole, die uns die alte Universität von Salamanca vermittelt.

Der bedeutendste Lehrer, der an dieser Stelle gewirkt hat, war Fray Luis de León, Augustinermönch, Mystiker, Theologieprofessor, obendrein Literator in lateinischer wie spanischer Sprache. Ein Dichter der Meditation unter dem großen Schwarm genialer Gestalten der spanischen Roman- und Theaterliteratur. Wirklich bedeutet er den vollkommenen Gegenpol zu den unruhigen Poeten des goldenen Jahrhunderts. Er liebte innig die Ruhe, die Zurückgezogenheit und den Frieden seines Obstgartens La Flecha, den man heute noch besuchen kann. Er kultivierte das Alleinsein mit Gott, aber er verabscheute darüber keineswegs den Umgang mit Menschen. Ein geistvoller Mann von starker Urteilskraft, der in seinem theologischen Fach ob seiner auf Innerlichkeit zielenden Mystik alsbald mit der Inquisition in Konflikt geriet.

Nicht weniger als fünf Jahre hat er in ihrem Kerker verbracht, die er gelassen nutzte, um eifrig an seinen Prosawerken zu arbeiten. So wie Cervantes, freilich aus ehrenrührigeren Gründen inhaftiert, während seiner Gefängniszeit an seinem Lebenswerk, dem ›Don Quichote‹, schrieb. Endlich konnte Fray Luis nach Salamanca zurückkehren. Im Triumph, wie es heißt. Aber ich glaube, er war eher besorgt, daß ihn die wiedererworbene Freiheit von seiner eigentlichen Arbeit abhielt. Die Alltagsfron eines Universitätsprofessors begann für ihn denn auch unverzüglich. Am 23. August 1591 ist er gestorben, rund dreiundsechzig Jahre alt. Wer seine Gestalt in der Kürze eines Wortes gespiegelt sehen will, mag sich der großen Szene erinnern, die sich bei seiner Rückkehr auf das Katheder des Hörsaales zutrug. Er begann seine erste Vorlesung nach fünf Jahren der Bedrängnis und des Schweigens mit den gelassenen Worten: »Decíamos ayer ... wie wir gestern sagten ...« Eine Sprachgebärde, die alles wortlos beiseite wischte, was ihm angetan und widerfahren war.

Fiesta Campera

Es war vorzeitig Sommer geworden. Auf dem Puente Romano, der Römischen Brücke, warf das Standbild des iberischen Stieres, Sinnbild des Landes, allzu scharfe, allzu kurze Schatten. Draußen auf der *Savanne von Los Alamos* verließen die schwarzen Toros nur noch zur Morgen- und Abendstunde die Kühle unter den immergrünen Eichen. Das ist eine Landschaft, in der sich die halbrunden Kugeln ihrer Kronen plötzlich mehren, bis ganze Wälder daraus werden. Darauf senkt sich das Land, und die kastilische Ebene verwandelt sich in eine Savanne, unendliche, baumübersäte Grasflächen, über denen die Gipfel der Sierra de Francia im Glast verblauen. Ein Bild, das man nie vergißt. Hier liegen die Weidegründe der Ganaderías oder auch Dehesas, mit anderen Worten der Stierfarmen. Sie ziehen sich bis zum grünen Tal des Rio Agueda kurz vor der portugiesischen Grenze hin.

Verläßt man die Straße von Salamanca nach Ciudad Rodrigo nach ungefähr fünfzehn Kilometern und biegt zu einer kleinen Bahnstation ab, gelangt man nach *Villar de los Alamos*, einer der ersten großen Kampfstierfarmen und einem begehrten Ziel der Salmantiner in den Sommermonaten. Man rollt, reitet, dampft per Bahn hinaus, um der Backofenhitze der städtischen Mauern zu entgehen und um gleichzeitig an den Fiestas Camperas teilzunehmen, ländlichen Festen, die genau genommen Feste der Stiere sind. Es gibt zwei bedeutende Episoden im Leben der jungen Tiere. Wenn man die Kälber zeichnet und wenn man die rund dreijährigen Jungtiere einer Mutprobe unterwirft, um zu sehen, was in ihnen steckt. Die Garrochistas, mit hölzernen Lanzen bewehrte, berittene Hirten, treiben sie hinter dem dressierten Leitochsen zu einem Gehege, das sich verengt und in eine kleine Arena mündet. Bei dörflichen Kampfspielen, den ›Becerradas‹, ist sie meist nur improvisiert und von Bretterwänden umrundet, über denen die Menschen in dichten Trauben hängen, während eine Blaskapelle aufpeitschende Weisen schmettert. Bei den ›Tientas‹ der großen Stierfarmen geht es natürlich ernsthafter zu. Ihre Miniaturarena besteht aus einem blendend weiß gekalkten Betonrund, das über eine schattige Loge verfügt: für den Besitzer, seine Damen, den Inspektor oder Mayoral, sowie den Conocedor, der so etwas wie den Beirat der Leitung für Züchtungsfragen darstellt und über die Reinheit der Zucht wacht. Über die Betonwand drängen sich die Köpfe der Aficionados, der Kenner und Liebhaber aus der Umgegend. Schon galoppiert der erste der jungen Stiere heran, stürmt unter der Falltür hinweg in den Kampfplatz. Die Schaulustigen rühmen die kleinen, von zarter Haut überspannten Köpfe mit den welligen Stirnhaaren, das ausladende Gehörn, seine richtige Drehung sowohl nach vorn wie aufwärts. Sie bewundern den kraftvollen oberen Halsansatz, diskutieren das Atemgebäude, die Behendigkeit, das Temperament, kurz alles, was der Spanier mit einem Wort ›Trapio‹ nennt, nämlich Kampfeseignung und Kondition.

Nebenan haben sich unterdessen Gruppen im Baumschatten niedergelassen. Jemand klimpert auf der Gitarre, die niemals fehlt, einige Paare haben zu tanzen begonnen. Drüben packt man zu ländlichem Picknick den obligaten ›Hornazo‹ aus, eine Pastete aus Eiern, Schinken, Hühnchen, entkorkt Flaschen, nimmt den Weinbeutel zur Hand. Über dem bunten Treiben, das die Augen der Frauen glänzen macht, lacht ein wundervoller Tag; ein kühlender Hauch streicht von den fernen Bergen, erleichtert das Atmen. In der Arena werden die jungen Tiere unterdessen nach allen Regeln der Kunst zum Angriff gereizt, ohne daß ein wirklicher Kampf daraus würde – man darf die sensiblen Tiere, die einst als ›Toros de saca‹, Kampfstiere, in die Arenen sollen, nicht durch vorzeitige schlimme Erfahrungen demoralisieren. In der Loge rascheln Listen, kurze Bemerkungen fliegen hin und her. Das Urteil ist unerbittlich, aber die Augen leuchten, wenn einer der jungen Kämpen dort unten so unbedingt angreift, wie es der Traum aller Züchter ist. Die knisternde Spannung der großen Corridas ist über die Zuschauer gekommen. Allein für diesmal darf der junge schwarze Teufel noch einmal zurück auf die großen Wiesen der Campos, um im Frieden der Savanne und im Schatten der grünen Eichen seine Kräfte zu stählen. Man schiebt das schäumende, draufgängerische Temperament der Toros von Salamanca gewissen Eigenschaften der Kräuter zu, die nur im Paíz Charro, im ›Bauernland‹, wachsen.

Abend über Los Alamos. Fern vergeht die Kontur der Sierra de Francia im steigenden Dunst, während man wieder heimwärts nach Salamanca zieht. Mit dem Auto, dem Wagen, hier und dort auch zu Roß. Seitab des Weges stehen die schwarzen Stiere schweigend auf den Weidegründen, um in die kommende Nacht hinauszuhorchen, die ihnen Geheimnisse zuträgt, von denen der Mensch nichts weiß – friedvoll, königlich, wachsam wie die Tiere der Wildnis.

Herbstabend über Salamanca

Abermals Abend, diesmal über dem Herzen von Salamanca. Die *Plaza Mayor* ist die gute Stube der Stadt. Leicht und königlich steigt die Architektur vier Stockwerk hoch über den Arkaden empor um ein großes, mit Steinplatten gepflastertes Quadrat. 1725 hat man mit der Anlage dieses Platzes begonnen. Die Gliederung der Häusertrakte, die ihn umziehen, geschieht so unmerklich, daß man die Akzentuierung durch Lisenen und eine gelegentliche Steigerung des Bauschmukkes erst am Abend spürt, wenn die Festbeleuchtung Schlagschatten erzeugt. An einer Seite trägt der Platz als Hauptakzent den königlichen Pavillon, ein edles Sanssouci, eingebaut in ein Häusergeviert, sehr viel zurückhaltender als deutsches Rokoko, aber in seiner spezifisch spanischen Form des ›churrigueresken‹ Stiles von ganz eigenem Zauber. Übereck zum Fürstenbau lagert sich das Rathaus. Einzig hier hat man höher hinaus gewollt, läßt man nackte Puttos auf den Fronton klettern und es sich in der von Fahnen durchrauschten Abendluft wohl sein.

Man sagt, dieser Platz sei mit seinen ringsum verlaufenden Arkaden, dem Parkett seiner Steinplatten der schönste Spaniens. Man darf steigernd anmerken, es gebe in der ganzen Welt nur wenige Plätze, die ihm gleichkommen. Jede Tageszeit verleiht ihm ein besonderes Gesicht. Aber erst am Abend erwacht die Plaza Mayor zu ihrem eigentlichen Leben. Sie ist ein ins Freie verlagerter Festsaal, ein Salon. Jedenfalls sollte man sie stets voller Menschen sehen. Nur so wird die Plaza zum vollkommenen Ausdruck des spanischen Daseinsgefühls. Kein Esel, kein Zigeuner, nicht einmal die Tauben gehören dahin. Und wiewohl ein Stück des Stadtverkehrs über den Platz verläuft – der Fußgänger herrscht. Die Begrüßung, Umarmung, das Schulterklopfen und das Parlieren unter nachtdunklem, von Licht durchstrahltem Himmel sind ebenso unerläßlich wie entscheidend. Man denke sich dazu die immer wieder aufschrillenden Pfiffe eines Verkehrspolizisten, der einem Wagen Durchlaß verschafft, den Strom der Besucher stoppt, die Lichter, das Stimmengewirr, darüber den schweigenden Himmel voller Sterne; man denke schließlich die Blinden hinzu, die hier, wie in den Städten zumeist, an jeder Ecke stehen und ihren gellenden Ruf ertönen lassen, der zum Loskauf ermuntert: »Para hoy – para hoy – Ziehung heute!« Man imaginiere zum guten Ende die Frauen von Salamanca ins Bild.

Zehn Uhr abends! Das ist ihre Stunde. Welch eine Rasse, diese samtäugigen Geschöpfe. Welches Geplänkel, welche verschmitzten Blicke, halb lockend, halb versagend hingeworfen, wenn sie über die Plaza Mayor lustwandeln mit ihren Kollegheften unter dem Arm, die zierlichen, jungen Schönen, die nach uraltem Brauch in der Richtung gegen den Uhrzeiger flanieren, während die jungen Männer mit dem Uhrzeiger gehen. Was einzig darum geschieht, sich in die Augen zu sehen, oder noch besser, von den Augen der andern gesehen werden zu können. Sie wirken unverändert so wie die wundervollen Geschöpfe auf den Grabmälern der Kathedrale, die vor langen Jahrhunderten über die Straßen spazierten oder auf den Balkonen standen, die jungen Mädchen von Salamanca. Ergreifende Schönheit war den Damen dieser Stadt bereits in dämmernder Frühzeit beschieden. Der 1272 gestorbenen Doña Elena so gut wie der vierzig Jahre zuvor verblichenen Infantin Mafalda oder der bezaubernden Doña Constanza de Anaya, die ihre mädchenhafte Koketterie noch auf dem Totenbett nicht ablegen konnte. Sie sind sich vollkommen gleich, die Frauen von einst, die Frauen von heute – die Frauen von Salamanca, die unter ihren Röcken die Schwerter versteckten, als Hannibal die Garnison entwaffnete, um sie ihren Männern im geeigneten Moment in die Hand zu drücken: »Drauf und los jetzt!«

Die Frauen, mit denen in Salamanca alles anhebt, das Leben und auch der Tod.

›La Brava‹

Nicht nur das Dasein besitzt ja hierzulande ein Doppelgesicht, auch die Frauen, So, als spiegele sich ihr Wesen in einem dunklen Wasser und könne nicht von seinem Gegenbilde los, sondern als gewinne es erst durch die abgründige Kehrseite seine Leuchtkraft. ›La Brava‹ war solch ein Spiegelbild der Frauen von Salamanca. Ihre andere Möglichkeit. Was sie tat, liegt ein halbes Jahrtausend zurück, aber der Hufschlag ihrer reisigen Knechte geistert mit seinem ›klapp-klapp‹ noch immer durch die Geschichte. Immer noch gibt es eine Plaza de los Bandos und auch ihren Palacio gibt es noch immer. Es ist das spitzwinkelige Adelshaus der Monroy an der Ecke der ›Espoz y Mina‹. Mit Doña Maria la Brava begann die Epoche der Bandenkämpfe, die Nacht von Salamanca, ein Zeitalter der Schrecken, in dem die Stadt in zwei feindliche Lager gespalten war und niemand die Straßentrakte überschreiten durfte, die sie trennte. Bis das Gras darauf so hoch stand, daß man einen Winkel den Corillo de las Hierbas nannte, den Kräuterplatz, und eine der Ruas die Calle del Ataúd, Sargweg.

Eine lange und hohe Straße,
die Calle del Ataúd,
als wäre aus Trauerflor
für immer eine Kapuze darüber gezogen . . .

hat Espronceda im ›Student von Salamanca‹ gedichtet.

Doña Maria de Monroy, genannt La Brava – die Kühne, lebte, als Bologna seine Geschlechtertürme baute, weil die Rangstreitigkeiten der Sippen samt Mord und Totschlag zur Tagesordnung gehörten, als San Gimignano Bergfried neben Bergfried pfählte und Verona die Fehden der Montecchi und Capuletti erlebte. Salamancas Geschichte verzeichnet nur den erwähnten einschlägigen Namen, aber der genügt . . . Man schreibt das Jahr 1460. In der Finsternis einer mondlosen

Nacht reitet Doña Maria in Richtung Ciudad Rodrigo und weiter westwärts nach Portugal, woher sie nach wenigen Tagen zurückkehren wird, zwei blutige Köpfe in einem Sack, den einer der Knechte hinter den Sattel geschnallt hat.

Natürlich sind Kastenstolz und ein verhängnisvolles Vergnügen an jenen Parteiungen, die man ›Bandas‹ nannte, die tiefere Ursache der nun anhebenden Bandenkriege gewesen. Aber kein Zweifel, Doña Maria hat den Funken gezündet. Die Ursache, wie so oft, mutet ganz einfach an: überm Pelotaspielen war Streit zwischen einigen jungen Edelleuten ausgebrochen, dem Gomez und Alfonso de Manzona von der Partei San Benito und den beiden Söhnen Pedro und Luis Enrique der Doña Maria de Monroy von der Banda Santo Tomé. Allesamt zählten sie unter zwanzig Jahren. Im Eifer schlugen die beiden Manzona die Brüder Monroy kurzerhand tot. Man kann sich vorstellen, daß sie nicht erst bis zur Dunkelheit warteten, um sich aus dem Staub zu machen, sondern sich auf ihre Gäule warfen, wie sie waren, und in gestrecktem Galopp aus der alten Puerta de Anibal jagten, durch die einst die Formationen der Punier herangerückt waren. Sie stoben über den Puente Romano, die Römische Brücke, davon und wandten sich jenseits des Tormes nach Westen. Nach Ciudad Rodrigo und Portugal eben. Irgendwann erreichten sie Viséo, portugiesisch Viséu, versteckten sich dort und fühlten sich einigermaßen sicher. Wer sollte sie hier schon vermuten?

Doña Maria hätte sie auch am Ende der Welt gefunden. Sie hörte die Schreckensnachricht unbeweglich an, ließ den Stein von der Familiengruft nehmen und die Särge ihrer toten Kinder hinabsenken. Dann befahl sie zwanzig Knechten, sich fertig zu machen. An der Spitze dieser bewaffneten Garde ritt sie hinaus in eine Nacht der Unversöhnlichkeit. Ihr Weg dürfte rund fünfundzwanzig Reitstunden lang gewesen sein. Allein auch die Knechte und Gäule einer Lady Macbeth bedürfen einmal der Ruhe. Außerdem galt es, zwei Pässe zu überqueren. Daher muß sich die Verfolgung nach der Untat über zwei, wenn nicht drei volle Tage hingezogen haben, ehe Doña Maria, ein Stilett im Ärmelaufschlag, um Mitternacht in Viséu anlangte. Sie brauchte nicht lange zu fragen, sondern wußte es mit dem Instinkt einer Tigerin, wo sich die Mörder ihrer Söhne verbargen. Man darf sich alles getrost so dramatisch wie möglich ausmalen. Die Wirklichkeit übertrifft es noch. Sie erblickte den dunklen Umriß des gesuchten Hauses, parierte den Gaul durch und postierte sofort Knechte an allen Ausgängen. Beim Schein eilig entzündeter Fackeln drang sie mit etlichen Getreuen ein und sah die blassen Gesichter aufgeschreckter Mägde oder alter Beschließerinnen vor dem gleißenden Strahl ihres Dolches zurücktaumeln. Ehe noch die beiden Jünglingsgestalten im Nachtgewand aus dem Bett gesprungen und in die Ecken gewichen waren, stand sie im Zimmer der beiden Manzona. Eine knappe Bewegung, die ein Befehl war, zwei erstickte Schreie und das dumpfe Aufklatschen stürzender Körper. Unten standen die Knechte bei ihren Pferden und horchten gespannt hinauf. Endlich kam Doña Maria die Treppe hinab, die beiden Getreuen mit den Köpfen der ermordeten Mörder hinter sich. Dann galoppierte man zurück in die Nacht, den Pässen von Fornos de Algredes entgegen . . .

Nein, Doña Maria la Brava ist keine liebenswerte Erscheinung. Aber besitzt sie im Grunde nicht Größe? Vollzog sie nicht, was es zu tun gab? Wer von Adel war, trat zu ihrer Zeit für seine Ehre, seine Familie selber in die Schranken. Sie fühlte sich aufgerufen und zögerte nicht eine Sekunde, bis sie im Besitz der Köpfe der Mörder ihrer Kinder war, um sie gleich Opfergaben auf dem Grab ihrer toten Söhne darzubringen.

Doña Maria de Monroy aus Salamanca, unergründlich und rätselhaft in ihrer Maßlosigkeit . . . Aber geht nicht alles, was diese Stadt ausmacht, ihre Trauer, ihre Schönheit, ihre

Süße über die gewohnten Maße hinaus? Gleichen die Triolen ihrer Gitarren nicht dem singenden Wind über einem Brunnen der Schmerzen, der die Seufzer der Tiefe losreißt? Voll dunkler Rätsel bleibt die spanische Erde, voll geheimer Untergründe das rosenfarbene Salamanca! Salamanca, Rose aus Tränen und Blut, Blüte einer Passion, die andauert bis ans Ende der Welt – nie begriffen wir die Gestalt des Santiago Matamoros, des schwerterschwingenden, Mauren abschlachtenden Apostels einer Religion der Liebe so tief wie hier!

Zamora

Aber jede spanische Stadt ist im Grunde solch ein Brunnen, in dem sich bitteres Schicksal und hochgemutes Dasein vermischen. Auch wenn die Himmelsmächte zumeist mit dem Zustrom der Gaben sparsamer haushielten. In *Zamora*, als Brückenkopf von maurischer Seite angelegt, jahrhundertelang Turnierplatz schwertgewaltiger Recken und mit dem Namen des Cid verbunden, wehte uns obendrein etwas wie Heimatluft an. Wir waren an den Duero zurückgekehrt, der während ganzer Zeitalter Spaniens Zonengrenze zwischen Christus und Mohammed bedeutet hat. Liebt man ein Land, nimmt man solche Zäsuren der Vergangenheit mit Rührung wahr. Das Maurische ist freilich heute noch fühlbar. In der Calle San Torcuato erscholl vom Gerüst die Stimme eines jungen Maurers, der einen völlig arabischen Singsang aus Vierteltönen trällerte. Kinder, mandeläugige Jungen wie Mädel, gingen zum Colegio de los Milagros. Ein junger Maultiertreiber hätte gleichfalls aus Morgenland stammen können – unaufhörlich fuhr er auf seinem Gespann dreier hintereinander gesträngter Maultiere stehend mit Peitschengeknall und Geschrei zur Plaza Santa Lucia hinauf und hinab.

Wir wanderten voller Erwartung die Calle Santa Clara entlang, aber dann gelang nichts. Das begegnet auf Reisen mitunter. Das Vergebliche. Das Ausgeschlossensein. Keine Tür will sich öffnen. Das Kirchlein Santiago verriegelt hinter Bretterzaun, Mörtelstaub und einer von Gehämmer dröhnenden Wand. Am Palacio de los Momos mit seinen an Ketten aufgehängten Masken ein Schild ›Cerrado‹, verschlossen. In den Kirchen der Concepción, S. Cipriano, del Transito und endlich sogar der herrlichen Magdalena – entweder Totenamt oder Steinmetzen am Werk. »Gehen Sie doch lieber gleich zur *Kathedrale* hinüber«, riet uns jemand voll Mitgefühl. Da lag sie direkt hinter der Plaza. Wir ließen S. Pedro e Ildefonso, S. Isidoro. Das lang erwartete Wunder stellte sich ein! Zwar, der Kathedralbau selbst ist bescheiden. Aber die Kuppel über dem Zimborium bleibt die schönste, die es gibt, das muß wahr sein. Noch schöner als die über dem Torre del Gallo der ›Catedral vieja‹ zu Salamanca. Vergleich und Steigerungsform sind wirklich einmal am Platz, weil sie offenbaren. Auf vier Säulen postiert, von vier Eckküppelchen umstellt, hebt sich die Kuppel in vollkommener Rundung. Sie wollte noch keine ästhetische Abwandlung, kein Formspiel, sondern eine erfüllte Wahrheit sein. Das Kuppelrund wird von groben Ziegeln bedeckt, und diese Dachpfannen sträuben sich gleich dem Gefieder eines jungen Adlers. Es verleiht dem gar nicht großen Bau über dem Lande eine jugendfrische Monumentalität, die wunderbar zu der vom Kriegslärm durchhallten Geschichte Zamoras paßt.

Selbstverständlich findet sich anderes. Die Kapelle der Media, das Gestühl des Rodrigo Aleman für die Domherren. Schließlich in der engen Passage zwischen Bischofspalast und Seitengewände am Außengemäuer, neben einem Kirchenportal, zwei Reliefs, eine Aposteldarstellung und die thronende Gottesmutter. Da ist Cluny im Spiel, die Schule des Brionnais wird so deutlich wie in St-Julien-de-Jonzy oder anderen Orten des burgundischen Südens. Im *Museum der Kathedrale* herrliche Tapisserien aus Brüssel; Darstellungen

Überführung des hl. Jakobus,
die Landung in Galicia

Anonymer katalanischer Meister.
Madrid, Prado-Museum

der Hannibalsgeschichte und des Falles von Troja. Abermals etwas, das man burgundisch, diesmal niederländisch-burgundisch, nennen muß. Es werden keine Gemälde imitiert, wiewohl das naheliegt, sondern die Kunst des Webens herrscht.

Drunten, nahe dem Duero-Ufer, liegt die andere Santiagokirche von Zamora, *Santiago el Viejo.* Darin ist der Cid zum Ritter geschlagen worden. Der Bau wird wegen seines ganz rein empfundenen byzantinischen Stiles gepriesen. Man kennt solche Ruhmredigkeiten. Er ist so rein wie zwei mal zwei vier. Sonst ist nichts da. Die Nüchternheit als Prinzip. Nur die Triumphbögen im Innern, die Dachansätze im Äußern strahlen ein wenig Wärme aus. Auf der Stadtmauer abermals eine Erinnerung an den Cid, wie in Burgos. Die *Casa del Cid* mit der Fassade des 11. Jahrhunderts. Gut, man schaut hin. Anders steht es schon mit *Sta. Maria la Horta* am Fluß. Zwar kamen gleich die Bettelweiber gelaufen, Frauen, die es nach ihrem Gewand gar nicht nötig hatten und nur aus Gewohnheit die Hand hinhielten. Gab man der einen, folgten gleich drei. Aber die Kirche, ein romanischer Bau, wenn auch im 15. Jahrhundert leicht überarbeitet, besitzt ganz eigenen Adel. Ein Kapellenkranz schwingt sich um den Chor, reiche Leibungen wölben sich über verkommenen Portalen. Der Geist von Cluny klingt abermals an. Auch *Santo Tomé*, ein paar Schritte weiter, eigentlich nur ein gemauertes Steingeviert, hat das. Die Hand mozarabischer Meister verrät sich. Der Triumphbogen, die Bögen der Seitenkapelle wölben sich in Hufeisenform über plastischen Kapitellen, und die Rückwand des Chores wird von einer maurischen Fensterwölbung akzentuiert. Zamora oder das West-Östliche. Man kann nicht umhin.

Westgotenkirchlein San Pedro de la Nave

Noch einmal kam das Eine, Einmalige auf uns zu. Freilich weit außerhalb der Stadt. Mit dem Hinkommen war es gar nicht so einfach bestellt. Man mußte lange der portugiesischen Grenze entgegenfahren, dann galt es in einen Landweg nach Calmillo abzubiegen. Der Ackerboden wurde eintönig rot, dehnte sich endlos. Bäume fehlten vollkommen. Ein Junge im abgerissenen Hirtengewand zog mit seiner Schafherde über die Felder, kam näher, bat flehentlich um ein Bild. Er wollte nichts weiter als fotografiert werden. Seitab ging es zum ›Val de Perdices‹ – dem Rebhuhntal. Eine gewaltige Staubfahne wehte hinter uns her. Endlich lag voraus im verbrannten Land ein hingekuscheltes Dorf. Wenige alte Männer hockten am Rand der Straße, die eher dem Bett eines Wildbaches glich. Frauen drängten sich unter aufgeregtem Gewisper zusammen: ein Fremder war da, das Ereignis des Jahres. Das Schulhaus lag ganz neu auf einer kleinen Anhöhe; die junge Lehrerin stellte eben ihre Blumentöpfe nach draußen.

Hier also lag es, *S. Pedro de la Nave*, das Westgotenkirchlein, erbaut um 681 unter König Egica. Eine kreuzförmige Anlage mit kaum geneigtem Dach, über dem sich der quadratische Stumpf eines Vierungsturmes erhebt. Drei Seiten sind durch schmale, hohe Portale durchbrochen. Die Fenster gleichen Schießscharten. Zu Seiten der Längsschiffe hat dieser strenge Bau eine Art von Seitenschiffen auskristallisiert, die sich jenseits der Vierung als Kapellen oder Apsiden fortsetzen. Es ist das Ergreifende in Spanien, daß so vieles nebeneinander besteht. Sogar die Völker aus äußerstem Norden und Süden, die Sueben, Westgoten, Mauren, beziehungsweise das, was heute daraus geworden ist. Die aus Skandinavien durch Mitteleuropa gezogenen Rassen von Mitternachtsland hinterließen so gut ihre Spuren wie die Eroberer, die von Bagdad über Afrika nach Gibraltar kamen. Mithin biegen sich die Pole des Abendlandes in Spanien zusammen, rechnet man den Islam hinzu. Das Erstaunliche bleibt, daß die Bauten der Frühe, die doch auf den ersten Blick nur als schüchterne Wiederbelebungsversuche der Antike gelten, der Empfindung sehr nahe stehen. Oft noch näher als die der Romanik. Das Bauen ist von Anfang an da, man spürt es. Es gibt nur wenige Grundformen der Kunst. Alles, was der Mensch bis heute geleistet hat, besteht darin, sie zu variieren. Freilich, wenn man die köstlichen Schmuckborten und Kapitelle in S. Pedro betrachtet – ganz flach, von der Zeichnung diktiert, Früchte, Sonnenräder, stilisierte Blätter, Trauben und Masken, dazu Apostelfiguren oder Daniel in der Löwengrube, Abrahams Opfer – wenn man diese gleichsam hingeschriebenen Bilderorakel sieht, ist man bestürzt ob der Feinheit. Und dies ist der Augenblick, wo den eher spröden Bauten die Bildkraft wie ein Charisma entströmt. Wie gut, daß alles so sparsam bleibt! Man hat Zeit für jedes; jedes Zeichen, jede Figur wiegt. Man wollte nicht beeindrucken, sondern aussagen.

Ob die Ritzzeichnungen an der Außenseite von S. Pedro de la Nave aus den gleichen Zeitaltern stammten wie die Kirche? Der Bau lag im Ackerboden des Esla-Grundes verschwemmt und ist erst neuerdings hierhin verpflanzt. Bedeuten die mannigfachen in die Steine gegrabenen Phantome der Gesichter mit ihren großen Ohren drohende Abwehr und Beschwörung?

In *Calmillo*, dem zugehörigen Dorf, gab es eine ganze Reihe hellblonder Kinder. Waren auch das gotische Reminiszenzen? Ein Kleiner kam neugierig und nahm ein paar Peseten in Empfang, den Finger im Mund. Ein Kind, das aus Westfalen stammen konnte. Auf den Äckern um die Kirche zog unterdessen ein Junge mit einem Pferdegespann seine Kreise, drückte den Sterz des Hakenpfluges kräftig ins steinige Rot, während er sang. Anders als der Maurer vom Vortage. Ganz vertraut vielmehr, ganz verträumt, mit einem gelegentlichen lustigen Aufhüpfen der Melodie.

Jenseits der Berge

Dann begann ein heroischer Weg nach Norden. Anfänglich erzählte er noch behaglich Ochsengeschichten und Eselslegenden. Solch ein Sträßchen, auf dem sich tausend Spuren aus dem breiten Bauernland verknäulen, ist schließlich im Bilde. Doch die Bergzüge der Sierra de la Culebra zur Linken verhießen kaum Gutes. Im düsteren Tal von Sanabria kam es dann an den Tag. Ringsum kahle Gebirge. Letzter Schnee in den Höhlenwinkeln. Der Talgrund des Rio Tera mit dem schüchternen Grün der Uferlinden und schluchzenden Nachtigallen schien nur erdacht, die Tragödie fühlbarer zu machen. Der Ort *Puebla de Sanabria* auf einen Felsen verbannt. Im Kastell auf der Höhe, heute Gefängnis, starrten bleiche Gesichter durch Fenstergitter ins Leere. Ach, und die Verzweiflung der Häuser! Selbst beim Abogado, dem Rechtsanwalt, an der steilen Hauptgasse die Scheiben zerbrochen.

Je energischer die Route gegen Nordwesten vorstößt, desto bitterer wird die Lebensnot. Hinter Requejo beginnt ein gewaltiger Paß; endlos geht es hinauf, dann durch Hochland bis La Gudiña. Man lernt, was Armut eigentlich sein kann. Dörflein, verkotete Katen rollten sich im Steilhang krumm zusammen wie räudige Katzen. Die Leute gingen uns aus dem Weg, sprachen nicht. Ebenso unvermittelt wurde es anders. Die Ebene von Verin faltete sich ohne Übergang auf. Hier und dort verstreut im Feldergrün kleine Thermalbäder. Im weit geschwungenen Kranz der Gebirge wußte man eine ganze Thebais entlegener Klöster und Kirchlein. Vom Monasterio los Milagros del Monte bis nach *Sta. Comba de Bande* an der portugiesischen Grenze. Das ist abermals ein westgotischer Bau, angelegt 672 von König Recceswind in Baukastenmanier. Trotz seiner Winzigkeit weht geheime Größe hindurch. Freilich wirkt alles um einen Hauch gröber als in S. Pedro de la Nave: die in Fischgrätenmuster gemauerte Wölbung der Vierung, die Leibung der Oberfenster. Auch S. Juan de Baños, das Recceswind nahe Palencia baute, zeigt diesen Rohrfederduktus, dieses Geschriebene des Steines, das Überdeutliche des Machens. Unzweifelhaft wirkt S. Juan mit seinen Hufeisenbögen am Westportal und den Arkaden kultivierter, urbaner möchte man sagen als Sta. Comba. Unser Kirchlein besaß dafür eine unvergleichlich elegische Schönheit – braunes Gestein über türkisfarbenem Land, tief dunkel die nahen Gebirge Portugals. Wir blieben einige Tage, entdeckten viel mehr als erwartet. Suebenspuren vor allem. Es gab Dörfer wie Rairiz oder Sabariz mit Blondköpfen, fülligen Gesichtern und Namen germanischen Ursprungs. Hier waren sie also angelangt, die von Havel und Spree einst losgewanderten Quaden, die zur großen Gruppe der Sueben gehörten. Die Region ist die Landschaft der vielleicht tragischsten Frauengestalten der spanischen wie portugiesischen Geschichte, der Schwestern Juana und Ines aus dem Hause Castro. Die erste, deren Leib heute in der Reliquienkapelle zu Santiago ruht, war nur für eine Nacht Gattin König Pedros I., des Grausamen von Kastilien. Doña Ines, mit dem Thronfolger von Portugal vermählt, wurde auf Geheiß ihres Schwiegervaters ermordet. Als ihr Gatte Dom Pedro den Thron bestieg, nahm er an den Beteiligten grausame Rache, ließ den Leichnam der Toten aus dem Grabe holen und in makabrer Zeremonie krönen. Weswegen man Doña Ines ›La Reinha despues la morte‹ heißt, die Königin nach dem Tod.

Dann war man im gigantischen Barockkloster von *Celanova*, empfand freilich die vorromanische Kapelle S. Miguel im Ort dem Herzen näher. Viel Zeit blieb übrigens nicht. Wir hatten uns zu lang bei den Sueben und Castro-Töchtern aufgehalten. Über eine Gebirgsschwelle schwang sich die Straße ins Miñotal hinab. Da lag *Orense* mit dem schönen gotischen Zimborium und dem höchst manierierten Portico de los Profetas der Kathedrale, einer etwas beklemmenden Imitation des Portico de la Gloria von Santiago, dem Tafelaltar des Cornelis von Holland und einem schönen Stück Schmelzarbeit aus dem Limousin im Kirchenschatz. Vor allem war da ein vielverehrtes Gnadenbild in der Kapelle Santissimo Cristo, gleichsam die Quintessenz von Orense, in dem es warme Quellen, die Burgas, gab, in dem sich kühne Brücken über den Miño schwangen, während im Park S. Lazaro die Springbrunnen sprühten. Orense, das jemand, der uns erwartete, mit ironischem Lächeln das galicische Athen zu nennen beliebte. Schon aber begannen die Straßen erneut in die Höhen zu kurven. Die Gebirge wirkten nicht mehr so karg und monoton, sondern überronnen vom Blut der Glockenheide und dem knisternden Feuer der Stechginsterblüte, die der Nebel verschlang. Die Nordwestecke Spaniens, um deren Besitz die Brandung der Biscaya mit der des Atlantik tobende Kämpfe aufführt, steht unter der Fron der peitschenden Regen und rauchenden Schwaden.

Galicia verleugnete sich auch dieses Mal nicht. Es dunkelte, und es goß in Strömen. Der Wagen zog schlitternd Kurve um Kurve über die Pässe. Dann stieß er pfeilgrad hinab. Lichter stürzten entgegen. Lichter der Städte und gleitende Lichter von Booten. Die Rias nördlich der portugiesischen Grenze waren erreicht. Ein scharfer Wind schüttelte plötzlich das Fahrzeug; aus dem Himmelschacht drangen Sterne an. Der offene Atlantik bescherte ganz wider seine Gewohnheit Gutwetter.

O Schwermut von Galicia, Santiagoland, Ziel der Pilger und Heimat der Unbehausten, die über die Meere fahren! Heller, leuchtender Tag hätte über unserer Ankunft stehen sollen. Es schien unser Geschick, stets im Finstern anzulangen. Wir durcheilten Fjorde, Halbinseln, Hügel und Dünen, querten die schon bekannte Brücke über den Sund von El Grove. Die Insel *La Toja* war da. Unser Ziel für diesmal. Es blieb nichts mehr zu tun, als tief und lang in einen Morgen der Verheißung zu schlafen. Er quoll goldstäubend durch die Ritzen der Läden, und als sie zurückflogen, schwoll das Licht regelrecht über, eine Orgel von Helligkeit, in deren Chorälen sich Palmzweige wiegten, Rosen dufteten und das Meer unbeweglich, ein gleißender Spiegel, lag.

Lektion uber das Dudelsackspielen

So oft sich Besucher auf der Insel einstellen, vollends in einer Gruppe, marschieren ihnen die Musikanten der ›Os Bandeiros‹ entgegen mit Dudelsack, Bombo, Pandereta und Tamburil. Angeführt von Juan, der den Beinamen ›el Majadero‹, das Mondkalb, trägt, so genannt von den hämischen Bauern daheim im Dorfe Arcade.

Galicia ist das Paradies der Gaiteros, der Dudelsackspieler, die seit dem 13. Jahrhundert, seit den Tagen der ›Cantigas de Sta. Maria‹ König Alfons' des Weisen, eine alte Spielmannstradition besitzen. In Pontevedra so gut wie in La Coruña, Vigo oder Orense. Unter ihren musikalischen Formen hat sich vor allem die bodenständige Muiñeira oder Gallegada rein erhalten, eine Tanzmusik, deren lebhafte Rhythmen von sechs bis acht Mädchen getanzt werden und in welche die Gaiteros alle Floskeln einflechten, deren sie mächtig sind. Daneben gibt es Estroupeles, Foliadas, Jotas, Mexunxes, Pasacalles und den Fandango. Besondere Bedeutung bekommt der Ribeirana zu; sie offenbart, daß die spanische Troubadourmusik im Mittelalter weit über die Grenzen des Landes hinausstrahlte. Besonders nach dem stammverwandten Irland, dieser anderen Heimat der Dudelsackspieler. Dort besuchten die spanischen Ritter das Heiligtum von St. Patrick, während die irischen Ritter als Pilger nach Santiago kamen oder ihre Söhne auf die Universität von Salamanca schickten. Die Musik ist das einende Band der Kelten, zu denen Iren wie Gallegos gehören.

Dergleichen steckt also hinter der Musik, die man allenthalben hören kann. Aber nur für die Kenner. Daß Juan el Majadero von La Toja so schmelzend die Gaita spielen kann, wie sie sich überhaupt spielen läßt, das Blasrohr im Mund, das Luftrohr über die Schulter zurückgeschlagen, den geschwellten Luftsack zwischen die Arme gepreßt und die hurtigen Finger auf den Löchern des Spielrohres, gilt den Bauern dagegen für nichts. Sein Kostüm macht ihn den nüchternen Landleuten kaum seriöser. Auf dem Kopf ein Hut in Halbmondform, über dem weißen Hemd eine rote Weste, das Gebein in halblangen, dunklen Hosen mit weißem Vorstoß, die Füße von Knöpfgamaschen umhüllt. Genauso Pepe, Pedro und Farucco, was wiederum ein Spitzname ist und Hansl bedeutet. Im besonderen freilich einen Gallego bezeichnet, der nach Amerika auswanderte und reumütig heimgekehrt ist. Es gibt an der Ria von Vigo einen ganzen Ort zurückgekommener Gallegos, Gondomar, freilich solcher, die mit den Schätzen der neuen Welt beladen das Schiff verließen. Farucco hingegen, der drüben nicht viel Erfolg gehabt hat, ist zufrieden, mit seinen Kumpanen bei einer letzten Zigarette zusammenzustehen, sich in malerischen Posen fotografieren zu lassen und darauf zu warten, daß der Geschäftsführer vom Hotel ›El Pabellones‹ das Zeichen zum Aufmarsch gibt.

Daß sich *La Toja* solchen Zuspruchs erfreut, kann nicht verwundern. Es ist der Inbegriff einer bestimmten spanischen Lebensform. Hinter gepflegtem Park blinkt mit grandioser Auffahrt, schneeweiß und fünf Stockwerke hoch, das Gran

31 *Zamora, Südportal der Kirche La Magdalena, Ende 12. Jh.*
32 *Zamora, byzantinische Vierungskuppel der Kathedrale.*

33
→

34

Hotel Balneario. Im Sommer liegt alles hübsch schattig unter Palmen, hohen Kiefern, Eukalyptusbäumen versteckt, während die Brünnlein rauschen, vor den Fenstern die Rouleaus geschlossen sind und die Hitze über dem gleißenden Wasser lastet. Da die Spanier die Natur als Möglichkeit betrachten, ihre Wohnung, ihr Straßencafé, ihre Promenade in die freie Luft zu erweitern und für sie die Begegnung und das Gespräch samt Würden, Titel und Formen das Wichtigste bleiben, ist La Toja völlig domestiziert. In Pontevedra gab es in einem Fotografengeschäft ein vielbestauntes Konterfei einer dicken alten Dame in fußlangem Kostüm zu sehen, das einem verschollenen Zeitalter anzugehören schien. Es war La Serenissima Isabella de Borbona, sprich Bourbon, vor einer sich respektvoll im Hintergrund drängenden Suite.

Dieser Lebensordnung und dem zugehörigen Lebensstil entspricht die Insel vollkommen. In der weiten ursprünglichen Schärenwelt der Rias rankt sich durch Tang, Moos, Schlick und Muscheln eine Balustrade von makellosem Weiß um Kieswege und Rabatten von Rosenstöcken, Palmen und Silberpappeln, die gleich Säulen ausgerichtet stehen. Aranjuez heute. Plage und Elend scheinen aus dem Leben der Insel ausgeklammert. Gewiß gibt es zwischen den schimmernden Bäumen ein Kirchlein, das sich im Schuppenkleide der Santiagomuschel präsentiert, aber eigentlich passen weder die spanische Frömmigkeit noch die Natur recht hierhin. Bezeichnenderweise besitzt La Toja in einer Welt zahlloser herrlicher Strände kein Naturbad, sondern ein künstliches Schwimmbecken. Dazu duften die Rosen und Eukalyptusblüten und spielt Juan el Majadero nebst seinen Kumpanen.

Es gibt neben diesem Paradies der Handküsse noch ein anderes La Toja. Winzig genug, aber doch zu verzeichnen. Die Nordspitze der Insel, vorgeschoben in die silberblinkende Ria, ein Hügelchen, das man auf schmaler, von Platanen

33 *Salamanca, Casa de las Conchas, Ende 15. Jh.*
34 *Kirche Sta. Marta de Tera, 12. Jh., Provinz Zamora, Santiago-Statue.*

bestandener Nehrung erreicht. Dort sieht man Juan el Majadero genausowenig wie La Serenissima. Lediglich ein paar Klippen ragen gegen den Himmel, allerlei Köstliches wächst. Kleine Adonisröschen, blaßviolette Levkojen, fanatisch rosenfarbene oder bleichgelbe Sukkulenten, leuchtendrote Glöckchenheide und tausenderlei winziges Krimskrams aus dem Schöpfungsgarten. Auch findet sich eine braunrote Orchis, deren Deckblätter grau bemehlt sind. Lebhaft strömt die kristallklare See um das Inselkap, in ihr wogen tiefgrüne Seegewächse. Gar nicht weit schwimmen kleine Inseln und Inselorte auf dem Wasser. Drüben El Grove, hüben Toja-Pequeña, Klein-Toja, ein kahles, langgestrecktes Riff, wie sie hier in den Schärengewässern immer wieder vorkommen. Und damit ist man wirklich bei den ›Rias bajas‹ angelangt.

An den ›Rias bajas‹

Das regenreiche Galicia wird von zahlreichen Flüssen durchströmt, die aus dem Gebirge des Ostens kommen und allesamt zu den Rias hinabfließen, verträumten, schwarzdunklen Gewässern wie Ulla, Tambre, Miño, die für den Angler ein wahres Dorado bedeuten. Spaniens Reichtum an Flußfischen, vor allem an Forellen und Salmen einer Größe, deren Maße wie Aufschneiderei anmuten, ist enorm. Vielerorts gibt es hübsche Refugios zwischen Eukalyptushainen und Mimosen, dunklen Kieferngründen und sanftem Wasser, in denen man hausen und leben kann, wie es einem gefällt. Immer natürlich im Bann der Fische, die zur gegebenen Jahreszeit den Atlantik verlassen und in die Quellregionen der Flüsse zum Laichen wandern. Wenn sie zurückkehren, warten die Angler auf sie.

Der Osten Galicias, aus dem die Gewässer stammen, gleicht mit dem *Bergland von Cervantes* bei der alten Römerstadt Lugo, vor allem den *Bosques de los Ancares*, einem endlos wogenden Meer von Bäumen. Oft bestehen die Wälder aus reinen Maronenhainen, in denen der Auerhahn keineswegs selten ist. In den Gebirgsregionen leben viele Menschen noch immer in ihren Palozzas. Das sind halbrunde, binsengedeckte Hütten keltischer Herkunft, in deren Mitte das offene Feuer flammt, um das sich die ganze Familie versammelt.

Fume de pipa. Saudade.
Noite. Silenzio. Frío.
E ficamos nós Sós
sin o mar e sin o barco
nós.

singt die Volksliedstrophe.

Pfeifenrauch, Traurigkeit.
Nacht. Stille. Kälte.
Und wir bleiben allein
ohne Meer, ohne Schiff.
Wir.

Das ist die ebenso geniale wie vollkommene Deutung einer Landschaft, über deren Menschen die Schwermut der Wälder liegt.

An den Westhängen der Kantabrischen Gebirge ist es schon anders. Sie besitzen eine ganz eigene Schönheit, von der man im übrigen Europa nicht einmal durch Hörensagen weiß. Bäder finden sich wie *Cuntis* oder *Mondariz*, gar nicht weit von dem zauberhaften *Tuy*, das unmittelbar am Miño-Ufer und der portugiesischen Grenze liegt, Schlösser hier und dort, gleich dem von Oca, immer wieder Schlösser, durch deren schattige Parks blühender Kamelienbäume man zu verträumten Terrassenteichen und jahrhundertealten Buchsbaumalleen wandert! Pazos gesellen sich hinzu, feudale Landsitze mit herrlichen Gärten; man freut sich der vollkommenen Einsamkeit stiller Weiler und erlebt jeden Frühling in allen Tälern und Höhen einen einzigen Rausch des Blühens.

Dennoch gesteht man sich ein, die Rias bleiben das Köstlichste. Das sind die Mündungstrichter der nach Westen in den Atlantik strömenden Flüsse. Nicht die Rias schlechthin! Lediglich die ›Rias bajas‹, die unteren Rias zwischen Cap Finisterre und der portugiesischen Grenze, drei an der Zahl. Die von *Arosa*, *Pontevedra* und *Vigo*, tief ins Land gefurchte Fjorde, zwischen denen sich die Halbinseln von Vigo, Cangas und Pontevedra mit ihren bizarren Bergzügen weit in den Atlantik vorschieben. An ihnen liegen zahllose Hanggärten, in die immer wieder ein Pinien- oder Eukalyptushain oder eine Palmengruppe getupft ist. In den Gärten einfache, freundliche Häuschen, deren weiße Giebelwände hinaus auf die See schauen. Nimmt man die üppige Vegetation der himmelanstürmenden Ufer, die unbeschreibliche Blütenpracht, die das Land schon Mitte April mit duftenden Rosen, prangenden Callas, den schneeigen Blüten des Eukalyptus, weißen Margeritenbüschen und dem Gelb und Violett der Wiesen überschüttet, hat man ein Abbild des Gartens Eden. Von einem Örtchen zum andern, von einer Bucht zur andern schwingen, steigen spiralig die Girlanden der Straßen, von denen man überall zwischen Zitronenbäumen Aussichten ohnegleichen genießt. Es gibt die architektonische Köstlichkeit alter Fischerdörfer wie *Combarro* an der *Ria von Pontevedra* mit seinem grauen, lustigen Gewürfel von Häuschen und Altanen hinter der kleinen Bucht, mit allenthalben zum Trocknen ausgelegten Netzen, durch deren zerrissene Maschen geschickte Hände spinnenflink das Garnholz gleiten lassen. Es gibt einsame Bergdörfer, von denen der Blick auf Meer, Rias und Inseln gleichzeitig so gewaltig und ergreifend schön ist, daß er wehtut. Man passiert hinter Vigo Bayona, wandert oder fährt zum *Cabo Silleiro* hinauf, lagert auf dem *Monte Ferro*, von dem man tief auf das Gischten, Schäumen und Branden des kristallklaren Atlantik gegen vorgelagerte Riffe blicken kann. Drüben heben sich steil und gratig die lichtgrauen Felsen der *Isla San Martin* und *Isla de Monte Agudo*, überloht von chromfarbenem Ginster. Landwärts schwingen sich zahllose Dörflein über die Strände. Ungezählt die Sandbuchten, die menschenleer in der Sonne schmoren!

Die schönste, heimlichste von allen Buchten bleibt die von *Loira* zwischen Marin und Bueu an der Ria von Pontevedra. Man denke sich einen verborgenen Küstenwinkel vor einer Kulisse im Ansturm gegen den Himmel erstarrter Bergkonturen. Von allen Höhen wallen Wälder herab, umarmen ein Rinnsal, die Loira, und ein Tälchen der Vogelstimmen. Im dichten Grün um den Murmelbach das Geschmeide der blühenden Iris oder der graue Kubus eines Mühlchens. Der Zugang zur Bucht, in die er mündet, mehr Pfad als Weg. Wenige Häuschen umrunden den Strand, an dessen vorgeschobenen Ecken sich mächtige Klippen postiert haben. Makellos der Sand, auf den unaufhörlich der Atem der See wogt; das Wasser ist hierzulande schon Mitte April warm genug zum Baden.

Die Rias besitzen nichts von der Einförmigkeit mittelmeerischer Gestade vor der Côte d'Azur, vielmehr werden sie durchsetzt von ganzen Schärengruppen und von einer vorgelagerten Barriere weiterer Eilande gegen die Stürme des Atlantik geschützt. Das sind vor der *Ria von Vigo* die *Islas Cies*, die selbst die Römer im Altertum nicht einzunehmen vermochten und auf denen es einen Binnensee, keltische Opfersteine sowie Reste vorgeschichtlicher Häuser, sogenannte ›Citanias‹, gibt. Oder vor der *Ria von Pontevedra* die *Isla de Ons*, schließlich die *Isla de Sálbora* vor der *Ria von Arosa*. Die Schären im Innern der Fjorde bleiben meist winzig und sind oft genug völlig menschenleer.

Selbstverständlich darf man die Städte nicht vergessen, das herrliche alte *Pontevedra* mit seinen Arkaden, Palacios, der schweigsamen Plaza de la Leña, der belebten Herreria, der Fassade von Sta. Maria Mayor: eine entthronte Königin, seit der Hafen der Stadt versandet ist, aber immer adelig, von großer Rasse und Vergangenheit. Vor allem wäre des machtvoll getürmten *Vigo* im Hang zu gedenken, um dessen Fuß die Tang- und Teergerüche des Fischerviertels Berbés ziehen; Vigo mit seiner breiten Alameda und einem Fischereihafen, in dem die Hochseekutter abends um elf Uhr auszuladen pflegen und morgens um sieben Uhr die Meeresbeute versteigert wird. Vom Bacalao, dem Stockfisch, über den Bonito, den Thunfisch, bis zu unzählbaren Sardinen. Vigo, eine Großstadt und Metropole, durch deren Gassen im Zentrum der Santissimo Cristo de la Victoria getragen wird, wenn Prozessionstag ist. Vigo, das im Herzen aller Gallegos ein besonderes Echo weckt, denn von seinem Pier legen die Auswandererschiffe los. Vigo, in dem ungeachtet des Dröhnens der Schiffshörner und des Rasens der Autos die Lichter der Nachtstunden die Gassen von Berbés zu Kulissen italienischer Opern verzaubern, während die Hochhäuser der Oberstadt, aus tausend Fenstern gleißend und blinkend, ins Abenddunkel der Ria steigen und ihre Lichter in die Nacht schikken. Wohin? Ach, jeder Gallego hat einen Bruder, Sohn, eine Schwester in ›Ultramar‹, in Amerika, worunter man hier ausschließlich den Süden des Kontinents versteht.

In den Austerngärten von Carril

Um nach Carril an der Ria de Arosa zu gelangen, muß man von Padron landaus fahren. Meerwärts. Zuerst kommt *Valga*, in dem die ›Belle Otero‹ geboren wurde, dann geht es los mit der Kurverei, runde zwanzig Kilometer lang um Bergnasen und Kaps. Sehr plötzlich stößt die Straße nach Carril hinab, wo die *Strände von Villagarcia*, die herrlichen Strände der *Ria de Arosa* beginnen. In *Carril* muß man alsbald die Kneipe am winzigen Hafen aufsuchen, die den Herzpunkt dieser Landschaft einnimmt. Durch die Eingangstür blickt man über die seidige Wasserfläche der Ria zurück auf die Berge von Padron; aus den Seitenfenstern schaut man auf die Breite der Bucht von Santa Eugenia und die Insel Cortegada, durch das Vorzimmer schließlich auf die Weite des Ozeans. Obendrein gibt es zur Steigerung solcher Augengenüsse einen roten Landwein oder den herben, weißen Ribera zu probieren; dazu ißt man zu allen Stunden Sardinen, die auf dem offenen Rost hinter der Kneipentheke gebraten werden. Sowohl die kleine Sorte der Xoubas wie die größere der Tranchos. Sie sind das Brot der Gegend; wo man aufs Wasser schaut, überall springen sie, überall kräuseln ihre Schwärme die Oberfläche als regne es.

Noch köstlicher schmecken freilich die Austern und Muscheln von Carril, das dem einst berühmten Arcade seinen Rang abgelaufen hat. Der Meeresgrund der Ria de Arosa, auf dem die Austern gedeihen, wird zwischen Carril und der Insel Cortegada so flach, daß ein Mann eben noch mit der Nasenspitze herausguckt. Das Gewässer hat sich zu einer Art Kanal verengt. Und eben dies, Ufergärten wie submarine Quartiere, sorgfältig parzelliert und seit Generationen vererbt, stellt mit seinen zwei Kilometern Länge und einigen hundert Metern Breite den Reichtum des Ortes dar.

Vicente García Lopez ist ein Mann nach dem Herzen der Frauen, breitschultrig, mit dem Kopf eines Römers. In der Kneipe gibt es ein großes Hallo und Schulterschlagen, so oft er erscheint. Die Leute von Carril lieben ihn, weil er für alle da ist und jedem hilft. Vicente nahm sich auch unserer Wünsche an. »Vamos«, sagte er einfach, setzte sein Glas nieder und schritt voraus in den leuchtenden Tag, der ein Rausch von Licht, Seidenglanz und Wasserduft war, zum Hafen. Wenig später saßen wir auf einem Kutter bar aller Aufbauten, die Luft roch nach Tang und Meer, der Motor begann zu tuckern, und Schiff, Meergott Vicente samt Passagieren schwammen durch die blinkende Herrlichkeit der Ria zur morgenschönen Königsinsel *Cortegada* mit dem sonnengewärmten Sand hinüber, die man einst Alfons XIII. zum Geschenk gemacht hatte. Eine kühle Quelle rann in eine moosdunkle Höhle. Sommerwarmer Eukalyptus- und Kieferndunft hing über einsamen Lichtungen, und im seichten Wasser neben dem Uferpfad schwebte bleich und violett, von wallendem Schleiersaum umzogen, eine Meduse. Krebse huschten eilig zur Seite. Dreißig Meter vom Ufer zog das rote Segel eines Sardinenfischers ins unendliche Leuchten.

Am Strand sah man jetzt allenthalben Männer, Frauen, Kinder mit kleinen Spankörben, rostigen Harken oder Dreieckshacken in Händen. Sie warfen in Windeseile den Boden auf, den die Ebbe eben freigegeben hatte. Ein paar Handgriffe, schon war ein Korb Muscheln zusammen. Muscheln, die hier regelrecht eingesät waren; Berberechos, eine kleine Art von starker Rillung der Schale und grobem Fleisch, sowohl wie Almejas, die gekocht und in einer pikanten Tunke gegessen werden.

Mit den Austern, von denen neuerdings ausschließlich eine französische Sorte, die Portugaise, kultiviert wird, verhält es sich natürlich anders. Sie gedeihen in den unterseeischen Gärten des Kanales. Im dämmernden Grund wehen lange Algenfahnen auf dunklen Mauern, welche die submarinen Gefilde in Quartiere teilen. Kommt der Winter, der milde Winter der Rias, wird Vicente García mit dem Boot über sein Stück Seegrund fahren, mit der Hand in den Korb voll Austernbrut langen und sie über das Wasser streuen, als säe er Roggen. Rückt der August oder Anfang September des Folgejahres heran, steigt er in seinem Tauchanzug, eine Glasscheibe vorm Gesicht, hinab in den unterseeischen Garten und holt die Ernte ein.

Es war Nachmittag, als unser Schiff von den magischen Gärten fortglitt hinaus in die offene Ria zu den ›Mejilloneras‹, den künstlichen Austerninseln. Das sind Balkenroste, die man auf sorgfältig gedichtete, hölzerne Schwimmkästen gelegt hat. Zwischen den Balken verlaufen dünne Stangen. Daran hängen an daumendicken, alle dreißig Zentimeter durch Knoten und eingeflochtene Holzknebel unterbrochenen Seilen dicke Trauben von Schalentieren. Von Mejillones oder Miesmuscheln, die in Spanien in unvorstellbaren Mengen als Vorgericht verzehrt werden. Es braucht nur wenige Monate, bis aus der topasfarbenen Brut die ernsthaften, schwarzröckigen Mejillones geworden sind. Die kostbarste Last verbergen die schwimmenden Muschelinseln freilich sorgfältig unter den Deckbrettern der Plattform, die man mit wenigen Griffen hochnehmen kann. Abermals Austern. Allesamt von farblosen, gurkenförmigen Algen bewachsen. Die Methode ist die gleiche wie bei den Mejillones. Allerdings, dieses aristokratische Schalentier vermehrt sich nicht so wahl- und zahllos wie das gemeine Volk der Miesmuscheln, sondern gedeiht in mönchischer Gemeinschaft, nur seinem Innenleben hingegeben.

Was wäre ein Besuch im Muschelparadies ohne gebührende Probe? Am Spätnachmittag kehrten wir in unsere Hafenkneipe zurück. Zuerst rann ein moussierender Ribera durch unsere Kehlen, damit wir ermuntert würden, wie es Vicente nannte. Nun der dicke, würzige Rotwein, um den Grund zu legen, und schließlich der herbe Ribera, der nach Vicentes Worten so etwas wie die weite offene See des Trinkens bedeutete. Das Wort ›Amigo‹ kehrte in unseren Gesprächen immer häufiger wieder, und das Lachen stand groß im Raum. Auf dem Tisch dampfte eine Schüssel mit Almejas, auf einer andern Schüssel lagen frisch geröstete Sardinen. Narciso, das Faktotum der Kneipe, hatte sich in eine Ecke gesetzt, klimperte auf seiner Gitarre und sang, weil das einfach so sein mußte und das Glück, auf dieser galicischen Erde zu leben so groß war.

Den ›Rias bajas‹ folgt nordwärts ein felsiger, zerklüfteter Landstrich. Er entspricht seinem Namen ›Todesküste‹ vollkommen, denn er bedeutet baren Vollzug. Es gibt Menschen, deren Haar in einer einzigen Nacht weiß wurde, während sie im kochenden Kessel der tobenden See aushielten, bis das Wunder denn doch geschah und ihr zusammengeschlagenes Schiff einen Hafen erreichte.

Man kann auf zwei Wegen dahin, die beide viel gegen sich haben. Weswegen wir beide unter die Räder nahmen. Soweit es ging. Der erste kommt von Norden und beginnt in *La Coruña*, dem Mittelpunkt der alten Galachia, einst von den Iberern gegründet, dann von den Phöniziern besetzt, worauf sich, immer in gebührendem Abstand, die römischen Legionäre und nach ihnen die Sueben, Mauren, Portugiesen und Kastilier einstellten. Später berannten die Engländer die Stadt. 1589 unter dem recht fragwürdigen britischen Nationalhelden Francis Drake. Bei dieser Gelegenheit stiegen die Frauen auf die Barrikaden, voran der berühmte Major Fernandez da Cámara, der in Wirklichkeit Maria Pita hieß. Dann 1639 zusammen mit den Holländern, um sich abermals blutige Köpfe zu holen. 1809 versuchten die Briten La Coruña gegen den Korsen zu halten. Sie hatten sich nicht gerade rühmlich aus Astorga abgesetzt – es war schon makaber, was sie da trieben, wie man in der örtlichen Historie nachlesen kann. Nunmehr hofften sie, einen Brückenkopf behaupten zu können. Wenigstens bis zum letzten verbündeten Spanier. Bei dieser Gelegenheit tat sich ein Bataillon Compostelaner Studenten, die ›Literarios‹, hervor, und es fiel der wackere englische Befehlshaber John Moore. Gleich Nelson hatte er eine Hamilton mitgeführt, eine Lady Stanhope, die sein Grab im Jardín San Carlos auf der Südbastion der Altstadt mit Blumen schmückte und gebührende Tränen vergoß.

Aber nicht dergleichen historische Banalitäten, nicht die alten Kanonen und ihre Rollwagen-Lafetten auf der Stadtmauer nahe der Festung San Antón vermögen zu faszinieren. La Coruñas Wesen ist sowohl mythisch wie visionär. Einmal durch die eigenartige Lage. Die Stadt zieht sich über eine hammerförmig in eine Ria hinausgeschobene Halbinsel. Am Südende des Hammerkopfes schart sich die Altstadt um die Kirche Santiago, während die stumpfe Schlagfläche des Hammers nach Norden gegen den Ozean droht. Hier ragt am äußersten Ende auf dem Monte Alto der gewaltige *Torre del Hercules* auf, der einzige noch erhaltene Leuchtturm aus Römerzeiten, genauer aus der Epoche Trajans. Nach einer irischen Sage des 11. Jahrhunderts erlebte an seinem Fuß vor undenklichen Zeiten der große Breogán die Vision eines grünen Eilands zwischen Nebeln, Wassern und Wolken, worauf er sich in seinen schwankenden Barken eilends aufmachte und, begleitet von seinem Dichterfreund Giolla Caoimghim, Irland entdeckte. Man versteht leicht, wie es zu dieser Vorstellung kam. Wohin man von den Hügeln des amphibischen Stadtwesens schaut, überall rennen schäumende Dünungen auf geschwungene Strände. Von der Playa de Riazor am offenen Atlantik bis zur geschützten Bucht von Santa Cristina im Innern der Ria.

Freilich, das eigentümlich Visionäre von La Coruña beruht nicht in Breogáns Ahnung und Aufbruch. Vielmehr, die heutige Stadt zieht sich über den Landsteg, welcher Hammerkopf und Festland verbindet, und im Süden dieser Nehrung öffnet sich ein überaus günstig gelegener Hafen, von dessen Pier die Dampfer nach Übersee gehen. Um diesen Hafen wiederum schwingt sich die *Avenida de la Marina*, begrenzt von einer endlosen Mauer sechsstöckiger Häuser. Ihre Fassaden werden völlig von verglasten Balkonen überzogen und in reine Kristallwände verwandelt. Kommt man zu günstiger Stunde, lodert die gesamte Front unter den Reflexen des Sonnenlichtes als Fackel von gleißendem Licht auf.

Wer das geheimere Treiben einer Stadt liebt, wird hinter diese Kulissen wandern. Dorthin, wo in der schmalen *Calle Real* und der *Calle San Andres* die kleinen Austernrestaurants mit ihren blitzenden Silbergedecken liegen. Die Sträßchen auf dem Rücken der Nehrung stellen die Nervenfäden der Stadt dar. Man spürt es unaufhörlich. Und diese Nerven enden keineswegs an den alten Mauern, nicht am Fort San Antón, nicht an den Stränden, nicht am Torre del Hercules, sondern reichen hinüber in das große Weltreich der spanischen Sprache. Wenn Gibraltar für Spanien das Zeichen einer unaufhörlichen Demütigung bedeutet, La Coruña, das einst die Segel der gegen England ausfahrenden Armada hereinkreuzen und nach genügender Remuneration über die Kimmung nach Norden verschwinden sah, diese Tochter der Meere, spiegelt das spanische Schicksal auf andere Weise. Es zaubert den Glanz des Siglo de oro, der Conquistadoren und Seefahrer des goldenen Zeitalters in unsere Tage.

La Coruña ist der Endpunkt aller bedeutenden Linien und Straßen, die von Osten und Süden heranwallen. Es ist gleichzeitig der Grenzpunkt eines Reiches, in dem noch die alten Keltengötter herrschen. Von hier bricht der Weg auf nach Südwesten ins *Bergantiños*. Im Anfang hält sich diese Straße recht wacker. Es geht vorbei am Suebenberg; die Wegwarte, die Schafgarbe blühen hüben, die Strandlilien drüben. Dann ist *Pastoriza* da, dessen frühere Kirche Francis Drake zerstörte. Kein Name der Vergangenheit, der so gehaßt wird wie dieser. Der tiefe Abscheu der Spanier gegen alle lutherische Häresie ist zweifellos auch die Frucht englischer Freibeuterei, wiewohl von Lutheranertum bei ihnen nicht die Rede sein konnte. Aber sie haben wie die Berserker gehaust. *Arteixo* kommt, das Rheumabad, wo am 19. September alljährlich die Fallsüchtigen zur Sta. Eufemia wallen. Plötzlich befindet man sich ganz nahe der Küste, an einem der elementarsten Strände von Galicia, der *Playa von Barrañán*, an der in Wintertagen klatschend und schreiend die Graugänse von Norden einfallen. Als sei dies ein Stichwort, gewinnt alles fortan den Charakter des Außerordentlichen. Wenigstens für das galicische Bewußtsein. In *San Tirso* ist Don Manuel Murguía, Gatte Rosalia de Castros und Patriarch der galicischen Literatur, geboren. In *Cayon* brachte man früher neben Malpica zwischen Allerheiligen und Fastnacht die meisten Walfische ein. Oh, dieses allgewaltige Meer! Selbst die Weizenfelder und Kiefernschläge des Innern scheinen von seiner Stimme durchdröhnt. Schon ist *Malpica* nahe, gleich Andromeda über den Felsen geschmiedet. In seine Steilstraßen orgelt der Atlantik, und seine Frauen sieht man schweigsam in Reihe hintereinander, bis zum Gürtel im Wasser stehend, beim Entladen der Fischkutter helfen. Nur noch ein Katzensprung zu dem am weitesten nach Norden vorstoßenden Punkt der eigentlichen *Costa de la muerte*, dem *Cabo San Adrian* mit den vorgelagerten *Islas Sisargas*, drei Felsenriffen! Die mächtige Breite der See ist erreicht. Die Horizonte verdämmern in ihrem Salzatem, schwerbauchig jagen die Wolken darüber, und in den Nächten entzünden böse Geister der Sage falsche Lichter, welche die Schiffe auf die Klippen und ins Verderben locken.

Diese Einsamkeit der Küstenmorgen! Auf verlassenen Stränden, unter scharf durchhauchter Luft und beim ewig unruhigen Wellenschlag des Meeres ist nichts zu sehen als Schwärme schwarzer Raben, Boten des Todes, die nach Schiffbrüchigen Ausschau halten. Schon hier glaubt man sich am Ende der Welt. Nackt, steil, fürchterlich drohen die Klippen. Die Sonnentage, an denen sich dieses Land, von den brauenden Wetterschleiern Ossians befreit, aufatmend im Licht dehnt, sind zu zählen. Gewiß, landein wird die Landschaft milder, gewinnt sie gelegentlich sogar einen schüchternen Anflug von Schönheit, wo der Rio Allones durchs Land träumt, an dessen Ufer abermals die Erinnerung an einen Poeten auftaucht – wie könnte diese heroische Region ohne Dichter sein? An Eduardo Pondal y Abente, den großen Hellenisten und Romantiker des galicischen Nordwestens, der den Ruf des Blutes mehr liebte als den Intellekt. Eine tellurische Stimme aus dem Schoß der Muttererde, welche die keltische Vergangenheit beschwor. Man ist tatsächlich nicht nur in der Zone alter Feudalherrlichkeit und Herrensitze angelangt, wie die Türme von Mens und der Pazo von Camarelle bekunden, sondern stößt bei *Gundamill* auf keltische Erinnerungen der Hallstattepoche, die Pedra Serpente oder den Schlangenstein. Hinter *Lage* folgt in einer Landschaft der Roggenfelder und des Stechginsters der berühmte *Dolmen von Dombate*, der samt anderen Dolmen zwischen Flechten und Meer noch immer die Erinnerung an schaudererregende Opferkulte beschwört, die man samt der Verehrung von Quellen und Bäumen einst auf dem Konzil von Braga verwarf.

Unmerklich ist das Bergantiños in die Region von *Xallas* hinübergeglitten, eine schöne, wilde Erde mit dem Bewuchs von Heidekraut und hervorstechenden Felsen, mit alten Eichen oder Pinien, in denen sich die Raben wiegen. Eine Erde wie geschaffen für keltische Galoppaden und Hirschjagden. Ein Land der Schlösser wie des alten keltischen Herrensitzes ›Mámoa de Ougás‹, eines im 19. Jahrhundert zuletzt erneuerten Schlosses der Moscoso nebst seinen Festungsgräben, Türmen und Innenhöfen, oder des Palacios von Trasariz, der den Caamaños gehörte und italienischen Geschmack verrät. Abermals nicht weit liegt Cereixo mit seinem Kastell, Eigentum der Grafen von Altamira. Schon aber befindet man sich nahe *Camariñas*, das zurückgezogen und im Anblick des Meeres verloren hinträumt. Unaufhörlich spielen in den Händen der Frauen, die an Gutwettertagen vor den Häusern sitzen, die kleinen Hölzer der Klöppelböcke. Von hier an bleibt man dem Meer ausgeliefert. Denn hier beginnt jene Zone, deren Namen der Schiffer mit Schrecken vernimmt, die Kernregion der Todesküste, die sich zwischen Cap Villano und Cap Finisterre erstreckt ...

Man kann, wie gesagt, auch einen andern Weg benutzen. Den von Süden, der aus der Region von *Padron* kommt, an dessen Gestade einst der Leichnam des Apostels anlandete. Padron, in dem Galicias Dichterin Rosalia de Castro lebte. Padron, das die Zärtlichkeit einer jungen Frau besitzt, die zu ihrem Geliebten sagt: »Bleib noch ein wenig.« Wir blieben.

Hafen des Apostels Jakobus

Wir hockten hoch über dem Ort auf der Terrasse von Sta. Maria del Carmen. Der Tag war blau über blau; kein Wölklein störte die Makellosigkeit des Himmels. Das mußte als ein Geschenk gelten. José Ballestreros, unzertrennlicher Begleiter seit gut einer Woche, sagte den uralten Pilgerspruch: »Quien va a Santiago e non va al Padron o faz romeria o non. – Wer nach Santiago zog und Padron ließ aus, war umsonst in Sankt Jakobs Haus.« In der Tat, Padron bedeutet die Wiege des Santiago-Kultes, aber auch den Zauber, die Schönheit, die sanfte Melancholie von Galicia. Gebettet in ein quellgrünes Tal, quer durchzogen von einer grünen Allee, auf deren schattigen Steinbänken ab elf Uhr morgens die Alten sitzen, wenn nicht grad Markt stattfindet. An solchen Tagen legen die Bäuerinnen dort ein paar Hände voll bleicher Wachsbohnen, grüner Buschbohnen, etliche Bündel Zwiebeln, Kohl und Lauch aus. Der Verkauf kann beginnen.

Neben der Allee rinnt ein kleiner, von Santiago kommender Bach, der Sar, der wenig südlich bei Puentecesures in den immer traumdunklen großen Salmfluß von Galicia mündet, den Ulla. Seitab davon liegen die Reste gegen die Normannen erbauter Wehrtürme, von denen es heißt, Erzbischof Diego Gelmirez sei darin geboren. Die Türme hatten einen kleinen, längst versandeten Hafen zu schützen, in dem vor weit mehr als zweitausend Jahren die phönizischen Schiffe Metall aus Innergalicia luden und im Mittelalter, genau wie in Noya, die Pilgerbarken aus dem Orient, England und Niederdeutschland anlegten, welche die gefahrvolle Reise durch den Kanal, die Biscaya und das Todesmeer überstanden hatten. Auch das legendäre Schifflein mit dem Leichnam des Apostels war hier angelandet. Den Leib hatten die getreuen Schüler auf einen Uferfelsen gelegt, an dem später die Pilger in der Begier, einen Fetisch mit heimzubringen, so lange herumklopften, bis es der örtliche Klerus leid wurde und den Stein des Anstoßes kurzerhand ins Wasser werfen ließ. Wenigstens nach der ›Historia Compostelana‹. Doch zurück nach Padron.

Stadtwärts wird die Allee von einem Brücklein beendet, das über den Sar springt. Jenseits des Brückleins geht es in den Berg San Gregorio, in dem auf halber Höhe die Kirche *Sta. Maria del Carmen* liegt. Auf ihrer Terrasse saßen wir nun und genossen den Blick auf eine der schönsten Partien Galicias. Die Schwalben schwärmten, ein frischer Wind strich. Und man sah ungehindert hinüber zur Ex-Colegiata von Iria Flavia, mit dem Padron, cum grano salis, identisch ist. In dieser Stiftskirche, *Sta. Maria a Dina* zugeweiht, ruhen achtundzwanzig vor der arabischen Invasion hierhin geflüchtete Prälaten im Chor unter der Evangelienseite. Man hat das Gotteshaus im 18. Jahrhundert umgestaltet, leider. Aber, was schön ist, auch diese Kirche wird von einer mächtigen Balustrade umfangen, auf der sich bäuerlich geschnittene Heiligenfiguren erheben, schön alt und übermoost, von Wettern gegerbt. Zeichen der Jahrhunderte. Hinter der Kirche liegt ein Friedhof, auf dem einst Rosalia de Castro ihr erstes Grab fand, und abermals dahinter verwinkelte Häuser, über deren Gassen ganze Dächer von Reben, dicht an dicht mit schweren Trauben behangen lasten. So Iria Flavia.

Das *Padron* von heute mutet ein wenig anders an. Städtisch. Da hat die Sparkasse hergemußt, das Ayuntamiento, das Haushaltswarengeschäft. Aus den Gäßchen sind Sträßchen geworden, nur die Wappen hier und dort an den Häusern oder das herrliche alte Steinkreuz lassen Erinnerungen anklingen. Freilich gibt es neben dem antiken Iria Flavia und dem modernen Padron noch einen weiteren Ortsteil. Den eben, auf den es uns ankam. Das Padron jenseits des Brückchens am Fuß von Maria del Carmen, über das die Glocke der hohen Kirche soeben ein Stakkato kurzer Tanzrhythmen hinschüttete. Es klang, wie wenn ein Tamburil, eine Handtrommel, den Rhythmus zu einem der hiesigen Volkstänze skandiert. Endlos bimmelte sie so. Dem Glöckner schien noch der ›Gran baile‹, das große Tanzfest vom Vorabend, in den Armen zu sitzen. Jedermann kam das Lachen an. Nun ein kurzer Abschlußschlag, und ein neues Kapitel der Bimmelei konnte beginnen, kurz-lang, kurz-lang. Morgen in Sta. Maria del Carmen! Man feierte die Novene der Heiligen. Die Weiber der Umgegend keuchten unter der Last ihrer Markttaschen bergan, um am Ablaßgebet teilzunehmen. In gewissen Zeitabständen mußten sie die Kirche verlassen, einen Augenblick an der Brüstung verweilen und wieder hereinkommen. Das gehörte dazu. Sie absolvierten ihre Übungen voll eines Eifers, den nichts zu stören vermochte. Die Alten waren nach Landesbrauch schwarz gekleidet; das ist praktisch. Bei solch großen Sippen, wie man sie hier noch kennt, stirbt immer eines. Da bleibt man gleich bei der Trauerkleidung. Unter dem Kopftuch guckte das Schwänzlein ihres Zopfes hervor. Eine Einbeinige, die mühsam an ihrer Krücke die Treppe hinaufhumpelte, war am schwungvollsten bei der Sache und obendrein am neugierigsten, wer die Fremden sein konnten. Man sagte schnell die übliche Losung, die hierzulande alle weiteren Erörterungen abschließt: »No hablo español.« »Aber dann sprechen Sie's doch!« meinte die Pfiffige lächelnd und kniff uns ein Auge zu.

Über Sta. Maria im Berg liegt ein Heiligtum der Jakobuslegende. Eine Einsiedelei auf kleiner Bergterrasse und dahinter eine Anhäufung von Felsen, die vielleicht schon in keltischer Zeit als Opferstätte gedient hat. Unter der Eremitage quillt ein reicher Born aus dem Berg, der in langer Steinrinne zu Tal geführt wird. Unten ist er wunderschön gefaßt und gewölbt, wie man das hier so macht: ein Haus für den Quellbrunnen. Mit einem Relief auf der Stirnwölbung. Darauf ist die Meerfahrt des toten Apostels nebst seinen zwei getreuen Schülern dargestellt. Da auch die Einsiedelei oben im Berg über den Born gebaut ist, wurde unsere Vermutung, daß der Platz ein Nymphäum gewesen war, zur Gewißheit. Die Weihe an den Apostel dürfte eine christliche Überhöhung heidnischer Opferstätten bedeutet haben, um dem alten Götzenkult den Wind aus den Segeln zu nehmen. An dem Fels hinter der Einsiedelei andererseits lassen sich Spuren von Bearbeitung und Rinnen erkennen. Darauf stehen heute eine kleine Jakobusstatue und ein großes Kreuz. An dieser Stelle nämlich, will die Legende, hat der Apostel, gleichgültig ob tot oder lebendig, gepredigt... Ach, es bleibt so herzlich unwesentlich, was daran alles unmöglich ist! Die Landschaft atmet einen so anmutigen Mädchenschlaf, der felsige Predigtstuhl des Apostels liegt zwischen Mimosen und Eukalyptus so betörend schön, und die Glaubensbegeisterung ist allenthalben so groß, daß es wirklich nur auf die Realität des Empfundenen ankommt. Und damit ist man bei Galicias Dichterin Rosalia de Castro, der die nach Uruguay ausgewanderten Söhne Padrons unten in der Stadt, am Ende der Allee, ein Denkmal gesetzt haben mit der Aufschrift: »A nosa Rosalia os Padrones de Uruguay.« Dazu eine

Wiedergabe des Gedichtes ›Adios rios, adios fontes – Lebt wohl ihr Flüsse, ihr geliebten Quellen‹. Wie man dergleichen im vorigen Jahrhundert in Verse brachte. Es ist nicht Rosalias bestes Gedicht.

Galicias Dichterin

Ein kluger Betrachter hat bemerkt, über der ganzen Landschaft von Padron liege etwas von jener leichten Traurigkeit der ›Saudade‹ unserer Poetin, der Melancholie ihrer Rhythmen, in denen traumschwer und bleich die Rosen der Resignation leuchten. Man kann das nicht anders bezeichnen, denn Rosalias Verzicht und Schwermut ›blühen‹ wirklich, und genau das nämliche ist es, was der Landschaft von Padron zwischen der sanften Herrlichkeit der Rias und der wilden Todesbereitschaft der Costa de la muerte, die sich ihnen nach Norden anschließt, ihre Spiritualität verleiht.

Man hat nur allzu recht, sich beim Namen von Rosalia auf die Saudade, die Soledad oder Soidade zu berufen, was alles dasselbe bedeutet. Schon die wenigen Zeilen im Taufbuch von Santiago de Compostela, in dem das eben geborene Mädchen unter dem 22. Februar 1837, Folio 159, verzeichnet steht, umreißen ihr Schicksal. »Maria Rosalia Rita, Kind unbekannter Eltern«, ließ die als Taufpatin fungierende Person registrieren, der Mutter und Vater des Kindes durchaus bekannt waren. »Dem Findelhaus nicht zugeführt«, merkte der Schreiber an und gab damit zu verstehen, daß er das tragische Spiel durchschaute. Rosalia war als uneheliches Kind eines jungen Mädchens aus der guten Gesellschaft Santiagos zur Welt gekommen. Was den Fall freilich verzweifelt machte – der Vater des Kindes trug die Priestersoutane. Er hieß José Martinez Viojo und hatte zum Kloster San Lorenzo de Trasouto im Westen Santiagos gehört. 1835, in der Zeit liberalistischer Strömungen, war die Klausur des Konventes aufgelöst worden, worauf sich Don José fortan als Lehrer betätigte. Er war alles andere als ein leichtfertiger Don Juan. Einige, die ihn kannten, haben ihm hohe Qualitäten nachgerühmt. Ob er sich in die junge Señorita Maria Teresa de la Cruz de Castro y Abadia verliebte oder ob beide einer plötzlichen Wallung des Blutes unterlagen? Wie wenig José hernach auch die Priesterweihe ungeschehen machen konnte, er hat sich des Kindes angenommen, so gut er vermochte. Seit er in Padron eine Kaplansstelle versah, lebte die kleine Rosalia in seinem Haus. Don José starb später im nämlichen Jahr wie seine Tochter. – Maria Teresa de la Cruz hatte es noch schwerer als der Vater ihres Kindes. Als sie endlich frei über sich selbst verfügen konnte, nahm sie sich sofort ihrer Kleinen an. Rosalia liebte sie sehr und schrieb, als die Mutter 1862 starb, einen ergreifenden Gedichtzyklus ›A mi madre‹. Freilich konnte das alles den Makel nicht löschen, der über ihrer Geburt lag.

Die Umstände ihrer Herkunft sind Rosalia zwischen 1847 und 1850, also in einem Alter von neun bis dreizehn Jahren, aufgegangen; sie brachten das Kind an den Rand der Verzweiflung. Die Saudade, sowohl meditative Traurigkeit wie wilder Lebensschmerz, blieb zeitlebens ihre Grundstimmung. »Señor, ya estamos solos, mi corazón y el mar«, schreibt sie einmal. »Wir sind allein, Herr, das Meer und ich.« Seit Rosalia mit ihrer Mutter in Santiago zusammenlebte, ein Mädcheninstitut besuchte, gab es freilich auch lichtere Tage. Anno 56, als Rosalia neunzehn ist, geht man nach Madrid, wo die junge Dichterin ihren ersten Versband ›La Flor‹ vollendet. Sie lernt einen nur gut dreieinhalb Jahre älteren und schon berühmten Literaten kennen, Don Manuel Murguia, einen Gallego von der Todesküste, heiratet ihn sehr plötzlich, muß heiraten. Offensichtlich schäumte ihr Blut nicht weniger heiß als das ihrer Mutter. Ihr Eheleben wird gleichbedeutend mit ihrem Dichterleben. Ein Literaturkenner hat die Gleichung aufgestellt, die Frau in Rosalia habe die Dichterin, die Dichterin die Frau gesteigert. Sie bringt im Laufe der Jahre sechs Kinder zur Welt, und sie schreibt ihre Verse. Leitthema bleibt die Saudade ihrer Jugend. Unter solcher Schicksalsmelodie, wozu auch die ›Angustia de Corazón‹, die Herzensnot, gehört, entstehen ihre Werke, deren gewichtigste die ›Cantares gallegos‹ von 1863, die ›Galicischen Gesänge‹, und die ›Follas novas‹, die ›Neuen Blätter‹, von 1873 sind. 1884, ein Jahr vor ihrem Tod, erscheinen die Verse von ›An den Ufern des Sar‹. Sie hat auch eine Reihe von Prosa-Arbeiten geschrieben, die zum Teil Aufschlüsse über ihr Leben gewähren: ›Die Tochter des Meeres‹, ›Flavio‹, ›Der Mann von Cadiz‹ und ›Der Ritter mit den blauen Schuhen‹.

Was sie überdauert hat, blieben einzig die Verse. In ihnen erkannte sich Galicia wieder. Diese Resonanz verwundert kaum in einem Land, in dem man noch heute unendlich viel auswendig weiß – zahllose Strophen, zahllose Lieder. Es gibt eine ganze Reihe großer Poeten Galicias vom berühmten Benito Jeronimo Feijóo des 18. Jahrhunderts bis Eduardo Pondal, dem ›Hildago des Bergantiños‹, Ramon Maria Valle Inclán oder der Condesa Emilia Pardo Bazán. Ihnen allen ist eine gewisse Resignation eigen, die sie im herrlichen Vibrieren ihrer Sprache in das Gefäß ihrer Strophen oder Sätze gegossen haben. Bei Rosalia steigert sich das. Ihr Leben und die Saudade Galicias sind eins. Ihr ›Dolor de vivir‹, das Dasein im Zustand des Selbstverzehrens, entspricht Galicias innerstem Wesen.

Erst gegen das Lebensende ist sie nach Padron zurückgekehrt. Sie bezog mit ihrem Mann ein richtiges galicisches Haus, ›Las Matanzos‹, rechteckig, langgestreckt, aus einfachem grauem Haustein, wie ihn die Berge lieferten. Das kaum abgeschrägte Dach ist direkt auf den Oberrand der Fensterstürze gesetzt. Ein Balkon fehlt natürlich nicht, auf dem man sitzen, denken, schreiben kann, wenn es regnet. Das Haus liegt abseits des Städtchens Padron, jenseits der großen Talstraße am Hügelrand in einer Art Villeggiatur. Gleich linkerhand beim Eintritt in die Häusergruppe eine Mauer mit Pförtchen. Dahinter verbirgt sich Rosalias Paradies, wie alle Häuschen ringsum tief in Grün und Weinlaub versteckt. Ihr Retiro und ihre Klause, das Gefäß ihrer Träume und die Kammer ihrer Schmerzen – sie begann zu kränkeln, es wurde die Krankheit zum Tode.

Ein prachtvoller Morgen, ein Geschenk für das sanfte Regenland, stand leuchtend und sonnenhell über dem Tal von Padron, als wir anlangten. Ein paar freundliche Frauen stellten sich neugierig ein, waren sofort zu einer Führung bereit. Sie sind hier so glücklich, einem Fremden etwas, worauf sie stolz sind, zeigen zu können, daß sie immer zu mehreren kommen. Der Garten war noch wie einst mit Rosen und quellendem Laubgehölz bestanden. Vom Haus der Dichterin hatten blaue Vincas Besitz ergriffen, die sich am Balkönchen emporrankten. Vor einem Fenster hob sich ein mächtiger Feigenbaum. Leider, das Haus stand leer, verödet, verkommen. War man indessen eben noch über die rustikale Kargheit des Baues verblüfft, sah es sich im Innern ein wenig anders an. Wieviel Platz es hier gab! Arbeitete Rosalia nicht im Haus, konnte sie draußen in ihrer Pergola unter üppigem Weingerank am Steintisch sitzen. Nachdenklich, manchmal in jähem Aufschwung hockte sie dann ganz gesammelt, ganz in sich versunken und schrieb ›An den Ufern des Sar‹ nieder. Gelegentlich überfiel sie eine Schwäche, ein Schmerz, die allzu lang blieben, als daß man sie hätte noch bagatellisieren können. Der Krebstod kündigte sich an, wuchs langsam in ihr. Am Morgen des 15. Juli 1885 ist sie gestorben, achtundvierzig Jahre alt.

Die Frauen aus dem kleinen Dorfwinkel lachten und strahlten ununterbrochen, während sie berichteten. Ein kleines

Mädelchen versteckte den Kopf schamhaft in Mutters Rock. – »Como se llama?« – »Norberta!« Norberta war ein winziges, zartes Geschöpfchen, eine Hübsche, übrigens blond, wie sich das hier gelegentlich findet. Ein Erbteil der Sueben, ein Erbteil der Kelten? Der Boden in dieser gottgesegneten Landschaft birst von Erinnerungen. Rosalia de Castro ist eine der größten.

Noya

Der andere Weg an die Costa de la muerte, der von Süden, beginnt also mit einem Lobgesang auf die Schönheit Galicias, seine üppigen Wiesen, seine Eukalyptus-Haine, aber auch seine Kieferhöhen, die zärtlichen kleinen Orte voller Blumen, die Palmengründe städtischer Parks. Es geht immer der *Ria von Noya* entlang. Das ist die Landschaft zweier Köstlichkeiten der Kleinarchitektur. Einmal der schreinartigen, mit Lüftungsschlitzen, Spitzdach und Kreuzzeichen bewehrten Steinspeicher, sogenannter Hórreos, die auf vier Steinpfosten mit Bodenplatten gesetzt sind. Nicht Nager, nicht Vogel haben Zugang. Welch eine praktische Erfindung! Oft stehen ganze Gruppen zusammen und bilden ein richtiges Pfahldorf von bizarrer, exotischer Schönheit.

Das andere sind die Pilger- und Andachtskreuze, die für Galicia typischen Cruceros auf hohen Steinpfeilern, die man allenthalben sieht. Oben tragen sie die Kreuzigung, gelegentlich mit einer Madonnengruppe an der Rückseite. Bei besonders schönen Stücken findet man eine ganze Kreuzabnahme samt Leiter, hilfreichen Händen, welche die Glieder des Herrn lösen, und Joseph von Arimathia, der den Leichnam empfängt. Sie sind immer von grauem Stein, grau wie der Fels Galicias und also aus dem Fleisch des Landes geschnitten. Einsam und andächtig ragen sie in die kühl durchhauchte, regenfeuchte Luft. Manchmal ist an ihrem Fuß ein ›Peto de animas‹ aufgestellt, ein Votivstein mit der Darstellung im Fegefeuer schmorender Seelen. Bittet für sie, ihr guten Mitmenschen, die ihr noch auf der schönen Erde von Noya haust!

Noya ist ein hübsches kleines Städtchen in der Einsamkeit zwischen Land und Meer, sieben Wegstunden von Santiago. Weit, weit hinter den Hügeln. Man ist anfangs höchst überrascht, darin eine Kirche wie *S. Martin* mit einem Figurenportal aus der Schule Meister Mateos, einer üppig mit Figurenschmuck umzogenen Fassadenrose zu finden oder jene Friedhofskirche, die vielleicht die schönste von ganz Galicia ist. Aber das täuscht immer wieder: die Versandung des Hafens hat fast alles untergehen lassen, was einmal war. Wie an der flandrischen Küste. Welche Vergangenheit besitzt diese Stadt! Der Name des Erzbischofs Lope de Mendoza klingt auf, welcher die großen Bauwerke entstehen ließ, der des Herzogs von Lancaster, der hier mit einer Flotte einlief, um seine Ansprüche auf die Krone von Kastilien anzumelden. Das alles ist heute Nachklang, aber unzweifelhaft stehen die breiten Straßen, geraden Avenidas, darauf Gymnasiasten gesittet zur Schule gehen, die Palmenpromenade mit einem Gefühl für Größe in Zusammenhang. Oh, die gern gesellig und völlig unauffällig lebenden Gallegos wissen ihr Dasein auszukosten. Irgendwo kracht es in dieser Sommerzeit, in der man das Fest der Sta. Maria del Pilar, der Pfeilermadonna, begeht, immer. Plötzlich wölkt über einem Ort ein Rauchballen wie eine Faust auf, ein Feuerblitz zuckt hernieder, ein scharfer Knall folgt. Die Gottesmutter vom Pfeiler ist in diesem frommen Land die Patronin jeden zweiten Nestes, vor allem, weil sie die Seefahrer in ihre Obhut nimmt. Noya ist Seestadt oder fühlt sich als solche. Wenn seine Ria mit den hohen Gebirgen zu beiden Seiten, den saftigen Weidegründen, hübschen Dörfern und blanken Gewässern, in denen Schwärme von Fischen leben, auch erst etwas weiter meerwärts beginnt. Die Eisenbahn hat längst aufgehört. Da fährt man am besten mit dem Schiff bis Muros, das wegen seiner schönen Frauen bekannt ist. Die Ria schwingt sich in letzten, weiten Buchten dem freien Ozean entgegen, gesäumt von Girlanden glitzernden Brandungsschaumes, unterbrochen von den Korallenkrönchen der Riffe.

Freilich, man kann auch zu Lande nach Muros kommen. Per Wagen oder Bus. Dann sieht sich die Landschaft vollkommen anders an. Grüne, abgeschnittene Arme weitverzweigter Gewässer gilt es zu überqueren, jedes davon ein Blautopf oder Mummelsee. Entlegene Dörfer folgen, in denen die Kinder hell aufjauchzen, weil sie so etwas Großes erleben und ein Auto sehen durften. Sodann die Brücke von Puente de Don Alonso, die sich über den breiten, königlichen Tambre schwingt. Blumen, Ziegen, schöne Frauen und Kinder, die mit Flachkörben voll spiralig gelegter Fische auf dem Kopf vorübergehn. Frauen, die unter dem hier üblichen, breitrandigen Strohhut mit schwarzem Bande ihr schwarzes Kopftuch tragen. Bis denn doch wie etwas Unausweichliches plötzlich die See erscheint. Allein, welch eine See!

Am Ende der Welt

Plötzlich bekommen die Rhythmen der Landschaft Tragödienmaße. Durch ihren Versfuß wirbeln die Trommeln des Schicksals. Aber genau das macht Galicia aus: neben der Süße der Rias und der Schwermut des Innenlandes das Ungeheure, die offene See, das Mare tenebrosum der Antike, über dessen Uferfelsen die Seelen der Ertrunkenen geistern. – Da ist man also, am ›Finis terrae‹, dem Ende der Alten Welt!

Die Schwerpunkte der gefahrvollen Todesküste, die sich zwischen Cap Corrubedo und Cayón nahe La Coruña über die Nordwestecke Spaniens schwingt, heißen *Cap Finisterre* und *Cap Villano*. Nie hatten wir das Meer so erlebt wie an dieser Küste. Selbst die Menschen, die hier geboren waren, wurden nicht anders mit ihm fertig, als daß sie sich unterwarfen. Jedes Navigieren der Schiffe war abgetrotzt. Gewisse Striche das Wassers galten für absolut tödlich, wenn es seine schlimmen Tage hatte. Wann hatte es die nicht? Die See heult, gurgelt, seufzt, stöhnt selbst in Gutwetterzeiten. Die Klippenküste mit ihren zerklüfteten Riffen, ausgehöhlten Schlünden, überhängenden Felsen dient der Flut als eine Wasserorgel, auf der sie die Triumphgesänge ihrer Mordlust spielt. Wenn die Küste anderwärts Rettung bedeutet – an der Costa de la muerte ist sie blanker Verrat.

Da muß es als ein kleines Wunder gelten, daß die Häuschen, diese bescheidenen Häuschen der Gallegos, noch hübscher, die Frauen noch anmutiger geworden sind als in Muros, wo sie ob ihrer Schönheit Berühmtheit besitzen. Wenn man auch selten genug Menschen begegnet; die Costa de la muerte ist kein Land des Lebens und der Hoffnung. Bei *Louro* hört die Straße ganz einfach auf und wird zum Sandweg. Überstürzt wallen neben ihm plötzlich Steilhänge hoch, geröllbesät. Sie verknubbeln, verformen, türmen sich zu einem wüsten Bergzug, dessen krause Gratlinie als endloser Hahnenkamm neben der Route herläuft. Man muß dieses Gebirge ganz umwandern, umreiten oder umfahren; immer zwischen Meeressaum und Felshängen, immer auf dem schmalen Uferstreifen, aus dessen Boden der Fels bricht. Zwischen den Gesteinsbrocken gelegentlich rührende Kohl-, Mais-, Kartoffelgärten, sooft eine Ansiedlung heranrückt, während sich krächzend und übelgelaunt Schwärme von Krähen aus dem zerzupften Geäst demütig gebückter Bäume heben. Fern, fern im Wasser des Ozeans sieht man bereits hinter mächtigen Archipelen die Löwenpranke eines Vorgebirges – Cap Finisterre. Das Ende der Alten Welt.

Nein, niemals hatten wir das Meer so wie hier erlebt! Vorsichtig kroch ein Schiff, ein Kutter durch die gischtende

Brandung an die Felsenküste, die gleich einem Haifischrachen von Dolchzähnen starrte. Man glaubte es beinahe greifen, hinüberspringen zu können – wäre es nur nicht so mühselig gewesen, zwischen diesem wüsten Steingepolter hin und her zu klettern, halb betäubt vom moderdumpfen Geruch von Tang, Jod und Salz, übersprüht von den Wasserschleiern der Brandung und immer in Gefahr auszugleiten! Meter um Meter, Zentimeter um Zentimeter schob sich das Schiff heran. Wenn eine Wellenfront in die Klippe stürmte, ging seine Schraube auf volle Kraft zurück, und der Mann am Ruder ließ das Steuerrad alsbald in gegenläufiger Richtung wirbeln. Man sah das alles. Wagt man sich in die Klippen hinaus, kann man diesem Spiel mit dem Tode sozusagen in der Bühnenloge beiwohnen. Endlich war es heran, weit genug von den Steinen entfernt, nah genug für seine Zwecke. Zwei Anker rasselten, die Taue strafften sich, ächzten, hielten. Seit der Kutter die Wassergewalt nicht mehr ausmanövrieren konnte, war er zu einem tanzenden Ball geworden. Aber man schien daran gewöhnt. Ein Ladebaum schwenkte aus, rasselnd glitt ein Greifhaken hinab, hievte eine kleine Boje und an ihr einen Korb aus dem Kliff. Graugrüne Langusten, eben noch mit der Ködermahlzeit beschäftigt, reckten ratlos die Fühler. Schon flog der Deckel auf. Hände griffen zu, warfen die Tiere der Tiefe in bereitstehende Kisten. Mit frischem Köder bestückt versank der Korb aufs neue. Vorsichtig lief das Ankerspill an, zog den Kutter aus dem gefährlichen Bereich, der Motor tuckerte los, die Schraube wirbelte, die Anker gaben nach, lösten sich, kamen an Deck, und das Schiff stampfte ins freie Wasser der Bucht zurück, vorsichtig vorbei an Riffen und Klippen zur nächsten Fangstelle. Jede seiner Bewegungen war auf den Zentimeter berechnet.

Nein, nie hatten wir solch ein Meer erlebt! Auf den ersten Blick schien die Brandung mit dem glasigen Überschlag verlockend, grade das Richtige, um die Kräfte damit zu messen.

Aber warf man die Kleider ab, um an einem der kurzen Strände zwischen den Felsen zu baden, bekam man sofort seine Tücke zu spüren. Der Sand erwies sich als hart, scharf wie Rasiermesser und glühend heiß. In den merkwürdig hohl heranrollenden Brechern lauerte tödliche Gefahr. Das Ufer fiel im Wasser steil ab. Setzte man den Fuß hinein, wurde der Körper wie von Fäusten ergriffen. Jede der anstürmenden Wogen riß in ihrem von Saugen und Schmatzen begleiteten Zurückweichen was da stand oder lag einfach hinab. Unterströmig führten sie Geröll mit, schürften bei jedem Ansturm Wagenladungen faust- bis kopfgroßer Steine los und schleuderten sie gegen den Strand. Sobald man hinabtauchte, wurde man von diesen mörderischen Salven getroffen, und jetzt bluteten nicht nur die Fußsohlen in dünn verlaufenden Strähnen, sondern an den Beinen, am Körper zeigten sich violette Prellungen und dunkelrot aufgeschlagene Hautwunden. Man konnte nicht stehen, man fiel, und was schlimmer war, man fiel, um hinabgesogen zu werden.

Nein, nie hatten wir das Meer so tückisch erlebt wie hier. Nie so ungeheuer! Gewiß staffelten sich zur Seite friedliche Häuschen bergan. Rosafarben, blau, grün oder weiß gestrichen boten sie dem Sturm die Stirn. Fand sich eine Mauer, wuchs im geschützten Winkel bestimmt ein grüner Feigenbaum. Es war ein quicksauberer Fischerort, El Pindo genannt, mit einem winzigen Hafen zwischen braunen Steinen, in dessen Wasser sich kleine Seeschiffe mit hohem Bug spiegelten. Die Köter schliefen auf der Straße den guten Hundeschlaf autoloser Zeitalter. Voraus in der Bucht etliche Schären, schroffe Riffe vielmehr, Lobeira Chica und Lobeira Grande, und hinter der mächtigen Bucht, dicht geschart, Häuser – Corcubión jenseits der Wasser. Von hier ist es nicht mehr weit bis zum Cap. Was aber der Weg hinter Corcubión vollführt, schien einem Tollhaus für Straßen zu entstammen. Sämtliche Schlaglöcher der Welt hatten sich an dieser Route ein Stelldichein gegeben. Hügelauf, hügelab durch Wälder und Felder, Loch an Loch. Sardiñeira kam und schließlich auch *Finisterre*, der Ort. Ein kleiner Hafen, nicht an der Seeseite der Landzunge, sondern zur Bucht von Ezaro gelegen, eine Handvoll Häuser, zum Trocknen ausgebreitete Netze, welche die Mole besetzt hielten, und schläfrige Alte. Wenig später, schon hinter dem Ort, ein romanisches Kirchlein, *Sta. Maria Serena*, die äußerste, allerletzte Sehnsucht der Pilger des Mittelalters, nachdem sie ihren ungeheuren Weg durch die halbe damalige Welt gelaufen waren. Darin ein Santo Cristo, ›da barba dorada‹, ein Schmerzensmann mit goldenem Bart, der die frommen Gemüter hierzulande noch immer elektrisiert. Den Seeleuten verleiht er die Kraft, in den Stürmen des Atlantik durchzuhalten. Um seine Lenden gegürtet ein kostbarer Rock, ringsum fromme Bilder. Das ist schon alles, rechnet man nicht ein paar kunsthistorische Reminiszenzen – ein spätgotisches Fenster am Kirchlein, einige Pilgerkreuze hier oder dort am Wege, die in die diesige, von Vorahnungen erfüllte Luft stechen.

Denn man kann es sich nicht länger verschweigen, etwas Fremdartiges, Bedrohliches mischt sich plötzlich ins Landschaftsbild. Seit kurzer Zeit schnürt der Weg über einen schmalen Landfinger ins Leere. Jetzt hebt er sich, steigt unaufhaltsam, alle fünf Meter durch einen schmalen, brusthohen Chausseestein mehr symbolisch als wirklich geschützt. Wer es mit dem Schwindel hat, dem geht es nicht gut. Letzten Anhalt ans Irdische, Feste bietet nur mehr der Ausblick nach links in die grandiose Bucht von Ezaro samt El Pindo und dem Felsengebirge, das man vor ein, zwei Stunden passiert hat. Tief, tief unten stöhnt das Meer. Nun eine letzte Kehre, und voraus liegt, höchst adrett, frisch gestrichen, schneeweiß eine Gruppe von Häusern, ins Leere gehalten. Der *Leuchtturm* mit seinen Trabantenbauten. Hinab fällt der Blick ins Bodenlose. Die letzte Bastion der Menschenerde ist erreicht. Nichts hält mehr das Auge, nicht Strauch, nicht Stein. Nur noch die wogende Tiefe, die ungeheure Weite sind da. Seitab brandet das Meer um einen letzten, steil aus dem Wasser ragenden Fels. Man steht Auge in Auge mit der Unendlichkeit. Fern, fern zieht ein Schiff auf einsamem Weg wie ein Phantom. Dieser äußerste Punkt des Festlandes hat schon im Altertum Schrecken ausgelöst. Laut Livius schoß den römischen Truppen die Angst bereits ins Blut, als sie nur den Fluß Lima überschreiten sollten, der weit landein vom Antela-See im wilden Grenzgebirge zwischen Orense und Portugal nach Westen fließt. Der Lima galt als der Fluß Lethe, als Grenze der Unterwelt. Als die römischen Legionäre um 136 v. Chr. gar den Felsen von Finisterre ersteigen sollten und plötzlich auf die Unendlichkeit eines Ozeans hinausblickten, in dem gerade der glühende Sonnenball wie eine funkenstiebende Kohle versank, wurde das Erschrecken zur Panik. Sie fühlten sich von namenlosem Schauder ergriffen. Valerius Paterculus hat das berichtet. Es bedurfte der eisernen Hand des Decimus Junius Brutus, dem die kapitolinischen Tafeln zu Rom den Beinamen Galaicus geben, um eine Massenflucht zu verhindern.

Im Mittelalter empfand man den Ausblick nicht nur als Hinweis auf die Endlichkeit des Daseins und alles Diesseitigen, sondern als kosmische Vision. Angesichts der Weite fühlte sich die Seele verloren, und diese selbe Weite offenbarte eine verschlingende Furchtbarkeit, vergleichbar dem Höllenmaul, sooft das Meer der toten Seelen geifernd, lechzend, heulend gegen die Klippen und Strände stürmte. Daher singt die Volksliedstrophe:

Del Sur tres ahogádos *llegan en vaivenes* *con los ojos muertos* *comidos de peces.*	*Von Süd drei Ertrunkene* *schwanken heran,* *die toten Augenhöhlen* *leergefressen von Fischen.*

Tatsächlich eröffnet Finisterre eschatologische Aspekte. Die idealischen oder ironischen Selbstbespiegelungen der Menschenwelt, Faust wie Blechtrommler sinken zu belanglosen Schemen herab. Don Juan betritt gar nicht erst die Szene. Einziger standhafter Fels erhabener Vorstellungen bleibt Don Quijote, der tragikomische, halb erhabene, halb lächerliche Held der Travestie, der sich lang und dürr in den Steigbügeln seines klapprigen Rosses zum vergeblichen Kampf gegen alles Unmögliche erhebt, ein stummes, gleichwohl unsterbliches Symbol.

Inmitten des Ensembles der schwanenweißen Bauten von Finisterre kurz und stämmig der Leuchtturm. Es ist alles getan, um das Leben im Anblick des Ungeheuren erträglich zu machen. Balustraden schützen das Plateau der Häuser gegen die Tiefe; davor Kästen mit Geranien. Oh, in sozialer Hinsicht haben sie es keineswegs schlecht, die Leuchtturmwärter mit Frau und Kind. Falls ihnen der Sinn nicht danach steht, brauchen sie nicht einmal ihr Haus zu verlassen, um zum Leuchtfeuer hinaufzusteigen, wenn der Sturm heult und das Meer in der Tiefe brüllt. Man haust wie ein Vogel im sicheren Nest über der Schlangengrube. Aber man muß das abends erleben, wenn die Strahlenbündel des Leuchtturms durch das Grausen der verlorenen Horizonte fegen. Am besten steigt man zu dieser Stunde von Ort und Hafen Finisterre hinan – immer am Vorgebirge entlang durch Schwärze, Verlorenheit und jene stürmischen Güsse, die keinen Widerstand kennen, die peitschenden Regen der See.

Während der Fuß noch dem Weg der Bedrängnis folgt, sieht man bereits das Lichtkreuz des Leuchtfeuers die Nacht durchhellen. Bis man auf einmal unterhalb des Turmes steht und mitten hinein in das Herz dieses tröstlichen, wegweisenden Lichtes blickt. Ein Herz aus lauter geschliffenen Glasprismen, wie es nur noch wenige Leuchttürme besitzen. Auf See nichts als wüste Finsternis, und selbst zöge da ein

Fischerboot, ein Überseedampfer, der stäubende Salzatem würde seine Lichter verschlucken.

Jetzt antwortet ein Licht aus der Bucht von Ezaro! Immer wieder blitzt es auf. Es ist der kleine Leuchtturm auf Lobeira-Grande. Ein zweites, ein drittes mischen sich ein. Ihr Ruf ist das Bekenntnis zur Bruderschaft der Menschen über die Ferne hin, über alle Gefahren der Todesküste hinweg bis zum Schwesterlicht von Cabo Turiñana – sogar bis zum Cabo Villano, runde dreiunddreißig Kilometer Luftlinie nördlich, das von allen Vorgebirgen des Meeres der Schrecken das trostloseste ist. Der Reigen der rufenden Lichter reißt nicht ab.

Man muß übrigens auch am *Cabo Villano* gewesen sein, um ganz zu verstehen, was es heißt, am äußersten Rande des Möglichen zu leben. Die Erde, bar jeden Bewuchses, hat sich in ein Inferno aus Felsen verwandelt, zertrommelt wie die Schlachtfelder des ersten Weltkrieges. Gewiß, an guten Tagen breitet sich das Meer gelegentlich als lockende Unendlichkeit voller Verheißungen von Horizont zu Horizont. Wehe indessen, beginnt der Sturm zu heulen. Betet für den Schiffer, der draußen ist! Dort hinten, mühsam und halb von den Wassern begraben, quält sich der Bug eines Fischdampfers dem schützenden Hafen entgegen. Gelingt es ihm?

Erinnern wir uns der erschütternden Fotografie in der Kneipe von Francisco Espada in Camariñas: sieben Töchter und Witwen stumm um zwei Wirtshaustische gehockt, die man ihnen hingeschoben hat. Sieben Frauen und Mädchen, die noch immer warten, obwohl es längst nichts mehr zu warten gibt. Aber sie können sich nicht trennen. Das ist das Erschütterndste. Sie haben die Schreckensbotschaft vernommen, und ihr Geist ist in diesem Augenblick stehen geblieben. Er denkt nicht weiter. Er vermag nicht darüber hinwegzukommen. Das Bild ist kurz nach dem Schiffbruch der ›Ave del Mar‹ aufgenommen, die am Sankt Martinstag 1957 in der wildesten Zeit des Jahres unterging. Mit Mann und Maus. Da sitzen sie also auf diesem Bild, die Köpfe von schwarzen Tüchern verhüllt, und blicken fassungslos vor sich hin; sie starren hinaus in ein Leben, das zerbrochen vor ihnen liegt.

Vermag man es sich auszumalen, wie es hergeht, wenn die Schiffe von den Fischgründen des ›Gran Sol‹ heimkehren und in einen Sturm geraten? Von allen Seiten packt der Orkan zu. Würde er dem Schiff nur gestatten, vor ihm wegzulaufen, würde er es beim Stampfen, beim Rollen bewenden lassen! Aber er schüttelt und staucht es von allen Richtungen, die Wasserberge schlagen wie Raubtiertatzen über die Decks, reißen, was nicht fest und stabil ist, fort und zertrümmern oft genug selbst die Decksaufbauten. Dann bleibt für die Besatzung nichts übrig, als das Gebet zur ›Nuestra Señora de la Barca‹, die nicht weit vom Cabo Villano bei *Mugía* verehrt wird.

Wie Cap Finisterre und Cap Villano stellt dieses Fischernest eine aberwitzige Steigerung der Todesküste dar. Geht man im Herbst zur Punta de Buítra hinaus, der äußersten Spitze der Hafenmole, ist die Wut des Sturmes zu einem einzigen Schreien geworden, teils Narrengelächter, teils Wahnwitz. Mit Gigantenfäusten trommelt der Wind gegen die kleinen Barken, gegen die Frauen, die das Kreuzzeichen schlagen, und gegen die schöne, kleine, alte, salzumsprühte Kirche der romanischen Zeit: »Nuestra Señora de la Barca, bitte für uns und unsere Männer!« – Sie ist immer offen zu dieser Jahreszeit, offen für die Bitten, offen für die Verzweiflung, offen für das Wunder und offen für den hereinheulenden Sturm.

Die Legende will, daß an dieser Stelle die heilige Jungfrau in einer Barke anlandete, um dem Apostel Santiago bei seinem Bekehrungswerk in Galicia beizustehen. Jedes Jahr am 8. September strömen hier die Wallfahrer zusammen, und nach der Andacht ziehen sie hinaus zum berühmten ›Piedra de la Virgen‹, dem Stein der Jungfrau vor der Kirche, wo der Tanz der Wallfahrer anhebt. Es heißt, daß der Fels zu schwanken beginnt, sooft einer darauf die Füße regt, der sich im Stand der Gnade befindet. Der Gnade des Herrn und Unserer Lieben Frau, die das Gold verachtet, aber die Steine dieser Küste liebt.

Da habt ihr ganz Galicia! Welch ein Land. Der Sturm heult, die Möwen wiegen sich; unerschütterlich, fest wie der Felsen ist die Zuversicht der Menschen gegründet. Mag kommen, was will, sie tanzen. Den Glauben und die Liebe, die Hoffnung und den Tod, die Trauer wie die Freude. Sie tanzen die Muiñeira und sie tanzen den Virapé, die Mädchen, Körbe mit Schellen auf dem Kopf, die Linke in die Hüfte gestützt und immer zu zweien. Mit nackten Füßen, den Rock leicht geschürzt, tanzen sie im Angesicht des Meeres und der Gaiteros, die mit Quasten und Bändern an den Instrumenten dunkel gegen den leuchtenden Hintergrund der gleißenden, trügerischen See stehen.

Dies also das Land, das die Pilger aus allen Winkeln Europas als letzte Station ihrer Reise ohnegleichen besuchten. Galicia am Rand der bewohnbaren Welt. Damals. In jenem Zeitalter der Sage, als für den Menschen das Mehr-als-Wirkliche keine Utopie, sondern eine Steigerung der Wirklichkeit von so großer Anziehungskraft bedeutete, daß er Tausende von Kilometern unter die Füße nahm, um sich ihr zu stellen. Der Mensch und das Überwirkliche. Der Mensch und die Unendlichkeit. Der Mensch und das Jenseits. Was alles dasselbe und, in die Außenwelt übertragen, ein Gleichnis der gesamten Santiago-Fahrt ist. Eine ebenso gewaltige wie einfache Formel, in deren Zeichen die Architekten und Bildhauer des Mittelalters eine Milchstraße von Kunstwerken über ganz Europa verstreuten, höchster Ausdruck dessen, was sie zu sagen vermochten.

REGISTER

Abbad al Mu'tadid, Rey des Taifates Sevilla 278
Abd-al-Munim, Sultan von Marokko 182
Abd-al-Rahman III., Kalif von Cordoba 271
Abelda 29, 103, 104
Acebo 318
Akhila, Herzog von Tarragona 263, 264
Alava, Juan de 396, 439
Alba, Ferdinand Alvarez de Toledo, Herzog von 439
Albornoz, Sanchez 103, 104, 271
Aleman, Rodrigo 452
Alfonso I., König v. Asturien 269
Alfonso I. el Batallador, König von Aragon 49, 64, 67, 365
Alfonso II. der Keusche, König von Asturien 270, 361
Alfonso III. der Große, König von León 137, 233, 258, 270, 360, 361
Alfonso Froilaz der Bucklige, König von León 271
Alfonso IV., König von León 271
Alsonso V., König von León 250, 272
Alfonso VI., König von León 119, 138, 170, 225, 233, 234, 255, 258, 273, 278, 363, 365
Alfonso VII., Emperador von León 244, 251, 274, 341, 365, 366
Alfonso VIII. der Edle, König von Kastilien 181, 182, 230, 274
Alfonso IX., König von León 274, 275, 395
Alfonso X. der Weise, König von Kastilien und León, deutscher König 141, 162, 178, 275, 299
Alfonso XI., König von Kastilien 141, 183, 221
Almanzur (Almansor), Feldherr im arabischen Spanien 116, 159, 250, 272, 362, 363
Almohaden, maurisch-span. Dynastie 182, 273, 274
Almoraviden, maurisch-span. Dynastie 138, 182, 273
Alqama, islamischer Anführer 267, 268
Altamira 33, 34
Ampudia 208
Andrade, Domingo d' 368, 378
Aneguin, Meister 303
Anno, Bischof von Minden 22
Arano, Meister 392
Arcos (Los) 87-89
Aren, Meister Pedro de 406
Arévalo 53, 54
Arfe, Juan de 217, 393
Arleta 42
Armañanzas 90, 91
Arnéguy 16
Arnol, Adam und Fernan 303
Arosa, Ria von 468-473
Arre 42
Arteixo 476
Arzua 354
Astorga 310-315
Astrain 61
Atapuerca 130
Azpeitia 52

Badajoz, Juan de 301, 306
Badarán 112
Balthasar, Herzog von Mecklenburg 24
Barrañán, Playa de 477
Beaumonte, Juan de 62
Beaumonte, Luis de 95-97
Becerra, Gaspar 314
Béhobie 30
Beleth, Jean 360
Belorado 125
Belorado, Meister von 121
Bembibre 329
Benevivere, Abtei 230
Berceo 112
Berceo, Gonzalo de 112, 115, 127, 165
Bermudo II., König von León 272, 341, 363
Bermudo III., König von León 272
Bernardo der Ältere, Meister 372, 373
Bernardo der Jüngere, Meister 370, 372, 395
Berruguete, Alonso 215-217
Berruguete, Pedro 146, 163
Betanzos 432
Bigarni, Philippe 178, 180
Bilbao 32
Boadillo del Camino 194
Boente Castañeda 354
Borgia, Cesare 93-98
Briviesca 102
Brutus, Decimus Julius 494
Burgos 132-141, 170-186
  Casa del Condestable 138-140
  Casa de Miranda 138, 144-146
  Hospital San Juan 181
  Kirchen: Kathedrale 138, 170-181, Abb. S. 150, 151
Burgos
  Kirchen: Kathedrale
    Chorumgang 178
    Diözesanmuseum 177, 178
    Hauptfassade 172, 173
    Kapellen 175, 179, 180
    Kreuzgang 177
    Schiff 175-177
    Seitenportale 173, 174
  Cereco de Riotirón 137
  Marientor 143
  Museen: Casa de Miranda 144 bis 146, Abb. S. 154
    Diözesan-M. 177, 178
Burguete 40
Burlada 42
Buschbeck, Ernst 383
Busco, Vicente 360

Calahorra 99, 102
Calderon, Don Pedro C. de la Barca Henao y Riaño 437, 441
Calixtus II., Guido von Burgund, Papst 22, 375
Calmillo 455
Calzada de los Molinos 231
Camargo 32
Camariñas 478
Camino, Pedro del 314
Campolara 158
Campo Sagrado 253
Canfranc 28
Cangas de Onis 269, Abb. S. 338, 339
Cano, Alonso 217
Carazo 163
Cárdenas 112
Carlos III. el Noble, König von Navarra 46, 47, 95
Carracedo, Abtei 306, 336, 341-343
Carril 470-473

Carrion de los Condes 225-228, Abb. S. 198, 199
Carrucedo 312, 317, 336
Casas y Novoa, Fernando 369, 384, Abb. S. 397
Castilseco 99
Castro, Alonso de 192
Castro, Amerigo 37, 273
Castro, Doña Ines de 395, 457
Castro, Juana de 221, 395, 457
Castro, Rosalia de 428, 429, 477, 479, 480, 482-487
Castrojeriz 191, 192
Castro-Urdiales 32, 183
Catalina I. Königin von Navarra 50, 94
Cayon 477
Celanova 457
Cercedo 354
Cerda Ribera, Miguel 85, 115, 117, 118
Cervantes de Saavedra, Miguel de 166, 214, 309, 437, 441, 442
Chamoso Lamas, Don Manuel 358
Churriguera, José 439
Cibriañez, Pedro 287
Cid (Rodrigo Diaz de Vivar) 37, 137, 138, 176, 178, 194, 208, 453
Cies, Inseln 469
Cirauqui 71, 72
Cisneros, Jiménez de C., Francisco 220
Clavijo 103-106
Combarro 468
Conant, Kenneth J. 390
Constance von Burgund 273
Copin de Holanda, Diego 303
Corcubión 492
Cornielles de Hollanda 392, 458
Cortés, Fernando 442
Corullon 348
Coruña (La) 474-476
Covadonga 260, 261, 268, 269
Covarrubias 160-163
Cristina von Norwegen, Tochter König Haakonsons 162
Croz, Diego de la Abb. S. 155
Croz de Ferro 317
Cruz, Juan de la 144
Cuevas de San Clemente 148
Cuntis 467

Dalmatius, Bischof von Santiago de Compostela 22
Delli, Dello di Niccolo 436
Deva 32
Dombate, Dolmen von 478
Domingo de la Calzada, Heiliger 100, 119-121
Domingo de Silos, Heiliger 164-166
Donzel, Guillelmo 306
Drake, Francis 474, 476

Edward I., König von England 183
Egas, Enrique de 214, Abb. S. 197
Egica, Westgotenkönig 454
Eleonora von Aquitanien, Doña, Gemahlin König Alfonsos VIII. von Kastilien 182
Eleonore von Habsburg, Schwester Kaiser Karls V. 220, 221
El Greco (Theotocopuli, Domenico) 208
Engelram, Meister 114
Enrique I., König von Kastilien 183
Enrique II., König von Kastilien 142, 244
Enrique III., König von Kastilien 142

Enrique IV., König von Kastilien 52, 142
Enrique (Heinrich) von Burgund 274
Enrique, Meister 171, 283-285, 287
Espinosa del Camino 125
Espronceda y Delgado, José 448
Esteban, Meister 45, 372
Estella 74-78
Eugen IV., Gabriele Condulmer, Papst 62
Eunate 29, 69-71

Facundo, Abt von S. Benito in Sahagún, Heiliger 233
Favila, König von Asturien 269
Feijóo, Benito Jeronimo 485
Felipe, Infant Don, Bruder König Alfonsos X. von Kastilien 162, 206
Fernández, Gregorio 217, 218
Fernandez, Martin 172, 299
Fernandez de Matienzo, García 142
Fernando I. der Große, König von León und Kastilien 49, 130, 137, 165, 203, 251, 252, 272, 275, 276, 278, 279, 281
Fernando II, König von Galicia und León 274, 382, 395
Fernando II. der Heilige, König von Kastilien, als König von Spanien F. III. 170, 171, 178, 183, 275, 435
Fernando II. der Katholische, König von Aragon, als König von Spanien F. V. 50, 95, 139, 141, 142, 213, 219, 412
Ferreiros 354
Figueroa, Juan de 394
Finisterre, Kap 19, 489, 493-496
Foncebadon 316
Fortún Garcés von Navarra 48
Francés, Nicolas 287, 300, 303, 304
Francisco de Colonia 143, 172, 174, 175
Franz I., König von Frankreich 31, 55, 139
Franz von Assisi, Heiliger 29, 30, 68, 69, 285, 310, 311, 407
Franz Xaver, Heiliger 29
Frómista 189, 196, 201-204, 207
Fruela I. der Grausame, König von Asturien 269
Fruela II., König v. León 270, 271
Fuenterabbia 31

Galindo II., Graf von Aragon 48
Ganso (El) 316
García I. Jimenez von Navarra 48
García II. Iñiguez von Navarra 48
García II. Sanchez, König von Navarra 48
García III. el Tembloso, König von Navarra 48, 165
García IV. von Nájera, König von Navarra 49, 109, 130
García Ramirez el Restaurador, König von Navarra 35, 49
Gaudí, Antoni 245, 313
Gelmirez, Diego, Bischof von Santiago de Compostela 349, 363-367, 393, 394, 480
Genadio, Heiliger 312, 324
Gijon 267
Goddard King, Georgiana 230
Gonzales, Fernan, Graf von Kastilien 272
Grajal 229
Guernica 32
Gundamill 478

HANS VON KÖLN, Meister 142, 172
Haro 99, 102
Heinrich IV., König von Frankreich 47
Herlin, Friedrich 25
Hernandez de Velasco, Pedro, Vizekönig von Kastilien 138, 179
Herrera, Juan de 214
Herrerias de Montes (Las) 322
Hontañon, Rodrigo Gil de 245, 368, 369, 378, 396, 438, 439
Hospital del Orbigo 309
Hospital del Rey 181, 186, Abb. S. 156
Huarte 42
Hüffer, J. 23, 26
Huelgas (Las), Kloster 143, 181-186
  Hospital del Rey 181, 186
    Abb. S. 156
Huidobro y Serna 24, 122

IBAÑETA, Puerto de 34
Ibn Havyan, islamischer Geschichtsschreiber 48, 104
Ignatius von Loyola, Heiliger 52-54, 59-61
Iguzquiza 81
Iñigo Iñiguez 47, 48
Innozenz III., Conti di Segni, Papst 183
Irache, Kloster Nuestra Señorade 78-80
Iroz 42
Irún 31
Isabella, Königin von Spanien und Kastilien 139, 142, 213, 412
Isidor, Heiliger 276-278
Itero del Castillo 193

JACA 28, 204
Jimena, Doña, Gemahlin des Cid 138, 176, 208
Johan, Meister 303
Juan I., König von Kastilien 142
Juan II., König von Kastilien 142
Juan II, Don, Infant von Antequera und Aragon 62, 95
Juan d'Austria, Don 420
Juan de Colonia 143
Juan de España 392
Juan de Hollanda 208
Juan von Labrit, König von Navarra 94, 95, 97
Juan de Ortega, Heiliger 100, 127-130
Juan Manuel, Doña, Gattin König Enriques II. von Kastilien 126
Juana die Wahnsinnige, Tochter König Fernandos V. von Spanien 95, 139, 141, 208, 218-222
Julian, Conde Don 263, 264
Juni, Juan de 217, 300, 306
Jusquin, Meister 303
Justi, Karl 132

KARL I. der Große, König der Franken und röm. Kaiser 37-39, 81
Karl III., König von Spanien 317
Karl V., röm.-deutscher Kaiser, als König von Spanien K. I. 31, 54, 55, 139, 143, 220, 221, 438, 441
Kolumbus, Christoph 139, 214, 439
Konrad I., Erzbischof v. Mainz 22
Kuenig von Vach, Hermann 27, 191, 230

LABACOLLA 354
Lage 478
Lara, fürstliche spanische Familie 116, 158-160
Lara de los Infantes 158
Laredo, Bucht 32
Larrasoaña 41
Larria, Pedro de 305
Ledigos 195, 231
Leo III., Römer, Papst 360
León
Hospital von San Marcos 301, 305-307, 343
Kirchen: Kathedrale Santa Maria la Regla 250, 283-304, Abb. S. 295
Dommuseum 300
Fenster 303, 304
Inneres 301-304
Kapellen 298-300
Kreuzgang 287, 288, 297-300
San Isidoro 203, 243, 250-252, Abb. S. 290, 292, 293
Museum von San Isidoro 282-283
Panteón de los Reyes 251, 275, 279-281, Abb. S. 256, 257, 291, 294
Santa Maria del Camino 243
Paläste: Familie Guzman 245
Kardinal Lorenzana 245
Statthalterpalast 245
Leovigild, Westgotenkönig 277
Lerida 66
Levi-Provençal, E. 103, 104
Leyre, Kloster, 29, 48, 51, 67, 73
Liedena 69
Livius, Titus 494
Logroño 99-102, 103, 128
Loira, Bucht von 469
Lomes, Juan de 47
Lope, Meister 303
Lorca 73
Louro 490
Loyola 53
Lugo 466
Luis de León (Fray Luis Poncede) 442, 443
Luna, Alvaro de 244

MALINAS, Juan de 303
Malpica 477
Mambrillas de Lara 158
Manjarín 318
Mansilla de las Mulas 236
Manzanal-Paß 317, 333
Maria Anna von Neuburg, Gemahlin König Carlos' II. von Spanien 19, 26, 27
Martin, Domherr zu León, Heiliger 282
Martinez, Don Diego, Herr von Villamayor und Salvadores 230
Mateo, Meister 372, 382-384, 387, 388, 395
Mauricio, Don, Bischof von Burgos 170, 171, 176
Medici, Cosimo de 434
Medina de Rioseco 208
Mellid 353
Mena, Pedro de 217
Mendieta, Diego de 142
Mendoza, Lope de, Erzbischof von Noya 488
Mezonzo, Abtei 354
Mezonzo, Pedro de, Bischof von Santiago de Compostela, Heiliger 354, 363
Mieres 254
Miraflores, Kartause 141-144, Abb. S. 155
Miranda, Francisco de 138

Mitata, Thomas 314
Molinaseca 319-321
Momorency, Roberto 314
Mondariz 467
Monroy, Doña Maria de 448-451
Monte Agudo, Insel 469
Moreno, Gomez 364, 372
Morlaas 28
Mués 87
Mugía 497, 498
Munía Mayor, Doña, Gemahlin König Sanchos III. von Navarra 64, 203, 204
Munusa, islamischer Gouverneur in Gegione 267
Murgía, Don Manuel 477, 484
Muruzabal 69
Musa, arabischer Oberfeldherr 104, 264

NÁJERA 48, 49, 51, 109-111, 128
Narcía, Pedro 103
Navarrete 107, 108
Nicolas de Colonia 314
Nieves (Las) 211
Noya 480, 488
Ria von 487-489
Nuestra Señora del Camino 308
Numancia 101

OBANOS 69
Olite, Kloster 67
Olmillos de Sasamon 191
Oloron-Sainte-Marie 28
Omaijaden, arabische Dynastie 272
Ons, Insel 469
Oppa, Metropolit von Sevilla 263, 264, 267
Ordoño I., König von Asturien 103, 104, 270
Ordoño II., König von León 48, 270, 300, 304
Ordoño III., König von León 271
Ordoño IV. der Böse, König von León 271
Orense 458
Otero Pedrayo, Ramon 390
Otero de Ponferrada 322, 328
Oviedo 254-259, 269
Camera Santa 254-256, 261, Abb. S. 296, 340
Naranco-Berg 254, 258, 259
Aula Regia 258, 259, Abb. S. 337
San Miguel de Liño 258

PADILLA, Juan de 144, 145, Abb. S. 154
Padron 479-483
Palas del Rey 353
Palencia 203, 208, 209
Pamplona 42, 43-51, 55, 56
Archiv von Navarra 45
Ciudela 51
Kirchen: Kathedrale 46, 47
S. Sernin 51
Navarra-Museum 45, 73
Pardo Bazán, Condesa Emilia 310, 485
Pastoriza 476
Paterculus, Valerius 494
Pedro I., König von Aragon 49
Pedro der Grausame, König von Kastilien 141, 457
Pedro I. der Grausame, König von Portugal 221
Pedro, Dom, Thronfolger von Portugal 457
Pelaez, Diego, Bischof von Santiago de Compostela 363, 364

Pelayo, König von Asturien 253, 258, 261, 262, 267-269
Peñon 55
Perez, Anton 207
Perez, Juan 172, 287, 303
Petrus Venerabilis, Abt von Cluny 22
Philipp der Schöne von Flandern 139, 140, 142, 208
Philipp II., König von Spanien 51, 160, 214, 438, 440
Picaud, Aimeric 24, 395
Plinius, Gajus P. Secundus, der Ältere 336
Población de Campos 204
Pojo (El) 349
Ponce de Melgueil, Abt von Cluny 22, 316
Pondal y Abente, Eduardo 478, 485
Ponferrada 321, 326-328, 331
Pontevedra 414, 434, 469, 470
Ria von 468, 469
Porter, Kingsley 67
Portugalete 32
Praun, Ritter Stephan von 434
Puebla de Sanabria 456
Puente del Orbigo 309
Puente la Reina 29, 49, 62-65, Abb. S. 60
Puertomarin 352

Quiñones, Suero de 309, 394
Quiñones y Guzman, Juan de 245
Quintanilla des las Viñas 147, 148, 157, 262

Rabanal 316
Ramiro I. König von Asturien 103, 104, 258, 270
Ramiro I., König von Aragon 28, 49, 203, 204
Ramiro II., König von León 271
Ramiro III., König von León 272
Ramon (Raimund) von Burgund, Graf 30, 274, 395, 437
Ramos, Alfonso 303
Recceswind (Rezeswind), Westgotenkönig 262, 457
Redolfo, Meister 114
Revenga 204
Ribarteme 211, 212
Richard I. Löwenherz, König von England 50
Rizzi, Juan 113, 146
Roberto, Meister 372
Rocaforte 29, 68
Roderich, Westgotenkönig 263-265
Roland, Markgraf der Bretagne 37, 39
Roncesvalles 16-18, 34, 35, 37-40, 50, 51, Abb. S. 57
Augustinerkloster 34, 35
Rozmital, Ritter Leo von 19, 30
Ruitelan 348

Sahagún 231-234, Abb. S. 200
Saint-Jean-de-Luz 30
Saint-Jean-Pied-de-Port 16, 55
Salamanca 435-443, 445-447
Casa de las Conchas 438, 439, Abb. S. 459
Clerecia 439
Kathedrale, alte 435, 436
Kathedrale, neue 439, 440
Kloster San Esteban 439
Plaza Mayor 445-447
Universität 439, 441, 442
Sálbora, Insel 469
Samos 350, 351
San *siehe* eigene Rubrik am Ende des Buchstabens S

Sancha, Doña, Gemahlin König Fernandos I. von León und Kastilien 251, 272, 279
Sancha, Doña, Fürstin von Covarrubias 161
Sanchez, Pedro 172
Sanchez de Molina, Juan 172
Sancho, König von Galicia 271
Sancho I. der Dicke, König von León 271
Sancho Garcés I., König von Navarra 48, 81, 102, 271
Sancho II. Garcés Abarca, König von Navarra 48, 109
Sancho III. el Mayor, König von Navarra 48, 49, 115, 116, 203
Sancho III., König von Kastilien 274
Sancho IV., König von Kastilien 141
Sancho IV. de Peñalén, König von Navarra 49, 113
Sancho V. Ramirez, König von Aragon 49, 74
Sancho VI. der Weise, König von Navarra 42, 50, 76
Sancho VII. der Mächtige, König von Navarra 50
Sandobal, Abtei 237
Sangüesa 29, 67, 68
Sansol 89
Santa *siehe* eigene Rubrik am Ende des Buchstabens S
Santander 32
Santiago de Compostela 18, 22, 270, 272, 355-429
 Colegio Mayor de Fonseca 405
 Geschichte 358-366
 Hospital Real 412
Santiago de Compostela
 Kirchen: Kathedrale 308, 355, 358, 361-364, 367-396, Abb. S. 398, 400, 401
  Croz de Farapos 368
  Dach 367-369
  Inneres 372-374, 390-395
  Kapellen 390-395
  Kreuzgang 395, 396
  Krypta 382
  Obradoiro 369-371, Abb. S. 397
  Portico de la Gloria 372, 380, 381, 382-384, 385-390, Abb. S. 402, 403
  Puerta de la Azabacheria 370, 371, 379
  Puerta de las Platerias 370, 371, 378-381, Abb. S. 399
  Puerta Santa 368, 370, 371, 383
  Westwerk 371
 Angustias del Abaja (Las) 411
 Compañia (La) 411
 San Benito del Campo 411
 San Fiz 411
 San Lorenzo de Transouto 411
 San Miguel de los Agros 411
 Santa Clara 406, 407, 411
 Santa Maria del Camino 411
 Santa Maria Salomé 411
 Santa Maria del Sar 411
 Santa Suzana 365, 411
 Klöster: Belvis 411
  San Martin Pinario 391, 409, 410
  San Pelayo de Ante-Altares (San Payo) 370, 410, Abb. S. 404
  Santo Domingo 428, 429
 Paläste: de Bendaña 406
  Erzbischöflicher 366, 367

Santiago de Compostela
Plätze: der Platerias 406
Quintana 370, 371, 405
Santiago de Peñalba 324-326
Santillana del Mar 32, 33
Santo *siehe* eigene Rubrik am Ende des Buchstabens S
Santoña 32
Sarria 351
Schreiber, Georg 18, 19, 26
Sebastian von Salamanca 268
Siegfried I., Erzbischof von Mainz 22
Sigerich, Westgotenkönig 192
Silenzio, Val del 324, 325
Silleiro, Kap 468
Siloé, Gil de 142-145, 208, Abb. S. 154, 155
Siloé, Diego de 178, 217, 439
Simancas 208
Simeon, Meister 114
Simon de Colonia 142, 143, 172, 175, 179
Sisargas, Inseln 477
Sisberto, Onkel des Westgotenkönigs Roderich 263, 264
Sisnando I., Bischof von Santiago de Compostela 272, 360, 361, 409
Somport, Puerto del 28
Soría 101, 102

San Adrian, Kap 477
San Anton, Kloster 191
San Clemente 322
San Esteban 322
San Felix de Oca, Kloster 126
San Gregorio Ostiense 87
San Juan de Baños 457
San Juan de Ortega, Kloster 127-130
San Juan de la Peña, Kloster 28, 29, 48
San Lazaro 354
San Lorenzo 322
San Martin, Insel 469
San Miguel (bei Villatuerta) 73
San Miguel de Escalada 238-240, Abb. S. 289
San Millan de Cogolla 112-117, 165, 272
de Suso 114-117
de Yuso 113, 114, 116
San Millan de Lara 158
San Pedro de la Nave 262, 454, 455
San Sebastian 32
San Tirso 477

Santa Catalina 316
Santa Comba de Bande 456, 457
Santa Cristina (Puerto del Somport) 28
Santa Cristina de Lena 254
Santa Maria de Arbas 254
Santa Maria de Libureiro 353
Santa Maria Serena 493
Santa Marta de Tera Abb. S. 463

Santo Domingo de la Calzada 52, 118-121, 128
Santo Domingo de Silos, Abtei 146, 164-169, Abb. S. 149, 152, 153, 176, 177
Santos Martyros 101

Tardajos 190
Tarif Ben Malluk, Berberhäuptling 264
Tariq, arab. Feldherr 263, 264
Teresa v. Avila (Teresa de Jesus), Heilige 177, 439

Teresa, Tochter König Alfonsos VI. von León 274
Teresa, Tochter König Fernandos I. von León und Kastilien 274
Theobaldo I. von Champagne, König von Navarra 50
Theodomiro, Bischof von Iria Flavia 359, 395
Theotocopuli, Domenico, genannt El Greco 208
Toja (La), Insel 459, 460, 465, 466
Tolosa 53
Tordesillas 218
Torquemada 208
Torremormojon 208
Torres del Rio 70, 89, 90
Tosantos 125
Trastamara, Königsgeschlecht 141
Enrique von 141
Triacastela 349
Tricio 112
Trobajo 308
Tudela 67, 102
Tuy 467

ULLOA, Diego Juan de 406
Unamuno, Miguel de 437, 438
Urraca I., Fürstin von Covarrubias 161
Urraca, Schwester König Alfonsos VI. von Kastilien, als Urraca II. Fürstin von Covarrubias 29, 61, 225, 273, 283
Urraca III. Doña, Gemahlin des Grafen Ramon von Burgund 30, 274, 320, 365, 366
VALCARLOS 16
Valdedios 258, 270
Valdefuentes 126, 127
Valdovin, Meister 303
Valga 470
Valladolid 213-218
Colegio de San Gregorio 214-218, Abb. S. 197
Colegio Mayor de Santa Cruz 214
Kirchen: Kathedrale 214
Santa Maria del Antiqua 214
Museo national escultura 216-218
Valle Inclán, Ramon Maria 485
Vallejo, Juan de 175, 177, Abb. S. 151
Valverde del Camino 308
Vauban, Sébastien Le Prestre Seigneur de 51
Vega Carpio, Lope de 441
Velasquez, Diego 31
Viana 91-93, 95-99
Vigo 470
Halbinsel von 468
Ria von 468, 469
Villafranca 343-348
Villafranca de Montes de Oca 125, 126
Villagarcia 470
Villalba de los Alcores 208
Villalcazar de Sirga 204, 205 bis 207
Villamayor 81-86
Villambista 125
Villano, Kap. 489, 496
Villanova 354
Villanueva de Argaño 191
Villar de los Alamos 443
Villatuerta 73, 74
Villava 42
Villodrigo 192
Viloria 119
Vincentius, Heiliger 18

Violante von Aragon, Doña, Gemahlin König Alfonsos x. von Kastilien 406
Viscarret 40
Vitiza, Westgotenkönig 262
Vitoria, Fray Francisco de 441
Vitoria 50, 102, 111

WAMBA, Westgotenkönig 192, 262

ZAMORA 273, 451-453, Abb. S. 461, 462
Zaragoza 18, 38, 39, 66
Zarauz 32
Zubiri 41
Zurbarán, Francisco de 208

DER AUTOR dankt an erster Stelle dem spanischen Informationsminister Sr. Exz. Don Manuel Fraga Iribarne, der die Möglichkeit für einen letzten vielmonatigen Aufenthalt in Spanien schuf. Neben ihm vor allem der Direktorin Dr. Amalia Mouriz, Madrid und Düsseldorf, für freundschaftliche, tatkräftige Förderung. Außerdem einer großen Anzahl von Persönlichkeiten in Spanien wie in Deutschland, namentlich Señorita Maria del Carmen. González Tojal, Pontevedra, Delegado Don José-Maria Traveso Bello, Don José-Maria Proupin Fernandez und Don José-Maria Ballestreros Rua, sämtlich Santiago de Compostela, Delegado Don B. Escandell Bonet und Don Francisco Tamames, beide Salamanca, Don Vicente García Lopez in Carril für die Erschließung der Ria de Arosa und nicht zuletzt dem Pfarrer von Villamayor, dem Reverendisimo Cura Don José Martinez. Die Übersetzung aus dem ›Erzpriester von Hita‹ im Vorwort stammt von Susanne Heintz. Für die Datierung der frühmittelalterlichen spanischen Geschichte wurde der Einheitlichkeit halber selbst in umstrittenen Fällen die ›Historia de España de los origenes a la baja edad media‹, Madrid, von Luis G. de Valdeavellano zugrundegelegt. Einige zeitgenössische Gestalten und Namen hat der Autor bewußt mystifiziert.

DER VERLAG dankt für die freundliche Überlassung der Vorlagen für die Farbtafeln wie für die einfarbigen Abbildungen dem Verlag Arthaud, Grenoble (Mikael Audrain 9); dem Hirmer Verlag, München (III, IV, V sowie 4, 15, 16, 17, 20, 23, 31); der Nationalbibliothek (II) und dem Museo del Prado, Madrid (I, VI); MAS. Barcelona (21); Ann Münchow, Aachen (2); dem Staatlichen Spanischen Verkehrsbüro, München (5, 8, 11, 13, 14, 33); dem Verlag Ernst Wasmuth, Tübingen (Dr. Hellmut Hell 1, 6, 10, 12, 19, 24, 26, 28, 29, 30) und YAN, J. Dieuzaide, Toulouse (3, 7, 18, 22, 25, 27, 32, 34).